All Voices from the Island

島嶼湧現的聲音

臺灣人的抵抗與認同

1920–1950

【增訂版】

陳翠蓮 著

目次

第二部　臺灣認同與漢人認同的糾葛

新版序

一九九〇年代臺灣解嚴不久，臺灣獨立議題浮上檯面，追索臺灣國族主義起點成為學術界重要課題，初出茅廬的學術新手如我，也受此一課題所吸引。一九九九年第六屆臺灣政治學年會上，我發表了一篇〈一九二〇年代臺灣政治運動中的國家認同〉，引起一些討論，若林正丈教授針對我的論文舉手提問：「臺灣議會設置請願運動是體制內運動，目的在追求作為日本人的臺灣人權利與地位改善，此種運動在何種層次上可以稱之為抵抗運動？」在我還來不及回應時，吳乃德教授已起身反問：「為何印度人、愛爾蘭人的體制內運動就是抵抗運動，臺灣人的體制內運動不能稱為抵抗運動？」兩位學術前輩因我的論文而交鋒，令我更加意識到此一研究課題的複雜性。會議結束後，故友林繼文興沖沖跑來提醒：「學姐，某人也正在做跟你相同主題的研究，你們的看法完全不同，他知道你的答案應該會很苦惱吧！」

本書正是在〈一九二〇年代臺灣政治運動中的國家認同研究〉架構上所進行，正因為研究初始學者們所提示的臺灣人政治社會運動多重性、政治認同複雜性，令筆者特別重視在特定歷史時空脈絡下檢視文本、交叉驗證檔案史料，時而努力貼近體會當時人物的處境與心聲，時而保持距離觀察拆解他們的意圖與策略，並極有意識地節制自己內心的國族主義情感，以免影響詮釋觀點。就在這樣充滿熱烈的研究動機、又小心翼翼自我克制的情況下，完成筆者學術工作第一個十年的研究專書。

本書共收錄了七篇論文，各章分別修改自筆者已發表的數篇研究成果：除了導論與結論外，第一章原名〈抵抗與屈從：以日治時期自治主義路線為主的探討〉，發表於《政治科學論叢》十八期（二〇〇三年六月）；第二章來自國科會計畫「走向現代性：《臺灣民報》中關於臺灣文化的論述（1920–1927）」；第三章原名〈菁英與群眾：文協、農組與臺灣農民運動之關係（1923–1929）〉，收錄於中央研究院臺灣史研究所出版的《地方菁英與臺灣農民運動》（二〇〇八年）；第四章〈想像與真實：臺灣人的祖國印象〉收錄於中央研究院臺灣史研究所出版的《日記與臺灣史研究：林獻堂先生逝世50週年紀念論文集》（二〇〇八年）；第五章是國科會計畫「認同的掙扎：戰時體制下的臺灣知識人（1937–1945）」的研究成果；第六章原名〈戰後臺灣知識菁英的憧憬與頓挫：延平學院創立始末〉，發表於《臺灣史研究》十三卷二期（二〇〇六年十二月）；第七章原名〈戰後初期臺灣人的認同轉變〉，發表於《兩岸發展史研究》第四期（二〇〇七年十二月）。本書以國族主義理論為架構，將這幾篇核心議題一脈相承的論文組織起來，追溯臺灣人意識如何興起、臺灣人認同在文化面與政治面的特性、臺灣認同與漢人情感的混雜糾葛、戰後初期臺灣意識的轉變，由此呈現臺灣人集體認同形成的過程。必須一提的是，本書所討論的臺灣人認同仍以知識分子為主，儘管筆者也試圖描繪農民大眾、一般人民的認同情感，但因歷史材料的局限，對於普羅大眾的書寫深度尚遠遠不足。

本書的完成必須感謝多年來國家科學委員會所提供的幾項學術研究補助，讓此一系列研究得以順利進行；而學術生涯初期受屢屢到中央研究院臺灣史研究所諸多先進、學友的協助、鼓勵與指導，在此表達由衷的感謝之意。筆者也特別感謝財團法人曹永和文教基金會的獎助，本書成為該基金會「臺灣史與海洋史系列」專書，於二〇〇八年由遠流出版公司出版，並且獲得熱烈的迴響。

遠流出版的《臺灣人的抵抗與認同（1920–1950）》一書已絕版多年，常有讀者詢問何時再版。感謝春山出版社的邀請，讓本書獲得重新出刊的機會。為了本書的重新出版，筆者做了以下數項修訂：一、調整本書架構，依各章內容區分為一九二〇年代臺灣人的抵抗運動、臺灣認同與漢人認同的糾葛、戰後初期的認同衝擊三個部分，使全書結構更清晰明瞭；二、針對原書出版後所引起之討論、批評，予以回應，以促進學術對話；三、增補原書部分內容，並引用新近學術研究成果，以確認、充實相關細節，並使全書立論更加完整；四、原書僅在緒論納入「代結論」一小節，所論有所不足，新版重新撰寫結論，提示本書的觀點與發現；五、訂正原書中的錯誤與錯別字。重新出版過程中，筆者十分感謝春山出版公司盧意寧小姐的專業、耐心與建議，使本書能以歷久彌新的方式再度面世。

臺灣國族主義議題歷經多年的探討、深掘與論辯，已經累積豐富的成果，有助於臺灣政治共同體的自我理解。今日臺灣作為一個國家及其相關的國族主義主張，已經具有豐沛的社會共識。在臺灣民主轉型三十年後的今天，本書的重新出版，如果能夠鼓舞讀者回頭省視我們的來時路，思考我們曾有的期望、追求、挫敗、奮起的歷程，並因此提示凝聚共同體向心力的路徑，實是筆者衷心所願。是為序。

陳翠蓮

二〇二四年十二月三十日

舊版序：在困惑中前行

現在回想起來，會走上學術研究的道路，其實是為了替自己所經歷的種種困惑尋求解答。從小，我就是黨國教育的成功例證。曾經因為說得一口標準的國語被認為是外省人，而沾沾自喜；臺美斷交時，將當局印發的「只要有我在，中國一定強」標語貼在案頭，晨昏惕勵；美麗島事件發生，複誦著媒體的報導，嚴厲聲討黃信介、施明德等「居心叵測的陰謀分子」。

但是，學校教育與家庭教育嚴重衝突著，每每在晚飯時與父親激烈爭辯，弄得全家人食不下嚥；父親幾次脫口提到我從未聽過的二二八，都被母親急急制止；看著女兒充滿政治熱情，母親憂心之餘總是交代「有耳無嘴」、「人多的地方不要去」。直到一九八〇年二月二十八日，林義雄家滅門血案發生，讀著報紙的報導，像是遭到五雷轟頂般地震動，我彷彿看到過去所相信的世界與真實世界在眼前迸裂出一條縫隙。這年，正當高三下學期，聯考的壓力摻雜著思想的混亂，我常常在週六下午，揹著書包站立在西門町的天橋上，看著川流不息的人潮，心中卻感到異常的孤獨。

大學進了政治系，青春的喧鬧中抹不去南北差異，還有詭異的職業學生打小報告的猜疑。臺中貧農出身的學友用老舊的摩托車載我奔馳於黨外政見會場，在凜冽的氣氛中，感受民主運動人士壓抑的熱情與卑微的訴求；又受邀加入大學論壇社，在與社團朋友們的活動中，默默聆聽異於我成長經驗的南方觀點。

直到進了政治所，才真正開始接觸臺灣史。碩二選修曹永和師首次在臺大歷史所開授的課程，課後他還帶領我們研讀臺灣總督府《警察沿革誌》、王育德的《臺灣》等日文書籍，驚訝於臺灣也有歷史。初次感受到自己與腳下這塊土地的歷史連帶感，則是經由李喬的小說《寒夜三部曲》的引領，燈下夜讀，當總督府檔案中的大湖事件竟在小說中重現，進入歷史情境的年輕心靈不禁震顫而涕淚縱橫。

此後，我努力透過學術研究為自己解惑。例如，碩士論文以日治時期臺灣文化協會為主題；博士論文探討二二八事件；多次與情治機關錯身而過的經驗引發我做了一點戒嚴時期情治機關的研究；而初中就讀延平中學時的種種記憶與疑惑，催促我做了延平學院的歷史追索工作。

近年來的研究焦點集中在日治中期至戰後初期臺灣人的認同議題上，這是我的碩論與博論尚未回答的問題。自二〇〇一年暑期於中央研究院臺灣史研究所籌備處擔任訪問學人以來，得以將所思所惑就教於諸多臺灣史研究先進。同年起，並參與許雪姬教授主持的林獻堂日記解讀班，除了優游於每週一下午的時光，享受知識與學習的單純樂趣之外，與解讀班同儕所進行的種種討論，也對本書各個主題的形成與釐清有莫大幫助。二〇〇五年夏，我從淡江大學公共行政學系轉任於政治大學臺灣史研究所，與臺灣史學術社群更有機會密切互動之餘，也藉著各種學術研討會發表論文初稿的機會，尋求先輩們的賜教。本書可以說是上述學術活動的具體成果。

本書得以完成，要感謝林獻堂日記解讀班的諸師友：除許雪姬師外，還有楊麗祝、鍾淑敏、林蘭芳、高雅俐、連憲升、張季琳、何鳳嬌、曾士榮、鄭麗榕、李毓嵐、劉世溫、林丁國、陳世榮、黃子寧等人，在每週一次的討論中總能令我有意外的收穫。尤其要感謝曾士榮，他慷慨出借了吳新榮日記、葉盛吉日記影本，使得書中部分章節得以順利完成。其次，論文發表過程中，包括黃富三教授、許雪姬教授、陳芳明教授、柯志明教授、李筱峰教授、下村作次郎教授、張修慎教授、吳叡人教授等人都給予許多寶貴意見。同時，我所任教的政治大學臺灣史研究所薛化元所長與諸同仁的寬厚配合，好友張隆志的精神鼓勵，都令我銘感在心。此外，十分感謝行政院國家科學委員會提供了多年的研究計畫補助。

本書得以出版，特別要感謝曹永和文教基金會與遠流出版公司的協助。尤其是遠流公司的翁淑靜、石家瑜、高巧怡三位細心排版校對、編按索引；副總編輯周惠玲小姐安排出版事宜，辛苦備至。宋文彬先生、張良澤先生、張德南先生、葉光毅先生、鍾鐵民先生、中央研究院臺灣史研究所古文書室與遠流資料庫，慨借照片與圖片，使本書增色許多。在此一併致謝。

在我的學術研究路途上，還有三位男士必須一提。我的父親陳阿生，他質樸的正義感與是非觀，總能適時提醒所謂知識分子的虛矯與偏執；我的博士論文指導教授許介鱗博士，早年經常耳提面命不要追趕學術流行、拾人牙慧，應該發展「弱者的理論」，至今我仍謹記在心；我的夫婿陳順良，放棄他的「革命事業」以配合我的學業與工作，從小「放牛吃草」的兩個孩子，也多虧他招呼安頓。如果我在學術研究上能有一點小小的成果，最是要感謝他們。

陳翠蓮

二〇〇八年三月

於政治大學臺灣史研究所

導論

一九八〇年代臺灣政治社會運動風起雲湧，衝擊威權體制，長期受壓抑的臺灣史研究因體制鬆動開始活絡，青年研究生更一馬當先投入日治時期研究，[1]尤其有關日本統治評價與臺灣政治社會運動受到矚目。接著，一九九〇年代以來在民主化、本土化趨勢下，有關「臺灣認同」、「臺灣民族主義」成為人文社會學界最熱門的學術研究課題。

事實上早在一九七〇年代聯合國中國代表權危機時，臺灣就曾出現一波回顧日治時期歷史文化熱潮。當時有一批知識分子、文學家與政治運動者，開始關注日治時期新文學運動、政治社會運動，他們以中國民族主義抗日框架理解日治時期的運動，要求重視臺灣本土歷史，從事政治改革，而被社會學者蕭阿勤稱為「回歸現實世代」。[2]

雖然兩波臺灣史研究的興起都與時代背景有關，但一九九〇年代這波熱潮與前者明顯不同：一則臺灣剛剛擺脫威權體制壓迫，不需再受由上而下的中國民族主義框架限制，得以在較為自由開放的條件下貼近歷史事實，從事探索與思考；二則因為民主化、本土化啟動，人們對於臺灣未來發展充滿樂觀期待，相應之下更熱切希望瞭解我族的身世、共同體形成的歷史，藉以自我定位、凝聚共識與展望未來；第三，前一波熱潮以文化界人士為主，後一波則因為威權管制解除使學術環境鬆綁，學界青壯代研究者大量投入，開展了與過往不同的研究路徑，使得臺灣認同研究得以在國際經驗下進行理論性的探討。

由於新生政治共同體對自身歷史的探索焦慮與集體需求，一九九〇年代臺灣史研究的重心集中在日治時期，有關「臺灣認同如何形成」、「臺灣人是一個民族嗎」、「臺灣人是否追求獨立」等成為核心議題。

筆者的學術研究工作正是在這樣的環境條件下展開。一九八七年六月筆者以日治時期臺灣文化協會為主題取得碩士學位後，仍無法回答以下問題：一九二〇年代臺灣政治社會運動被總括為「臺灣民族運動」，[3]但是這些運動並未公開訴求建立自己的國家，這樣可以稱為「臺灣民族主義」嗎？甚至，日治時期政治社會運動也不曾明確訴求與中國的關係，這樣可以算是「中國民族主義」？既非臺灣民族主義、也非中國民族主義的運動，可以稱得上是「民族主義運動」嗎？

一九九四年六月，筆者完成以二二八事件為主題的博士論文，心中更大的困惑是：戰後初期批判國民黨政府統治的人們，與日治中期政治運動者高度重疊，日治時期他們抵抗殖民統治，戰後迎來了中國政府不久，卻爆發更大規模、全島性的反抗行動。從日治到戰後，臺灣人一再反抗，究竟他們在追求什麼？

長期以來臺灣史的分期習慣以統治政權為依據，近四百年來的臺灣史被分為荷治、明鄭、清領、日治與國民黨統治時期，這顯然是站在統治者的立場來看歷史，統治政權一換手，就開啟了新時期。此種歷史分期與臺灣社會割離，並未考慮人民生活變化、經濟發展型態、都市化程度、社會整合狀態等各方面的轉變，也未關照到土地上人群集體意識的形成與發展。因此，以統治者作為政治史分期標準的作法並不合宜，有重新考量的必要。

日治中期一九二〇年代以來，知識分子所帶領的臺灣政治社會運動，抗議日本殖民帝國統治，標舉「臺灣是臺灣人的臺灣」，並對集體未來進行討論。二戰結束後，殖民者戰敗離去，新統治政權到來，在短短時間內就爆發全面性抵抗，糾葛已久的認同問題受到劇烈衝擊。筆者認為，從日治中期到戰後初期，大約一九二〇至一九五〇年代，是臺灣政治史上國族主義形成的重要階段。

一九八七年解嚴以來，臺灣有關國族認同爭議一波又一波，從國會全面改選的代表性疑慮、臺北市長選舉的「中華民國滅亡」恐懼，到《認識臺灣》教科書的親日反華指控，每每引發臺灣社會激烈衝突、對立。值得注意的是，臺灣認同相關問題並非解嚴以後才出現，只是戰後戒嚴近四十年期間遭到強力壓制、掩蓋，民主化之後終於得以重見天日、公開被討論。

臺灣這塊土地上的人們，何時開始出現以全臺灣為規模的集體意識？為何以「臺灣人」自我命名？又如何思考群體的政治處境與未來歸屬？這在任何國家的政治史上都是最核心的議題。重新爬梳一九二〇到一九五〇年代土地上人們的集體思維與情感，追溯臺灣認同形成的過程，將有助於廓清戰後臺灣國族認同問題的來龍去脈，提供不同族群間相互理解與對話的基礎。

一、「臺灣人」的出現

一九二〇年代，臺灣被納入日本帝國版圖已超過四分之一個世紀，在這個新興民族國家的統治下，政治方面，透過土地、山林田野調查、人口普查、慣習調查等施展國家統治技藝，並以敉平武力抗日運動、普設警察派出所與地方行政機構等手段，使統治權力深入滲透到全島各角落。社會方面，鼠疫、霍亂、傷寒等傳染病被肅清，全島縱貫鐵路貫通、地方交通網絡次第完成，人民移動性提高，地域內的溝通、往來與互動得以達成。教育方面，總督府著手初等教育，透過官定語言的推動，對島民進行政治社會化與均質化的作用。以上種種都提供了人們產生近代性共同體意識的基礎條件。

依照安德森（Benedict Anderson, 1936–2015）的說法，日本模仿十九世紀中期歐洲的「官方民族主義」（official nationalism），對殖民地進行統治與塑造，但是與其他殖民地人民一樣，臺灣人民受到差別待遇、無法如日本人一樣平等參與國家統治機構。尤其，殖民地臺灣的知識分子赴日本內地求學，在教育體系、行政體系攀援過程中備嘗艱辛，此種被排拒、被歧視的共同經驗使他們深刻體認到自己雖是日本國民，卻不同於日本人。這就是安德森所說的「世俗的朝聖之旅」（secular pilgrimage）的挫折，正是殖民地民族主義出現的重要關鍵。[4] 一九二〇年代，受到殖民母國所引進文明思想薰陶的臺灣知識分子發起反殖民運動，喊出「臺灣是臺灣人的臺灣」主張。此時以全島為範圍的「臺灣人」自我命名出現，臺灣人被想像成與日本人不同的政治文化共同體。筆者認為，這樣的「臺灣人想像」經過抵抗運動不斷地論述與實踐，於不同時空下與殖民統治當局的鬥爭與拉鋸，當日本政府戰敗離去、新的統治政權到來，仍繼續發揮不可忽視的作用。

針對一九二〇年代臺灣的政治社會運動及國族認同問題，已有許多可觀成果，本書主要對話的對象，依時間順序分別是方孝謙、荊子馨、吳叡人的作品。這三位學者的成果不乏洞見，可以作為日治時期臺灣認同或臺灣民族主義研究的詮釋代表，但其中也有令筆者感到困惑、有待商榷之處。

方孝謙以後殖民研究學者巴巴（Homi K. Bhabha, 1949–）與查特吉（Partha Chatterjee, 1947–）的理論搭建一套架構，然後將日治中期的種種政治論述放入其中、得出結論，認為一九二〇年代臺灣漢人的公共論述與民族想像充斥著模糊游移的情況，知識菁英對於「我們是誰」的意見各取所信，一般大眾更缺乏集體認同。他認為此種缺乏一貫性的意識形態力量，並不足以鼓舞當下的臺灣民族主義，因此他贊成安德森所說，「在臺灣二十世紀的歷史過程中，日據下發生的『殖民地民族主義』並不影響目前勃興的所謂『歐裔民族主義』。」[5]方孝謙的史料解讀並不注重前因後果，有去脈絡化之嫌，並且，他跳過戰後初期那段重要的歷史，直接將日治的集體認同嫁接到當前的臺灣民族主義，自然難以看出其中的關連。這種談法有些取巧，如果將日治時期與戰後初期的集體認同進行連續性檢視，或將二二八事件也放入討論的範圍，就不會輕率得出上述結論。方孝謙否認日治時期臺灣人已形成「我們是誰」的集體認同，但若不是日治中期以來臺灣人就形成了某種集體認同，劃定特定範圍與想像內容，這些人群何以能夠在戰後初期極短時間內迅速凝聚共同意識、採取集體行動、發動全島性全面抵抗？

荊子馨的作品指出，日治時期一九二〇年代以資產階級為首領導的政治社會運動，因受限於階級利益，具有高度妥協傾向。他主要以文學作品作為分析文本，認為日治末期殖民當局的皇民化論述，營造了「不當日本人不行」的壓倒性集體焦慮與政治欲望，將殖民地人民的主體與認同做了徹底的轉化，其後果一直影響到後殖民時代的今天。[6]如果真如書名所暗示或明示的，日本統治下臺灣人集體心靈已被改造「成為日本人」，為何日本戰敗時臺灣人不是與日本人同悲、拒絕中國接收，反而有許多人慶幸脫離日本統治、歡迎國民政府接收？

吳叡人的論文則認為，日治統治五十年後，臺灣人已在政治上與文化上明確形成臺灣民族主義，他稱之為「福爾摩沙意識形態」。在政治方面，無論是臺灣議會設置請願運動、臺灣共產黨、臺灣民眾黨，都把臺灣人或臺灣民族想像成一個擁有民族自決權的「被壓迫民族」或「弱小民族」；臺灣民族在政治反抗與實踐中被創造出來。[7]他又認為，一九三〇年代以後因政治運動被壓制，政治鬥爭的能量轉向文化鬥爭領域，本質主義式的臺灣民族文化論述已逐漸形成。[8]吳叡人認為「這兩個先後出現的論述：臺灣人擁有自決權與國家主權的政治民族主義，與臺灣民族文化的文化民族主義，共同構成了在日本殖民統治下出現的現代臺灣民族主義的內容」。若果真如上述樂觀看法，那麼日本帝國戰敗離去時，已形成政治民族主義與文化民族主義的臺灣人為何未在這個絕佳歷史時機表達當家做主的意願、實踐其國族論述、像多數殖民地一樣要求獨立建國？為何當時反而有許多人歡迎「祖國政府」統治？

對於我的這些質問，吳叡人在近年的論文中提出修正。他說，日治末期「臺灣人」的身分認同已經形成，但是這是一個政治意義尚未穩定的「臨界性認同」（liminal identity），游移在「臺灣人」和「日本人」、「國家」與「地方」、「民族」與「族群」之間。他強調，二戰後因為戰勝國意志與波茨坦秩序，迫使林獻堂等右翼臺灣菁英必須以積極歡迎的行動來洗清「通敵」罪嫌，在恐懼報復之下，向新政權輸誠是最理性的選擇，以此自保並獲取最大利益。在如此解釋下，吳叡人指出，終戰後第一波右翼菁英所主導的認同動員，其動員方向是逆轉日本化，將臺灣人重新導向對新宗主國中華民國的認同。[9] 但吳叡人的上述修正卻衍生更多疑問：所以他也同意日治時期的「臺灣人認同」並不等於「臺灣民族主義」？依照他所述，右翼菁英林獻堂等人應是高度理性算計者，果真如此，為什麼他們不在日治時期與控制力強大的總督府合作、向它效忠，以換取更多利益，反而從事臺灣人運動？為什麼他們直到戰後才突然清醒過來、積極向新的宗主國輸誠？又，掌握所有統治資源的臺灣總督府窮盡五十年都無法使臺灣人變成日本人，臺灣右翼菁英林獻堂等人竟然如此神通廣大，僅以戰爭結束後短短兩個月時間，就能成功動員臺灣人歡欣鼓舞成為中國人？

以上三位學者的研究都指出日治中期以來臺灣人認同議題已浮現，但所提出的各不相同的詮釋方式卻都無法與戰後初期歷史銜接，甚至與戰後政治現象發生矛盾。與歷史事實明顯斷裂，使得三位先行研究者的解釋力大打折扣。

二、認同與抵抗

國族認同（national identity）是一個抽象的概念，簡單而言，是指個人主觀認為自己歸屬於哪一個政治社會單元的集體意向表達，而這個政治社會共同單元指的是族國（nation state）。[10]正因為國族認同伴隨著政治社會共同體而來，所以常與國族（nation）或國族主義（nationalism）相混淆。英國比較政治學者伯奇（Anthony H. Birch, 1924–2014）區別兩者的差異在於，國族認同是一種情感（sentiment），而國族主義則是一種信條或意識形態（doctrine or ideology）。[11]

國族認同的對象是國族（nation），nation 一詞包括文化與政治意涵，以往多譯為民族，但易與族群（ethnic）概念相混淆，令人望文生義忽略其政治意涵，故近年來也譯為國族。此一概念在本書中多用國族，但因引用學者論述，或為考慮行文通暢，有時會稱民族。

國族與國族主義的定義與起源，學界有極多討論、甚至爭辯。粗略來說，有關國族及國族主義研究大致分為三種取向。第一種取向把國族視為一種依人類原生的特質（primitive in character）而形成的自然群體，而這些特質是人類所與生俱來，不可改變的。如德國思想家赫德（Johan G. Herder, 1744–1803）把國族視為上帝所創造的自然的、準永久性的實體（natural, quasi-eternal entity created by God）。[12]這種強調外顯的、足以區辨的條件，例如血緣、語言、文化、宗教、風俗、傳統等，被稱為「本質論」（essentialism）或「原生論」（primordialism）。持此種主張的國族主義論者傾向於把國族視為一種有機體，個人的價值受群體而界定，個人應以群體利益至上、至死效忠，而有走向種族主義（racism）的危險。

第二種取向是把國族視為西方國家現代化過程的產物，被稱為「現代論」（modernism）。此類論者之間又稍有不同，有些學者著重現代化過程中非人為因素造成的結果，例如杜意契（Karl W. Deutsch, 1912-1992）鋪陳西方國家因工業革命成功致使社會流動加速，社會溝通的功能強化，經過六個階段而形成了國族，他稱之為「國族建造」（nation-building）的過程。[13] 有些則強調工業化過程中的人為作用，尤其是國家機關（the state）在取得有利地位後由上而下地強力作為，如蓋爾納（Ernest Gellner, 1925-1995）所指出，工業社會的「高級文化」（high culture）使得每個個人必須取得更多的技術與能力，以便在工作與職位間移動，國家機關因而有義務發展教育體系以因應此種工業社會文化，也因此取得有利地位，壟斷教育，塑造國族認同與愛國主義以取代早先存在的價值體系。[14]

第三種研究途徑則是把國族視為一種特殊的「文化人造物」（cultural artifacts）。最膾炙人口的著作如安德森的《想像的共同體》（*Imagined Communities*）一書，他論述西方中世紀以來世界性宗教共同體的衰退、十八世紀初歐洲興起的小說與報紙書寫型態，加上資本主義、印刷科技、人類語言多樣性等因素的因緣際會，使得「國族」這種新的想像共同體，取得了發展的可能性。國族主義運動的第一波來自南北美洲的殖民地，因為歐洲殖民母國對當地歐裔移民的制度性歧視使他們共同感受了「朝聖之途受縛」（cramped pilgrimage）經驗，於是轉而將殖民地想像為自己的祖國，將殖民地上的人民想像成自己的同胞。這種國族主義在十九世紀上半葉擴散到歐洲，形成第二波、第三波的國族主義運動，最後並成為亞非殖民地對抗殖民母國的公式。[15]霍布斯邦（Eric Hobsbawm, 1917–2012）同意蓋爾納所指出國族建構過程中人為、發明與社會工程（artifact, invention and social engineering）三種因素的重要性，但霍布斯邦認為國族不僅僅是國家機關為了凝聚共同體意識所進行的由上而下的「被發明的傳統」（invented traditions），還需要來自非官方的人民的支持，而下層中產階級就是一八七〇至一九一八年間強烈認同國族主義、甚至將之轉變為沙文主義、帝國主義、右派排外運動的主要力量。[16]

由上可知，第二種與第三種觀點具有共同之處，即他們都不認為國族是人類外在特性所自然形成的政治社會共同體，都強調國族建造過程中的人為的、主觀的創造因素，因此被統稱為「建構論」（constructivism）。

但是上述這三種解釋仍被認為有不盡圓滿之處，例如英國政治理論學者米勒（David Miller, 1946–）就指出，國族或者國族認同其實不盡然是近代的概念，從歷史的過程來看，中世紀的英、法就以nation這樣的辭彙來區別自我與鄰族，甚至在希臘、羅馬時期就已出現強調人民特性、故土（homeland）情感、對群體效忠的德性等近代國族的組成元素，所以他認為現代論與種族論可以說是各對一半。[17]

政治學家史密斯（Anthony D. Smith, 1939-2016）雖被視為建構論的一員，不過他卻努力標示著國族建構過程中，族群性（ethnicity）因素的重要性，其研究也一貫地著力於究明族群如何轉換成為特定國族。[18]他同意「想像」（imagination）是理解國族主義或創造國族意識的重要部分，這種把國族看作是現代社會的建構物或歷史發明的詮釋方式始於戰後，尤其是杜意契以社會溝通理論提出「國族建造」的觀念後，政治學家、歷史學家接踵其後，到了霍布斯邦與安德森，可說是此種觀點的極致。但史密斯並不全盤接受此種過度強調「國族是人為建構而來」的看法。針對霍布斯邦視國族為「被發明的傳統」，史密斯認為國族主義者的任務與其說是發明傳統或國族，不如說是在諸多歷史選項中選擇、重新組合（recombine）、重新詮釋（reinterpret）其神話、象徵、記憶與傳統。再者，**他也批評安德森的論述貶抑了「先在族群情結」**（pre-existent ethnic ties）**的重要性，他認為正是先在族群情結這種共同體逡巡不去、生動鮮活的情感，被近代國族的創造者取用為其再建構工作的基礎。知識分子的所謂想像或敘述**（narration）**事實上都受限於過去的政治或族群條件**，國族的出現與其說起源於印刷語言，不如說是有力的政治單元與共同體認同的交互作用，因此**不能輕忽過去且持續的族群與政治因素的重要性**。[19]

筆者認為史密斯的觀點具有相當的啟發性，主要原因不在於他在沸沸揚揚的建構論中獨樹一幟，而是他試圖在建構論與原生論間搭建起橋梁，在國族的現在與過去間尋求連結，讓國族的人為建構根植於歷史血緣等基礎之上，而不是點石成金的人為操作，不致流於海市蜃樓般的憑空想像。

歸納學者們的看法，國族是指一個政治與文化的共同體，它包括兩個重要面向：一是在文化上，成員們共同定居於某塊土地上、有著共同的過去與共享的歷史、並擁有共同的文化（common culture）。[20]**二是在政治上，成員們主觀地認為自己是不同於別人的一個群體，他們希望能夠在特定的土地上擁有主權（sovereignty），產生自己的政府，自己統治自己。**[21]用蓋爾納的話說，國族主義即是「追求文化與政治合一，在文化之上賦予它獨有的政治屋頂」，[22]而對於這樣在文化上標舉自己的特性，並在政治上要求自我統治的共同體情感與選擇，即是國族認同。

政治學者與社會學者提醒我們，**國族認同不單只是情感取向而已，它同時受兩個力量的牽引：情感歸屬和理性選擇。一方面，有些人將國家選擇視為情感性的終極價值，心理取向**

與歸屬感；一方面，有些人的國家選擇是基於理性的利益計算，是一種現實條件的衡量。[23]近年來有研究者從理性抉擇觀點（rational choice perspective）討論認同問題，認為國族主義與政治認同往往與個人理性、集體利益、資源分配、權利保障等動機有關。例如柯勒曼（James S. Coleman，1926–1995）研究共產主義瓦解後前蘇聯地區的各個族群與國族主義抗爭，發現權利的分配（allocation of rights）是理解國族主義起落與抗爭的核心因素，當某些權利配置受到質疑，將引起其他團體以權益保障為訴求進行抗爭，尤其族群團體（ethnic groups）的成員往往一起行動爭取共同目標與利益，進而成為國族主義。[24]國內外也都有實證研究指出，利益取向與理性選擇是影響國族主義集體認同之重要因素。[25]亦即，**國族認同並非固著不動的，它會因為個人或群體權利與利益的考量，在不同時空條件下出現轉變**。

一九二〇年代的臺灣，日本帝國建立了近代國家型態的有效統治，同時也提供了形成近代性共同體意識的基礎條件。臺灣人並非自始堅持抵抗成為日本人，也有理性與利益的考量，例如一九一五年組成同化會即是一例。但日本殖民當局與在臺日人操作同化政策，使同化政策始終是「愚民的招牌」、「榨取的別名」。[26]因為臺灣人民所受到的權利剝奪與差別待遇，如同殖民地國族主義出現的重要關鍵，因此展開近代式殖民地抵抗運動。經過長期的抵抗運動，臺灣人雖然沒有能夠打破殖民體制，但是抵抗運動所累積的論述與實踐，逐漸形成明確的共同體目標。戰爭結束，臺灣人原本欣然成為中國人，以為能夠實現日治時期追求的目標，從此可以「出頭天」，卻發現祖國來的統治者與異族統治者無異，面對同族的再殖民，終於爆發全島性的抵抗運動。

抵抗（resistance）是個人或團體挑戰、改變或保留特殊社會關係，乃至機制、權利、利益、價值的行為。[27]本書透過探討臺灣人在日治時期與戰後初期的反殖民抵抗行動，來勾勒出臺灣人集體認同的特性。

何謂「殖民」（colonization）？日治時期著名的殖民政策學者矢內原忠雄與山本美越乃都指出，殖民不只是一個社會群體移住到另一個新的地區從事經濟社會活動而已，更重要的條件**是在殖民母國與殖民地之間，建立了政治上的從屬關係。**[28]**近年來的後殖民研究則強調，殖民主義的權力關係不只建立在政治宰制之上，更有深入肌理的支配模式，即在文化上發展出「殖民論述」**（colonial discourse）**，形成一種殖民者／被殖者對應於優越／低劣、高級／低俗的知識體系，在這種刻意建構出的意識形態下徹底摧毀被殖民者的自我認知。**例如法農（Frantz Fanon, 1925–1961）、薩伊德（Edward W. Said, 1935–2003）的著作淋漓盡致地拆解了此種權力詭計。[29]簡而言之，這種將被統治者在政治上從屬化、文化上汙名化的權力支配型態，就是殖民統治。

二戰後許多亞非殖民地脫離帝國統治，紛紛獨立，但異族統治終結或殖民帝國離去，未必保證就能「去殖民」（decolonization）。因為國族菁英往往模仿原殖民帝國的國族主義、承襲原殖民者的地位，要求集體忠誠，壓迫大眾，於是造成「以前，壓在頭上的，是歐洲的白人；現在，是同種的新貴」的現象。[30]此種異族殖民結束後、殖民結構並未稍變的統治型態，即是「再殖民」（recolonization），甚至，可能是來自同族同胞的再殖民。

傳統研究以為反殖民抵抗必須是公開的奮起行動、旗幟鮮明的反對力抗，但實證研究指出，一般人民的反殖民抵抗可能以種種方式出現：日常生活中的抵制、冷漠態度、移民、出逃、農民反叛等等；採取這些抵抗方式的個人或團體儘管都努力要改變殖民體制與秩序，但卻很少有將反殖民抵抗當做國族主義運動、大規模反抗的行動出現。[31]人類學家史考特（James C. Scott, 1936–2024）對馬來西亞農民抵抗運動的研究更是廣為周知，他指出農民經常以怠工、偷竊穀物、破壞農具、造成損失等等種種方式，對抗宰制者。他把這些邊緣的、日常的、非正統的抵抗方式稱之為「弱勢者的武器」（weapon of the weak）。[32]而後殖民學者研究也發現，抵抗不一定來自正面對抗，也可能是透過日常生活中不明顯的、隱藏的、扭轉的、協商的方式，來對主流文化或宰制機制產生一種轉變的效果。[33]

歷史學則注意到戰爭時期與高壓統治下人們政治行動的複雜性與模糊性。傅葆石研究上海從孤島到全面淪陷的黑暗時期，中國文人面臨道德與政治難題，因此發展出三種回應方式：

一種是消極退隱、保全性命，維持基本尊嚴；一種是迴避參加反抗組織、僅在劇作中呈現抗敵精神；一種是附逆合作，卻以遺民自居、自我辯護，此即私德與公義之間糾葛拉鋸、人性與理智之間的策略選擇。[34]卜正民（Timothy Brook, 1951–）也以日本占領下中國五個地區仕紳階層與敵人合作為案例，指出所謂占領區下的「通敵」實際上充滿各種虛與委蛇、角力鬥爭、時而共謀、時而抵抗等複雜面貌，他更進一步提醒歷史研究應該擱置愛國主義、政治歸罪、人道主義、道德訴求四種價值判斷，避免忠奸之辨二分法將使真相消失在歷史中。[35]因此，在**觀察日治時期臺灣的反殖民抵抗運動時，不能以過度簡化的抵抗／屈從二分法為準，將正面對抗以外的行動都視為協力（collaboration）；其次，除了正式的政治運動外，也不應忽略其他非傳統的抵抗型態所發揮的作用**。

本書所收錄的七篇論文，乃是基於以上架構所進行。首先，本書主要從政治與文化面向來探討日治中期到戰後初期臺灣知識分子為主的國族主義與國族認同特性。其次，本書各章試圖呈現政治上、文化上、菁英的、群眾的、日常的、戰時的、正式的、非正式的各種型態反殖民抵抗行動。再者，國族認同包括情感與利益兩個面向，本書除了觀察臺灣人在情感層面所顯現的政治認同傾向外，也著重利益與權利等理性選擇因素對臺灣人國族主義形成所產生的影響。

三、本書各章節與內容

本書以國族認同與反殖民抵抗為主題，筆者認為，日本帝國與殖民地臺灣不能以簡單的日本／臺灣、殖民／被殖、壓迫／反抗、抵抗／協力等單純的二元對立觀點視之，而是在「西洋—日本—臺灣—中國」的多重關係與脈絡下，其間的認同與抵抗複雜交錯，必須更加細膩的進行剖析與觀察。

本書由一系列論文所組成，各篇論文環繞著國族認同與殖民抵抗的共同焦點，並依時間順序列論。導論部分針對本書的問題意識、研究範圍、主要概念與架構加以說明，全書主體七章分為三個部分。

第一部探討一九二〇年代臺灣人的抵抗運動，分別包括三章。第一章〈自治主義的進路與局限〉探討一九二〇年代以來臺灣議會設置請願運動為主的自治主義路線政治運動，其揭櫫的訴求、理念與運動推進，藉此觀察殖民者與被殖者之間相互滲透的錯綜關係。自治主義運動展現了殖民地人民的自主意識，也標示出臺灣人共同體的範圍與自治目標，並穿透殖民者陣營尋求助力；但自治主義運動受日本內地大正民主運動影響甚深，臺灣人自我形象認知也受統治者所建構的殖民論述限制，體制內抵抗路線終有難以突破的困境。第二章〈以文化作為抵抗戰場〉，透過一九二〇至一九二七年《臺灣民報》中有關臺灣文化的論述，來分析文化協會分裂前知識分子對臺灣文化的想像與建構。此時期的臺灣文化論述跳脫出本土主義或同化主義的兩極窠臼，追求自由、尊嚴、平等、進步等近代價值與精神文明，隱含著超越殖民母國、直接取法其背後更高位階文明的企圖，並希望透過自主的語文工具與近代文明接軌。但語文工具的選擇涉及共同體想像與便利性等問題，存在實際困難；又，偏向菁英主義、激進型態的文化改革取向也與傳統文人及普羅大眾出現緊張關係。第三章〈菁英與群眾：文化協會、農民組合與臺灣農民運動〉鑿討論抵抗運動中不同階級的思考取向與行動落差。一九二〇年代以來的臺灣文化協會反殖民抵抗運動固然開拓了社會氛圍與行動空間，但因菁英所訴求的政治社會運動目標與農民的現實生活需求未必一致。從史料與數據檢證，農民運動的發展並非來自知識菁英的介入或遵循菁英的指導，而是依據農民自身的理性邏輯行動，進退之間實保有高度的自主性。

第二部分析臺灣認同與漢人認同的糾葛，參考史密斯所提示「先在族群情結」在國族想像中不能忽視的重要性，分析臺灣認同形成過程中「祖國情結」的影響。臺灣社會組成以漢人為主，此一先在族群差異經常成為抵抗運動者主張無法同化於日本的理由；同時，日本政府的殖民壓迫更讓臺灣人寄情期待於「祖國」。第四章〈想像與真實：臺灣人的祖國印象〉，以謝春木、黃旺成、吳濁流、鍾理和四人的遊記與文學作品為文本，探討一九三〇至一九四〇年代知識分子所懷抱的祖國情懷。族群情結帶有強烈的情感特性，日治下的臺灣人並非沒有機會認識中國，例如四人的祖國之旅都不約而同地發現中國的落後性與遲滯性，但卻又都一廂情願地為祖國辯護，顯現情感取向壓過理性思辨、感性期待凌駕於眼見真實的現象。臺灣人對祖國的情感、包容與期待，是日本戰敗戰後臺灣社會歡迎中國統治的主要原因。第五章〈戰爭、世代與認同：以林獻堂、吳新榮與葉盛吉為例（1937-1945）〉，透過不同世代三人的日記檢視戰爭體制下臺灣人的生活實況、進退選擇與國族認同變化。戰爭局面迫使臺灣人在日本與中國之間做出抉擇，割臺世代林獻堂與大正世代吳新榮都各有應付時局要求的對應方法與生存之道，自幼受帝國教育戰爭世代葉盛吉，則有鮮明的日本認同，不同世代間出現呈現認同差異。本章也指出，戰爭時期的官方宣傳固然影響局勢判斷，決戰局面也迫使殖民地人民與母國利害與共，但臺灣人與總督府的協力關係仍存在明顯的權宜性質，戰火下保全鄉土的意志與本土認同則明顯增強。

第三部探討戰後初期的認同衝擊。第六章〈「新生臺灣」的頓挫：延平學院創立始末〉以「新生臺灣建設研究會」與延平學院的創立經過，梳理戰後初期臺灣知識分子積極建設臺灣的熱情如何遭受挫折與打擊。臺灣菁英原本以為祖國重光，從今而後可以重做主人，繼而熱心建設鄉土，以此奉獻於新國家。但是中國政府不信任臺灣菁英，不但阻撓他們插手高等教育，並藉二二八事件加以清除，延平學院的遭遇是戰後初期臺灣菁英處境具體而微的縮影。第七章〈戰後初期臺灣人的祖國體驗與認同轉變〉，透過對比戰後初期的官方作為與民間期望，呈現政治從屬化、文化汙名化的再殖民現象。戰後初期的祖國體驗，令臺灣社會大眾強烈感覺如同日本統治下的殖民情境，日治時期出於反殖民抵抗而形成的臺灣人認同重新被喚起，追求臺灣自治的政治目標、文明進步的文化理念再度登場，有關臺灣前途的各種方案陸續被提出。在此脈絡下，二二八事件並非突如其來的偶發意外（accident），而與日治以來的反殖民抵抗經驗有著密切的歷史關連。

結論部分將總括本書的發現。筆者將以國族主義理論作為參照，指出一九二〇年代臺灣人共同體意識形成的原因、特性；此些特性在戰後初期如何被延續，並形成對新統治者的另一波抵抗行動；最後提示一九二〇至一九五〇年代臺灣人認同形成與抵抗行動所呈現的重要意義，作為思考臺灣社會當前認同議題與未來集體方向的基礎。

第一部

一九二〇年代臺灣人的抵抗運動

第一章　自治主義的進路與局限

一、緒言

日治時期臺灣近代式政治運動大體可以區分為三個派別：一是地主士紳階級為主的殖民地自治運動，如臺灣議會設置請願運動。二是社會主義者為主的階級革命運動，如後期的臺灣民眾黨。三是以祖國派臺灣人為主的復歸中國運動，如戰爭時期的臺灣革命同盟會。第一類地主資產階級所主導的自治主義運動，訴求既不勇敢果決、行動又不鮮明討喜，被譏為「做慈善事業」的運動觀，缺乏左翼運動扶持階級弱勢的思想光環，早就遭受來自抵抗運動陣營內部的質疑與壓力。[1]戰後在嚴峻的中國國族主義氛圍下，抗日史觀是主流論述，臺灣人的武裝抗日、祖國派臺灣人的復臺努力成為強調的重點。即使在解嚴後政治氣候已有所轉變，日治時期地主資產階級的運動仍被批判是「力圖在殖民地體制內妥協，以謀保身」，甚至是「分享殖民地利潤殘羹的共犯結構」。[2]

然而，自治主義路線政治運動具有多重、複雜的性格，如果僅僅以抵抗／屈從、或國族主義角度檢視，或因該路線未採強硬對抗手段而批判之，不啻是無視日本帝國統治環境、脫離歷史脈絡的主觀要求。一方面，自治主義政治運動為追求臺灣人權利向日本當局抗爭，具有反殖民抵抗特性；另方面，此一路線接受日本帝國統治現狀，在體制內進行請願，又隱含妥協性格。自治主義運動手段訴諸合法途徑而非革命鬥爭，看似溫和，但長期不懈地從事行動卻令殖民當局感到如芒刺在背。該運動看似支持立憲主義，卻又主張臺灣特殊性，令帝國政府自始即懷疑其意在臺灣獨立。如此曲折婉轉的抵抗運動，其中所隱藏的思考與策略，值得投注更多關注。

學界對於臺灣議會設置請願運動等自治主義政治運動的研究，以若林正丈的〈大正デモクラシーと台灣議會設置請願運動〉[3]與周婉窈的《日據時代的臺灣議會設置請願運動》[4]最具代表性。若林正丈主要從日本國內政治動態著眼，分析政黨政治、議會政治與殖民政策對臺灣議會設置請願運動的影響，周婉窈則著重臺灣議會設置請願運動各期的活動實況、起落發展，兩者各有偏重。筆者認為日治時期自治主義運動仍有許多值得討論的問題，包括：1.自治主義運動與日本內地大正民主思潮的關係；2.自治主義政治運動的理論與訴求；3.自治主義論述的貢獻與影響；4.自治主義路線的局限性。本章將指出自治主義政治運動中臺灣菁英一面複製、挪用殖民者的論述，一面展現出高度自主性，不但展現殖民地人民「以子以矛、攻子之盾」的機智靈巧，並勾勒出以臺灣全島作為我族共同體想像的空間範圍。但同時，本章也將探討自治主義路線複製殖民者論述、遵循殖民者遊戲規則，所導致難以突破的困境。

本章中所稱的自治主義路線以一九二一至一九三四年的臺灣議會設置請願運動為主。自治主義的名稱來自一九一九年日本臺灣留學生對於如何爭取臺灣人地位，所提出的「臺灣完全自治」與「內地延長主義」兩大路線之爭，兩者分別代表了自治主義與同化主義的精神，[5]本章援用而稱之。一九三〇年八月所成立的臺灣地方自治聯盟，其運動層次、訴求目標與議會設置運動雖有不同，已是政治運動的強弩之末，但仍可視為自治主義路線的延伸。

其次，本章討論的自治主義路線論述以林呈祿與蔡培火為主，旁及其他臺灣議會設置運動的參與者。林呈祿是明治大學法科出身，臺灣議會設置請願運動主要文獻由其執筆，他自一九二二年四月陸續接辦《臺灣》、《臺灣民報》、《臺灣新民報》，該三刊物一脈相承鼓吹臺灣議會設置運動，林氏始終擔任主筆重任，[6]堪稱是自治主義運動的旗手。蔡培火從一九二一年元月臺灣議會設置運動第一回請願到一九三四年停止提出，除一九二五年二月因治警事件被禁於獄中外，每次請願皆主辦其事。[7]他長期以來往返於臺灣與東京間遊說日本朝野、推動臺灣議會設置、交涉《民報》許可與羅馬白話字等，其生活所需則依賴同志供給，[8]無異是職業政治遊說家。此二人是自治主義政治論述與運動的靈魂人物，具有相當代表性。

二、殖民母國的啟示

矢內原忠雄在其著作《帝國主義下の臺灣》一書指出，殖民地解放運動大抵是由海外發動的，臺灣也不例外，其先驅是一群東京留學生。[9]國族主義研究者安德森也認為殖民地知識分子因受到殖民母國近代化文化的啟蒙與洗禮，起來反抗，在亞非地區掀起殖民地民族主義。[10]殖民地臺灣的反抗運動與世界各殖民地循著同樣的模式，青年知識分子從殖民母國學習了近代化知識與理論，並將此當作武器，反過身來對抗殖民母國。

據日本官方統計，臺灣青年留學日本的風氣大約始於一九〇一年，至一九〇八年時，東京的臺灣留學生約有六十名，此後逐年增加；一九一二年日方興建高砂寮供留學生居宿，一九一五年臺灣留學生約三百多名，一九一九年則有八百名左右，至一九二二年已激增到二千四百多名。[11]

臺灣留日學生激增之際，正值日本國內政治與社會劇變的大正民主時期。江口圭一歸納日本學界對大正民主時期的研究，認為最主要包括兩大方向：一是政黨為主，探討政黨政治帶來的改變，一是人民為主，關注以獲取政治自由為中心的民眾運動，前者以三谷太一郎、後者以松尾尊兊為代表。[12]三谷太一郎的大正民主研究焦點是日俄戰爭後政黨成立、到第一次普選三個合法無產政黨成立，其間政治民主化與政治體制政黨化的過程。他認為大正民主體制即政黨內閣制的確立過程，這是戰後日本政治得以再生的重要因素。[13]松尾尊兊將大正民主界定在一九〇五到一九二五年之間，此期間日本國內的政治、社會與文化各方面都有顯著的民主主義傾向，並產生以政治自由、公民自由為目標的各種民眾運動。[14]

太田雅夫也指出，廣義而言大正民主包括日俄戰爭結束以後到普選法案通過，即一九〇五到一九二五這二十年間，各階層民眾爭取民主的思想與運動的總稱。他進一步將大正民主分為三個階段：第一階段是日俄戰爭結束到第一次世界大戰（一九〇五─一九一四），此時期的主要思想理念是立憲主義，包括島田三郎、尾崎行雄、浮田和民、高田早苗等人為主的中產階級政黨所主導的運動；第二階段從投入一戰到原敬內閣成立（一九一四─一九二〇），此時期是普選運動的高潮，主要思想是民本主義，由吉野作造、大山郁夫等知識人所主導的運動；第三階段從普選運動分裂到勞動農民黨結社禁止（一九二〇─一九二五），此時期以社會主義成為主流，是東大新人會、早稻田建設同盟會、勞學會等激進青年所主導的階級運動。[15]

而大正民主時期正是臺灣青年到殖民母國日本留學人數不斷攀升之時。從立憲主義、民本主義到社會主義，臺灣留學生及島內青年無不亦步亦趨，深受內地運動思潮的薰陶與影響。

尤其一九一九年朝鮮爆發三一獨立運動，使得殖民地統治問題端上檯面，在此之前日本輿論界、知識界鮮少對朝鮮統治、殖民地問題投以關注眼光。三一事件迫使新朝鮮總督齋藤實以徹底同化政策為目標、推動「文化主義」統治方針，因此有關殖民地朝鮮應該採取同化政策、自治主義或是民族自決等各種主張引起熱烈討論，這三種論調分別以中野正剛、吉野作造、石橋湛山為代表。[16]

一戰後日本國內思潮激盪，政黨政治、普選運動、民本主義當道，國際間也瀰漫美國威爾遜總統（Thomas W. Wilson, 1856–1924）所提出「民族自決」原則，殖民地獨立運動風潮席捲。朝鮮三一獨立運動發生後，憲政會總裁加藤高明公開主張朝鮮自治，使得在東京的臺灣留學生對臺灣政治改革的想法轉為積極，「民族自決」、「完全自治」成為響亮的口號，[17]一九一九年秋天留學生們相繼組織了啟發會、新民會，發行《臺灣青年》雜誌。東京的臺灣留學生間對於如何限縮總督權力、增進臺灣人利益，看法分歧，思想對立，內部出現了同化主義與自治主義路線的論爭。[18]早年參加過同化會運動者多主張撤廢《六三法》，林獻堂亦贊同此派。但明治大學畢業生林呈祿則認為撤廢《六三法》無異否認臺灣特殊性，肯定內地延長主義，他反對此種同化主義路線，主張中止《六三法》撤廢運動，並提倡強調臺灣特殊性的臺灣特別議會設置運動。[19]他的主張對臺灣留學生發生影響。

撤廢《六三法》原本是在臺日人的主張，據吳密察的研究，早在日治初期就有在臺日人小林勝民等向中央政界進行撤廢《六三法》遊說活動，他們反對總督府在臺攬權專斷，因為《六三法》發布違反人權的律令已侵犯到在臺日人的權益。[20]大正年間，伊藤政重、久我懋正等人也對臺灣總督之專權頗為反感，鼓勵臺灣人發動輿論撤廢《六三法》，此二人與林獻堂有所接觸，一九一七年間林獻堂與留學生的聚會中，林氏祕書施家本提出了撤廢《六三法》的建議，與會人員即席擁護林獻堂為會長，成立了「《六三法》撤廢期成同盟」。[21]

但是，一九二〇年韓國親日派政客閔元植在東京火車站鐵路飯店被暗殺身亡，衝擊了東京臺灣留學生的想法。閔氏是韓國國民協會領袖，他遊說日本政界撤銷朝鮮總督府制令，並要求選舉朝鮮議員參加日本帝國議會，亦即接受內地延長主義。閔元植的運動路線與《六三法》撤廢運動一致，卻被同胞暗殺，東京臺灣留學生們感到震驚，重新考慮撤廢《六三法》運動。但另一方面，是否因此提出「臺灣完全自治」要求，臺灣青年也有所遲疑，鑑於臺灣總督府的強大權力、臺灣民眾對抗實力有限，又不願與田健治郎總督所推動的「內地延長主義」（同化政策）正面衝突等因素考量下，決定不採取「臺灣完全自治」訴求，轉而標榜自治主義，主張其中最重要的民選議會設置。[22]同年十二月新民會重要成員在神田區神保町臺灣青年雜誌社開會，林獻堂聆聽同化主義與自治主義兩派陳述後，決定以臺灣議會設置請願運動為共同努力的目標。

東京臺灣留學生中對於臺灣統治究竟應採同化主義或是自治主義的爭論，與日本輿論界、知識界對殖民地朝鮮統治政策的論辯如出一轍，顯然受此影響。尤其朝鮮三一獨立事件發生後，日本當局採取的血腥鎮壓行動使朝鮮人付出重大代價，是臺灣留學生們不願直接揭櫫「臺灣完全自治」，轉而訴求設置殖民地議會的重要背景。

三、以子之矛、攻子之盾

一九二〇年十二月十五日出版的《臺灣青年》上，林呈祿發表了〈六三問題の歸著點〉一文闡明其主張。次年三月帝國議會通過法律第三號，取代《六三法》，臺灣的委任立法無限期延長，《六三法》撤廢運動已無著力之處，臺灣議會設置請願運動遂成為日治中期政治運動共同奮鬥的目標。

有關臺灣議會設置運動的倡議，臺灣留學生明顯受到日本內地大正民主思潮與殖民地統治政策論爭影響，他們援引在殖民母國所吸收的近代思潮與政治理論，反身批判帝國壓迫，為理想的臺灣統治模式揭櫫主張、展開論辯。

（一）立憲主義、文明殖民說

林呈祿的〈六三問題の歸著點〉一文馭繁為簡地勾勒出臺灣統治特別立法的爭議，首先就《六三法》到《三一法》沿革❶扼要說明，其次釐清此問題的爭議焦點。《六三法》問題在於兩大重點：1.從法理上來看，給予臺灣總督委任立法權是否涉違憲？日本政府歷來認為明治憲法當然施行於臺灣，但學界則議論不一。如果憲法不及於臺灣，根本不生違憲與否的問題；若憲法行之於臺灣，則又衍生兩個問題：⑴委任命令是否違反憲法？⑵即使委任命令不違憲，毫無限制的總督律令權之委任，是否違憲？簡言之，除非憲法不行於臺灣，否則《六三法》難逃違憲之指責。2.從政治及現實而言，給予臺灣總督委任立法權是否正當？贊成者以臺灣總督對新領土臺灣有臨機應變處分權之必要、臺灣民情特殊不能與內地適用同一法令、文明未開的殖民地應予總督絕對權力等理由，主張《六三法》繼續施行；反對者則認為總督專權有濫用之危險、委任立法權為憲法上之例外，帝國議會應收回立法權、自行審議臺灣特殊法令，如此即可撤廢《六三法》。[23]

林呈祿歸納說，以上種種議論一言以蔽之，即臺灣總督之委任立法理論上而言固應撤廢，但現實上臺灣卻有特殊立法之必要。他認為，在立憲法治國家中，必採三權分立，只有在文明未開之國，才會出現不使人民參與的專制政治，縱使是特別統治的新領土、行政機關併有立法權的臺灣，隨著地方安定與人民生活文化水平向上，將來總督的委任立法權必當撤廢，施行於臺灣之法律必定是帝國議會所制定，並且在相當時日後，必由臺灣住民選出代表進入帝國議會。但林呈祿指出，此種方針在臺灣卻難以施行，**因為臺灣三百五十萬漢民族有特殊之歷史、民情與思想文化**，如何與大和民族同化，不無疑問。他提示，先進殖民國家如英國在殖民地施行的民選議會等所謂自治殖民地制度，是最進步的殖民統治方式，並且最契合國際聯盟所規定「謀求殖民地人民福祉是文明發達國家之神聖使命」的主旨。所以林呈祿的結

❶《六三法》到《三一法》沿革：明治二十九年（1896）日本第九回帝國議會通過法律第六十三號，賦予臺灣總督有發布法律效力之律令權，此賦予臺灣總督立法權之法律，一般稱之為「六三法」。該法以三年為限，又經帝國議會展延二次，至明治三十九年（1906）第二十二回帝國議會再次通過與《六三法》相同精神之法律案，以法律第三十一號發布（「三一法」）。《六三法》、《三一法》強調臺灣的特殊性，待主張同化主義的原敬內閣上臺後，於一九二一年三月帝國議會通過法律第三號（「法三號」），著重內地延長主義，同時不再如前兩法有時效限制、而成為永久法。《六三法》、《三一法》、《法三號》內容雖有所不同，但都將臺灣視為日本帝國之特殊法域、並承認臺灣總督之立法權。參見王泰升，《臺灣日治時期的法律改革》（臺北：聯經，一九九九），頁七六—八六。

論是，要解決六三問題，就純法理上考量，將來雖有撤廢臺灣特別統治、在帝國議會為同一立法之可能，但就實際上觀之，則**應該在臺灣設立特別代議機關，施行特別立法，亦即「無論其為居住臺灣之內地人與本島人，均以由在該地方有利害關係之住民所公選之代表者，以組織特別代議機關**」。

上述林呈祿的主要論點是立憲主義與文明殖民說，強調立憲國家的行政立法分權、保障人民權利，同時要求日本效法英國採取殖民地自治的文明政策。〈六三問題の歸著點〉一文為一九二〇年代臺灣政治運動確立了方向，文中的論點其後成為臺灣議會設置請願運動中一再重述的重點。

在立憲主義主張方面，歷次〈臺灣議會設置請願理由書〉都從臺灣統治的法制與政治面，提出以下看法：1.日本帝國雖是立憲法治國家，但臺灣當局力主臺灣之特殊民情慣習而行特別立法已二十餘年矣。臺灣議會設置請願乃是基於臺灣民眾之政治自覺，而合乎現代立憲思想之要求。2.歐美諸國發達的立憲政治，是以自覺的民眾輿論為基礎，包括在立法面的代議制度、行政面的自治制度、司法面的陪審團制，均係賦予參政權於國民。參政權不應為母國國民所專有，即使是殖民地人民亦可參與。臺灣住民所要求的臺灣特別立法參與權，亦是正當合理之行為。[24] 3.第六次請願理由書中又加入「臺灣統治現狀」一節，敘述臺灣行政、立法、司法三權集中於總督一人的獨裁統治現況，包括官選的總督府評議會、官選的州市街庄協議會都只是諮詢機關、臺人苦情無法上達，以保甲連坐為輔助的警察統治、刑法上殘酷至極的《匪徒刑罰令》、違反人權的中國渡航護照限制、經濟上的專賣與稅賦壓榨等等，種種統治手段「皆非使臺灣為日本帝國延長之方針，只供為日本移民之經濟榨取地而已」。[25]〈臺灣議會設置請願理由書〉述說臺灣民眾的淒慘處境，佐證日本統治偏離立憲主義所產生的弊害。此時日本國內正值「大正民主」時期，追求立憲、法治、民主、參與等目標不遺餘力之際，殖民地知識分子以立憲法治原則來攻擊臺灣總督的特別統治，不啻以子之矛、攻子之盾。

其次，林呈祿也以文明殖民說期待於日本統治當局。他指出，殖民地統治應以英國之於澳洲、加拿大，及美國之於菲律賓為模範，其特色包括：1.立法上採代議制度，由殖民地人民選出殖民地議會，政策法律由議會制定之，母國僅有立法上之否認權；2.行政上殖民母國雖擁有總督之任免權，但因採責任內閣制，總督必須任命多數議員所信任之人擔任官吏，母國無法直接干涉；3.外交事務屬母國之權限，殖民地住民僅可陳述意見。他強調，英美所採取的殖民地自治主義才是最進步最理想的統治制度。[26]與此相對，如法國統治阿爾及利亞、印度支那（越南）、德國合併法屬阿爾薩斯與洛林兩省、俄羅斯同化烏克蘭、英國合併愛爾蘭等，均是高壓手段強制施行同化政策，其結果小則引起反抗，大則刺激獨立意志，終必喪失其領屬。[27]

林呈祿也在請願理由書中戳破帝國的偽善面具，他指出日本政府當局於殖民政策上一方面標榜同化政策，一方面卻在臺灣行特別制度；「如遇統治上有必要時，則模仿本國制度，不利時則採用特別制度，此乃出於臨機應變的本國本位主義，絕對不能在統治臺灣上結成美果，亦確信決非賢明之政策。」[28]雖然帝國議會聲明臺灣統治根本方針為內地延長主義，卻又於一九二一年三月通過法律第三號，將臺灣特別委任立法永久化，對於此種背道而馳的做法，如同貴族院議員江木翼所批評的，「實可解釋為放棄內地延長主義矣」。[29]

一九二三年底治警事件❷發生，其後引發法庭上針對臺灣議會設置運動的大論辯。林呈祿在法庭上除了再提立憲主義、臺灣人權利被漠視之外，還強調「日本是為世界的文明國家，因要提高其地位，須排斥這樣非文明的專制制度」、「殖民統治的大精神，就是要達文明國的神聖之使命」，亦即國際聯盟規約第二十二條規定「對還未得自立的人民要圖該人民的福祉和發達，才是文明神聖的使命」。像日本官方這樣因方便就採內地延長主義、不方便之時就主張特別統治主義，根本是不具誠意的統治做法，日本帝國如果不打算革新向來的統治方針，「就沒有資格可加入於領有殖民地的文明國之列」。同時，他列舉了一長串日本內地政界、學界、輿論對自治主義政策的支持言論。[30]

從林呈祿的論述可以發現，他擅於借用日本國內殖民政策學者的主張，強化議會運動的理論根據，也屢屢援引日本內地政界、學界、輿論界自由主義者的言論，抵擋反對阻力。尤其，他在論述中強烈暗示：作為文明後進國的日本，應該以文明先進國為師，避免重蹈同化政策的覆轍；應順應自治主義的國際潮流，才有資格進入文明國家之列。

殖民地之子林呈祿，將他在殖民母國所受的近代化教育與所獲得的知識體系加以挪用，回身用來檢驗殖民者，暴露日本政府在臺灣統治的蠻橫與虛偽體質；並藉由來自殖民母國內

❷ 治警事件：一九二三年元月，臺灣文化協會成員向臺北州警察署提出臺灣議會期成同盟會結社申請，遭官方禁止結社後，蔣渭水、林呈祿、蔡培火等人利用上東京請願之便，轉而向早稻田警察署申請結社，竟然獲得通過，二月二十一日臺灣議會期成同盟會正式成立。但在該年十二月十六日清晨，臺灣統治當局卻以該會之成立違反《治安警察法》為由，發動全島逮捕行動，將四十一名會員與有關人士拘押，其他家宅被搜索與受傳訊者共五十八人，一時之間，全臺風聲鶴唳，從事政治運動者人人自危，史上稱為「治警事件」（《治安警察法》違反事件）。事件中蔣渭水等十八人被以違反《治安警察法》起訴，一審判決全體無罪，檢察官上訴後，七人被判三至四個月徒刑、九人被判罰金、二人無罪，被告上訴，三審維持原判確定。參見葉榮鐘等，《臺灣民族運動史》（臺北：自立晚報社，一九八三），頁二〇一—二八〇。

地的批判聲音，凸顯在臺權力當局的冥頑不靈。

（二）平等主義、反同化論

如林呈祿等人所主張，日本對臺統治應秉持立憲主義、是殖民地人民為國民、保障其權益，如此說來，首任文官總督田健治郎所標榜的內地延長主義豈非合理歸趨？日本國內反對臺灣議會者即主張，認為將來臺灣總督的特別立法必將撤廢，臺灣住民可選出代議士出席帝國議會，便可與日本內地一體立法，因此，沒有設置臺灣議會、另享立法權之必要。

對此，林呈祿大加反對，他在第二回〈臺灣議會設置請願理由〉指出，縱使將來得於帝國議會中訂定關於臺灣的特別法，但因：1.大多數國會議員並不通曉臺灣特殊事情；2.內地議員對臺灣切身利害關係之痛切感不如臺灣所選出之議員；3.內地執政黨之議員人數必凌駕臺灣議員人數，占有多數優勢；4.議員可能成為政治集團爭奪或收買之目標等等因素影響下，就算臺灣住民選出議員出席帝國議會，結果反將淪為有名無實的參政權，並可能造成日臺之間的永久紛爭。[31]

〈臺灣議會設置請願理由〉中的這些看法，實乃襲用京都帝國大學殖民政策學者山本美越乃於一九二一年五月一日在《外交時報》雜誌上所發表之文章。此一文章曾由林呈祿加以節譯，並刊於《臺灣青年》上。[32]仔細比對〈臺灣議會設置請願理由書〉與山本美越乃的文章，即可發現其雷同之處。

臺灣議會設置的反對論者標榜內地延長主義，認為應在臺灣推行同化政策，在第二次請願理由書中，林呈祿回顧帝國主義殖民統治史，指同化主義除非施行於人口稀少、土地狹小或野蠻未開化之種族，對於有特殊文化、思想、習慣、制度之民族，決難收其效。**臺灣是具有特殊歷史的**帝國領域，不可與沖繩、北海道同論，臺灣人口且多於英國之紐西蘭、面積大於比、荷等地，不宜採取注定失敗的同化政策。[33]

相較於林呈祿多從先進國的殖民經驗來否決同化政策的可行性，臺灣議會設置請願運動的另一要角蔡培火的理路則不相同，他偏重分析同化的本質與操作，並由平等主義、人道主義角度加以發揮。

蔡培火並非直接否定同化政策的可行性，他認為同化主義成敗的關鍵在於殖民者是否能夠做到平等與尊重，而非征服與優越。他將所謂同化可分為「自然的同化」與「人為的同化」，前者在世界各文化生活中已不斷發生作用、並朝著人類生活真善美的方向而行；後者則是困難重重，除非新領土狹小且遠離舊母國，新統治者尊重殖民地特性、平等對待無主從之分、避言同化免生排斥等條件能達成，否則同化政策難以成功。蔡培火抨擊，日本統治臺灣二十多年來只聞同化之言，而未見實際施為，包括教育、用人、語文、婚姻等各方面，均無助於同化之目標，蓋「同化者，決非征服的結果，倘抱有被征服之意識在，則無可結同化之美果」。[34]

一九二八年趁著日本國內施行普選的契機，蔡培火完成《日本本國民に與ふ》一書，述說殖民地臺灣人民的所遭受的痛苦，希望爭取日本內地對議會運動的支持，書中有相當篇幅在討論同化政策。蔡培火認為，清廷割臺之際，在臺的漢民族對日本人並未特別排斥，也無被征服意識，更無屈辱或恐怖之感，但是日本統治三十餘年後卻激起臺灣本島人的防衛與反抗，實因統治當局的同化政策與在臺內地人壓迫所致。他指出，臺灣統治官僚的心態一如後藤新平對總督府醫學校學生公開演講所說，「臺灣人要與母國人享同等待遇，應以今後八十年為期，努力同化於母國，在此之前被差別待遇，勿鳴不平」，他認為「因為我們是本島人、臺灣人、漢民族而被差別，覺醒自己處在不名譽的地位」，要言之，三十餘年來的所謂同化政策根本是「愚民的招牌」、「榨取的別名」。[35]

蔡培火在同化會事件後赴日，他自述「看破所謂同化政策之假面具……民族憎惡之念，充塞余之全部心胸」，**這些經驗令他深刻體會到，政治上向心力的來源，不在民族、血緣、語言之區別，而須重視利害一致與平等尊重。**他強調，日本在臺灣統治採差別待遇，是同化政策無法成功的主因；日本在臺官民以差別為同化，所以臺灣人才會群起抵抗，反對同化。反之，如果不再喋喋不休地要求國民性之涵養，三百八十萬臺灣島民可以同享一視同仁的聖德軫念，自當與日本內地人抱相同的忠誠之心。[36]

蔡培火的觀點極有意思，他並不像林呈祿一樣強調臺灣人是漢民族、具有特殊之歷史文化，同化政策不可能成功；他認為統治者與被治者雖有民族、血緣、語言之別，但只要前者能做到平等尊重，同化政策也能成功。

強調平等主義的蔡培火，要求日本當局平等對待日本人與臺灣人。相當難得的是，他也用同樣的標準來檢驗臺灣島內的族群關係。蔡培火秉持著同樣人類平等的觀念，自我質問「生蕃」一語與其處境從何而來？正是本島同胞壓迫所致！「此等山內人之品性，墮落之於如彼者，全然係我等之祖先迫害彼等之罪所致」；「實我等在既往，自為人種的差別以迫害他人，而今受其天罰，我等受他人加以人種的差別，受其迫害者也」。所以他主張，**臺灣人不只應抗議日本殖民當局的差別待遇，更應反省內部族群關係，廢去「生蕃」稱呼、去除侮慢之念、協助山內人之生活教化等。**[37]蔡培火借助於基督教教義的人類平等、博愛等原則，在批判外部殖民的同時，也能反躬自省、逼視內部殖民的事實，這使得他的論述顯得獨樹一格。

日籍學者駒込武以法制政治面向與文化面向為縱橫二軸，架構出帝國主義殖民統治的四種類型。他認為日本帝國的殖民地支配明顯具有「法制政治面向差別化／意識形態文化面向同一化」的二重性，雖然統治當局美其名為「同化」，其實是對殖民地人民在法制與政治權利上採取差別待遇，卻在文化與教育政策上要求同化於日本內地，究其本質，即是矢內原忠雄所稱的「從屬政策」。[38]如借用駒込武所提的架構，則臺灣議會設置運動正好是站在日本帝國殖民統治政策的對立面，要求「法制政治面向平等化／文化面向差異化」。林呈祿的論述正是環繞著這兩個主軸而展開，在法制政治面指出臺灣與日本內地明顯差別的狀況，擎起立憲主義批駁之；對於文化面，則以反同化論與文明殖民說互為呼應，堅持臺灣的特殊性。

長期以來日本殖民統治者標榜科學殖民主義，在臺灣完成土地與人口調查、縱貫鐵路與築港等等近代化成果，視臺灣為成功的殖民地經營典範，並有計畫地向西方各國進行宣傳。[39]但殖民地人民並不滿足於物質文明，不願如動物般任人宰割；臺灣青年更洞悉殖民者的統治手法與壓迫性格，追求有尊嚴的生存。林呈祿標舉立憲主義、文明殖民說，呼籲統治者尊重殖民地人民權利。蔡培火則力主人類平等、人道與尊重，與他的基督教信仰具有一定關連。殖民地之子到內地學習近代性知識、受文明思潮薰陶，在完成知識武裝之後，轉身擎起正義之劍砍向殖民者，追求殖民地人民的自主與尊嚴。

四、敵友之間

臺灣議會設置請願運動的理論借重日本內地學者甚多，請願活動也從日本內地政治界、文化界獲得不少支持與協助，一時之間，令人產生在內地的日本人較為開明進步的錯覺，例如林呈祿就認為日本內地的知識階層較臺灣統治當局與在臺日人進步。[40]但是若進一步追索支持者的背景與思想主張，可能就不會輕易、樂觀地如此斷言。殖民母國的知識分子為何會支持臺灣議會設置運動？他們真能夠跳脫統治結構、超越對立，協助臺灣人脫離殖民統治？

筆者試以林呈祿、蔡培火的人脈著手，分析為臺灣發聲者的日本人之相關背景與立場。葉榮鐘曾指出，投稿於《臺灣青年》的日本人主要來自兩個系統：一是由蔡培火的關係，透過日本基督教界權威植村正久牧師介紹而來；一是林呈祿與「大日本平和協會」接觸、從那裡羅致來的人。這些人多是不計稿酬、出於同情弱者的正義感而執筆。其後，為《臺灣》雜誌執筆之日本人範圍更擴大，加入不少早稻田大學、明治大學、東京大學的教授。[41]分析這兩本雜誌的投稿者名單，大致以日本基督教教會、殖民政策學者、政治人物這三類關心殖民地統治問題與臺灣議會設置運動的人士居多。

第一類教會人士，包括植村正久、海老名彈正等日本基督教教團知名牧師。植村正久是日本基督教橫濱集團（橫濱バンド）的重要成員，於東京麴町傳教，設立富士見町教會，組織東京青年會，創辦《六合雜誌》、《福音週報》等。海老名彈正是熊本集團（熊本バンド）的主導者，參與《新人》等刊物的創刊，在東京本鄉教會傳教。[42]他們二人與大正民主活躍分子及重要團體有極密切的關係。

大正民主運動的政治家或思想家中，有許多人是基督教徒。以運動中的兩大臺柱東京大學教授吉野作造、早稻田大學教授大山郁夫為例，前者在仙臺二高時期即常聽取著名牧師海老名彈正的布道演講，就讀東京帝大時，因為協助《新人》雜誌的編輯，兩人接觸更加密切。吉野作造所提出的民本主義論，也受到海老名彈正的人道主義、自由主義、歷史主義思想影響甚深。[43]大山郁夫的自由主義思想也是以基督教人道主義立場為基礎，他在早稻田大學的學生時代，即是在植村正久所主持的麴町一番町教會受洗，受基督教信仰與西歐思想薰陶。[44]一九〇四年，東京大學的內崎作三郎與早稻田大學的永井柳太郎、大山郁夫及自由主義政治家島田三郎、本鄉教會牧師海老名彈正等人，還共同成立了基督徒的思想啟蒙團體「國民作新會」。[45]

蔡培火於一九二〇年四月接受植村正久牧師洗禮，成為基督教徒。透過教會與信仰，蔡培火開展出廣闊人脈網絡，為臺灣自治主義運動找到眾多的同情者。因植村正久牧師的介紹，蔡培火認識了富士見町教會長老及眾議院議員田川大吉郎、貴族院議員江原素六，這兩人都是虔誠基督徒。再由田川在眾議院的引薦，獲清瀨一郎、尾崎行雄、島田三郎、安部磯雄議員支持。並且，貴族院方面的阪谷芳郎、山脇玄、渡邊暢議員，以及學界的吉野作造、泉哲、內崎作三郎等人，都是由植村與田川這一條線所牽引而來。[46]上述人士或在《臺灣青年》、《臺灣》雜誌上投稿呼應臺灣議會設置運動，或於帝國議會協助請願活動。

第二類是殖民政策學者。林呈祿是明治大學法科畢業，他自言進入大學之後，對於殖民政策這門學問特別感興趣，經常出入早稻田大學教授永井柳太郎、明治大學教授泉哲、東京帝大教授矢內原忠雄、京都帝大教授山本美越乃、貴族院議員江木翼等進步學者門下。[47]《臺灣青年》、《臺灣》創刊以來，包括永井柳太郎、泉哲、江木翼等人都在該刊上發表支持言論。

最積極在《臺灣青年》、《臺灣》撰文的是明治大學殖民政策學教授泉哲，他著有《植民地統治論》等書，在東京的臺灣留學生受其直接間接教導者甚多，被林呈祿稱為《臺灣》雜誌的「有力指導者」。[48]京都帝國大學教授山本美越乃發表在《外交時報》上的文章肯定臺灣議會設置請願，反對朝鮮獨立運動，使得臺人大為振奮，山本之作因而被視為運動指南。[49]林呈祿將此文章節譯發表在《臺灣青年》上，並納入「臺灣議會設置請願理由」中已如前述。葉榮鐘也證實，山本乃是當時日本學界殖民政策學的頂尖學者，林呈祿不但熟讀他的著作，且和他也有接觸。[50]

一九二一年，東京帝大教授矢內原忠雄的殖民政策講座與著作《殖民與殖民政策》受到矚目，蔡培火偕林呈祿前往拜訪，此後矢內原與同為基督教徒的蔡培火成為好友。一九二七年三月到四月間，矢內原忠雄到臺灣進行全島考察活動，返回東京後完成了《帝國主義下の臺灣》一書，批評日本殖民政策之不當。[51]

日本學者小熊英二梳理國際間殖民政策變化對日本帝國的影響，從十八世紀法國奠基於人類平等的同化主義，十九世紀社會達爾文主義的差別政策，到二十世紀初人道精神為基礎的協同主義，都引起日本政學界人士跟風。他質疑山本美越乃所稱「同化主義與自治主義為殖民政策的兩大類型」並不準確，其所稱「自治主義」之說，更是誤解了英國的殖民地政策，因為英國自治領內的議會與內閣其實都是由殖民者構成，而非殖民地人民組成，山本創造了一個不存在的殖民地統治類型。[52]但這對臺灣留學生來說卻是個美麗的錯誤，臺灣議會運動即是立基於山本理論而提出。另方面，日本的殖民政策學在明治時期重視帝國經營擴張之國家學，至大正民主時期已有所修正，一戰後國際間自由主義思潮盛行，同化主義遭強烈批判，殖民地與母國的關係重新被考量，英國式的「帝國聯邦」（imperial federation）或「邦聯」（commonwealth）等倡議大行其道。在此情況下，日本殖民政策學者泉哲支持殖民地議會、矢內原忠雄主張殖民地自主主義，都往帝國重編、國際主義的方向思考。[53]臺灣留學生擷取師長們有利殖民地的論述，進一步簡化為文明與落後的政策對比，對殖民母國發動攻擊。

第三類是政界人士，除了上述教會所引介而來的帝國議會故貴族院與眾議院的自由主義派政治人物之外，林呈祿還另有斬獲。林呈祿在東京神田區三崎町寓所對面正好是阪谷芳郎所主持的「大日本平和協會」的會址，該會主要幹部川上勇常與林氏攀談，觀念頗為契合，林氏透過這層淵源與日本自由派人士漸有接觸。[54]阪谷芳郎、川上勇也常在《臺灣青年》與《臺灣》雜誌上發表文章。

儘管在《臺灣青年》與《臺灣》雜誌上撰文的日本人甚多，但如仔細觀察就可以發現並非人人都是臺灣議會運動的積極支持者。例如海老名彈正、吉野作造雖曾在《臺灣青年》刊物上為文，二人也對朝鮮統治問題頻頻發言，卻對臺灣統治問題不太關心。根據臺灣總督府警務局分析，支持臺灣議會運動的日本內地人中，除田川大吉郎、島田三郎、江原素六、泉哲、山本美越乃五人之外，其他人對臺灣議會設置請願運動皆只是形式上的敷衍。[55]綜合而言，對臺灣問題持同情態度者主要有宗教界的植村正久，學界的泉哲、山本美越乃，政界則有眾議院的田川大吉郎、島田三郎、清瀨一郎、神田正雄與貴族院的渡邊暢、阪谷芳郎等人。這些內地人為何關心臺灣問題？又從何種立場支持臺灣自治運動？以下筆者以幾位主要人士為例加以說明。

教會人士如牧師植村正久基於基督教教義中人類平等、普愛世人的精神，同情臺灣人處境，批評總督府惡政，他長期關心臺灣問題，努力引見日本政界人士、協助推動臺灣議會運動，並提供教會作為政治集會、演講之用。[56]但事實上，植村並不反對同化政策，他認為如果臺灣人與內地人能夠協調融合，乃最善之結果；但他也同意同化不可強迫，必須以自然方式進行。[57]儘管是具有代表性的基督教思想家，植村同時也具有「明治人特有的愛國者性格」，追求國家發達與擴張，認為違背此目標者應予以懲罰。[58]與植村齊名的海老名彈正更是鮮明的「國家至上主義者」，在《新人》雜誌上曾發出「殉教者之死即愛國者之生」的言論，稱許日俄戰爭是「自衛的義戰」。[59]他所屬的組合教會甚至積極協力帝國當局將朝鮮民族殖民化，並在朝鮮總督府與財界的保護援助下強力傳道，成為「御用宗教」。[60]從教會人士「對外帝國主義、對內自由主義」的雙重性格，以及對朝鮮統治問題的態度，不難推知他們對殖民地臺灣所持的立場。

殖民政策學者中明治大學教授泉哲對臺灣最為友善，而臺灣留學生林呈祿、彭華英、鄭松筠等人都是明治大學學生。泉哲在《臺灣青年》創刊號就撰文鼓勵臺灣議會運動，他認為日本領臺以來的施政乃是以經濟為主的殖民母國本位統治政策，此等錯誤的殖民政策已受到許多批評。他主張臺灣統治方針應該朝向殖民地本位，著手於經濟與教育的改善，如此則臺灣人逐漸可在社會地位與政治權利上與內地人無所差別。他更鼓勵臺灣島民的幸福不應僅僅坐待總督府之建設，應該自己擔當此任務，因為「臺灣非總督府之臺灣，實為臺灣島民之臺灣」。[61]泉哲的這句話，隨後被蔡培火挪用為「臺灣乃帝國之臺灣，同時亦為我等臺灣人之臺灣」，[62]後來又在文化協會演講中演繹為「臺灣是臺灣人的臺灣」，成為一九二〇年代政治運動中最響亮、最具代表性的口號。

不過，泉哲也解釋，他之所以指謫臺灣與朝鮮殖民方針的謬誤，實乃為了日本國家平穩發達著想，日本若要保持作為文明殖民國之地位，不可不謀殖民地人民之幸福，此乃世界文明之趨勢，關乎國家將來發展。[63]亦即，泉哲並非反對殖民擴張，而是提醒為了日本長程利益考量，應該採取合乎潮流的文明殖民政策。又如京都帝大教授山本美越乃雖認為，無視於殖民地土著的習慣制度、妄自由殖民母國引進外來制度之統治方式是難以奏功的，殖民地統治方針與其以同化主義，不如重視自治主義；然而，對於「極端的自治主義」，「視殖民地像果實成熟時則應脫離母樹的所謂『殖民地自由放任說』」，山本則力持反對態度，因為這與殖民地領有的目的不相容，非加以限制不可。[64]由此可知，殖民政策學作為一種國家學、帝國秩序建構之學問，相關學者立場即使再自由開明，仍難超出基本底線。

簡言之，大正民主時期教會為主的人道主義者或活躍政學界的自由主義者、民本主義者，大都仍是貨真價實的愛國主義者，未能克服「對內立憲主義、對外帝國主義」、「對內民本主義、對外帝國主義」的框架，儘管同情殖民地、支持臺灣議會設置請願運動，仍有一定局限性。

政界人士方面，眾議院議員田川大吉郎是基督徒，曾任基督教主義學校明治學院院長與日本基督教教育聯盟理事長十數年之久，是日本著名的自由主義者與中日親善論者。[65]田川的主張與植村頗有相近之處，是從平等與博愛精神出發，他以日本移民在美國因排日本法案受到不公平對待而反應強烈的例子，反過來要求日本人應正視殖民地臺灣人受到差別待遇的事實，反求諸己。[66]他也強調本島人與內地人均為大日本帝國臣民，理應同氣連枝，致力於內臺融合；因為物不得其平則鳴，自由平等為人類所共同欲求，臺人因為受壓迫才會起來反抗，臺灣議會設置請願運動應該獲得理解與同情。[67]

曾擔任眾議院議長，在護憲運動、普選運動中出力甚多的眾議員島田三郎，是日本明治時期以來頗有聲望的政治家，長期關心貧民、勞工等下階層社會問題，一八八六年由植村正久行受洗禮，以基督教的人道主義貫徹其政治主張。[68]他認為臺灣乃自中國割讓、而非日本直接征服之地，卻以軍國氣質最深的、德式的征服主義統治之，實在是政策上的大錯誤。治臺方針不宜再死守本土與屬地差別統治之舊思想，應視臺灣純然為日本之一部，養成人才、公平登用，使島人治島，使島民心中感念，以合併於日本為幸福，而不起分離之心。如此則可深望「有闊步於日本國旗之下，而自誇為日本人之臺灣人」。[69]亦即，島田三郎的終極目標是希望臺灣人心甘情願成為帝國子民。

另有部分臺灣議會運動的同情者，其實是大日本主義者。神田正雄曾任《朝日新聞》支那部長，早年在中國長駐十三年，同情中國受列強欺凌；在歐美生活過五年，也感受到東洋人受歐美白種民族之壓迫。因此神田正雄力主東洋人團結一致，尤其日中應該相互提攜。他認為如果能夠理想地統治臺灣，中國的排日情緒必能緩和，日華親善方有實現之可能。[70]他主張往海外發展、殖民擴張才是日本力圖興隆的途徑；而要解決殖民地朝鮮人與臺灣人的反抗，根本方法在使殖民地人民獲得參政權，使殖民地與內地完全結合。[71]針對臺灣議會設置運動，神田也明白表示，並不支持馬上實現臺灣議會，應先實行地方自治是比較聰明的做法。[72]換言之，神田正雄是個大日本主義者，為實現日本帝國的生存與繁榮，必須努力使殖民地與內地關係融合，這是他願意為臺灣出力的主要原因。

阪谷芳郎則是因為擔心臺灣會和朝鮮一樣要求獨立，只要承認日本統治主權，無論是什麼樣的改革方案，其所主持的「大日本平和協會」都會鼎力相助。[73]事實上葉榮鐘也指出，日本政界人士同情臺灣處境者，對臺灣議會運動的看法並不完全相同。其中一派如島田三郎、田川大吉郎、清瀨一郎等人較贊成設立臺灣議會；另一派則反對設立臺灣議會，而是主張讓臺灣民眾獲得參政權，選出代表出席帝國議會，如阪谷芳郎、永井柳太郎、伊澤多喜男等人屬此派。[74]後一派希望選出臺灣代表參與帝國議會，實乃無異於內地延長主義。

整體而言，支持臺灣議會運動的日本人雖然包括人道主義的宗教家、文明殖民論的學者、大日本主義政治人物，但他們為臺灣議會運動發聲具有幾個共同的特點：1.承認臺灣統治現狀不合時宜、必須改進；2.基於日本帝國利益、文明形象與對外競爭實力為總體考量，推動殖民地改革運動；3.支持有限的殖民地自治，而非完全自治、或殖民地自決；4.主張給予臺灣人政治權利、改善統治方針，最終目的在內臺融合，使臺灣人永為日本帝國的忠良臣民。這種從「臺灣是帝國的臺灣」為出發點的思考，與自治主義運動所標舉的「臺灣是臺灣人的臺灣」的目標，本質上就有極大差異。雖然部分日本人出於人道同情立場協助臺灣人運動，但殖民者與被殖民者之間終究存在不同利益，而有難以跨越的界線。

五、想像臺灣人

日治時期自治主義政治運動宣揚立憲主義、自由平等思想之外，對臺灣歷史的重要意義在於，開啟了具有近代共同體意義的自我命名——自稱為「臺灣人」，並且出現以臺灣為範圍的共同體想像。

長久以來，臺灣是一個地理名詞，島上的人民以地域、種族或血統，分別命名。清領時期，島上漢人多以祖籍自稱為漳人、泉人、粵人，或以「臺民」自稱；清廷官員則多稱島上漢人為「臺人」、「臺民」。日本統治初期，稱島上的人民為「土人」，正式稱呼則是「本島人」。例如一九〇二年，臺灣總督府參事官持地六三郎針對原住民行政向總督府提出〈復命意見書〉，將臺灣人民分為幾類：將支那人種（按：漢人）稱為「土人」，進化與漢人同程度、居普通行政區內之原住民稱「熟蕃」，稍進化且服從帝國統治事實、居於普通行政區外之原住民稱為「化蕃」，普通行政區外、不服帝國統治的原住民稱為「生蕃」。[75] 一九〇九年完成的臺灣舊慣調查會報告中，將島上住民分為內地人、本島人與外國人三類，其中本島人包括漢人（福建、廣東、其他）與蕃人（熟蕃、生蕃）。[76]

筆者試圖從《臺灣日日新報》的報導來理解在臺日人對臺灣人的稱呼方式，約略以十年為期，查詢「土人」、「本島人」、「臺灣人」❸的新聞報導，結果相當耐人尋味：從《臺灣日日新報》的報導顯示，日本統治五十年間，稱臺灣人民為「土人」的用詞明顯呈遞減狀態，尤其在日治中期以後已很少用；日治中期到末期「本島人」成為主要稱呼方式，而「臺灣人」的稱呼在一九二〇到一九三〇年代最多，統治末期則明顯驟減。

政治理論學者米勒指出，國族的特點之一是，不僅成員自視為一特殊群體，還必須他人自外視之也認為這些人是一個群體，亦即包括自我認知與外人區辨的雙重意義。[77] 顯然，日治中期「臺灣人」這一群體出現，不只島民如此自我命名，外人（在臺日人）也以此名之，「臺灣人」成為一個共同體的名稱，躍上歷史舞臺。

（一）臺灣是臺灣人的臺灣

一九二〇年底，蔡培火在《臺灣青年》雜誌上發表〈我島と我等〉一文，從自然、地理與人事三方面分析後，意味深長地提出臺灣是「我等臺灣人之臺灣」的主張：

> 我等置此無盡之寶物於身邊，呈此偉大之山河景色於目前，豈無何等之意味往來於其間耶。此等事物之於我等，是有何種之暗示與要求否耶。予實感其大有之也。……由此意味考慮，我等決不能悠悠閑閑，終作立於無能力者之地位也，臺灣乃帝國之臺灣，同時亦為我等臺灣人之臺灣。……
>
> 噫，我等為此島之主人翁者，宣〔宜〕著目於此點也，興乎，島主等！由於爾等之努力，而多眾人類同胞之足，皆向此島，以共享其樂者，必非夢想也。[78]

在此一文中，蔡培火指出臺灣是一資源豐饒的天然寶庫，強烈暗示臺灣人應抵抗長久以來強權主宰的命運，不分人種族群團結起來，爭取當家做主的機會。此文一登載，《臺灣青年》首次遭到禁止發售。[79]顯然，統治當局已嗅到文章所要傳達強烈的政治氣息。

前文已指出，蔡培火這番「臺灣是我等臺灣人之臺灣」的說法是從明治大學教授泉哲的文章中演繹而來，但這並無損於「臺灣是臺灣人的臺灣」一語從此成為一九二〇年代政治運動中最響亮的口號。而該口號中所傳達的臺灣人作為主體，追求當家做主的意圖，再清楚不過。

臺灣議會設置請願運動不斷推動十餘年，要求成立以全臺灣作為範圍的民選議會，意外地框出了臺灣人的政治活動疆界。在〈臺灣議會設置請願理由〉中是這麼說的：

❸《臺灣日日新報》的土人、本島人、臺灣人用詞：一八九八—一九〇八年，「土人」一六二六條、「本島人」三四四八條、「臺灣人」一五六條；一九〇九—一九一九年，「土人」七〇九條、「本島人」五〇九二條、「臺灣人」二七六條；一九二〇—一九三一年，「土人」一八三條、「本島人」四〇八〇條、「臺灣人」五三八條；一九三一—一九四四年，「土人」一二三條、「本島人」二六二九條、「臺灣人」一〇四條。以上參見《臺灣日日新報》文獻資料庫。報導中可發現，早期日本人稱島民為「臺灣人」時，多是為了與大陸的漢人區隔，說明臺灣人民在清國的活動；日治中期稱「臺灣人」則是為了與「日本人」區隔。

臺灣乃日清戰爭之結果，依據明治二十八年四月十七日在下關所締結之媾和條約，由清國割讓給日本之太平洋上一孤島，面積二千三百三十二方里，現在之在住人口有屬於大和民族的內地人十四萬八千人，屬於漢族的本島人三百四十一萬三千人，馬來種族的生番八萬六千人，其他外國人二萬一千餘人，合計三百六十六萬九千餘人，……

臺灣議會以凡居住臺灣者，不問其為內地人、為臺灣人、或為行政區域內之熟蕃人，均以公選之代表者組織為協贊施行於臺灣之特別法律及臺灣預算之特別代議機關。80

議會設置運動以全臺灣作為一個整體，基於其特殊存在，要求自我統治；此一區域內的人民具有同樣的參政權，選舉自己的代表，共同組織議會，爭取自治權。此種主張已經透露近代國族主義的特性，正因如此，若林正丈認為日本政府無法容許此種「臺灣大」（臺灣為規模）層級的參政權，因為一旦賦予此種具有國族規模的參政權，正好成為國族意識彰顯之契機，對於維持日本帝國統治具有相當的危險性之故。81

透過臺灣議會設置請願運動與臺灣文化協會的宣傳，臺灣人的共同體意識形成，以「臺灣人」自我命名也更加明確。雖然日本當局表明放棄以前輕蔑的鄙稱「土人」，改呼為「本島人」，但臺灣人政治運動者已經不願接受這個殖民者所給予的名稱。黃呈聰就如此說：

臺日報紙……大意是贊成指從來的臺灣人為本島人，前雖叫作土人，現在已經沒有了。釋明土人是土著人，本島人是本島居住的人，土人曾受反感，今改作本島人可是合式〔適〕。我們則主張用臺灣人較本島人好一點，因為若在內地，說本島人就沒有一個知道是臺灣人，蓋因本島人就是指在那地方的島所居住的人，所以若用臺灣人不論到什麼地方都容易可以明白。[82]

臺灣議會設置運動的推動、臺灣文化協會的動員宣傳，成功帶動臺灣人集體意識，不僅如此，作為臺灣人的榮耀感也在建構之中。一九二四年治警事件的法庭審判中，蔣渭水如此公開宣稱：

我要感謝神明，使我生做臺灣人，是因為臺灣人把握世界平和的鎖鑰咧。世界平和的第一關門，是東洋的平和，以中華民族做日本國民的臺灣人應具有做日華親善之楔子的使命，依著臺灣人遂行這使命，東洋的平和，才能確保，世界人類的幸福，才能完成。[83]

以臺灣人推動日華親善、作為世界和平的鎖匙，這是蔣渭水對臺灣人一貫的自我鼓舞方式，雖然此一論述其實是挪用自日本亞洲主義者的主張。[84]

值得注意的是，**日治時期所稱的「臺灣人」顯然是以漢族為主體，此種共同體想像充滿血緣特性**，林呈祿就指出「臺灣島民大部分是從支那的福建、廣東移住來的」，他稱之為「支那民族的臺灣人」。[85] 蔣渭水也強調「臺灣人明白地是中華民族即漢民族的事，不論什麼人都不能否認的事實」。[86]

更進一步說，血緣族裔的因素，主導了臺灣人的國族想像。一九二六年，總督府警務局內部報告有如下的描述：

> 經常談論殖民地問題，敘述愛爾蘭的自治、亞爾薩斯與洛林的復歸，例舉甘地的不抵抗主義以主張民族自決、弱小民族解放，呼籲島民自覺奮起，撥弄臺灣是臺灣人的臺灣，我們中國或中華民國等言詞，慫恿排斥內地人，……隨之而追慕支那之情日熾，與支那人之親和日篤，對之期待國權恢復，尤其對最近國民黨之進展保持非常之快慰感，期盼早日統一。[87]

又如：

文化協會的宣傳要旨宣稱「漢民族是保有五千年光榮文化的先進文明人，不應屈服在異民族的統治下。日本的統治方針欲抹殺漢民族的所有文化與傳統，以作為經濟榨取對象，成為完全隸屬於日本的民族，或當作被壓迫的民族予以拘束。我們要喚起漢民族的民族自覺，臺灣是臺灣人的臺灣而自己統治，排除屈辱，起而團結」。[88]

日治中期形成的臺灣人共同體意識，具有濃厚的血緣特性，無法同化於日本人，雖追求臺灣自治，又對血緣上的祖國懷有期待，因此在國族想像中與漢民族、中國糾葛不清。

其次，**臺灣議會設置運動中所爭取可以行使參政權的臺灣人民**，除了漢人之外，還有行政區內的「熟蕃」（平埔族），**但並未包括行政區之外的「生蕃」（原住民）**。這與前文所言殖民統治當局對臺灣住民的區分類別有關，殖民政府以「文明／野蠻」的觀點，將臺灣居民分為文明的漢人與野蠻未開化的「蕃人」，對待漢人以殖民地法施行統治，對「蕃人」則排除在法律體制之外、以對待野獸的方式管理。[89]受到殖民者這一套「文明／野蠻」分類的影響，自治主義運動者所想像的臺灣人＝本島人＝漢人，竟將早已在島上生活數千年的原住民排除在臺灣人的範圍之外。其中，雖然蔡培火曾主張對包括原住民在內的「三百五十萬之本島人同胞，切望其相互協力，先將臺灣所有差別待遇，盡為掃而除之焉」，[90]但此種看法並未成為自治主義的主流論述。

總言之，檢視自治主義者如何界定「臺灣人」、如何劃定共同體界線，可以發現日治中期**臺灣人的共同體想像，有著鮮明的漢人血緣特性**。本書導論指出，政治學家史密斯強調國族共同體的想像依然難以擺脫先在族群、原生血緣族裔的因素，並非只建立在近代社會所提供的各種條件上。對於誰應納入共同體之內、誰被劃在共同體之外的界線劃定，血緣族裔具有重要性，**此一核心族群（core ethnic）在國族形成過程中具關鍵作用**。

日治時期臺灣人抵抗異民族日本的統治，並未像多數殖民地一樣直接訴諸殖民地獨立運動。政治上，日本與臺灣之間不只是單純的「日本—臺灣」的統治關係，而是「日本—臺灣—中國」的三角拉鋸關係。就如同矢內原忠雄所指出，日本在臺灣的統治政策是要把臺灣從中國拉開，而與日本結合。[91]日治中期雖然已出現臺灣人共同體想像，**但因為核心族群的漢民族血緣因素，臺灣人認同存在若干曖昧性，對具有血緣親近性的「祖國」懷有孺慕與期待，並未揭櫫殖民地獨立主張**。史密斯的國族主義分析，對臺灣共同體意識形成具有相當的解釋力。

（二）臺灣人的自我圖像

另方面，自治主義運動者受到殖民母國思想啟發，在追求臺灣人自治的同時，也接受了文明開化論述與世界文明差序觀念。蔡培火描述了這一文明差序位階：

東西之文明，各有所長，然西洋文明，則出我東洋文明之上者遠矣。夫我東方文明，僅區在精神範圍之內，物界之研究，寥然殆無可觀也。西方之文明，則不然，精神之上，還加有物質之穿鑿，且其考究之方法，不像我東方之雜然無序，別備一種論理的者，即所謂科學的之方法是也。……蓋東亞之文明，概以主觀而集成者；……若歐米文明，以主觀之察，又兼客觀之證，是心理作用之外，又重感觀之觀察，……其文明之境，跨於心物之上，是精神物質兩全之精華也。[92]

在蔡培火眼中，東西相較之下，西方文明優越毋庸置疑，而東洋之中、日本帝國之內，更有優劣之別。滄海孤島臺灣，地偏人稀，「遂致世界聲氣幾乎不通，社會風化不振、文物不興」；例如日本自維新以來，體育向上，不遜於先進國，臺灣人則郊遊踏青尚厭勞不為；人類對於美的追求，乃與文明並進，日本內地人研究插花、盆景、茶道等，高尚優雅，歐美人之趣味更有可欽佩者，但臺灣人則是音樂不興、美術不振，趣味低下而枯燥無味矣。[93]

尤有甚者，「三十年前是滿清專制治下的野蠻社會，現在是日本憲政治下的開明社會」的臺灣，多數人還是三十年前的習性，沒有自主獨立的人格、不敢做有責任的行動、事事仰人鼻息，是「專制治下的奴才，而非憲政治下的自由人」。日本內地人則因早早受過新式教育與社會政治訓練，其能力是臺人所萬萬不及的。[94]林呈祿也鑑於優勝劣敗的進化論定律，同樣急切呼籲臺灣人宜考究文明之學識，奮然猛醒、急起直追。[95]

簡言之，日治中期臺灣知識分子的文化圖像，並不是「日本—臺灣」的二元對立關係，蔡培火等臺灣青年想像的世界文明差序中呈現「西洋—日本—臺灣」的三級位階，而臺灣落居於世界文明的最底層。

面對如此情境，臺灣該如何與世界文明接軌？第二章將談到蔡培火建議以羅馬字作為媒介工具，以我口寫我手，不須借重日文的轉譯，直接引入西方文明。因為近代文明來自歐美，日本自明治維新以來的盛況也不過是拜西化、近代化之賜，落後的臺灣要急起直追，不必經過日本的二手傳播，最好的方法莫過於以最便利的語文直接引進西方文明。此些主張也印證了臺灣知識分子所想像的世界文明差序：「西洋—日本—臺灣」，既然以臺灣作為主體，追求近代文明，而非殖民母國的日本文明，自然就沒有同化／日本化的必要了。

六、自治主義的局限

臺灣知識分子自治主義運動發始於大正民主思潮，所提出論述多借重自日本內地的知識界與言論界。同時，自治主義運動者也接受了從殖民者而來的世界文明階序觀。然則，憑藉著向殖民者借來的武器，是否真能否動搖殖民統治的根基？

（一）臺灣議會定位問題

自治主義運動者所認知之下的臺灣人自我圖像是文化落後、能力不足，徘徊在世界文明的最底層，所以權利不可一時盡得、改革也不能一蹴而就，臺灣人無法像西方文明國的殖民地般要求完全自治。例如林呈祿推崇英國之於澳州、加拿大，與美國之於菲律賓的自治殖民地政策，讚許這些地區除了行政上由母國任免總督外，立法權完全委予殖民地住民，並輔以責任內閣制牽制總督用人等等，認為是「最進步理想的統治制度」。但他也強調，如果殖民地住民之文化程度尚未理解自治真義，財政上缺乏自給自足能力，則施行此制難臻於完善，以林呈祿的話說即是「殖民地之民度與財力均達相當程度，才能完全自治」。[96]依林呈祿的定位，臺灣議會設置運動乃處於母國直接統治與殖民地完全自治之間的折衷類型，雖准許殖民地住民參與立法權，但行政、司法皆由母國主導，而未要求殖民地的完全自治。[97]

臺灣知識分子為何不要求如紐、澳之完全自治？臺灣議會設置運動請願書中說，完全自治主張在理論上固非不當之議，「然而鑑察臺灣之現狀」，尚未能採行如此進步之理想制度，[98]對照前述自治主義運動者所議，這臺灣現狀未臻理想之境，所指不就是「民度落後」嗎？

後殖民作家敏米（Albert Memmi, 1920–2020）剖析殖民者與被殖民者關係時指出，殖民者往往替被殖民者塑造種種負面形象，以鞏固統治正當性；被殖民者一旦默許了這一整套的意識形態，承認被建構的愚鈍落伍的自我圖像，無異是接受了自己在權力關係中被分派的角色。[99]殖民地臺灣的知識分子顯然也接受了自身文化落後的形象，要求參政權利，卻不敢理直氣壯。有關臺灣議會的定位問題，正顯現了這樣的心理狀態。

林呈祿在治警事件法庭上的供述也指出，臺灣議會設置運動是介於殖民國專制統治與殖民地完全自治之間的一種折衷做法，臺灣議會是獨立於日本帝國議會之外、以臺灣為範圍、掌有立法權與預算權的殖民地特別議會。臺灣議會設置運動第一回請願的請願書中很籠統地提出「設置臺灣民選議會，賦予對施行於臺灣之特別立法及臺灣預算之協贊權，俾能與帝國議會相輔相成，圖謀臺灣統治之健全發達」。經第一回請願後，自治主義運動者對於各方反對意見已大體明白，於是在第二回請願理由書中，進一步具體描述「如屬日本臺灣共通性質之立法事項，仍屬帝國議會，僅將實際上帝國議會所不能代辦之有關臺灣特殊事情之立法部分屬於臺灣議會而已」。[100]將施行於臺灣之法律，區分為共通事項與特殊事情，並將制定前者之權歸於帝國議會，後者才屬臺灣議會，這與林呈祿的原始構想已有所退讓。

從日本帝國議會眼中來看，臺灣議會的輪廓一直不太明確，例如：臺灣議會的權限如何？假設它與臺灣總督權限平行，一旦衝突時如何處置？臺灣議會是由普通選舉選出議員，還是以限制選舉選出？在臺灣開徵之稅收有多少應作為國家稅，多少應留下作為臺灣本身的用途？設置臺灣議會與選出代議士到帝國議會，兩者間的關係如何？其選舉方法與選舉人數又是如何？這些細部規畫都付之闕如，經不起質問。而單單臺灣議會的定位不明，是否與帝國議會並立、是否與憲法抵觸，這些問題使得帝國議會議員在不明就裡或誤解情況下，輕易就放棄了對臺灣議會設置請願運動的支持。[101]

臺灣議會運動遭遇最大的困境是遭帝國議會指控違憲。日本統治當局認為，明治憲法中明文規定「參與立法及協贊預算之議會，為貴族院及眾議院」，若臺灣議會擁有與帝國議會同樣的立法權，即屬變更憲法條文之精神。此種變更憲法之條項，當依憲法第七十三條規定，由天皇發動專屬大權，豈可由憲法中的人民請願權來提出。[102]

為了撇清違憲的疑慮，臺灣的政治運動家們不斷變動臺灣議會的層級定位。臺灣議會運動主事者蔡培火說「臺灣議會明明不是與帝國議會同等，被告（按：指蔡本人）盡知」。林呈祿更直言「以我的私見，臺灣議會的實體無論如何釋明，若有具前述四個條件❹的代議機關，不問其名稱如何，即稱為臺灣地方議會，或是臺灣參政院皆可」。[103]一九二四年第五次請願，因為帝國議會的審查氛圍似乎有所轉機，為了避免帝國議會議員認定臺灣議會之性質與日本帝國議會對立，請願人代表林呈祿與蔡炳曜乃提出一份〈釋明書〉指出：「請願人等，並非要求在臺灣設立掌有立法全權之議會，其用意不外要求獲得對臺灣行政費預算之審議權及根據臺灣特別之民情風俗，參與地方性法規之審議權，要之，其權限即等於日本國內之地方議會而已。」[104]

於是，從擁有臺灣立法全權的殖民地特別議會，修正到僅限於特別情事立法的議會，再退讓到權限等同於日本內地的地方議會，臺灣議會的定位一再退縮、層級不斷下滑。殖民地知識分子以殖民母國的立憲主義批判總督府特別統治，固然暴露後者的無理蠻橫；但當他們循著帝國體制規範要求權利時，卻又落入統治者制定的遊戲規則，逼迫自治主義論者無力招架、節節敗退。

在如此情況之下，臺灣知識分子受殖民者所傳播的文明差序論影響，不知不覺也接受臺灣人「落後無知」的形象，只提出議會自治的溫和主張，並未追求完全自治。又一旦踏入殖民者憲政規範與遊戲規則，面對殖民者引經據典的咄咄質問，也缺乏自信地自我懷疑起來而步步退讓了。

（二）臺灣獨立的指控

臺灣議會設置請願運動引起統治當局的強烈反對，理由之一即指議會運動實際只是臺灣獨立的包裝。總督府當局自始即認為臺灣議會含有全然與內地分離的政治意味，一旦讓此一步，在某種程度上即與內地政治漸行漸遠，走向獨立地位，終究與帝國之臺灣統治方針不能相容。總督府方面也擔心，即使只是單純的殖民地代議制度，也會被詮釋為追求殖民地完全自治，將來會有脫離殖民母國追求獨立運命之虞。[105]

儘管統治當局有這樣的疑慮，但事實上，自治主義運動者從來就未曾有過殖民地獨立這樣高層次的政治要求。一九二〇年十一月二十九日，蔡培火在植村正久牧師陪同下與田健治郎總督會面。蔡氏分析臺灣當時的三派思潮：

---

❹ 臺灣議會的四個條件：指在臺內地人、本島人、已歸化之原住民均為臺灣住民；議員全部由臺灣住民公選；議決臺灣特別立法；議決臺灣行政費、歲出入預算。

一、回復漢民族之建國，則獨立之思想。

二、撤人種民族之區別，立均等之基礎、人道主義，則在帝國治下，獲得同等之地步之思想。

三、追隨主義，則服從強權之思想。[106]

蔡培火認為第一種獨立思想，臺灣無此實力而毋須顧慮，第三種則是卑屈主義，為識者所不甘，臺灣人所期待者為第二種，即速廢《六三法》，臺灣另設立法機關，許其自治，為最美善之統治方式。[107]

一九二一年元月臺灣議會設置請願運動開始推動後，林獻堂在《臺灣青年》上就此問題很清楚地這樣表白：

> 夫臺灣一孤島耳，人民三百餘萬耳，**以此彈丸之地，微弱之民**，又加之以經濟之困乏，**以此不全之要素，而求獨立**，縱使母國許之，吾知不旋踵即被人所侵奪，**臺人雖愚，亦決不做此妄想**。[108]

雖然前文提到蔡培火將臺灣視為物資豐饒的天然寶庫、鼓舞臺灣人奮起做主人，但很矛盾的，臺灣菁英們同時也認為臺灣是彈丸之地、微弱之民，不具備成為獨立國家的條件。

一九二八年蔡培火出版《日本本國民に與ふ》一書，再次說明臺灣議會之設無關臺灣獨立。他認為臺灣若要獨立的可能條件為：1.日本放棄榨取壓迫的帝國主義；2.日本實力退化成紙老虎；3.臺灣人成為好戰的武斷主義；4.有能力與日本對抗之強國，願助臺灣獨立、戰勝日本。[109]蔡培火不僅不主張臺灣獨立，也反對殖民地朝鮮獨立。他認為朝鮮人屢屢以暴力計謀獨立，是自殺行為，除非日本傾覆，日鮮斷無分離之可能，「故我東洋民族間之大真理不在獨立而亦不在同化，乃在尊重人格自由之德政與王道」，他認為這即是臺灣議會運動之主張，除此之外別無解決鮮臺與殖民母國日本間衝突之方法。[110]一直到議會運動已近尾聲的一九三四年，林獻堂面見總督府警務局長石垣倉治之時，仍然表示「臺灣議會請願的中心思想是主融和，況且**臺灣既往無獨立之歷史，人民少數，經濟不能獨立，土地偏小孤立，無獨立之可能**，此言前亦經對原（按：原敬）首相說過，叛反獨立云云者實讒謗之詞也」。[111]自治主義派人士從未如祖國派或臺灣革命派提出過臺灣獨立的主張，僅以在日本帝國統治之下追求平等權利為目標。

但即使是祖國派或臺灣革命派的臺獨主張，都另有曲折思考，並非真正的獨立運動。一九二〇至一九三〇年代諸多臺灣青年反對日本統治，奔赴祖國，但包括上海臺灣青年會、廈門尚志社、廣東革命青年團等祖國派團體，卻都主張臺灣獨立。[112]廣東革命青年團成員張深切即指出，祖國派青年雖然希望復歸中國，但現實上中國積弱無法收復臺灣，只能先訴諸臺灣獨立，表明不受日本統治之決心，先使臺灣獨立於日本之外。[113]亦即，對祖國派而言，臺灣獨立是賦歸祖國的階段性過程。

臺灣革命派亦然。一九二八年臺灣共產黨成立，通過黨的〈政治大綱〉，揭櫫「臺灣民族獨立」、「建立臺灣共和國」等主張。臺灣共產黨是在蘇聯所主導的共產國際（第三國際）扶持下所組成，其政治綱領是遵循第三國際革命理論而來。共產國際對民族問題的主張與第二國際大不相同，認為應該將作為局部的民族問題與作為整體的殖民地解放問題連繫起來一起處理，如果不將亞洲、非洲殖民地人民從帝國主義壓迫下解放出來，則歐洲的民族壓迫無法消滅；因此要拋棄過去民族自決為擁有一般自治權的模糊不清提法，而倡議殖民地有成立獨立國家之權的明確革命口號，使殖民地從資本主義政權下解放出來。[114]列寧也認為，地球上有超過七〇%的被壓迫民族，其中許多處於殖民地狀態，為使共產主義對抗資本主義的戰術得以實施，必須支持殖民地資產階級為主的民族解放運動。[115]此即所謂的「民族革命統一戰線論」。一九二〇年七月共產國際第二回大會通過〈有關民族、殖民地問題補充綱領〉，指出歐洲帝國主義因壓榨殖民地的過剩利潤而得以壯大，要打倒帝國主義必須先使殖民帝國解體。

但東洋諸國等後進國並未出現純粹共產主義革命解放潮流，只有土著資產階級民族運動；為確保戰勝資本主義，殖民地革命的第一步是協助資產階級民族主義、民主主義運動。[116]一九二七年為因應日本共產主義爭議，共產國際通過〈二七綱領〉，認為日本仍以資產階級與地主為主導，農村地區還保存半封建殘餘關係，革命時機尚未成熟，為了不使左翼分子與溫和派大眾政黨分離，必須統一戰線，[117]從而更加確認此一支持殖民地資產階級民族解放運動的路線。次年臺灣共產黨遵照共產國際指示作為日本共產黨之下的臺灣民族支部而成立，由日共來指導進行殖民革命。

簡言之，臺灣共產黨的臺灣獨立主張其實是共產國際世界革命策略的一環，以民族主義包裝無產階級理論，擴大殖民地或後進國的革命隊伍。隨著時勢變化，列寧所提的統一戰線論在中國國共合作實踐遭遇失敗，印度、北非、拉美等殖民地內部對立急遽升高，共產國際於一九二八年提出新的革命路線。〈有關殖民地、半殖民地革命運動綱領〉中認為基於世界經濟總體分析❺，資本主義崩壞已無可避免，殖民地應積極參與世界無產階級革命，發展共產黨組織，成立勞動組合、無產青年大眾組織，領導革命運動。[118]此時，階級革命路線抬頭，壓倒了民族革命路線。

綜合前述，日治時期臺灣社會並未出現真正的臺灣獨立主張。祖國派、臺灣革命派已如前述，而自治運動者林獻堂、蔡培火等人主要顧慮不外：1.臺灣地小、民弱、經濟困乏，缺乏獨立之條件；2.反對殖民地暴力革命、流血犧牲，認為無論臺灣、朝鮮都無力掙脫強大日本之統治；3.除非是外力介入，戰勝日本，扶植臺灣獨立，否則是不可能憑藉自力獨立成功的。但殖民統治當局擔心自治主義運動只是獨立運動的第一步，務必嚴防任何殖民地分離主義出現的可能，因此，臺灣議會設置請願運動十五次請願，都遭帝國議會「不採擇」處理。

（三）社會主義浪潮的衝擊

就在臺灣議會設置請願運動積極展開之際，由於俄國革命成功，社會主義、共產主義風潮熊熊蔓延，日本大正民主也由立憲主義、民本主義推向社會主義階段。臺灣留學生、島內進步青年都忙不迭地跟上這股新浪潮，以立憲主義、自由主義為訴求的臺灣議會設置請願運動，很快地面臨社會主義青年的抨擊與質疑。

一九二〇年代反殖民運動匯集了諸多不同階層的支持者，原本就不是堅不可摧的團體。臺灣議會設置請願運動所要面對的敵人不僅僅是殖民者總督府當局、在臺日人，還有同為被殖者的辜顯榮、林熊徵、李延禧、許廷光等人發起「臺灣公益會」的對立，[119]甚至隨著運動深化、路線之爭，不得不面對來自政治運動同志們的嚴酷挑戰。

十分弔詭的是，以最強大火力批判自治主義運動的，是初期受自治主義運動啟發、而後受社會主義思潮吸引的青年一輩。前文指出，隨著太田雅夫所謂的大正民主第三階段到來，日本內地社會主義、共產主義思想不斷激化，階級運動大行其道，臺灣議會運動的訴求逐漸顯得過於溫和與落伍。

青年們的不滿情緒化為阻撓的行動。一九二六年元月第七回請願送別會上，請願委員蔡培火、陳逢源、蔡年亨等人進行演說之際，無產青年王萬得、潘欽信、高兩貴等對請願委員當面加以責難，導致會場一片混亂。十月無產青年邀請自東京歸臺的林獻堂、蔡培火等人於中西喫茶店，表達反對議會請願運動，對文協幹部進行人身攻擊，並宣稱：「臺灣議會設置請願運動乃不可能實現的妄動，即使有實現的可能，也非為增進臺灣人之幸福。此運動是承認資本主義、帝國主義之高調，吾人無產派反對此種不徹底的妄動。」[120] 同年末第八回請願籌備

❺ 共產國際的世界經濟總體分析：共產國際將資本主義發展分為三期：第一期是一九一四至一九二三年，資本主義體系發生尖銳危機，無產階級展開革命進攻；第二期是一九二四至一九二七年，資本主義局部穩定，無產階級革命陷入低潮；第三期是一九二八年開始，資主本義總體危機將急遽發生，掀起對抗帝國主義的民族解放戰爭，最後導致資本主義的崩潰。參見趙勳達，《「文藝大眾化」的三線糾葛：臺灣知識分子的文化思維及其角力（1930-1937）》（桃園：國立中央大學出版中心，二〇一五），頁九三—九四。

期間，一度傳出文化協會左傾派的連溫卿、王敏川等人有意中止請願活動。一九二七年元月，推動臺灣議會設置請願運動最力的臺灣文化協會分裂，左翼社會運動者取得主導權。一九二八年四月第九回請願，在東京臺灣青年會所舉辦的歡迎會上，左翼留學生批評議會請願運動是臺灣土著資產階級的運動，公開表明反對議會運動，會場秩序混亂之下，請願委員蔡培火等人狼狽退場。[121]左傾的新文協機關報《臺灣大眾時報》並刊出了東京臺灣青年標舉「絕對反對哀願叩頭式的臺灣議會請願」的聲明書。[122]自此之後，臺灣議會設置運動氣勢每下愈況。

另方面，不願接受全臺灣為範圍之參政運動的總督府當局，一度發動治警事件大逮捕，卻反激起自治主義運動高潮。總督府吸取此一教訓，一九二五年重新擬定了新對策方針：1.明白宣示當局態度，反對帶有殖民地自治色彩的臺灣議會；2.分化臺灣議會設置運動幹部，直接與運動幹部懇談，促使中止運動，對不從者採取嚴格監視；3.承認「不違反帝國臣民本義的狹義的參政權獲得運動」，即地方自治改善運動。[123]

一九三〇年八月，蔡培火、林獻堂等自治主義運動者訴求大幅後退，組織臺灣地方自治聯盟，一九三一年後自治主義運動撤退到地方自治層次。一九三五年臺灣總督府宣布臺灣地方自治制度改正，臺灣史上第一次地方選舉施行，但卻僅只是地方自治聯盟所訴求的半套的、打折的地方自治[6]。

七、小結：重估自治主義運動

自治主義路線政治運動是日治時期持續最久、影響最大的反殖民運動，但因為採取的是溫和的、合法的、體制內的抵抗手段，長期以來不受重視。過去非黑即白二元對立、中國國族主義盛行的年代，對殖民統治下臺灣人民的政治忠誠要求嚴苛，對殖民統治與抵抗看法過於簡化，在日本統治結束將近八十年的今日，對於日治時期自治主義路線政治運動有重新評價的必要。檢視自治主義運動的理論與策略、臺灣政治運動者深入內地日本人、建立友誼、爭取支持，打破「壓迫／抵抗」二元對立的迷思。自治主義運動雖然挪用內地文明思潮，形成自我共同體想像，卻面對不利的殖民論述，又難以破解殖民法制優勢框架，呈現殖民者與被殖者之間交錯複雜的關係。

---

❻ 半套的、打折的地方自治：一九三五年四月一日臺灣總督府宣布地方自治制度改正，規定議員半數官選半數民選、州市議會有議決權（街庄議會僅有諮詢權）、稅額五圓以上者有選舉權等等。這與臺灣地方自治聯盟所要求的議員全數民選、州市街庄議會均為議決機關、普及選舉權等有相當的差距。不過，地方自治聯盟各地方支部還是推薦候選人參選同年十一月二十二日舉行的臺灣第一次地方議員選舉。見葉榮鐘等，《臺灣民族運動》，頁四八三—四九一。

透過本章的討論，筆者提出以下幾點看法：

首先，自治主義運動所標舉的理論包括立憲主義、人道主義、殖民地自治論、文明殖民說等，都是借自大正民主時期的主流論述，將殖民母國學來的文明知識巧妙地挪用作為檢驗殖民者的量尺，暴露臺灣統治體制的蠻橫與粗暴。臺灣議會設置運動活用憲法所授予的人民請願權，師出有名，使得殖民當局窮於應付，並爭取日本政、學、宗教界開明人士的聲援與支持，在在凸顯殖民地統治當局的冥頑不靈。

日本在臺統治長期以來偏重鐵路、橋梁、港口、道路等物質建設治績，以此對西方世界誇示東亞帝國的優越性。自治主義運動者則故意拆穿臺灣總督府殖民近代性（colonial modernity）的虛假本質，強調自由、平等、民主等近代文明價值，高度展現殖民地人民的主體意識與自主性格。他們選擇性地挪用、擷取殖民母國的主流論述，使之合於己用，以子之矛、攻子之盾，處處彰顯殖民地人民的能力與智慧。

其次，自治主義運動過程中透過連署、宣傳、演講、論述、辯論等種種方式，不斷進行組織與思想動員，凝聚起臺灣人的共同體意識與抵抗意志。於是，日治中期的臺灣，「臺灣人」成為集體認同標誌，區隔了我者與他者，島上的人們以此自我命名，也成為外人對這個群體的稱呼。政治運動者高呼「臺灣是臺灣人的臺灣」，爭取以全臺灣為規模的參政權，都表明了臺灣人在政治上自主自治的意願。

然而，**日治中期所形成的臺灣人共同體意識，受到先在族裔因素影響甚深，與漢人認同重疊**。多數殖民地抵抗運動追求脫離殖民母國獨立，但日治時期政治運動並未如此主張，因**為血緣親近性，臺灣人同時存在漢族認同，對父祖之國懷抱曖昧期待。於是，日治時期臺灣的國族選擇呈現「臺灣—中國—日本」的三角關係**。

再者，自治主義運動與殖民者的關係複雜。一者，自治主義運動者挪用殖民者論述固然是高明策略，但體制內抗爭的法律制度解釋，掌握在殖民者手中，被殖者落入殖民者的遊戲規則而受制於人，而難以顛覆、翻轉權力關係。二者，自治主義的文明論述取自內地，這一套論述架構出來的世界文明階序，殖民地臺灣人落在最底層。無能、落後的自我圖像使臺灣人缺乏自信、畫地自限，不僅在議會運動中節節後退，更局限了對共同體未來前途的想像。三者，自治主義運動的思想、論述、行動追隨大正民主思潮，而非來自本身的原創性主張，一旦思潮變化，旋即受到衝擊。一九二〇年代中期以後社會主義新浪潮席捲，自治運動統一戰線無力招架，最後走向分裂。

一九三〇年代以後因局勢改變、軍國主義抬頭，自治主義路線政治運動空間愈形局促。自治主義運動者希望以最小的代價，換取殖民者釋放權利、平等對待臺灣人、尊重臺灣特殊性，但這些要求顯然與殖民統治本質嚴重衝突。殖民統治不是慈善事業，抵抗運動陣營就曾自省：「殖民地原住民自己不求解放，而一味仰人解放，來增進自己的利益，這不過是像痴人的夢想呵！」[124] 至一九四五年日本戰敗，自治主義體制內改革路線終究未能動搖殖民統治本質。

第二章　以文化作為抵抗戰場

一、緒言

臺北醫專學生丁瑞魚曾憶及，他與醫專同學多人早年拜訪基督教牧師賀川豐彥。賀川說：

> **你們現在還不配談獨立，一個獨立的國家必須具有獨自的文化**。譬如文藝、美術、音樂、演劇、歌謠等等，不能夠養成自己的文化，縱使表面具有獨立的形式，文化上也是他人的殖民地。現在培養自己的文化是你們當務之急，你們一旦獲得自己的文化，水到渠成，獨立的問題自然就會解決，現在侈談獨立，只有百害而無一利。[1]

賀川豐彥❶的談話別具意義，因為他提示了殖民地人民的抵抗方向，亦即，文化是抵抗殖民統治的重要戰場，強壯而富生命力的「自己的文化」是抗衡外來宰制者最有力的武器。賀川的一番「教訓」，讓青年丁瑞魚深受刺激。事隔半個世紀之後，這段軼事為人們所熟知。

後殖民學者羅伯特·揚（Robert. J. C. Young, 1950–）探索美洲、非洲、亞洲各殖民地堅毅不屈的抵抗史，發現儘管各地的抗爭形式各有不同，但到了十九世紀以後，文化已居於反殖民運動的核心地位，配合著武力或政治抵抗行動，成為逆轉殖民權力結構的巨大抗衡能量。[2]

日治中期臺灣的反殖民抵抗實踐方式，與上述觀察若合符節。事實上，早在賀川提出看法之前，諸多臺灣青年對於在文化範疇展開反殖民鬥爭已有所體悟，並著手實踐。一九二〇年前後，留學殖民母國的臺灣學生在東京組織團體，推動反殖民政治運動，並且創辦文化媒體，宣傳主張。次年臺灣文化協會成立，發行會報、設置讀報社、開辦講習會、舉行文化演講、電影放映、新劇運動、設立書局等等，各種型態的啟蒙活動不斷推陳出新，一時之間，文化運動風起雲湧。葉榮鐘曾如此形容日治時期一九二〇年代的反殖民抗爭：

> 臺灣議會設置運動、臺灣文化協會與《臺灣青年》雜誌是臺灣非武力抗日的三大主力。若用戰爭的形式來譬喻，臺灣議會設置運動是外交攻勢，《臺灣青年》雜誌（包括以後的《臺灣》雜誌、《臺灣民報》，以至於日刊《臺灣新民報》）是宣傳戰，而文化協會則是短兵相接的陣地戰。[3]

從葉榮鐘生動的形容中可以看到，為呼應臺灣議會設置政治運動，文化成為反殖民抗爭的重要面向，《臺灣民報》系統的論述倡議與臺灣文化協會致力的文化啟蒙運動，所蘊含的文化抵抗意義再也清楚不過。

然則，反殖民運動中的文化抵抗，往往附從於國族主義主軸，走向強烈的本土主義（nativism）色彩。後殖民學者薩依德（Edward W. Said, 1935-2003）捕捉了反殖民文化抵抗的主要特徵：

> 文化抵抗的首要任務之一便是重申主權、重新命名，並重新定居於土地之上。伴隨此而來

---

❶ 賀川豐彥（1888-1960）：日本基督教牧師，社會運動家。生於神戶，美國普林斯頓大學、普林斯頓神學校畢業。一九一七年返國後對神戶地區貧民窟展開巡迴義診，一九一八年加入友愛會，一九一九年組織關西勞動同盟會，始終主張合法、非暴力的勞工抗爭，但因左派勢力擴張而被排除。一九二二年與杉山元治郎等組織日本農民組合，一九二六年組織日本勞動農民黨，一九二七年組織農村傳道團，開設農民福音學校，推展「神之國運動」。曾到中國、加拿大、美國、歐洲、滿洲、印度等處傳教，一九四〇年以來多次因反戰言論被逮捕調查。曾於一九二二年二月來臺。近代日本社會運動史人物大事典編集委員會編，《近代日本社会運動史人物大事典2》（東京：日外アソシェーツ株式會社，一九九七），頁一四；日本近現代史辭典編集委員會編，《日本近現代史辭典》（東京：東洋經濟新報社，一九八九），頁九六。

的,是一整組更進步的肯定、收復和認同,……追求本真性、追求一種比殖民歷史提供者更為合適的國族起源、追求一種新的英雄和女英雄、神話和宗教的新萬神殿,……伴隨著這些去殖民化認同的國族主義預告,總會出現一種對本土語言幾乎是魔術般地啟示、如同煉金術般的重新發揚光大。[4]

後殖民作家敏米更進一步指出:

從對自我的重新命名、標示自我,再到標舉本土語言,為了抵抗殖民統治,為了區別敵我,被殖者強調種族血統、傳統風俗、本土宗教、民族語言、歷史遺產等等,所展現出的強烈本質主義(essentialism)色彩與文化本真性(authenticity)的傾向,幾乎成為殖民地反抗運動的共同經驗。[5]

一九二〇年代臺灣曾出現過怎樣的文化抵抗?臺灣反殖民運動是否與各殖民地相同?當時的運動者是否也標舉臺灣文化作為抵抗工具?若是,他們所主張的臺灣文化的內涵如何?他們如何想像臺灣文化、如何打造臺灣文化?這是本章所要討論的焦點。

《臺灣青年》創刊於一九二〇年七月，由林呈祿、蔡培火與彭華英三人為主負責，蔡培火擔任編輯兼發行人。後因參與者陸續自大學畢業、進入社會工作，為名符其實並擴大層面，取消「青年」二字，自一九二二年四月起改名為《臺灣》。[6]《臺灣》雜誌在一九二三年六月改組為股份有限公司型態，本社設於東京，支局就設在文化協會創辦人蔣渭水於臺北市太平町的處所。[7]

《臺灣青年》與《臺灣》雜誌均為漢文、日文參半，訂閱者多是知識分子，發行數量最高不過三千份。為了因應島內文化運動的推展，使讀者群能夠擴及一般大眾，決定以白話漢字出刊《臺灣民報》。[8]一九二三年四月，漢文半月刊的《臺灣民報》出刊時，黃呈聰、黃朝琴兩人出力最多，[9]後有蔣渭水的加入，被稱為「《民報》的褓母」。甚至，《民報》的總批發處設於蔣渭水的大安醫院北隅、與文化協會合署，[10]報刊文化媒體與政治運動團體進一步緊密結合。

《臺灣青年》與《臺灣》的時代，以知識青年的思想表達為主，尚無普及機能，迨至《臺灣民報》以淺顯的白話漢文出刊，並由半月刊進展為旬刊、再改為週刊，《臺灣》雜誌逐漸失去存在的意義，遂於一九二四年六月停刊。臺灣雜誌社股份公司也於一九二五年九月改稱臺灣民報社股份公司。[11]一九二五年七月，《臺灣民報》由旬刊改為週刊時，發行突破已一萬份，較諸在臺日人三大報❷毫不遜色。到一九二六年《民報》發行量突破二萬份，被總督府當局視為是臺灣社會運動的總指導機關。[12]此時期的文化論述與政治動員對臺灣一般大眾所產生的影響力，超過日本統治的任何時期。

民報系列報刊中，《臺灣青年》以知識分子的思想表達、抽象理論為主；《臺灣》雜誌逐漸走向實際問題，並加入日本學界與政界人士的論說；及至《臺灣民報》，則有新聞報導功能，希望更加擴大讀者層面並增進倡議效果。[13]前二刊在風格上較重視新思想的引介，《臺灣民報》則與大眾生活息息相關，並重視前述思想理念在臺灣社會之推展，三刊在內容上雖有些微的差別，但在追求文化運動所揭櫫的目標上，則是一致的。

《臺灣青年》、《臺灣》、《臺灣民報》系列報刊，作為日治時期臺灣人唯一的發聲機關，不同時期風格雖有差別，然其政治與文化抵抗色彩鮮明，卻是始終如一。以下，本章將以這一系列報刊中關於臺灣文化的論述，探討臺灣知識分子所追求的臺灣文化面貌。一九二七年元月文化協會左右分裂後，《臺灣民報》中有關臺灣文化啟蒙運動的文章明顯減少，臺灣政治運動的重點轉向社會主義與階級運動，緣此，本章中有關臺灣文化論述的探討，以一九二〇至一九二七年初為主。

二、攀登文明的階梯

臺灣文化運動的發生，始於東京臺灣留學生所受世界思潮之影響。一戰結束後，世界秩序驟變，國際間民族自決風潮與日本國內自由民主運動方興未艾，來到殖民母國留學的臺灣青年目睹時潮推移、思想變化，並見證了日本內地革新改造運動風起雲湧，深受衝擊，幡然猛醒。[14]一九二〇年七月，東京臺灣留學生創刊了《臺灣青年》，主要成員追趕文明的急切心情躍然紙上。例如蔡培火說：

> 世界大戰突發以來，新生之問題可謂多矣。各國人民，齊唱平等自由，欲期其實現，而做種種之運動者，誠可謂中心之大問題矣。夫此世界之思潮，澎湃無處而不到，吾人雖處海隅，欲無所施為其可得乎？……

❷在臺日人三大報：一九二〇年代在臺日人所辦的三大報，分別是臺北的《臺灣日日新報》、臺南的《臺南新報》與臺中的《臺灣新聞》，參葉榮鐘著，葉芸芸、藍博洲主編，《葉榮鐘全集1：日據下臺灣政治社會運動史（下）》（臺中：晨星，二〇〇〇），頁三二七。

夫我臺灣，係滄海中之孤島，住民不過三百五十萬，地偏而人少，遂致世界聲氣幾乎不通，社會風化不振，文物不興，……吾人雖自稱為人類之一員，不亦羞愧之甚乎？[15]

又如，林呈祿也認為：

丁此世界革新之運，人權發達之秋，凡我島之有心青年，亟宜抖擻精神，奮然猛醒，專心毅力，考究文明之學識，急起直追，造就社會之良材，……倘或不然，日徒安坐以待死亡，……此則將來我島，實有不堪設想也矣。[16]

日本思想史學者鶴見俊輔曾形容，明治維新以來，日本國民全體都生活在「攀登文明階梯」的使命感中，這種追趕西方文明的急迫感，到日俄戰爭後進入一個新的時代。[17]東方新興帝國日本，其全體國民尚且努力於追趕文明，作為帝國征服的新附領土，臺灣留學生怎能不愧然心焦、躁慮不安？王敏川說：

我臺灣之隸於帝國版圖，已二十餘稔矣。顧文明之進步，猶不能與內地相並馳，是何故耶？

考其原因雖不一，而吾臺人之無自覺，實為最著者也。……吾人雖附為大國國民，不足以為榮，而文化程度之低下，實為吾人之大辱，嗚呼！吾輩青年其可不知所以自奮乎？[18]

從臺灣留學生的眼中來看，新興帝國日本追趕西方文明，臺灣尚且遠遠落後於日本，如此看來，臺灣豈不處於世界文明的最底層。因此，《臺灣青年》闡明是為了「期應世界之時勢，順應時代之潮流，以促進我臺民智，傳播東西文明」而創刊。[19]

一九二一年所成立的臺灣文化協會，也與東京留學生有密切關係。在東京熱心於《臺灣青年》創辦工作的早稻田大學留學生林仲澍，於一九二〇年畢業返臺後，熱心提倡組織文化協會。[20]他與稻江開業醫師蔣渭水意氣相投，積極計劃活動，卻不幸因病早夭。[21]蔣渭水承繼其志、戮力奔走下，臺灣文化協會乃於一九二一年十月成立。針對文化協會的成立，《臺灣青年》特撰一文，將蔣渭水等人比喻為「臺灣的大隈重信、天野為之」、臺灣文化協會就是「臺灣的大日本文明協會」而期許有加：

顧日本自明治維新以來，五十餘年上下竭力經營，至今差可以語文化於列國，然日夜猶恐遲步不及世界之潮流，汲汲焉文化運動不止。明治中年之季，大隈伯與天野為之、浮田和

> 民、高田早苗等一般志士，共創大日本文明協會，直接間接而做文化運動，造功於日本社會不少。近又有堺利彥、山川均之徒，或興文化會，或結新潮社，要之不外謀同群之福，以期為高等人類者也。……有自歐洲歸者，嘗謂日本文化遲西洋一紀（百年），若臺灣不知差幾百年。……最近又聞諸有志鼓舞臺灣文化協會，直接間接運動文化為目的，美哉此舉，其亦大隈、天野之流亞歟，吾人深望其一日早成，共造同胞之福。[22]

大隈重信是明治時代政治家，他與高田早苗、天野為之等人於一八八二年創立了東京專門學校，即後來的早稻田大學，又於一九〇八年發起成立「大日本文明協會」。該會會則第一條指出，「本會為推進一般民眾知識，使其提升志向，專門致力於移植歐美最新思想，努力於國民品格涵養，以期貢獻合於新興國運的新文化推進之基礎。」為達此「推進新文化」的目的，該會以翻譯歐美名著、介紹世界思潮為最主要工作，至一九二〇年為止，已刊行總數二百餘卷、頁數十萬以上的書刊。[23]臺灣文化協會同樣以推動文化運動為目的，從此，臺灣人始可如殖民母國人民一般，攀登文明的階梯，進入世界文明之行列。

臺灣文化協會與《臺灣青年》目標一致，旨在「增進臺灣文化」，透過各種方式，積極展開文化啟蒙運動，因為知識菁英對於臺灣文化評價低落。試看文化協會創立旨趣書中對臺灣文化之描述：

我臺灣位於帝國南端，孤懸海外之故，常不能跟隨世界之進步腳步。……回顧島內，現今島內之新道德建設尚未完成，而舊道德早已相繼衰頹，緣此社會制裁力量墜地，人心澆漓，人人唯利是爭，無智蒙昧的小民固不待言，居於上流者也相率於揣摩迎合，以博取一身之榮達為能事。另一方面，青年多安於眼前小成，薄志弱行，更無確實之大志，甚至流於過激思想，無國士之風而有盜賊之行。此不但不能為國家、為人民，圖民度之向上，一知半解、言行不一，甚至有荼毒社會者。每思及此，臺灣前途實堪寒心。[24]

此種「外於世界潮流，人心澆薄、混沌無知」的臺灣人圖像，充斥在民報一系列刊物中，信手可得，筆者不一一列舉。

或謂，臺灣人以數千年的漢文化為榮，自詡承繼了此種優良文化傳統，直可與日本、甚至西方文明匹敵？觀諸民報相關論述中可以發現，臺灣文化運動者對中國當時狀況評價並不高，認為中國文化於春秋之世雖盛極一時，但此後每下愈況，及至晚清閉關自守，國民長睡不知世變，終受割地賠款之辱。[25]又認為世界文明不進則退，所謂漢族輝煌文化早已成過往，以漢民族為主的臺灣人，非積極從事文化運動不足自救矣：

> 諸君！我們也是有歷史有光輝的民族，我們二千年前的文明，比什麼希臘埃及決無遜色，就是現在歐米的文明，也有賴東方的三大利器。不過人家採自強不息的主義，我們反採步步退縮的方針，百餘年來遂日去日遠了。咳！諸君，如今要想挽回得多少的名譽，要想在文明世界爭一個最末席的人格，你想非大家努力來文化運動，還有別法麼？[26]

在此認識下，臺灣是必得從事文化改造運動，才能追上世界文明，而臺灣文化運動自始就展現不同於其他殖民地抵抗運動的特性。

（一）多元混雜特質

從民報一系列報刊的言論來看，反殖民運動者的文化主張並不囿於種族血緣界線，也未落入自我防衛模式，反而鼓吹開闊的胸懷與眼光，積極吸納各種文明進步潮流。《臺灣青年》創刊號中，林呈祿就提示精神文明的重要性。他指出，日本領臺以來臺灣在物質方面有顯著的進步，但卻缺乏文化與精神方面的提升，如同動物園的動物一般，因此期待臺灣青年完成開發本島文化的任務，應自立自強、堅毅奮鬥、革除陋習、吸取新知。值得注意的是：他強調要「去除種族的憎惡之念」，應將「內地先覺者」當作文化啟發者般表示敬意，因為「因種族差別挾憎惡之念，則失去新時代文明人的資格」。[27]

此種不囿於敵我界線的開闊視野，不僅見於林呈祿的文章。文化運動中甚為活躍的兩枝健筆——王敏川與黃呈聰，都曾提出類似的看法。王敏川認為，把東洋道德、西洋器物對立起來的說法是不對的，因為忠孝節義非東洋人所獨有，明治維新時的日本亦採西洋道德來教導人民，即立憲主義、獨立人格、自由思想等等。要之：

> 所以我們臺人現在不可隨聲附和，一味排斥西洋文化，我們宜要善取他的精粹，至於我東洋的道德，如仁愛的觀念，是再當尊重，來發揮我們的長處。……文化運動是不可滿足現狀，是最要重創造的精神，不但對於東洋文化不滿足，就是對於西洋文化也要不滿足才是！不滿足才有創造的精神，才得有很好的結果。[28]

王敏川主張臺灣文化不只要兼納東洋西洋文化之優越質性，還要與本地相互融合創新。黃呈聰則認為，臺灣文化雖以明鄭以來漢民族移來者居多，但兩百多年來又經過臺灣人的改善與創造，成為適合於臺灣的固有文化；日本領臺以後，又移入內地的物質和精神文化，「現在幾乎普遍全臺這種文化混在固有的臺灣文化裡面，形成一種複雜的文化。」[29]臺灣現狀已是一種混雜的文化，還要擇善模仿、調和創新出更優越的文化：

凡文化是要創造、模仿、或將模仿來改造，手〔方〕可使文化有生長，……所以文化若接觸異種的文化便會受刺戟〔激〕感化，其理性常常要求比自己向來的文化更好的。若有優秀的文化就採用來和本來固有的文化調和，……我們臺灣是有固有的文化，更將外來的文化擇其善的來調和，建設特種的文化，……不是盲目的可以模仿高等的文化，能創造建設特種的文化始能發揮臺灣的特性，促進社會的文化向上，……只憑著東西各種的文化所翻弄，或有傾於中國、或有傾於日本、或有傾於西洋，為二重生活三重生活，這是無利益的。總要擇其最善有益的，方可促進社會，不然終歸於混亂的狀態……[30]

王敏川與黃呈聰的看法相當能夠說明當時文化運動者擇優採用、不避多元混雜的精神，除了吸納各國文明精粹，也應兼採中國的優點。但自一九二四年，留學北京的張我軍等人將中國新文化運動、白話文運動引入臺灣後，掀起新舊文學論戰，將於後文討論。

（二）世界性的臺灣

在文化運動起步階段，臺灣知識分子就懷抱質樸的理想與遠大的視野展望未來，企圖打造世界性的臺灣。林呈祿在《臺灣青年》創刊號中強調，開發臺灣文化並非只是為了個人的目的、三百五十萬人所構成的臺灣，或日本帝國的臺灣，而是以「作為世界的一部分的臺灣」之觀念來開發臺灣文化，涵養犧牲奉公精神。[31]王敏川以「雄飛天下，與世界文明民族，貢獻人類之進步文化」期許於臺灣青年。[32]《臺灣》雜誌首期卷頭詞〈臺灣的新使命〉也強調，作為「地球之一部分的臺灣、人類之一分子的島民，豈可隔離於世界，超然於現代？應急起直追適應新時代，啟發精神的、物質的文化，從而貢獻於改造世界的大業」。[33]一九二一年十月臺灣文化協會成立大會上，蔣渭水的致詞更是廣為周知，究其精神與前述無異：

> 臺灣人負有做媒介日華親善的使命，日華親善是亞細亞民族聯盟的前提，亞細亞聯盟是世界和平的前提，世界和平是人類最大的幸福，並且是全人類最大願望。所以我臺灣人有做日華親善的媒介，以策進亞細亞民族聯盟的實現，招來世界和平的全人類之最大幸福的使命就是了。簡單說來，臺灣人是握著世界和平的第一關門的鍵啦。……我們一旦猛醒了負著這樣重大的使命，那麼就要去遂行這使命才是。本會就是要造就遂行這使命的人才而設的。[34]

從《臺灣青年》、《臺灣》，到臺灣文化協會，相關人士不斷強調「世界的臺灣」這一概念。筆者認為這並非巧合，其所反映的是一九二〇年代臺灣知識分子對世界文明的反思、對臺灣未來的自我期許。

不同於亞非各國反殖民運動的本土主義、本質主義取向，一九二〇年代臺灣的反殖民運動並未努力於彰顯臺灣本土文化的獨特性與優越性，甚至對於居臺灣多數的漢族文化現狀也有所反省，認為應摒除鄙陋、與世界文明接軌。**臺灣的反殖民運動一開始就揭櫫「文明進步」的主張，對於自身落後於各國文明抱持強烈的焦慮感與迫切感**。為了追趕文明，他們並不囿於種族界線，願以日本先覺者為師；也不自我設限，願意開放胸懷吸收世界潮流，**以善取各國精粹、模仿創新自我期許，標示了臺灣文化混雜多元的特性**，並希望有朝一日能入於文明先進之列，貢獻於世界，成為「世界的臺灣」。然則，「文明進步」的臺灣文化應該有著怎樣的內容？

三、文化主義、人格主義與人文主義

臺灣知識分子時常在思考文化運動的內涵，例如黃呈聰就自問「文化運動究竟是什麼？」他認為應該「就是時代精神的表現」。時代精神表現於時代民眾生活的各方面，具體言之，就是時代所流行的哲學、文學、科學、藝術，乃至於社會生活中的制度、法律與道德等等，由此觀之，「時代的精神就是人的思想的表現」。時代精神因思想改變而推移變化，因此必須改造舊時代不合於人類的生活現象，鼎新革故、與時俱進，當然如此一來將形成新舊衝突。[35]

文化運動進一步追問，時代精神動向關鍵何在？有人提出，一九二〇年代思潮的主要方向在於「解放」與「改造」兩大運動。解放者，解除在精神上與肉體上所受之種種束縛，回復身心之自由，以營合理的生活方式；改造者，革去舊習，洗滌頭腦，使人人有博愛、寬大、真摯的胸襟與行為。[36]

這正是日本學者太田雅夫所指出，大正民主運動中最為民眾所朗朗上口的語詞即是「解放」與「改造」，這是「政治的民主」、「社會的民主」之外，「精神的民主」所發生的影響。他認為，大正民主時期除了政治層面的民本主義、政黨政治原理，社會層面的民眾主義、社會主義之外，對大眾精神層面的影響則是人格主義、文化主義的提倡。[37]顯然，一九二〇年代臺灣青年所受到大正民主思潮的衝擊，不只政治層面，文化思想層面亦然，即人格主義、文化主義。

根據荒川幾男的研究，日俄戰爭翌年，京都帝國大學開設了最早的哲學科系，至一九一〇年代，日本國內包括東京帝大、東京專門學校（按：後來的早稻田大學）等都設立了哲學相關科系或講座，一九二〇年代更有東北帝大、高等學校創設哲學科系或科目，學院派哲學研究逐漸確立。這個時期盛行的哲學思想，是來自德國的新康德學派哲學，此派哲學對於十九世紀以來因急速工業化所造成的社會矛盾現象頗為憂心，更對科學技術與產業發達後所造成的功利主義、唯物主義傾向深具危機感，因此提倡精神文明與文化價值再興，以文化價值為特別的領域，認為文化科學可與自然科學並立，企圖打造認識論、進行文化探查研究。桑木嚴翼、朝永三十郎等人承襲了德國哲學傳統，成為日本學院派「文化主義」哲學的基礎。[38]

一九一八年黎明會成立，左右田喜一郎在第一回黎明會演講會中以「文化主義の理論」為題發表演說，同年，桑木嚴翼也以「文化主義」為題演講，文化主義成為大正民主時期最流行的文化主張，並以桑木嚴翼、左右田喜一郎、阿部次郎等為代表人物。

文化主義的概念，是早稻田大學西洋哲學教授桑木嚴翼所創說，他是日本學界研究康德哲學的先驅。[39]他區別「文明」（civilization）與「文化」（culture）的差別，認為自由的人格是文化的基礎，並強調文化主義與自由、平等以及平等原則的親近性，與專制主義、軍國主義的矛盾性。[40]阿部次郎則提出「人格的成長與發展是至高無尚的價值」，人格是個體生命中不可分割的部分，更是普遍的、先驗的存在。他也強調人格主義與物質主義、享樂主義的對立性，批判富強、擴張為目的的國家主義。[41]左右田喜一郎留學德國近十年，學習新康德哲學，來自德國的觀念論與理想主義傳統，認為人類精神層面所創造的文化，以及個人與群體達成內在統一所形成的人格，是對抗產業文明現實主義的利器；他認為文化價值不只是學問，更應是一種人生觀。[42]左右田喜一郎是日本康德哲學的集大成者，他進一步闡述文化主義與人格主義，認為人格主義的人生觀在反對軍閥主義、官僚主義等，可謂真正的民主主義。[43]

此些以德國新康德學派為基礎的哲學主張，透過黎明會演講活動的傳播，受到當時知識分子的討論與重視。[44]但另一方面，文化主義強調精神價值與人格教養，具有強烈菁英主義傾向，也受到大山郁夫、堺利彥等人站在大眾立場加以批判。[45]

臺灣的文化運動者之中，陳逢源承襲了此一日本國內所流行的哲學思潮。他認為新康德學派一言以蔽之，就是人格主義；人類不受外在支配、因判斷而來的自律所獲得的自由，正是所謂「人格的自由」。[46]在一次文協演講中，他闡述臺灣文化協會的理想即是文化主義，他區別文化與文明的不同，強調文化與自然狀態的對立。所謂文化是脫離以自然本能營生的野蠻人狀態，以人力去支配自然、實現理想的作用過程。人類所追求的理想或文化目標即真、善、美，這是具普遍性、先驗性的絕對價值。是以，「文化主義是以人格解放運動為基礎的社會改造原理」，「文化主義就是以真善美的文化價值為目標，提倡一切人格自由的主義。亦即，人格主義是真正的人文主義（按：原文ヒユーマニズム，即 humanism）」。[47]

陳逢源所提示的人格主義、文化主義，實則是整合了阿部次郎、桑木嚴翼、左右田喜一郎與朝永三十郎等人的看法❸，尤其強調人格自由的重要性。[48]蔡培火也強調人格的重要，他指出，他長期從事文化運動的目標，是在「人格的做成」，他認為人格是辨真偽、別善惡、定行止的總體能力，是人類主張生存權利的基本條件，沒有了人格，失去基本尊嚴與能力，就失去了生存的權利。所以「文化運動即是人格運動」，故要喚起臺灣民眾的自覺，使其人格不受束縛，不被壓制，不再奴隸成性、麻木不仁。[49]

陳逢源將抽象的哲學理論應用在遭受壓迫的殖民地臺灣現況。他指出，基於人格自由的原則對照臺灣現狀，應該先確立島民的生存權，撤除對島民主體人格的種種束縛，如廢止砂糖原料採集區域制度對經濟權的限制，廢除保甲制度與《匪徒刑罰令》對於基本人格的侵犯，反對日本同化主義對於攝取各國文化的怠慢等等。[50]

另一方面，臺灣的文化運動者也努力宣揚人文主義。人文主義起源自希臘羅馬的古代世界，再生於十七世紀文藝復興時期，歷史學教授布洛克（Alan Bullock, 1914–2004）指出，這種以人類為主的思想自文藝復興以後數百年間在歐洲被繼承，並在不同時期產生「傳統內的改變」（changes within its tradition），而被發揚光大，成為西方世界的文化傳統。例如文藝復興時期的人文主義著重挑戰命運、現世追求與公民德性；到了啟蒙運動時期強調經驗主義、科學精神與社會改造；及至近世，又因物種競爭、優勝劣敗的信念，強化了資本主義與民族國家的擴張。[51]

從民報系列的論說中，可以明顯觀察到臺灣文化運動者對人文主義的闡述宣揚。例如《臺灣民報》社論指出人文主義在西方歷史的作用，提示臺灣文化運動應重視之：

> 燦爛的歐洲現代文明，是由於全歐洲人的自覺，在歐洲文藝復興以來四五百年間，給建造出來的。實在，歐洲近代史可以說是「我」的自覺史。所謂「我」的自覺，是成立於確認自己的人格，而打破一切偶像，……這種現象也漸發現於東洋諸國了。……然而我臺灣呢？真是銷〔消〕沉極了！一般人多不知道有一個「我」，日常生活以至百般行為，都盲從既成的法則，……

---

❸ 臺灣與日本哲學思想：日治時期臺灣知識分子深受日本國內思想文化影響、亦步亦趨，哲學思想的移植、模仿並不限於一九二〇年代的陳逢源。又例如和辻哲郎從文化與教養的觀點探求日本的思想傳統，發展出自成一格的和辻風土學與倫理學，一九三六年六月臺灣的哲學家洪耀勳在《臺灣時報》上發表的〈風土文化觀：以臺灣風土為基礎〉，即受和辻風土哲學的影響。參考廖仁義，〈臺灣哲學的歷史構造〉，收入廖仁義，《異端觀點——戰後臺灣文化霸權的批判》（臺北：桂冠圖書公司，一九九〇），頁一七—三五。

總之，文化運動是一切運動的基礎，在全體民眾沒有完全覺醒以前，任你社會運動家怎樣叫嚷社會改造，任你政治運動家怎樣鼓吹民權的伸張，也不過是做一場空夢罷了。故欲使社會運動以至政治運動最有效地實現，非借文化運動之力叫醒全體民眾不可。而文化運動的目標，也非在叫起全體民眾的徹底的覺醒不可。[52]

如此以人為本位、喚起人的自覺的主張，不斷出現在民報系列的論述中。例如文化運動的旗手之一黃呈聰在闡論個人權利與群體規範的關係時指出，近世因教權與王權的解除，基於理性而出現人的自覺，人格與人權得以確立，以權利為基礎的個人主義，可以說是近代文明對中世紀文明的勝利。尤其，近代社會的法律正是建立在權利、自由、人類自覺等基礎之上；法律不是權力階級的命令、不是為權力階級而設，而是為自覺的民眾所接受、合於社會全體利益，方能為大眾所遵守。[53]又如蔡式穀說明權利的觀念，黃周強調機會均等的意義、思想以及言論自由的重要性，黃呈聰介紹個人主義的內涵，甘文芳認為自由是近代思潮的基本精神，建立個人與整體的和諧關係方可趨於理想社會等等，[54]都與人文主義及其衍生價值密切相關。

簡而言之，**臺灣的文化運動者所追求的，一是人格自由，二是自覺與尊嚴。亦即，喚起**

臺灣人自覺，不再作為奴隸、懵懂無知，要像個「人」一樣，有獨立人格，有尊嚴、有自由地生存著。臺灣文化運動者援引日本思想界的人格主義、人文主義主張，努力宣傳，此些思想所涵括之精神文明、文化涵養、人類理性、尊嚴、自由、民主、平等、法治、權利等種種價值信念，更是反殖民運動所致力追求與實踐的目標。

文化運動者以殖民母國思想界為媒介，吸取西方現代性最根源、核心的概念——理性自覺的個人，自由與尊嚴的生活，環繞此基本概念進而闡述、宣揚並追求符合西方近代性的所謂文明進步的各種價值。透過民報系列的文化論述，在政治上追求殖民地尊嚴與自治，文化方面鼓吹教育普及、人權保障、女性地位等，熱烈地展開一九二〇年代政治解放、階級解放、婦女解放三大運動。

四、自主工具與語文問題

文化運動者所要求的人格主義、人性尊嚴，及其衍生的種種價值主張，多是學習、模仿自殖民母國。如第一章所述，殖民地菁英到殖民母國留學，學習近代知識、取得近代式的對抗武器，反身向殖民母國要求自由、民主、獨立，幾乎已是殖民地人民的共同經驗。但另一方面，如後殖民學者所指出，殖民地的抵抗運動中往往出現本土主義、本質主義的傾向。很快的，臺灣知識分子意識到他們取用的知識資源都來自殖民母國，為了不透過殖民者的眼睛看世界，他們需要自己的語言文字，「在文化運動中最得力最重要的武器，就是要有好的文字。」[55]

殖民地知識分子以殖民母國語言學習知識與思潮，卻不認為殖民當局所推動的國語（日文）是一種好的運動工具，原因何在？原來，文化運動者早就看穿殖民政府在臺灣施行的國語政策與公學校教育，目的在追求同化，而非啟發民智。黃呈聰指責臺灣的公學校教育以日語為中心，學童入學後經過五、六年，僅曉得幾句普通的日本話及淺顯的一般知識，「這是臺灣的統治方針，要用日本固有的文化來同化我們的緣故，這豈不是我們的社會不發達的原因麼？」因此他提問：「自小學起用我們的話來教各種的科學和一般的知識，豈不是普及文化快一點嗎？」[56]蔡培火指出，長期以來統治當局迷信於形式主義，以為統一語言的使用，就能統一國民思想，日本當局不過是把學習日語當作將臺灣人思想內地化的手段而已。他批評公學校教育使七歲孩童入了學校就禁止使用臺灣話，但卻無法透過日語習得知識，臺灣兒童只長於機械式的記誦，全然失去了理解與推理的能力。日語教育的結果猶如鸚鵡學舌，當局以為統一了思想，卻反而造成民智停滯的後果。[57]

學者陳培豐則細膩地分析了大正時期殖民統治當局在教育內容上的空洞化與形式化，企圖以同化取代文明的做法。[58]正是因為殖民當局如此低劣的統治手法，引發文化運動者們的強烈批評。既然洞悉了殖民統治當局的詭計，透視其語言政策的虛假性，反殖民運動者很快地體認到，必須用自己的工具、用最便利的方式來普及知識，獲取文明。但如何獲得適當的語文工具呢？文化運動者提出了種種方案，並出現許多論爭。以下，筆者以兩個主要語言方案進行討論。

（一）漢字白話文

作家陳端明很早就意識到語文與知識普及的關連性，他在一九二一年底指出，文章可分為兩種，一是常文，即日用文；一是文藝文，即詩詞歌賦之類。前者是為日常生活之便利，表達思想與意見交換，以明白簡易為要。但臺灣所用的文體競尚華麗，墨守舊套，因不能充分表達意思、既難學又不普及、守古且缺乏進取氣象，阻滯大眾文化，早已不合時宜。他認為現今文明國家多採言文一致，稱為白文，白文一有利於迅速普及文化、啟發智能，二因意義簡易，學習容易，省時省力，又可養成國民團結之觀念。臺灣因承中華之教，言文各異，但今日之中國已改提倡白話文，臺灣之文人墨士亦當奮勇改革文學，以啟民智。[59]陳端明之說是提倡漢字白話文的先聲。

一九二二年六月間，《臺灣》雜誌主要成員林呈祿、黃呈聰、王敏川等人到中國旅行，其中黃呈聰與他早稻田大學政治經濟科同窗黃朝琴共同進行了旅行考察。兩人目睹中國五四運動以後白話文普及，對於提高國民知識有很大的影響，因此認為欲推行臺灣的文化運動，也非用白話文不可。[60]同年底，兩人提出了具體的建議，並在次年元月號的《臺灣》發表了〈論普及白話文的新使命〉（黃呈聰）與〈漢文改革論〉（黃朝琴）兩篇文章，同時間東京臺灣青年會也掀起白話漢文的研究熱。不久，臺灣雜誌社預告將出刊以平易漢文、通俗白話為宗旨的半月刊。[61]黃呈聰與黃朝琴二人為發刊漢字白話文雜誌出力最多，是漢文《臺灣民報》創刊的主力，因此被稱為「《臺灣民報》的產婆」。[62]

黃呈聰與黃朝琴兩人從普及教育的角度，肯定漢字白話文的言文一致特性，是一種較進步的文體，可以作為在臺灣普及教育的工具。

黃呈聰指出，白話文是將平常的用語以簡白的文字記載，沒有古典難解的字句，一般民眾也容易習得。英、德、法等西方國家都是採取這種言文一致的語文，人們自懂事以來就已經在用的語言，入學之後只消再學習其文字，學童不需在語文學習上花費太多時間，而可多多學習自然科學與社會科學，文化程度自然提高。此番他在中國考察，看到白話文的便利與普及狀況，大感興奮，認為白話文能統一中國複雜的地方語言、從而振興中國為強大國家時日不遠。但反觀臺灣，一來通曉漢文只是社會上的少部分人，並未普及到一般大眾；二來臺灣識漢文者都是學習古文體，有尚古風氣，不好新事物、新思想，無法趕上時代。正因為缺乏一種「普遍的文」，使民眾便於看書報、寫信著書，所以不知世界情事、愚昧無知，社會不能進步。如今，中國都已在從事言文一致的白話文改革運動。他認為，因為中國是臺灣的文化祖國，對中國革新有望的事，對臺灣一樣是有幫助的。[63]

黃朝琴則以自己從書房到公學校漢文課的學習經驗為例，「足見漢文是世界上最為難的文字」。漢文雖然高尚，大有藝術價值，但不能普及於一般人，以致雖有文化運動的提倡宣傳，多數民眾卻是一動也不動，知識菁英與普羅大眾之間各行其是，文化運動的效果極其有限。他認為，要以最少時間求得最多的學問，第一步非把文字弄到最簡單容易不可。中國之所以不進步、無法追趕各國，原因在於教育不普及、文化不能及於一般民眾，究其原因皆在漢字形體難寫難認，所以民初以來創造注音字母、推動白話文，如今，如同日本假名的注音運動雖尚未見通用，但白話文已成為普及運動。[64]他也同意，歐美文明進步快速的原因在於「文字簡單、言話一致」，漢民族的退步則因為「文字繁雜、言文兩樣」，識者太少。所以，臺灣亦應倡議白話文講習會，鼓勵多用言文一致的文體，以推動文化。[65]

然而，語文學習難易有多種因素，文字的結構難易為其一，言文是否一致則是另一層次的問題。但黃呈聰與黃朝琴卻將兩者混在一起談，兩人指出漢文難學，也知道在臺灣通曉漢文的人是極少數，但他們並未正視此一問題，卻轉而強調文言一致的重要性，主張漢字白話文必然能夠普及於大眾。不知是有意還是無意，兩人都站在知識階級的立場展開論述，未思考臺灣社會大多未識漢文，理所當然地主張推廣漢字白話文。如此一來，顯然無法貼近普羅大眾的角度，而在推廣語文學習、使用與普及上遭遇難題。

（二）羅馬字臺灣話文

蔡培火的思考與二黃迥然不同，他不僅清楚地看到漢字學習困難的問題，更重要的是，他指出臺灣話與中國話是不同的兩回事，漢字白話文對中國話來說是言文一致，但對臺灣話而言卻是格格不入。

蔡培火估計，在臺灣島內通曉漢文與日文兩種文字者，全島三百五十萬人中不到三十萬人，僅占臺灣人中極低的比例。原住民對此兩種文字不能通曉固不待言，漢人中女子大多數是文盲，男子如務農與勞動階級亦然。[66]他認為漢文與日文普及率不高各有原因，漢文學習難度甚高，多數民眾忙於勞務沒有閒暇去學習，就算人們願意擱下工作拚命學習，若要達到自由讀書與發表意見的地步，仍須經年累月，談何容易。日文則是受限於教育政策，臺灣人在學校所學日語有限，如鸚鵡之學舌，若想由學習日本語來普及知識、提高文化，那是絕對無望的事。[67]

蔡培火以自己的學習經驗為例見證了羅馬字之容易學習。他在十四歲尚未識漢文與日文時，為了與遠方兄長通信，三日間就學會羅馬字；他估計農民大眾如果一天能夠花三、四小時學習，只要半個月的時間就可以學好。[68]以羅馬字標記臺灣話，因為「臺灣話是臺灣人所慣練的，他們不論什麼人個個都是臺灣話的大博士，不要再費什麼工夫去學習」。無法以漢字記寫的臺灣話，卻可以因二十四個羅馬字而活動起來，難怪蔡培火要認為「這小小二十四個的羅馬字，在我臺灣現在的文化運動上，老實是勝過二十四萬的天兵呵」！[69]

蔡培火把羅馬字看作是臺灣人過渡到文明彼岸的重要工具。透過羅馬字的普及，人們得以接受現代文化、改善生活、提高見識，使臺灣人的思想提升到與內地人一樣的水平。他並不反對保留日語與漢文教育，但強調臺灣教育最核心的事應該是採用臺灣話作為教學語言。[70]

蔡培火的羅馬字臺灣話主張，可能與他交情深厚的基督教牧師植村正久及眾議員田川大吉郎有關。植村早在一九二〇年《臺灣青年》創刊號上就建議，臺灣基督教徒間所通用之羅馬字甚為進步，應普及全臺灣人。田川大吉郎也將之視為吸收歐美思潮的重要工具，建議臺灣人應革去中國文字，採用羅馬字。[71]兩人的文章都發表在蔡培火之前，鼓吹羅馬字。儘管蔡培火強調自己在一九一五年同化會運動時就主張推廣羅馬字，卻不能排除該二人的影響。

（三）語文工具與共同體想像

語文是文化的載體，它固然是傳播文化的工具，更是文化的一部分，甚至文化的核心。殖民地的文化抵抗中，語言必然會成為關鍵性議題，文化運動者為了要超越以統治者的語文學習的障礙與局限，需要自己的語文，語文問題的原始起點是為了民眾學習便利與知識普及，但此課題一旦被開啟，就不再只是學習工具而已，其背後所隱藏的共同體意涵將無法迴避。

各個政治文化社群的語文主張，背後隱藏各自的共同體想像。針對黃呈聰所提出的漢字白話文主張，有人質疑中國的白話文與臺灣話不同，曾建議將臺灣白話以漢文表記，成為「臺灣的漢文白話文」，才能符合本地的需要。對於以上建議，黃呈聰認為這樣話，此種白話文使用區域將會太少，僅有臺灣、廈門、漳州、泉州附近地方而已，而且：

> **我們臺灣不是一個獨立的國家**，背後沒有一個大勢力的文字來幫助保存我們的文字，不久便就受他方面有勢力的文字來打消我們的文字了。……所以不如再加多少的工夫，研究中

> 國的白話文，漸漸接近它，將來就會變做一樣，那就不但**我們的範圍擴大到中國的地方，就是有心到中國不論做什麼事也是很方便。**……我要勸告初學的人，當初不要拘執如中國那樣完全的白話文，可以參加我們平常的言語，做一種折衷的白話文也是好，總是這個方法是一時的方便，後來漸漸研究，讀過了中國的白話書，就會變做完全的中國白話文，**才能達到我們最後的理想。就可以永久連絡大陸的文化了**。[72]

黃朝琴也認為：

> 臺灣兄弟所用的話與北京口音雖然差一點，言語的組織大都相同，一來可以通達漢文的門逕〔徑〕，二來可以做學官話的基礎。**做臺灣的人，將來欲做實業諸事，非經過中國不可，所以學中華的國語，實在人人都必要的！**[73]

從以上的論述可知，黃呈聰與黃朝琴都瞭解臺灣話與中國白話文不同，但他們不避現實之不便，**仍堅持推廣漢字白話文作為臺灣文化運動的媒介，說到底與他們背後的共同體想像**

有關：他們並未視臺灣為一獨立個體，而是希望透過漢字白話文，可以與祖國文化相通，與中國永久連絡，最終成為一體。

中國白話文倡議者張我軍也同樣面對臺灣白話文的挑戰，說得更是明白露骨。他認為人們日常所用的臺灣話十分之九沒有適當的文字，是「土話」、是「沒有文字的下級話」，所以不具文學價值。更有甚者，推動中國白話文還有更積極的意義：

> 我們的新文學運動有帶著改造臺灣言語的使命，我們欲把我們的土話改成合乎文字的合理的語言，我們欲依傍中國的國語來改造臺灣的土語。換句話說，**我們欲把臺灣人的話統一於中國語，再換句話說，是把我們現在所用的話改成與中國語合致的，……倘能如此，我們的文化就得以不與中國文化分斷**，白話文學的基礎又能確立，臺灣的語言又能改造成合理的，這豈不是一舉三四得的嗎？[74]

張我軍的說法直接表明，推動中國白話文運動是要將臺灣話統一於中國話，將臺灣文化連結於中國文化，其所意含的政治共同體想像不言可喻。

與前述數人不同的，蔡培火很少提到臺灣與中國的關連。雖然他並不反對保留漢文，也同意為了推動日華提攜，日本統治下的臺灣必須復興漢文，[75]但是在臺灣的教育媒介仍應以臺灣話為主：

> 我不是說漢文和我們的文化運動絕對沒有干涉，也不是主張日本語絕對和臺灣人的生活沒有關係，國語、漢文那是學校教育的工具。我們今日要向絕大多數無學的男女同胞宣傳文化，即便可以幫贊我們，做我們的路用，漢文和國語都是沒有資格。……臺灣話是僅僅可以口述，而不可以書寫的，這點若能解救，即我們臺灣的文化運動，就可以一瀉千里，著作界一定勃然振興，個〔各〕個人的思想都會融通聯絡起來，大家的人格自然得了解放，……**我臺人同胞的生存，就會安全，我們的生活，就可以和他人並肩比立，那麼，彼時我們就會做成頂天立地的自由人唉!!**[76]

觀察蔡培火的相關論述，擅於對日本人婉轉說服，他從未在文字中流露對中國的嚮往，反而強調對作為日本臣民絕無二心。他屢以日臺融合的角度企圖說服統治者支持臺灣文化向上的努力，但更重要的是謹守臺灣本位原則，不放棄維護臺灣人的自主與尊嚴，爭取臺灣人教育普及的機會。

(四)各種語文工具的推廣障礙

文化運動者想要以自己的語言當作自主的武器，但無論是隱含與中國連結的漢字白話文運動，或是以臺灣為範疇的羅馬字臺灣話文運動，都遭遇到相當的難題。漢字白話文運動表面上看來似乎推動較為順利，例如漢文《臺灣民報》日後移入島內發行，並且從週刊變成日報型態，一九二四年起，以張我軍為首的留中臺灣學生揭櫫的白話文新文學運動，也得到許多呼應，可以看到漢字白話文在臺灣被接受的程度。但是，人們很快地察覺其中的怪異與扞格，施文杞就以「變態的白話文」來稱呼之，他認為臺灣人的白話文有幾個大問題：1.常常莫名其妙地出現不該用的口語贅字（如「啦」）；2.總是見著日本語式的名詞（如「開催」、「都合」）；3.同一篇文章中忽而白話、忽而文言；4.常以漳泉方言直接置入普通白話文內（如「咱」）等等。如此以臺灣的方言寫出的白話文不但讓人看不懂，還會鬧出笑話。[77]終究，臺灣話不同於中國的白話文，儘管部分運動者希望與祖國身形相隨，但臺灣話終究無法等同於中國北京話。

羅馬字的推展也是困難重重。一九二三年十一月臺灣文化協會第三次總會，蔡培火接替蔣渭水被推舉為該會專務理事，文協總部遷到臺南，並決議將普及羅馬字、羅馬字圖書之編纂發行列入文協六項新設事業綱領中。[78]一九二四年三月，蔡培火還以羅馬白話字出版了《十項管見》一書。但在臺日人與殖民政府對此多所疑慮，認為作為日本帝國臣民的臺灣人理應與母國人一樣使用日語，另外使用羅馬字只會增加學習負擔，妨害國語學習。尤其，長期以來官方努力的目標在使國語普級，使臺灣人理解母國文化，同化於日本國民性，羅馬字臺灣話的推動與此目標衝突。[79]一九二九年三月，蔡培火與同志曾在臺南市武廟舉辦過一次羅馬白話字講習會，學員五十餘人，每日兩小時，兩星期結業；第二次要再辦理時，警察即來禁止。曾任臺灣總督的伊澤多喜男建議蔡培火應以日本假名代替羅馬字標示臺灣話。[80]

日本官民反對羅馬字臺灣話尚可理解，更糟的是連臺灣民眾都不予支持。支持羅馬字、並著有《臺灣羅馬白話字自修書》的張洪南發表了〈被誤解的羅馬字〉一文，為羅馬字辯解，文中恰恰呈現了當時一般臺灣人對羅馬字的疑慮：**許多臺灣人將羅馬字當作是外國字**，或以為羅馬字限於基督教信徒使用，也有將羅馬字當作是文盲或文化水平低者所用的文字。[81]其中最值得注意的是，**臺灣人對於象形字漢字有文化上的親近感，羅馬字即使能夠標示臺灣人日常話語，卻如同外國文字，因而遭受排拒**。為此，張洪南特別強調象音字羅馬字具有優越性，連中國的白話文運動也開始檢討要將象形字漢字改革為象音字。[82]

然而，臺灣民間對羅馬字的接受度始終不高。日後，年老的蔡培火亦不得不承認，羅馬字臺灣話運動，實際上在臺灣未曾轟轟烈烈地開展過，與其說是運動，「毋寧說是個人畢生的夢想行動較為恰當」。[83]

五、交錯位移的文化戰場

反殖民運動者想要接引新思想，先得面對舊思維，如何除舊布新，是必須斟酌與思考的問題。一九二四年三月《臺灣民報》的一篇社論反映了文化運動者的改革觀：

> 迎新送舊，原來是同自然進化的理法。……萬般的社會制度，也不外人類生活上的衣裳，……也要時時更換，才能合新時代的社會生活了。生於現代的人人，決不能拒絕否認社會進化的事實。然一班舊人，以墨守古制為理想，盲從典型為美德，誤認傳統慣舊為絕對真理，……那班舊人所穿的是一件舊衣服，……我們生在新時代的人人，自有我們應穿的新衣服。……敬告新時代的兄弟姐妹，新舊思想的衝突，是當然的過程。**舊人既然不識時勢，他們的言動，就是時代錯誤，他們的批評非難，就沒有價值了。**[84]

反殖民運動者要把舊制度、舊思想像舊衣服一樣換掉，對傳統主張者棄如敝屣，反映出運動者直率、甚至有些激進的文化改造觀。這也就預告著接下來的文化改革不會是風平浪靜的順利航程。

其次，如同一九二〇年代日本的文化主義、教養主義帶有菁英主義色彩，受到來自社會主義知識分子的批判一般，[85]在臺灣的文化運動也與庶民大眾之間出現若干緊張關係。

（一）新舊文學論戰

一九二四年底，在北京留學、受中國新文學運動影響甚深的張我軍在《民報》上發表了〈糟糕的臺灣文學界〉一文，對文學界投下第一顆攻擊的炸彈。[86]他措辭嚴厲地批評舊文人以文學為兒戲，把詩作當作沽名釣譽、迎合勢力的工具，荼毒青年沾染偷懶好名的惡習，這樣的臺灣文壇陳腐頹喪，一班文士猶如「守墓之犬」，臺灣文學將要「溺死在臭泥裡」。[87]這篇文章引來連雅堂的強烈批評，張我軍又寫了〈為臺灣的文學界一哭〉，嘲諷對方連新舊文學都弄不清楚。[88]接著連續發表〈請合力折〔拆〕下這座敗草叢中的破舊殿堂〉、〈絕無僅有的擊缽吟的意義〉等文，[89]闡述中國的新文學運動，並猛烈攻擊臺灣舊文學與傳統文人。

面對張我軍點燃戰火，舊文人不甘示弱，先後在《臺灣日日新報》、《臺灣新聞》、《臺南新報》等報上合力反擊，[90]因為撰者多以筆名為之，張我軍稱「無名小卒，在一個月之間，差不多有十來起罵我的文字，也有作三句半詩的，也有說些不三不四的話的，也有捏造事實的，也有人身攻擊的，但卻沒有一個敢報出名的」。[91]新文學支持者也相繼出面助戰，如筆名半新舊所撰的〈「新文學之商確〔榷〕」的商確〔榷〕〉、蔡孝乾的〈為臺灣的文學界續哭〉、易前非的〈隨感錄〉、賴和的〈謹復某老先生〉，[92]一時之間，新舊文學界激烈交鋒、炮火四射。

仔細分析張我軍等人對傳統文人的批判，主要在於：1.所寫文章沒有感情也沒有觀點，僅是無病呻吟；2.只在舊紙堆裡仿古抄襲、套用爛調，缺乏創造力；3.限韻限體、弄偶用典，一味在技巧上琢磨；4.不知世界潮流、缺乏進步觀念，孤陋寡聞守舊不前；5.以作品歌功誦德、送往迎來，作為沽名釣譽、攀附權力的工具。在他們的批判下，傳統文人在破敗的殿堂中，簡直是滿身薰臭，一無是處。

但是正如學者黃美娥的研究，此種視傳統文人為保守、落後、不識文明的看法，失之偏頗。即使是前述論戰中成為被批判對象的連雅堂，也曾在西潮洶湧之際，努力尋求東西文明的平衡點；傳統文人也曾承擔現代性啟蒙人的任務；傳統詩社也有與時俱進的書寫視野，不斷在時代變動中調整因應。[93]但在新文學運動者所抱持新文學／舊文學、傳統／改革的二元觀點區分下，傳統文人一竿子全被打入守舊落後的行列，成為尖刻言詞嘲諷的對象。舊詩界與傳統詩社被批判是受到統治當局拍捧供養而壯大，毫無自覺地成了殖民權力的附庸。[94]

可怕的是，殖民統治者隔岸觀火之餘，很快地就利用情勢分化臺灣人陣營，不但提供御用報紙讓傳統文人猛烈開火，更拉攏舊派文人士紳、籌組彰聖會，標舉「崇奉孔教、鼓吹漢學」

的口號，[95]再透過公益會等團體，發起興建聖廟、宣揚孔教的活動。[96]面對統治者的分化詭計，反殖民運動者並未試圖破解，他們激烈批評公益會、向陽會、彰聖會等團體，指其所推崇的「五千年文化」是已如「過往的廢城」、「古戰場上的白骨」、「臭氣薰人的毒瓦斯」，宣告「五千年文化已死」。[97]一九二六年標榜宣揚孔教的聖道宣講團組成，《民報》也大力抨擊這些人是「昧於世界大勢的衛道家」、「中毒者的死前哀鳴」、「舊禮教的弔鐘」。[98]

同是被殖民者的臺灣知識人，就這樣粗率地被切割成新舊兩陣營，相互敵視對抗，任令殖民統治當局於隔岸觀火，一旁竊笑。在文化戰場上，反殖民運動者輕易將傳統文人、詩社、傳統文化推入統治者的陣營，瞬間落入對手的戰略陷阱中。而統治者則以逸代勞，成功地製造對立、分化被殖民者。

（二）民間信仰文化活動

追求文明、理性、進步的反殖民運動者，批判民間信仰活動，也毫不留情。早在《臺灣青年》時期，就有人批評民間普渡活動是迷信行為，使子孫迷信，一不利也；耗費錢財、困迫經濟，二不利也；羅列珍饈至魚餒肉敗而後食，罔顧衛生，三不利也。[99]殆至《臺灣民報》時期，更是炮聲隆隆，從無一句好話。

一九二四年起，《臺灣民報》上密集出現抨擊民間廟會、建醮、普渡、神明繞境活動的文章。繼十一月稻江慈聖宮建醮極盡盛況之後，桃園景福宮等數處跟進，又有迎城隍、迎媽祖、迎王爺等名目的種種賽會，民間信仰活動蔓延全島。《民報》發出強烈批評：1.醮禳之舉祈吉凶禍福於神鬼，是文明未開的野蠻人之習，是至愚、迷信的行為，阻礙社會進步；2.民眾不顧自家貧富，花費巨款張羅祭禮，勞民傷財，極其不智與不利，不如拿來救貧助學，造福更多；3.就保健衛生而言，陳列供神的食品易受塵埃蠅類汙染、一時之間暴飲暴食，不利健康。[100]文化運動者認為這些信仰活動不但不利於臺灣社會，更令人擔心的是背後另有目的的黑手介入運作。

黃呈聰認為，臺灣迷信活動猖獗，最主要是地方士紳、特定商人的鼓動，利用各種祭典之舉行，人山人海蝟集成消費地，來製造需求、挽回市況、甚至利用此些活動哄抬物價獲取暴利。[101]文化運動者質疑官方對廟會活動的態度，照說官方應破除民眾迷信，予以開導才對，怎會放任行之？官方甚至有獎勵提倡之嫌疑，令人懷疑其背後居心。例如嘉義民雄庄大士爺的祭典，鐵道部在車站前架起臨時的香客休憩所、臨時售票處、加發班車，豈非有鼓勵香客的用意？又如稻江霞海城隍祭典、迎神遶境之時，警署必加派警察於各處幫忙；報紙大刊特刊說是如何熱鬧、城隍如何顯靈，又豈非公然提倡迷信？[102]而稻江慈聖宮建醮時，行政官廳的臺北州知事、市尹與其他總督府官員更穿著官服威風凜凜臨席拈香，莫非獎勵矇昧？[103]

為了振聾發聵、打破迷信，文化協會臺北支部出借場所給稻江義塾舉辦陋風打破演講會，要揭發「迷信人們、虛榮紳士及利用做醮得利的野心家」的煽動，但北署派來臺人偵探、鱸鰻（流氓）一面監視、一面鬧場，最後造成演講者、聽眾與對方的嚴重打鬥衝突。蔣渭水把雙方勢力分為「舊派：做醮委員、偵探、暗查、密偵壯士（按：指鱸鰻）。新派：演講主催者、聽眾、打抱不平的壯士」，[104]雙方壁壘分明，互不相讓。蔣渭水也批評，殖民官署在建醮活動中不但未掃除迷信、未嚴守中立，甚至煽動、共謀、默認，偏袒一方，使新舊兩方臺灣人鷸蚌相爭，官署隔岸觀火。

總言之，《民報》諸君認為，臺灣迷信之害蔓延全島，不但是地方有力士紳極力宣傳，背後更有殖民政府的袒護鼓勵，蓄意共謀。其意圖一在禁囿臺民於愚妄不前，二在鼓其資財民力於無用的奢費上，[105]甚至在臺灣士紳、商人與殖民官署的共謀下，民眾被集體麻醉，臺灣已成為「迷信島」：

臺灣自風景上說，是美麗島，自風俗上說，卻是迷信島。我們在臺北幾乎每日看見所謂善男信女，有的捧著香爐、提著紅燈，有的抬著神輿、捧著香，前頭必有吹打，……希望官

> 廳，與其傾全力於文化運動的臨視，寧多分一點功〔工〕夫於撲滅迷信，更希望御用紳士們，不要假借迷信為巴結當局的手段，更希望所謂言論界少鼓吹些迷信，最後，並且是最要緊的，希望同胞不要永久執迷。[106]

以知識分子為主的文化運動，流露濃厚的菁英主義色彩，認為俗民大眾蒙昧無知，受到御用士紳與殖民官署操弄，他們儘管聲嘶力竭地奔走呼號，卻弔詭地站在廣大民眾的對立面！知識菁英鄙夷大眾的宗教行為為迷信，卻無法體會大眾憑藉信仰所獲得的心靈慰藉。賴和透過小說〈赴會〉記錄了他赴霧峰途中所聽到底層民眾的對話、對文協的批評，學者陳建忠從中分析了文協成員與勞動大眾之間對於信仰問題的心理落差：

> 「我」（按：文協會員）對於勞動階級的同情態度是顯明的，並且由於看到嘗盡現實生活苦痛的他們依然向無知木偶求慰安的行為，感到過去破除「迷信」的行動，竟不見得有些破除，反轉有興盛的趨勢，這是說明文協的活動無效嗎？而且，**迷信如果破除了，在壓迫依然如故的殖民地現實裡，我們還有什麼慰安可以給這些民眾？**「這樣想來，我不覺茫然自失，懵然地感到了悲哀。」[107]

如果不是從民眾的想法出發，而以菁英階級高高在上的位置加以指導，則文化運動者如何能與普羅大眾站在一起、納為「我們」，成為緊密的一體？

（三）民間戲曲與演劇

歌仔戲是於一九一〇到一九三〇年代之間形成於臺灣本土社會，在短短二十年間發展出來、十分受到民眾歡迎的嶄新戲劇型態。大約在一九二五年，歌仔戲已成為最受歡迎的劇種，從北到南，歌仔戲劇團與子弟班紛紛成立。歌仔戲主要在民間廟會表演，除了歷史劇與傳奇故事外，一些民間傳說或社會新聞也都可編成戲文，音樂、曲調也不斷翻新，民間音樂家也曾加入劇團，編制新曲，使得歌仔戲的內容愈加豐富。[108]

但是文化運動者對於這種流行於民間、充滿本土性的戲曲，從無一句讚賞，只要提到歌仔戲，必稱「淫劇」，力主禁絕。文化協會反對歌仔戲的主要原因在於認為該戲劇敗壞社會風氣；演員多人格卑劣、缺乏修養；歌調淫蕩、挑發男女邪情；演員表情多猥褻、科白淫穢；男女演員多不良分子，常誘惑觀眾陷入複雜關係；或批評市街中的子弟戲使青少年荒廢學業、不務正業，致使街風大壞。[109]一九二八到一九三二年間民報系列對歌仔戲在各地演出情形的報導及批評甚多。[110]

文化運動者認為，「娛樂」一事除了狹義的恢復身心作用外，還有強健筋骨、發達神經、涵養德性、發展智識等廣義的、積極的意義。歌仔戲與子弟戲將這些美德捐棄，陷入奢侈浪費、傷風敗俗的惡習，並非正當的娛樂，如果任其流行，將是社會的不幸；必須改良使能「感動人們的感情，養成高尚的品性」、「化俗為美」。[111]亦即，戲劇此一活動負有重要文化任務：

演劇是人生的縮圖，又是文化的極致。能夠在於剎那間，用著布景、音樂、服飾、科白、行動等等，把真、善、美的價值充分地表現在觀眾之前。……**可以改風易俗、革新社會，換句話說是社會改良家一種最好的工具。**……所以現時文明的國家，都很用心在研究的。……有句話說：**非文化人不可演文化劇。**[112]

簡言之，文化運動者不以戲劇作為娛樂、創作，認為戲劇負有移風易俗、承文載道的任務，非俗民大眾可以從事。

文化運動者也指控統治當局全力防堵文化運動與政治運動，對文化演講動輒下令中止解散，卻對妨害社會風化的淫戲神經遲鈍，絲毫不加取締。[113]他們懷疑警察當局放縱好弄淫詞的歌仔戲，卻對提倡文化的新劇處處刁難、嚴格取締，是別有用心。[114]他們要求應設立公共娛樂設施，提倡正當娛樂，因為臺北市的公共娛樂設施都設在以日本人為主的城內，供日本人享受，臺灣人社區則缺乏設備與處所，以致臺人流連於不當的場所，此些情形不僅不公平，也暴露出統治當局的嚴重偏見。[115]

知識分子為主的文化運動者認為娛樂具有教化作用，對普羅大眾的休閒娛樂活動不敢領教。在美／俗、高尚／粗鄙、教化／娛樂的分野下，菁英與群眾被分疏出來，互不交融，文化運動者高高在上指指點點，一般大眾俗不可耐、亟待引領。

針對歌仔戲的低俗鄙陋，文化協會決心改革，以文化劇取代之。一九二三年十月，文化協會第三屆定期總會決議的六項新設事業中，包括「為改弊習、涵養高尚趣味起見，特開活動寫真會、音樂會及文化演劇會」，討論如何改良臺灣演劇以使文化運動開拓新境界。[116]一九二五年七月，南投草屯地區的青年組織了「赤峰青年會」，成立了演劇團。一九二六年十一月，新竹地區的文協會員也成立了「新光劇團」從事新劇演出。[117]一九二七年又有「星光劇團」、「新劇團」、「民聲社」等新劇團成立，這一年，新劇演出場數到達五十場的最高峰。[118]

但文化劇目的在移風易俗、並負有政治運動的任務，實已非單純的休閒娛樂，儘管臺灣文化協會之下有各個文化劇團成立與演出，民報也不斷鼓吹、報導，始終未能蔚為風潮，究其原因不外：1.內容太深、曲高和寡，民眾不易接近：《民報》中指出，文化劇內容以知識階級的興趣為主，科白太深，一般民眾不易理解，必須通俗化才行；2.缺乏娛樂效果、對民眾不具吸引力：文化劇缺乏藝術性、又無音樂可以助興，簡直是淡然無味，在各地的演出缺乏人氣，只能靠文化二字招徠，甚至被批評為「枯燥無味、沒點藝術表現」、「簡直是一種變態的講演會」。[119]

臺灣社會無法接受高尚文化劇，學者邱坤良有如下的分析：

就戲劇效果而言，大多數的新劇、文化劇演出很難滿足一般民眾的生活需求，缺少娛樂性。……而在表演內容上，劇情較深，非所謂智識階級，不能理解，……而在劇院內的票價，又很少低於十五錢者，可以來看戲的，必是有錢有閒的文化界人士或有心人，……因此新劇、文化劇真正影響社會大眾的便極為有限。[120]

知識階級為主的文化運動者主觀地為藝術下定義，並想要以雅易俗、由上而下地指導民間藝術活動。文化協會後期，此種菁英主義氣味濃厚的文化觀、藝術觀也受到批判與檢討。一九二九年十一月文協再度分裂，社會主義派的連溫卿、王敏川被開除會籍，文協完全落入臺共手中。臺共控制下的新文協開始批判文化劇，認為「推翻封建思想的文化劇，是小資產階級的遊戲，會消失青年鬥士的意志」，決定終止部分劇團。[121]

六、小結

一九二〇年代臺灣的反殖民抵抗運動進入新的階段，除了政治層面的自治主義運動之外，文化運動也全面開展。與多數殖民地抵抗運動一樣，文化抵抗成為臺灣反殖民運動的重要戰場，但臺灣的文化抵抗經驗，有其特殊之處。

首先，後殖民學者研究發現，許多殖民地的文化抵抗運動呈現出強烈的本土主義色彩，為了區別「我者」與「他者」，必須標榜本土文化、本土語言，強調其優越性，甚至極度讚頌種族血統、傳統宗教、風俗歷史等等，使文化抵抗出現本質主義與本真性傾向。相對的，也有學者認為殖民地菁英的國族主義抵抗運動往往淪為複製殖民者思維的「衍生性的論述」（derivative discourse）。[122]但臺灣的文化抵抗並未走上此兩種道路，一方面捨棄了本質主義、本土主義的道路，另方面也跳脫複製殖民者論述框架的衍生性理論問題。**對臺灣的文化運動者而言，「西洋—日本—臺灣」的世界文明階序十分明顯**，他們自承臺灣文明上不夠強大、無法對抗殖民當局；他們也未抄襲殖民者、同化於殖民者。**在此一文明階序關之下，文化運動者**

企圖以直接引進西洋文明的方式，以期超越殖民母國。

於是，**臺灣文化運動者的論述中看不到對本土文化的讚美，或對傳統風俗的維護**，在迫切的落後感與危機感激發下，**他們選擇積極與西方近代文明接軌，以開放的胸懷包容各種文化與潮流，擇優調和、多元創新，希望臺灣早日進入世界文明行列，成為世界性的臺灣。**

其次，臺灣文化運動目標直接連繫到西方文化主義傳統核心——自覺的個體、自由的人格，並追求依此信念而來的尊嚴、權利、民主、平等、法治、科學、衛生等文明進步的種種價值。學者駒込武指出，日本統治者在臺灣所施行的近代性有嚴重的偏差，殖民地教育中只灌輸「作為文明的近代」的「支配理論」要素，如斷髮、衛生、天皇效忠等基礎整備；但卻刻意忽略「作為思想的近代」的「抵抗理論」要素，如自由、平等、博愛、人權等理念。[123]但臺灣知識分子並未滿足於殖民者的餵養，而是**力圖跨越殖民者劃定的框架，召喚同胞自我覺醒，發展理性能力與獨立人格，要求國民權利與尊嚴生存，要與殖民母國平起平坐，直追西方近代文明。**

再者，**一九二〇年代的文化運動者**已警覺到透過殖民母國官方語文學習近代思想的局限性，**嘗試探索以自己的語文工具獲取文明知識**，加速教育普及與文化提升。**但是這項極具自主性的文化工程卻遭遇極大困難，因為語文本身不只是工具，背後更隱含共同體想像，此時**

漢族認同的幽靈再度籠罩。文化運動者陷入自我爭論，究竟應該採用與臺灣話不同、卻可將臺灣連繫於祖國的漢字白話文？還是該推廣文言一致、但卻如西文的羅馬字臺灣話文？各方爭議不斷，一九三〇年代又出現漢字臺灣話文主張，終究莫衷一是。

一九二〇年代臺灣文化抵抗運動轟轟烈烈，民報系列的思想傳播、文化協會的演講等各種活動，都掀起熱烈迴響，發揮高度動員效果。殖民統治當局自然不會坐視反抗運動攻城掠地、成功席捲，無時無刻不利用機會計謀阻撓。臺灣文化運動一方面帶有全盤革新的激進改革觀，一方面又有濃厚的菁英主義色彩，加上來自總督府與官方媒體的加油添醋、從中操弄，文化運動乃出現新／舊之爭、智／愚之分、雅／俗之辨，殖民者滲透分化，被殖者內部對抗，文化場域交錯位移，成為激烈交鋒的戰場。

第三章　菁英與群眾：文化協會、農民組合與臺灣農民運動

一、臺灣總督府的指控

一九二〇年代中期臺灣農民運動盛極一時，從一九二三年蔗農運動開始，一九二七年農民爭議事件已達四三一件，是為農民運動之最高峰。對於農民運動風起雲湧，臺灣總督府警務局的看法認為，主要原因之一在於「臺灣文化協會民族啟蒙運動之影響」，「從本島農民運動勃興之初，並非因經濟因素而自然發生的鬥爭，相反的，基於農民之民族性或階級性自覺的政治要求較為濃厚，顯示本島農民運動之一大特徵。」[1]總督府警務局並進一步詮釋說：

本島農民運動勃興之原因明顯迥異於內地情形，基於民族主義或階級意識要素極為濃厚，

> 實際運動內容也以具有強烈政治色彩為其特徵，……從而在爭議實況方面，**所謂「生活的威脅」常常只是次要的因素**，雖然過去此種問題也屢屢發生，但從來不曾採取爭議的型態。自大正十一、二年左右起，此種問題突然間成為主題被爭議化，**其原因不得不歸諸於農民之民族的、或階級的自覺，或煽動者的介入**。而誘導農民之民族自覺或階級意識、誘發本島農民爭議的始作俑者，不得不歸於文化協會在島內的啟蒙運動。[2]

殖民統治當局將臺灣農民運動的勃興原因歸諸於臺灣文化協會等外來團體的介入、煽動，而非農民出於「生活的威脅」的因素，並認為臺灣農民抗爭訴求是階級的、民族的、政治性層次的問題，而非以改善經濟條件為目標。

筆者早年的研究曾觸及臺灣農民運動議題，初步結論認為：1.臺灣農民運動出於經濟因素而採取抗爭，抗爭對象不分日人或臺人地主與資本家。2.農民運動與臺灣文化協會之間並無直接或必然關連，農運的領導人絕大多數都與文化協會無關；儘管文協未直接介入農民運動，但一九二〇年代臺灣農民運動的主要領導者卻仍是知識分子，是由當地農民為主體、在地知識分子所領導組織的群眾運動。3.臺灣農民組合成立後，因為農組領導人與日本勞動農民黨之間的密切接觸，思想與行動日益左傾化，激進的農民運動、社會運動衝擊下，促使文化協會不得不面對此左翼風潮而發生變化。[3]筆者的初步研究看法與臺灣總督府當局不僅有極大差距，幾乎可以說是與之相反。多年之後再重新審視相關議題，筆者希望能夠更系統化、更深入地討論農民運動中知識菁英與農民大眾之關係。

社會運動是社會學研究的核心議題之一。早年，社會學者多認為結構性的壓迫與剝削，造成群眾的不滿、挫折、相對剝奪感，群眾抗議等社會運動因此發生。同時，社會運動也被視為是攻擊的、脫序的、非理性、非常態的集體行為。[4]但一九七〇年代的資源動員論質疑前述看法，其主要論點包括：1.認為民怨（grievance）與不滿（discontent）並不是重點，苦難悲慘的境遇可能長期都存在，不足以化為集體行動或社會抗議的動力。2.弱勢群體如農民之所以能夠組織起來，往往是因獲得可資運用的社會資源，亦即社會運動並非社會壓迫所造成，而是資源動員的結果。[5]3.強調社會運動中菁英（elites）的重要性，認為菁英擁有主要資源，例如知識生產、領導能力、組織動員、傳播媒體等方面，能夠將旁觀者（bystanders）轉變成追隨者（adherents），鼓舞追隨者成為堅定的成員（constituents）；一般群眾則因資源有限，雖有時間與精力，多半只是順從、消極的角色。4.苦難與悲慘是可以被建構出來的，即使是怨氣最多的弱勢群體仍不具行動力，除非有足夠的資源與外來菁英介入操作。菁英擅於設定目標、調整戰術，利用社會基本結構界定議題、開展論述，甚至運用傳播媒體，塑造怨氣與不滿的結構氛圍等等，如此一來，社會運動方能隨之而起，甚至風起雲湧、席捲一時。[6]

初期資源動員論標榜菁英在社會運動中扮演關鍵作用的同時，隱隱將菁英與群眾區隔開來，理論中的主要看法：社會運動的主因並非不滿、苦難與悲慘處境，這些可以被建構出來；社會運動的發生是資源動員的結果，群眾並非社會運動的主體；菁英，尤其是外來社會運動家、知識菁英的介入操作與資源挹注，才是社會運動成功的關鍵。至一九八〇年代後期資源動員論❶因為受批判而做某些修正，而有不同偏重。臺灣總督府的說法竟然近似初期資源動員論。

❶ 後期資源動員論：一方面如麥亞當（Doug McAdam）等人不再只重視社會運動之起因，對於運動之發展與政治情勢變遷之關係，社會運動團體是否具有改變或取得權力的機會等問題也納入討論，一般稱為「政治過程論」（political process theory）。政治過程論強調「政治機會」（political opportunities）與「動員結構」（mobilizing structures）。前者關心社會運動的發生有無成功的機會，能否改變既有的權力結構，產生新的權力關係等。後者著重社會運動團體如何組織、透過哪些正式或非正式的工具與網絡、運用何種策略方能進行持續而有效的動員等等，而這些都關係到運動的成功與否。另一方面如斯諾（David Snow）等人則提出所謂「文化框架」（cultural framing）的概念，注意社會運動者如何宣傳理念，使成員甚至社會大眾能夠理解與分享其價值觀，賦予行動正當性，即是「共識動員」（consensus mobilization）的部分。Doug McAdam, John D. McCarthy, and Mayer N. Zald, eds., *Comparative Perspectives on Social Movements: Political Opportunities, Mobilizing Structures, and Cultural Framings* (New York: Cambridge University Press, 1996), pp. 2-20. 何明修，〈文化、構框與社會運動〉，《臺灣社會學刊》三三（二〇〇四年十二月），頁一五七—一九九。

本章試圖探討臺灣農民運動中菁英階層所扮演的角色，尤其是臺灣文化協會、臺灣農民組合與農民運動之關係，進而檢驗日本殖民當局看法的真確性。筆者將從以下三個層面加以檢驗：

1. 農民運動的主導者：臺灣農民運動之領導人、主要成員是誰？是外來菁英，還是在地菁英與農民群眾？
2. 資源動員的方式：臺灣農民運動自文協或農組獲得哪些資源挹注？有哪些動員網絡？訴諸何種運動策略？
3. 運動目標的設定：文化協會或農民組合所追求的運動目標，與二林事件農民運動的目標是否一致？如果目標分歧時，農民大眾的自主性是否存在？

日治時期臺灣農民運動自一九二三年出現，到一九二九年「二一二大檢舉」嚴重摧毀農民組合在各地之組織，此後運動一蹶不振。所以本章的時間斷限聚焦於一九二三到一九二九年。行文中並隨農民運動的發展，以一九二六年為界區分為兩大階段。

二、臺灣農民運動概述

日本統治臺灣以來，總督府透過國家權力的使用，以「拂下」（放領）官有地、強迫買收民有地等方式，扶植日本資本家、製糖會社，造成土地所有權高度集中、民有地遭掠奪等現象；農村地區尚且存在地主收取高額佃租、磧地金（保證金）以及佃租前納、耕地轉貸等極不合理的租佃關係。[7]

社會學者認為社會運動需有一些結構性的條件才有機會發生，包括：反抗者必須有足之支撐的經濟條件、政治控制較為鬆動、制度內管道無法解決問題之時，社會運動方可能出現。[8]相關研究也支持了前述看法，認為一九二〇年代臺灣農民運動之所以始於蔗農，正是因為相較於其他農民，蔗農的階級位置與經濟地位相對較為自主；而農民反抗的時機正是在日本統治當局控制較為放鬆時期所產生。[9]

（一）臺灣農民運動初起（一九二三至一九二六年）

臺灣農民運動之發生，有幾種類型，第一類是蔗農爭議。一九二三年，受製糖會社剝削最甚的蔗農首先發出不平之鳴。林本源製糖會社北斗郡溪州庄工場的農民，因甘蔗收購價格低於鄰近的明治製糖溪湖工場，該區域內大城、沙山、竹塘、二林四庄二千餘名蔗農聲勢浩大，在二林庄長林爐與大城庄長吳萬益帶領下，向臺中州廳及殖產局陳情請願，要求提高甘蔗收購價格。[10]請願運動雖然未獲官方具體回應，但後來在北斗郡守的同情斡旋下，製糖會社同意讓步，每甲土地支付五圓補給金而結束此事，這是臺灣農民運動第一次成功的紀錄。這次成功，給予蔗農若干啟示與激勵，要求製糖會社提高甘蔗收購價格的運動隨之擴散，緊臨明治製糖溪湖工場蔗農仿效前例提出請願，同時期間，臺南州新營郡的塩水港製糖、虎尾郡大日本製糖、高雄州鳳山大寮庄的新興製糖等工場，都發生蔗價爭議。[11]

一九二五年七月，在二林醫生李應章等人的帶領下，「二林蔗農組合」成立，這是臺灣第一個農民組織。同年十月在農組支持下，蔗農與林本源製糖會社及北斗郡警察因甘蔗採收問題發生衝突，即「二林事件」（官方稱為「林糖騷擾事件」）。「二林事件」中被檢舉者高達九十三人，被起訴者三十九人。[12]

同年五月，高雄市陳中和物產會社欲將其位於鳳山郡的田地七十餘甲提供給新興製糖會社使用，將承諾為永久租佃的田地收回。此舉威脅到農民的生存與生計，在佃農黃石順的領導下邀集佃農五十三人組成佃農組合，進行抗爭。在農民抗爭壓力下，新興製糖會社願意讓步，換地給佃農耕作或以一年為緩衝期再收回田地，佃農抗爭獲得初步成功。之後，在簡吉參與支持下，認為應擴大組織，成為包括蔗農及廣大無產農民的恆久性農民團體，十一月「鳳山農民組合」成立，這是臺灣農民組合的濫觴。[13] 鳳山農民組合成立後，不只指導土地爭議，更進行擴大組織之宣傳，在農村巡迴舉辦農民演講會，組織逐漸擴展。最後陳中和會社不得不放棄收回租佃地，[14] 鳳山農民組合的行動獲得勝利。

第二類是因官有地放領而引起的農民爭議。一九二四年十二月臺灣總督伊澤多喜男改革總督府官制，裁撤簡併總督府行政單位，一時之間，總督府內被裁減官員達一百三十餘人之多；再加上地方官制改革而被裁撤的地方官員總數不下數百人。為安頓退職官員，於是實施「官有林野拂下」，至一九二六年已同意將三八八六甲林野土地預約放領給三百七十名退職官員。「官有林野拂下」政策造成殖民統治當局與臺灣農民之間的緊張對立，因為這些林野土地早經農民開墾，但是總督府以「無斷開墾」（未經許可開墾）名義，赤裸裸訴諸國家權力強行收奪，遂使相關緣故民（關係住民）陷入生活不繼之境地。在得知土地被放領的消息後，農民莫不蹶然奮起、謀求對策，對抗官有林野放領的爭議事件層出不窮。[15]

官有林野放領爭議中以臺中州大甲郡大肚庄、臺南州虎尾郡崙背庄、高雄州鳳山郡大寮庄三處的爭議規模最為可觀。大肚庄有四十八甲土地被官方放領，原關係住民七十三戶得知事實之後推派代表往訪大甲郡守，要求取消放領、改而讓售給原關係住民，大甲郡守拒絕，並說服住民與退職官員訂立租佃契約。關係住民之一的趙港堅持不妥協，並且說服農民團結對抗。在鳳山農民組合幹部簡吉的奧援下，於一九二六年六月組成大甲農民組合，進行有組織的抗爭運動。

第三類是因官有竹林放領問題所惹起的爭議。橫跨臺中州竹山郡、臺南州嘉義郡竹崎一帶，面積達一萬五六〇〇餘甲的廣大竹林，官方自一九一〇年將其中一部分讓售給三菱會社後，即爭議不斷。住民認為這片竹林為其祖先自康熙年間所種植、長久以來血汗培植的成果，並有一萬五千餘人口賴竹林維生，三菱會社為取得造紙原料，以微薄補償費奪取住民生活所依之竹林。住民憤恨之下，一九一二年曾爆發民眾襲擊派出所、殺死日警的「林圯埔事件」。為此，三菱會社對竹林未來經營感到不安，一九一五年該會社向總督府預約賣渡（預先承購）竹林九千甲、原野六千多甲，為了緩和農民的不滿情緒，與關係住民簽約，在預約期限屆滿前使農民可繼續在竹林無償採集與耕作。[16]

一九二五年四月，三菱會社預約賣渡期間將要屆滿，竹山郡及臺南州方面住民運動漸趨激烈，或拒納租稅、拒履行保甲義務，或宣傳各學校罷課、動員民眾陳情請願。七月，竹山庄保正七人代表地方民眾向三菱會社要求三菱會社在取得業主權後「繼續與住民締結有利於住民的契約」，但三菱會社拒絕。代表們乃轉而向總督府請願陳情，九月竹山庄頂林住民一百六十人陳情要求延緩三菱會社取得業主權或由保甲承購竹林；十月竹山庄勞水坑住民四三二人向總督府請願，要求撤銷三菱會社的預約承購權、轉賣竹林給關係住民；十一月嘉義郡小梅庄住民七十七人亦提出請願。住民張牛將此事告知文化協會幹部，並會見當時來臺灣考察的眾議院議員田川大吉郎，呼籲將此事反映到日本中央政界，運動益形激烈。

就在各地農民爭議不斷、團體簇出的同時，一九二六年六月二十八日，以鳳山、大甲兩農民組合為主體，鳳山農組簡吉、黃石順、陳連標；大甲農組趙港、趙欽福、陳啟通；曾文農組張行、楊順利；嘉義農組，林巃、林敬等人成立了「臺灣農民組合」。[17]

臺灣農民組合成立時，只有六個支部、四一七三名組合員，本部設於鳳山，簡吉為農組委員長，並選出中央委員等幹部。爾後，農民組合積極介入各地爭議，同時努力擴大組織，至一九二七年末，臺灣農民組合在全臺各地已有十七個支部、二萬四一〇〇名組合員，[18]此為臺灣農民組合規模之高峰。

（二）臺灣農民組合與其轉變（一九二六至一九二九年）

臺灣農民組合成立後，積極介入指導農民爭議。在一九二六、一九二七兩年間，全臺的農民爭議事件中，農民組合介入指導者高達四百二十餘件。[19]也就是說，全島的農民運動幾乎為農民組合所主導。

而從一九二六年成立到一九二九年「二一二大檢舉事件」的幾年間，臺灣農民組合在主要幹部主導下，愈來愈左傾，並可以一九二八年八月為界分為兩個時期：在此之前中央委員會議是受日本勞動農民黨指導，在此之後則是受臺灣共產黨指導。

一九二六、一九二七年，日本勞動農民黨幹事麻生久、布施辰治二人受臺灣農民組合簡吉之邀，先後來臺為二林事件辯護。一九二七年三月二十日布施抵臺，短短停留九日內，不僅為二林事件辯護，還在臺灣各地舉辦了二十二場演講會。在此期間，臺灣農民組合與日本勞動農民黨之間開始建立緊密連繫。一九二七年二月簡吉、趙港因為退官土地放領問題，到東京進行反對鬥爭，在日本農民組合與勞動農民黨協助下向日本帝國議會請願，並請求勞農黨派人擔任臺灣農民組合與勞工、農民運動的指導者，日本勞農黨於是決定派遣黨員古屋貞雄律師前來。古屋於五月四日來臺後在全島各地演講，二十三日返回東京，在這二十天內在全臺二十五個地方進行密集演講。六月三十日，為了磋商臺日農民組合之間的合作關係，古屋貞雄再度來臺，並於七月起在臺中市開業、加入當地辯護士會，此後以事務所為據點從事臺灣農運、工運、中臺同志會等政治社會運動之民刑事案件辯護律師，以及相關爭議的指導工作。[20]

一九二七年十二月四日臺灣農民組合第一次全島大會在臺中市初音町樂舞臺召開，出席者約八百人，日本勞農黨幹部暨臺灣農民組合顧問古屋貞雄律師與日本農民組合中央委員長山上武雄、文化協會臺北支部連溫卿也出席與會。會中選出十八位中央委員，並通過各項決議，其中以下列三項最引起矚目：1.支持勞動農民黨案：「勞動農民黨是日本唯一的無產階級政治鬥爭機構」；「勞動農民黨的鬥爭都是為了無產階級與弱小民族的利益」。2.設置特別活動隊案：「於今之階段，吾人非展開全體無產階級之政治鬥爭不可，面對此時必然產生種種特別活動之必要」；「如出版問題、對外、對農民勞工、對政黨組織諸活動等等，都是此際最要緊的事」。3.促進工農結合案：「工人階級是與支配階級對立的階級，也是具有重要歷史使命的階級。所以農民運動應該要作為勞工運動的後盾」；「根據馬克斯主義指導與支持無產階級的方法，吾人應奮勵促進工農結合之實現」。[21]由此觀之，臺灣農民組合已明顯左傾化。

一九二八年四月十五日臺灣共產黨結黨大會在上海舉行，通過了〈農民運動綱領〉，其中對臺灣農民組合多所批評，認為「臺灣農民組合大致上擁有全島性的組織，具備極為良好的條件，但現在的農民組合卻犯了許多錯誤」；因此決定派黨員到農民組合，透過日常鬥爭克服農民組合的謬誤，使組合走向正確的路線；並透過小組擴大黨的影響；又計劃在農民組合內設置青年部、婦女部、農業工人部，使之在無產階級領導下，致力於農民運動戰士之養成。[22]

臺共黨人謝雪紅返臺後開始在文化協會與農民組合本部出入。

同年八月農民組合召開中央委員會，謝雪紅提議設立青年部、婦女部、救濟部，被邀請列席，並通過該三項提案。謝雪紅將手伸進農民組合，對農民組合長期以來之方針廣泛加以批判，並指示以黨的方針，同時為擴大影響並走向運動之實踐，提議召開研究會。九月起一連三週由謝雪紅、楊克培、簡吉為講師，對農組青年及女性學員講授社會主義與無產階級運動等課程。

隨著臺灣共產黨勢力滲透進入農民組合，農組內部乃發生楊貴（楊逵）等主張社會主義、山川均主義者被排擠逐出之事，農組內部清理的結果，導致組織更加被遵循臺共方針的幹部派牢牢把持。一九二八年十二月農民組合第二次全島代表大會再度於臺中市初音町樂舞臺舉行，除推舉中央委員與委員長之外，因為會議報告、議案內容訴求無產階級運動，臨場監視的警察認為過於激進，屢屢要求中止，最後下令解散集會，簡吉等八人同時遭檢束，第二次大會議程未了就告結束。

由於灣農民組合遭臺灣共產黨控制情形甚為明顯，統治當局認為再也無法放任共產主義運動藉著農民組合招牌活動，導致農村思想惡化，終於在一九二九年二月十二日拂曉發動全島總檢舉，將農民組合主要幹部五十一名以「違反《治安維持法》」為由逮捕，其後並將簡吉等十二人以「違反出版規則」交付公審，判刑確定。

「二一二大檢舉」將農民組合主要成員悉數逮捕，全島各地分支大為震動，運作遂告混亂，農民組合活動乃陷入停頓狀態。[23]

三、文化協會與農民運動的關係（一九二三至一九二六年）

（一）農民運動及其領導人

一九二三年起農民運動初起，從蔗農抗爭、佃農抗爭、退官土地放領抗爭，到竹林放領爭議，層出不窮。以下將檢視一九二三至一九二六年農民運動初期臺灣文化協會介入協助情形、宣傳活動、運動目標等，為使資料呈現不致過於冗長，筆者整理成表3-1。

從表3-1可以看到，從一九二三年蔗農爭議事件以降各類性質的農民運動，絕大多數是具有地緣關係的地方人士、知識分子或農民所發起，參與者也以地方民眾為主。領導者方面也不乏地方民眾，如蔗農爭議中的許辛戊；佃農爭議中的佃農黃石順、地方民眾趙港、婦女溫緞、竹林爭議中的部落住戶、關係民、地方民眾張牛、農民林巃、農民楊順利等等。也有部分領導者為地方菁英，如二林庄長林爐、大城庄長吳萬益、水林庄長林四川、竹山庄保正、二林開業醫許學、李應章、麻豆開業醫師施貞祥、黃信國、鳳山教員簡吉等等，但這些人仍是出身地方，因地緣關係而進行抗爭，並非職業運動家或外來人士。

農民運動的領導人與臺灣文化協會的關係網絡中，除了曾任線西庄長的黃呈聰、二林醫師李應章為文化協會會員之外，其他人與該會都無直接關係。這兩人雖然是文化協會成員，但同時是關心地方事務的該地人士。二林地區因為李應章的穿針引線，在一九二四年十二月二十日、一九二五年元旦，文化協會成員兩度到

	外來者	訴求與結果
	無	向臺中州、殖產局要求提高甘蔗買收價格
	無	12月北斗郡守出面協調，製糖公司以每甲土地補發5圓方式，解決爭議。
	黃呈聰，《臺灣民報》編輯主任。	新高製糖中寮工場懷柔蔗農，使組合告流產。
	無	要求提高甘蔗價格
	無	臺南州知事將林四川免職，接受蔗農部分要求、解決爭議。
	無	因遭反對意見，許辛戊中途撤手。
	李應章為文協會員，1925.1曾邀文化協會成員到二林舉辦文化演講惠。	要求提高蔗價、農民參與價格決定；6.28組成二林蔗農組合；10.21製糖會社強行收割甘蔗，與蔗農發生衝突，93人遭逮捕、25人遭判刑，是為「二林事件」。
	無	反對耕地收回，11.15組成鳳山農民組合，陳中和物產中止耕地收回計畫。

（續下頁）

此舉辦文化演講，講述農村問題與產業組合，鼓舞農民團結合作，應該對於後來二林蔗農組合之組成有相當幫助。[24] 線西庄方面，文化協會幹部、《臺灣民報》編輯主任黃呈聰曾在一九二四年八月線西庄保正會議上提議成立「甘蔗耕作組合」，但因新高製糖中寮工場得知此事，懷柔農民、大扯後腿，組織組合一事並未成功。[25]

若進一步仔細分梳臺灣文化協會與農民運動之間的關係，大多是被動邀請、諮詢，較為主動關切採取作為者僅有一例，是彰化地區新高製糖問題。一九二四年七月黃周

表3-1　農民爭議事件及其領導人與參與者一覽（1923-1926）

性質	時間	事件	領導人及參與者
蔗農爭議	1923	二林等四庄vs.林本源會社溪州工場	二林庄長林爐、大城庄長吳萬益帶領二林、大城、沙山、竹塘四庄農民2,000餘人
	1924.4	同上	二林庄長林爐、醫師許學帶領蔗農500餘名
	1924.8.16	線西庄保正會議上提倡成立甘蔗耕作組合	黃呈聰，曾任線西庄長。
	1924.12-1925，12件爭議	如溪湖蔗農vs.明治製糖	蔗農為主
		蔗農vs.北港製糖	水林庄長林四川
	1925.1	明治製糖蒜頭工場籌設蔗農組合	許辛戌等500餘人
	1925.6	溪湖工場vs.林本源製糖	二林醫師李應章、二林蔗農組合成員412人
佃農爭議	1925.5.1	高雄周陳中和物產收回耕地	佃農黃石順、教員簡吉帶領鳳山農民組合成員80餘人

	外來者	訴求與結果
	1926.2 向鳳山農民組合簡吉求援，7.25 拜訪文化協會理事蔣渭水、連溫卿請求協助，12.10 拜訪臺中民報支局長黃周，擬定請願計畫。	1926.6.6 成立大甲農民組合；7.25 趙港等 13 人代表三州關係住民向總督府陳情；1927.2 向帝國議會眾議院請願；爭議末期住民態度軟化，分別與退官簽訂租佃契約，爭議解決。
	請求簡吉協助	農民與退官簽訂租佃契約，爭議解消。
	在簡吉協助下，8.21 成立臺灣農民組合滬尾支部。	向總督府陳情，警方介入下，運動趨消極化。
	庄民代表張牛向文化協會請求協助，文協安排張牛面見眾議員田川大吉郎說明竹林問題，請求中央政界協助。	要求三菱會社取得竹林業主權後繼續遵行有利民眾之契約，未獲承諾。 臺中州官員退回請願書，要求民眾與三菱會社簽訂承租契約，民眾抗稅、罷課、陳情示威，運動趨激烈化。
	無	農民拒絕解除竹林保管全，要求承領竹林。
	簡吉介入，邀日本勞農黨幹部麻生久演講，9.2 成立農民組合嘉義支部。	爭議趨尖銳，官署彈壓、搜查、拘捕民眾，8.25 關係住民全部簽訂承租契約。
	邀簡吉演講	成立臺南州曾文農民組合

資料來源：泉風浪，《臺灣の民族運動》（臺中：臺灣圖書印刷合資會社，1928），頁274-281；葉榮鐘等，《臺灣民族運動史》（臺北：自立晚報社，1983），頁505-507；臺灣總督府警務局編，《台湾社会運動史》（東京：龍溪書舍復刻版，1973），頁1026-1045。

性質	時間	事件	領導人及參與者
退官土地放領爭議	1924-1926 臺中、臺南、高雄三州 共 10 處爭議	例如臺中州大甲郡大肚庄爭議	農民趙港逮領大甲農民組合 80 餘人
	1926.3	高雄州鳳山郡大寮庄	地方住民 82 戶
	1926.4	臺南州虎尾郡崙背庄	溫緞帶領地方婦女 50 餘人
竹林爭議	1924.7.12	臺中州竹山郡	竹山庄保正 7 人發起，民眾 160 人向總督府請願。 10.28 牢水坑住民 432 人向總督府請願
	1924. 11.25	臺南州嘉義郡小梅庄	居民 77 人連署城總督府請願
	1925.4	臺中州竹山郡	張牛發動住民 400 餘人
	1926.7	臺南州、臺中州	竹林關係住民
	1926.7	嘉義郡竹崎庄	農民林巃與組合成員 70 餘人
蔗農爭議	1926.6	明治製糖總爺工場 vs. 農民	雜貨商張行、農民楊順利、醫師施貞祥、黃信國等人
臺灣農民組合成立	1926.6.28		簡吉、趙港倡議，在成立鳳山農民組合、大甲農民組合、曾文農民組合、嘉義農民組合後，擴大成立為臺灣農民組合。

曾在《臺灣民報》發表文章，抨擊新高製糖會社彰化工場對蔗農的剝削問題，[26]接著黃呈聰在線西庄保正會議上倡議組成蔗農組合未成後，於是在《民報》上撰文倡議組織蔗農組合保護蔗農權益、對抗製糖會社。[27]但此時，二林蔗農抗爭已經沸沸揚揚。

在種種農民爭議事件中，臺灣文化協會插手或呼應者僅有三件，分別是：一九二四年竹林爭議中竹山庄民張牛向文協求助，文協安排向當時訪臺之眾議院議員田川大吉郎說明竹林問題經過，懇請中央政界協助，一九二五年張牛等竹山庄代表續與文化協會幹部接觸，從事抗議活動；一九二四年底起文協幹部兩度應李應章邀請到二林舉行演講；一九二六年大甲郡退官土地爭議中大甲農組成員拜訪文協，假港町文化講座舉辦農民演講，透過《民報》臺中支局議定請願活動計畫。自農民運動初起以來，與文化協會有接觸者僅只這幾件，且從上述**這幾件案例中可以發現，文化協會對於農民運動多半是站在被動協助角色，面對有農民求助，才施以援手，其方式是擔任、中介發聲的管道，如舉辦演講、介紹眾議員等等。簡言之，文化協會在農民運動興起的過程中屬於被動諮詢角色，並非積極的主導者。**

（二）文化演講與農民運動

其次討論臺灣文化協會對農民運動的資源挹注，尤其有關議題形成、文宣助長。

臺灣文化協會自一九二一年十月成立以來，其主要活動包括出版《會報》、設立讀報社及舉辦講習會、夏季學校、文化演講等，其中以文化演講對普羅大眾最具影響力。文化演講在一九二三年五月以前，只有在臺北州、臺南州各舉行過，之後才逐年增加，到一九二五、一九二六年達到最高次數。臺灣總督府警務局所統計文化演講會次數如表3-2。

文化演講活動舉辦地點依次集中在臺北州、臺中州與臺南州，但臺北州的農民抗爭事件較後發生、件數也最少；[28] 蔗作爭議則集中在臺中州與臺南州，佃農爭議集中在臺中州與高雄州。可知農民爭議事件的發生與農業耕作型態較有相關，很難說與文化演講的頻繁程度有必然關係。

再說，蔗農運動興起於一九二三、一九二四年間，而文化演講最盛期在一九二五、一九二六年，如果依據前述日本統治當局的說法，指「臺灣文化協會對農民運動之興起具有啟蒙之功，他們深入農村地方將農民所受『生活的威脅』塑

表3-2　1923-1926臺灣文化協會演講活動次數統計

	臺北州	新竹州	臺中州	臺南州	高雄州	合計
1923	4	0	25	6	1	36
1924	51	0	47	34	0	132
1925	99	22	103	67	24	315
1926	97	68	27	88	35	315
總計	251	90	202	195	60	798
百分比	31.5%	11.3%	25.3%	24.4%	7.5%	100%

資料來源：臺灣總督府警務局編，《台湾社会運動史》，頁151-152。

*說明：臺東州、花蓮港及澎湖廳尚未舉行過。

造成議題，並以外來者的角色煽動、介入，導致農民運動的高昂」，似乎過於抬舉文化協會對農民運動的影響。

為對照蔗農運動興起與文化協會的關係，表3-3中筆者整理出一九二三年十二月至一九二四年十二月，《臺灣民報》所刊載的文化演講會之地點、講題、主講人等相關資料，試以檢驗總督府當局的說法。

依據以上資料分析，北部的文化演講活動以臺北讀報社所辦之「通俗學術土曜講座」為主，演講主題包括經濟、法律、社會、倫理、哲學、宗教等文化議題，偏重於現代知識之傳播，而有關臺灣農村社會、農民困境等問題，並未出現在講題中。中部地區的演講活動次數雖多，但有關農民議題的場次卻很少，只有如一九二四年七月二十三日下午在彰化座由連太空所講之「無產階級之悲鳴」、晚間由郭覺之所講的「弱者之解放」、七月三十日在南投劇場由呂靈石所講的「弱者的悲哀」三場演講，可能論及與農民處境相關課題。同年十一月彰化支部的幾場活動，二林醫師李應章邀請文協幹部舉辦演講，大多數講者的講題都與文化、教育相關，僅有李應章所講之「農村的改造」直接談論農村問題，然而同年四月二林蔗農抗爭早已經展開。至於南部的演講活動，也顯然並非以農民問題為重點。文協演講與農民運動之間若有關連，與其說是引領議題、啟發抗爭，倒不如說是呼應農民、順勢而為，較為貼切。

作為臺灣文化協會機關報的《臺灣民報》，除前述黃周與黃呈聰曾關心蔗農被剝削問題外，一直要到一九二五年初才報導了「二林、大城兩庄民奮起組織蔗農組合」，[29]此時蔗農運動已進行近一年。以上例證都可以說明，文化協會對農民運動關注有限，未必居領導角色，其主要作用應在於透過文化演講與《臺灣民報》的呼應與支持，擴大有利於農民運動的輿論空間與社會氛圍。

（三）文化協會與農運之組織動員

嚴格來說，臺灣文化協會真正介入、參與組織的農民抗爭，僅有二林蔗農爭議。一九二三年起二林蔗農問題初起，庄長林爐、大城庄長吳萬益、開業醫師許學等人帶領蔗農二千餘人向臺中州及殖產局請願未果，一九二四年十二月在北斗郡守調停下，會社方面同意發給補給金，爭議遂告解決。但是二林開業醫師李應章等人認為，林爐、許學等人都被林本源製糖會社所收買，氏農民之敵，反對此派的妥協做法，誓將其勢力逐出二林。[30]李應章積極在二林設立「農村問題研究會」，又在一九二四年十二月二十日下午於二林舉辦「農村講座」，聚集農民六百餘人前來。李應章說明旨趣後，分別由石錫勳講「農村之進化史」、吳清波講「農村與產業組合」、吳石麟講「農民之自覺」、林篤勳講「農民與衛生」、李應章講「農村之將來」。

中部

1924年7-12月

- 7.22【臺中樂舞臺】
  天命之謂性（謝春木）
  思考的必要（連震東）
  移民問題之史的變遷（溫成龍）
  讀書與做官發財娶美妻（莊遂性）
  危險思想之意義（張聘三）
  精神復興（呂靈石）
- 7.23【彰化座（下午）】
  個人與社會（陳滿盈）
  新臺灣人的生活態度（莊遂性）
  反應熱（賴和）
  無產階級之悲鳴（連太空）
  達理想之路（謝春木）
  臺灣之文藝復興（甘繼昌）
- 7.23【彰化座（晚間）】
  家族制度之管見（連震東）
  弱者之解放（郭覺之）（中止）
  臺灣婦人解放（林芷湘）
  臺灣社會之一考察（許乃昌）（中止）
  告諸姐妹（姚貽謙）
  到家庭之路（呂靈石）
  社會之裡面（李金鐘）
- 7.24【豐原聖公廟】
  消費組合之起源（溫成龍）
  學而不思則惘（連震東）
  社會生活與社教機關（莊遂性）
  蟻話（張聘三）
- 7.29【草屯】
  咱應該著怎樣（呂靈石）
  思考的必要（連震東）
  讀書與做官發財娶美妻（莊遂性）
  自由人說自由話（謝春木）
- 7.30【南投劇場】
  修道之謂教（謝春木）
  家族生活與社會生活（連震東）
  弱者的悲哀（呂靈石）
  新臺灣人的生活態度（莊遂性）
- 10.26【梧棲青年會】
  革故鼎新之意義（蔡惠如）
  迷信之覺醒（黃凌波）
  家庭教育（王金章）
  婦人解放（楊松柏）
  世界風俗談（陳好勑）
- 11.2【清水街】
  共榮在於理解（氏家美壽）
  社會奉仕之真義（王敏川）
  社會病（蔣渭水）
- 11.2【彰化支部】
  文化主義（蔣渭水）
  古聖賢之感言（王學潛）
  犧牲的精神及繼續的精神（林獻堂）
  普及教育（邱德金）
  農村的改造（李應章）
- 11.3【彰化支部】
  自治心（楊木）
  時代之推移（氏家美壽）
  社會奉仕之真義（王敏川）
  迷信與經濟（吳蘅秋）
  讀書之急務（陳滿盈）
- 11.8【彰化支部】
  合理的生活（許嘉種）
  人怎樣才能自覺（楊宗城）
  對人的幾個疑問（賴和）
  醫者的本分（林篤勳）

南部

1924年1-6月

- 6.1【臺南市文協本部】
  就傳染病而言（韓石泉）
  文化運動之意義（陳逢源）
- 6.2【臺南市文協本部】
  水與人生（黃金火）
  戲劇之改良（林茂生）
- 6.3【臺南市文協本部】
  權然後知輕重（高金聲）
  余知生命觀（蔡培火）

1924年7-12月

- 7.19【陳逢源公館】
  最近教育運動的基調（謝春木）
  就家族制度而言（溫成龍）
  財富的創造（陳逢源）
  吾將為何乎（呂靈石）
- 7.20【臺南市文協本部】
  天命之謂性（謝春木）
  家族制度（溫成龍）
  有意義的生活（呂靈石）

12；〈文協消息〉，《臺灣民報》2：21，頁3-4；〈梧棲青年會講演之盛況〉、〈清水街之講演會〉，《臺灣民報》2：22，頁3；〈文化協會彰化支部計劃講演〉，《臺灣民報》2：25，頁3等等。

表3-3　1923-1924文化演講講題一覽

北部（臺北支部文化講座）

1923年12月

- ◆12.8　刑法大要（蔡式穀）
- ◆12.15詩學淵源（連雅堂）
- ◆12.22二重生活（連溫卿）
- ◆12.29優生學大要（林野）
  愛之運動（稻垣藤兵衛）

1924年1-6月

- ◆1.5　精神之感能（林野）
- ◆1.12　經濟大意（潘德欽）
  烏托邦（連溫卿）
- ◆1.17　六波羅蜜（連雅堂）
- ◆　戀愛論（葉榮鐘）
- ◆1.26　護生之新法（林野）
- ◆2.2　社會廓清論（稻垣藤兵衛）
- ◆2.9　生活之意義（連溫卿）
  性之研究（林野）
- ◆2.16　家族制度之研究（洪元煌）
  孔子大同學說（連雅堂）
- ◆2.23　家庭改良及家庭教育（林天送）
  性之研究（續）（林野）
- ◆3.1　中國古代哲學史（王敏川）
  文化主義（蔣渭水）
- ◆3.8　婚姻問題之研究（許天送）
  道德之進化（連溫卿）
- ◆3.11　道德之進化（續）（連溫卿）
  結婚問題之研究（續）（許天送）
- ◆3.15　佛教之科學（連雅堂）
- ◆3.22　明治之文化（蔣渭水）
- ◆3.29　結婚問題之研究（續）（許天送）
- ◆　提倡建設優美之臺灣（林野）
- ◆4.5　中國古代哲學史（續）（王敏川）
  明治時代之政治發達史（蔣渭水）
- ◆4.12　結婚問題之研究（續）（許天送）
  原始時代婦人之地位（連溫卿）
- ◆4.19　釋迦佛傳（連雅堂）
- ◆4.23　教育之普及（邱德金）
- ◆5.3　日本史概論（蔣渭水）
- ◆5.10　國際之過去現在及未來（蘇壁輝）
- ◆5.17　法律上之婚姻觀（蔡式穀）
- ◆5.24　社會病（蔣渭水）
- ◆5.30　內地旅行談（連溫卿）
  社會病（續）（蔣渭水）
- ◆6.7　酒害的真相（林野）
- ◆6.14　婦人解放運動之推移（王敏川）
- ◆6.21　臺灣違警例（蔡式穀）
- ◆6.28　婚姻的進化（林野）

1924年7-12月

- ◆7.5　食力論（連雅堂）
- ◆7.12　臺灣違警例（續）（蔡式穀）
- ◆7.19　有色民族之現狀（蔣渭水）
- ◆7.26　臺灣人口問題（黃及時）
  咱應該著怎樣（呂靈石）
  個人婚姻制之三形式（溫成龍）
  產業革命以後的勞動者（張聘三）
  新臺灣人的生活態度（莊遂性）
- ◆7.28　家庭教育（林茂生）
  文化的意義（陳逢源）
- ◆8.2　就思想而言（陳逢源）
  思想的饑荒（蔡培火）
- ◆8.9　個人與社會（石煥長）
  社會病（三）（蔣渭水）
- ◆8.16　將來的臺灣話（連溫卿）
- ◆8.23　阿當氏國富論（黃呈聰）
- ◆8.30　社會病（結論）（蔣渭水）
- ◆9.12　社會奉仕的真義（王敏川）
- ◆9.20　風俗改良（許天送）
- ◆9.27　東西科學之比較（連雅堂）
- ◆7.27【基隆聖公廟】
  咱應該著怎樣（呂靈石）
  家族生活與社會生活（溫成龍）
  自由人說自由話（謝春木）
  讀書與做官發財娶美妻（莊遂性）
  感想（邱德金）

資料來源：〈文協消息〉，《臺灣民報》2：12，頁3-4；追風（謝春木），〈東京留學生夏季回臺講演日記〉，《臺灣民報》2：17，頁13-14；追風，〈東京留學生夏季回臺講演日記（續）〉，《臺灣民報》2：18，頁13；追風，〈東京留學生夏季回臺講演日記（三）〉，《臺灣民報》2：19，頁11；〈臺灣文化協會會報〉，《臺灣民報》2：19，頁

當夜又在該處舉辦文化演講，除前述數人外，尚有洪明輝、詹奕侯、林伯廷、陳宗道等人演講，聽者無立錐之地，滿座喝采不已，至晚間十時方閉會。[31] 參與農村講座與文化演講活動者，括李應章、石錫勳、吳石麟、林篤勳、林伯廷等人都是文化協會主要幹部及會員。[32]

一九二五年元旦，李應章等人在二林舉行蔗農大會，與會者十分踴躍，李應章報告成立經過，吳萬益、許學、陳建上、林伯廷等人演講，而後進行議事。[33] 一月二十七日、二月三日，李應章、劉崧甫、蔡淵騰等人代表一〇八六名蔗農，向林本源會社、北斗郡守陳情不得要領，乃向總督府及警務局陳情，提出：1.應順應時勢，提高甘蔗原料買收價格；2.林本源會社有特殊情形，可與耕作者行分糖之法；3.今後由政府、耕作者、會社三方協議甘蔗買收價格；4.以上三條件不得實行時，耕作者可自由將甘蔗賣與他區會社。[34] 六月二十八日二林蔗農組合成立，參加的蔗農有四百餘人，並選出理事李應章、劉崧甫、詹奕侯等十人及監事謝黨等六人、代議員五十人，又聘律師鄭松筠與《臺南新報》記者泉風浪為顧問，事務所設於李應章宅。[35]

二林蔗農組合的靈魂人物李應章是與蔣渭水共同創立臺灣文化協會的倡議人之一，並且是文協理事，農組幹部如劉崧甫、詹奕侯、蔡淵騰等，都是文協會員，加上前述農村講座、文化演講會、陳情請願等種種活動，文協會員都活躍其間，二林蔗農組合確實與文化協會關係密切。**但文化協會成員之所以介入二林蔗農議題，主要原因還是來自李應章的請求**。李應章是二林在地人、關心地方事，**他透過自己在文化協會的人脈網絡進行動員，而參與的文協成員多來自北斗、彰化、臺中等地，**[36]**明顯具有中部地緣關係**。

值得注意的是，文化協會對二林事件援手有限，反而因農民的回饋而感到振奮。因第六次臺灣議會設置請願運動被以「審議未了」處置，不免感到挫折。自東京歸臺的林獻堂一行人，一九二五年四月十九日受邀到北斗郡二林庄演講，無數民眾到車站迎接，以喇叭、樂隊、竹篙炮大表歡迎之意，備極熱鬧。演講會開於下午一時，林獻堂講「初會感辭」、楊肇嘉講「教育之必要」、葉榮鐘講「農村振興與產業組合」、陳滿盈講「人的生活」、莊遂性講「自由之道」，聞聽者竟達六千餘名之多，拍掌之聲不絕。[37]親歷其境的葉榮鐘如此描述：

> 到達二林火車站已是傍午時候。只見萬頭鑽動，鑼鼓喧天，初時還以為是迎神賽會，……及至聽說是各農村的同胞，自動集合來歡迎林獻堂先生的，林氏也不禁為之一怔，衷心大受感動。
>
> 在場聽眾的絕大多數，可能是頭一次呼吸到文化講演的空氣，人實在有一點莫名其妙的樣子，對於講詞他們似乎也不甚了了，但是他們並不因此而感覺厭倦。……講演會結束後，一行便在一位同志家裡午餐，就連這個時候，民眾也是團團圍住不肯離開，……當林氏等

> 一行到達車站時，另一批民眾早已擠滿車站的空地，口口聲聲喊道：「獻堂先生啊！你要再來啊！你要再來看我們啊！」[38]

葉榮鐘認為這是令人感動的「民族運動的偉大場面」；《臺灣民報》認為「於茲可察吾臺民氣之盛」，政治社會運動者因二林農民的熱烈回響，受到莫大鼓舞。

二林蔗農組合是臺灣第一個農民組織，因為在地醫師李應章之故，與臺灣文化協會有些關連。**但作為全島性臺灣農民組合前身的鳳山農民組合，其成立過程中則完全沒有文化協會的影子**。

鳳山農民組合是由在地佃農黃石順所發起，他出身鳳山地區佃農，面對地主陳中和強取土地，生活受到威脅，甚為憤慨，乃結合地方同樣處境的佃農表達反對態度。他與簡吉相識且意氣相投，認為只有佃農組合範圍太過狹隘，希望將一般農業勞動者都包括在內、組織廣大無產農民。一九二五年十一月十五日鳳山農民組合成立，這是臺灣農民組合的濫觴。對佃農爭議事件，新興製糖會社幹部就指出：「若是文化協會一派的話，因為是從事相當有秩序的運動，故始末過程良好；但此佃農爭議的指導者方法很隨便，因此只會出以破壞秩序的行動」，[39]製糖會社幹部貶低佃農主導之行動，但也恰恰反證文化協會未在鳳山農民組合中扮演角色。

綜言之，一九二三以來層出不窮的農民抗爭事件中，臺灣文化協會參與有限，並非如總督府所說居於操縱、主導的角色，比較明顯介入僅有二林蔗農爭議事件，乃因二林醫師李應章透過其人脈網絡動員文化協會成員，但仍以中部地緣關係為主。其次，農民爭議的目標在爭取經濟條件之改善，這與文化協會所訴求的提升臺灣文化、政治改革，並無明顯交集。即使文協成員介入了二林蔗農抗爭，農運仍具相當自主性，並未隨著文協菁英的指導轉移到政治訴求方向，未曾挑戰統治當局與臺灣社會間的權力關係。

四、農民運動與臺灣農民組合的關係（一九二六至一九二九年）

（一）臺灣農民組合之領導幹部與外來支援力量

一九二六年六月臺灣農民組合成立之後，廣泛介入各地的農民爭議事件，農運發展出全島性的支援組織。表3-4是臺灣農民組合歷屆中央委員及幹部名單，從中可以發現，歷屆農組幹部的重疊性極大，主要由簡吉、黃信國、趙港、黃石順等幾位核心人士所領導；後期則被臺灣共產黨勢力滲透，如陳德興、楊春松、顏石吉等人都是臺共黨員。

表3-4　臺灣農民組合幹部名單

時間／地點	中央委員長	中央常務委員	各部部長
1926.6 鳳山街	簡吉	簡吉、陳連標、黃石順	財務部長：陳連標 教育部長：簡吉 爭議部長：黃石順 調查部長：簡吉 庶務部長：陳連標
1927.9 麻豆街	簡吉	黃信國、簡吉、黃石順、趙港、侯朝宗、陳德興、陳培初、謝神財	組織部長：簡吉 財務部長：黃信國 教育部長：陳德興 爭議部長：謝神財 調查部長：黃石順 統制部長：趙港 庶務部長：侯朝宗 顧問書記：陳培初 本部及法律事務所助理：陳結
1927.12 第一次 全島大會 於臺中市	黃信國	簡吉、趙港、謝神財、陳德興、楊貴	庶務、財務、特別活動部長：簡吉 政治、組織、教育部長：楊貴 爭議、調查部長：趙港 青年部長：陳德興 婦女部長：葉陶
1928.12 第二次 全島大會 於臺中市	黃信國	簡吉、楊春松、黃信國、張行、陳德興、周渭然、莊萬生、陳崑崙、顏石吉、陳海、譚廷芳、陳結、侯朝宗、林新木、蘇清江、江賜金	庶務、財務、政治部長：楊春松 組織、救援、特別活動部長：簡吉 爭議、婦女、產業調查部長：張行 教育、青年部長：陳德興

資料來源：臺灣總督府警務局編，《台湾社会運動史》，頁1046、1052-1057、1098-1103。

針對臺灣農民組合領導人士稍做分析，即可發現他們背景的類似之處：簡吉，鳳山人，一九二一年自臺南師範學校畢業，先後任教於鳳山及高雄第三公學校，一九二六年離開教職，全心投入農民運動。[40]黃信國，麻豆人，開業醫師，是臺灣農民組合金主，因此一九二七年元月農民組合本部轉移到臺南麻豆。[41]趙港是大甲人，公學校畢業後任職於大肚信用組合為書記，一九二一年入臺中中學校，畢業後與人合資經營木炭生意，為退官土地放領問題率民眾陳情請願。[42]黃石順，公學校畢業後，又自總督府臺北工業講習所結業，經營米、茶販賣及輸出生意，一九二二年生意失敗後自新竹州移住高雄州成為佃農，後帶領鳳山農民對抗陳中和物產會社。[43]簡而言之，**農民組合初期領導人都屬知識階層，因同情弱勢，或因本身生計受影響而投入當地的農民抗爭事件。這些在地菁英在農民運動中扮演了重要角色。**

其次，如陳德興是高雄人，臺南師範退學後，一九二五年進入東京正則英語學校，次年歸臺，熱中於文化演講活動，一九二七年加入臺灣農民組合。[44]顏石吉，高雄人，屏東公學校畢業後於屏東街上組織「礪社」研究漢文，一九二六年經營米場生意失敗，對社會制度懷疑，思想漸趨左傾，次年加入農民組合，投入左翼運動。[45]楊春松，桃園龍潭人，早年與其兄楊春錦赴中國，參加廣東臺灣革命青年團，一九二六年加入中國共產黨，此年返臺參與中壢抗租事件被捕入獄，一九二八年臺灣共產黨創建，以臺共黨員身分加入農民組合工作。[46]**此些人士**

均非農民運動初起時的參與者，也與在地農民運動無利害關係，主要因為熱中左翼運動、信奉共產主義而投身農民組合。一九二八年以後的臺灣農民組合已成為臺灣共產黨的外圍組織，農民運動則是臺共所主導階級運動的一環，而包括簡吉、趙港、陳德興、顏石吉等人，都已成為臺共黨員。[47]

事實上，自一九二七年起，臺灣農民組合極力援引外來勢力，擴大抗爭力量。二月，農組幹部簡吉、趙港為退官土地放領及竹林爭議等問題上東京向帝國議會請願期間，也極力尋求日本內地各團體之協助。兩人也出席大阪日本農民組合第六回總會，又訪問各界同情人士。大阪日本農民組合總會通過決議「反對臺灣墾地之強制或欺瞞徵收」，並對臺灣總督府提出抗議書，又建議日本勞動農民黨抗議日本政府苛酷的殖民政策。[48]三月，日本勞動農民黨在東大佛教青年會館主辦「臺灣問題、中國革命真相大演講會」，與會者盡是日本社會主義運動健將，趙港也上臺演講，其間並獲得社會運動健將布施辰治、古屋貞雄等十三人應允為農民組合顧問。[49]簡吉、趙港此行使得臺灣農民組合與日本農民組合、勞動農民黨取得密切連繫，並獲得種種協助。

而日本勞農黨幹部麻生久、布施辰治來臺為二林事件辯護，律師古屋貞雄擔任農民組合顧問、長期駐臺中執業指導農民抗爭等等，都是外來菁英協助農民運動的具體例證，但主要是來自日本的社會主義勢力。

（二）文宣、組織與運動策略

臺灣農民組合指導農民運動，明顯不同於臺灣文化協會，其角色積極主動許多。農民組合領導者將自日本社會主義運動學習而來的種種做法，在臺灣實驗，大大提高了農民運動的議題性，**也使運動走向激進化。**

首先，在議題塑造方面，農民組合以密集演講活動展開，宣揚社會主義思想。一九二三年三月布施辰治來臺為二林事件二審辯護的期間，晝夜兼行、馬不停蹄地舉辦了二十多場演講，已如前述。布施的演講主要在宣傳無產階級的解放運動，例如在三月二十三日新竹公會堂所舉辦的「無產者解放演講會」，對著二千人以上的聽眾，布施氏抨擊：「臺灣的生產力比之三十年前，增加三倍，而臺灣農民生活狀態的向上，不過是一點點而已」；「臺灣人民的生活狀態沒有比三十年前向上三倍，是不合理」。[50]社會主義者連溫卿即認為，透過這些演講活動，布施辰治對臺灣大眾的影響可能更大過對二林事件的影響。[51]五月，農民組合顧問古屋貞雄在臺期間同樣到全臺各地密集演講，徹底挑戰官方。[52]

一九二七年簡吉、趙港上東京請願歸臺後，也在農民組合各地支部舉辦巡迴演講，例如四月十三日在彰化新港媽祖廟侯朝宗講「農組的使命」、簡吉講「日本的農民運動」；十四日在中壢觀音庄觀音廟趙港講「農民組合」、侯朝宗講「苦海中的農民」，同日晚間在觀音庄莊金標等講「北部農民生活的現況」、黃又安講「歹生活的農民」、侯朝宗講「南部農民生活的現況」、簡吉講「農民組合」、趙港講「運動的目標」；十五日中壢庄林阿鐘講「生活運動」、簡吉講「農民」、趙港講「要打倒資本家的走狗」、侯朝宗講「農民的苦況」；《臺灣民報》的報導稱「所到之處戰無不勝攻無不克」。[53] 觀其講題，莫不針對農民苦境倡議抵抗，社會主義主張躍然其間。

其次，在農組的領導下，農民運動的組織與策略也更加精進與多樣化。一九二七年四月農組在麻豆召開的中央委員會中，做成數項決議：[54]

1. 在組織方面：(1)「養成鬥士」，為因應各地要求農組派員指導卻困於人力不足，決定每月召開兩次研究會與講習會，一面訓練組合精神，一面聘任運動之先覺來訓練指導。(2)「援助同志具體方案」，提供因為農民組合而利益受犧牲者具體支援，包括對入獄者安排送入飲食與日常用品；若其家族不能自立，組合員要負責扶養協助其家族；提供勞力，使其所耕土地不致荒廢，家族得有所養。

2. 在運動策略方面：⑴演講隊巡迴各地，並與友誼團體如文化協會、工友會協力召開政談演說會或遊行示威。⑵舉行「勞動祭」，於五月一日午前十時在各地同時舉行「勞動祭」，開演講會與大遊行，以涵養團結精神，表現多數威力。

從表3-5可以看出，農民組合指導下的農民運動抗爭運動的愈發勃興及策略多元化。農民抗爭事件初起的一九二四、一九二五年，多採陳情請願，或要求損害賠償；一九二六年臺灣農民組合成立，農民抗爭件數增加，一九二七年是農民運動高峰期，爭議件數大幅增加到三三一件不說，其中有三四四件是農民組合介入指導。農民抗爭手段於一九二七年以後也愈來愈翻新，最引人矚目的是走法律訴訟路線的「假債權設定」一躍為一六六件，占爭議件數之最高比例，並且全部是農民組合所介入，筆者判斷應與律師古屋貞雄進駐臺灣指導農民爭議走民刑事訴訟有關。其次，不納租穀、合作耕作、妨礙新佃農耕作、收割稻穀藏匿、竊取假扣押稻穗等方式，都是新出現的多元抗爭手段。

㈢目標分歧：農民運動的沒落

儘管臺灣農民組合成立以來大力引入外來力量協助運動發展，不斷創新種種抗爭策略，

表3-5　佃農抗爭手段類別統計

抗爭類別	具體手段	1924	1925	1926	1927	1928	1929
訴訟	損害賠償	1	0	0	7(4)	15(8)	2(0)
	假債權設定	0	0	0	166(166)	0	0
調停	依賴業佃會	0	0	0	12(0)	33(18)	10(1)
	依賴有力者	0	0	0	5(2)	5(2)	1(1)
	民事調停	0	0	0	1(1)	0	0
交涉	直接與地主交涉	0	0	0	151(99)	55(32)	7(2)
對抗	主張占有	0	2	3	9(8)	7(5)	0
	拒絕交回土地	0	0	0	3(3)	0	0
	拒絕訂約	0	0	0	1(1)	0	0
陳請請願		3	1	4	7(1)	2(1)	0
鬥爭	不納租穀	1	0	0	31(27)	11(9)	4(0)
	不納租金同盟	0	0	0	1(1)	0	0
	團結共同耕作	0	0	8	5(5)	3(3)	0
	妨礙新佃農耕作	0	1	0	14(9)	0	1(0)
	收割稻穀藏匿	0	0	0	15(15)	1(1)	0
	妨礙地主收穫	0	0	0	1(0)	0	0
	竊取假扣押稻穗	0	0	0	2(2)	0	0
總計		5(0)	4(0)	15(0)	431(344)	132(79)	25(4)

資料來源：臺灣總督府警務局編，《台湾社会運動史》，頁1012-1014。括弧內為臺灣農民組合介入之爭議件數。

表3-6　1923-1929蔗農與佃農爭議件數統計

	1923	1924	1925	1926	1927	1928	1929
蔗農爭議	4	5	12	1	0	3	4
佃農爭議	0	5	4(1)	15(6)	431(344)	134(80)	26(5)

資料來源：臺灣總督府警務局編，《台湾社会運動史》，頁997-999。依總督府警務局檔案所載，本表1928、1929年之佃農爭議件數與表3-5稍有出入。括弧內為臺灣農民組合介入之爭議件數。

推升農民對抗態勢，但並未因此獲得訴求目標，因為外來菁英的介入，逐漸走向以意識形態主導抗爭，反而導致農民運動漸趨末路。

表3-5顯示，一九二七年六月臺灣農民組合成立後第二年是農民運動最盛時期，佃農爭議達到最高峰的四三一件，並且絕大多數是在農民組合指導下。但是，一九二八年農民爭議卻大幅驟降到一三二件。一九二七年末，臺灣農民組合在全臺各地已有十七個支部，二萬四一○○位組合員，[55]是農民組合規模之高峰。但到了一九二八年底，全臺農民組合分部雖增加到二十六處，但組合員反而大幅減少，只剩一萬○三四六人，不到前一年的半數。[56]

臺灣農民組合菁英們領導的抗爭行動鼓舞、激勵了農民運動的蓬勃發展嗎？表3-6的數統計數字如同反證，說明了兩個事實：一九二七年蔗農爭議的急速冷卻、一九二八年佃農爭議的快速萎縮。

由表3-6可知，蔗農抗爭事件在一九二五年的十二件是最高峰，一九二六年驟降至一件，一九二七年則是零件，蔗農抗爭並非臺灣農民組合所指導，也沒有因為臺灣農民組合的成立，而能夠持續熱度。二林事件中，日本殖民統治當局祭出司法審判為壓迫手段，歷經兩年的訴訟過程，一九二七年四月李應章等二十五人判刑確定，難道是因為殖民者的司法手段震懾了農民的行動？

證諸《臺灣民報》卻非如此，該報評論指出，自二林蔗農爭議發生後，臺灣農民自覺大有進展、不再畏官，一九二六年鳳山農民組合遭官方檢舉，事件中農民的冷靜態度與文明作為「令人可怕」，農民不再像以前一樣「見著大人就要跑避三舍」；二林事件一審二審公判有罪的農民「泰然自若，甘心為著自家的主張受了犧牲困苦，不像從前那樣爛土似的頭面」。[57]經過二林事件與審判過程的歷練，農民不再懼怕官廳，司法壓迫不再能夠震懾民心。

社會學研究者廖美曾以「理性農民的抗爭邏輯」來解釋日治時期蔗農爭議的沒落，指出蔗農抗爭原本即基於經濟利益的理性考慮。由於發難的蔗農事實上多為自耕農，面對製糖會社方面用盡種種戰術化解蔗農的訴求，本身尚有轉做其他作物的可能性，不必拘泥於與製糖會社的耕作關係，因此持續抗爭遭遇難題。**也因為蔗農抗爭源於經濟利益，並非政治目的，使得殖民當局更能應付、化解**。[58]如果此說成立，顯然**農民運動有其自主考量與目標，並非隨著農民組合菁英們的激越節拍而亢奮起舞**。

回到表3-1所整理出的農民爭議結果一欄可以看到，雖然有資方陣中和物產終止了耕地收回計畫、以讓步方式回應抗爭，但多數的爭議結局是農民撤守或放棄。例如北港製糖工場的抗爭因部分訴求達成而解決；臺南州明治製糖工場抗爭因部分農民反對而流產；大甲地區退官土地爭議末期，農民態度軟化，分別與退官簽訂租佃契約，爭議遂告解決；虎尾崙背鄉的抗爭因警方介入，運動趨於消極；鳳山郡的退官土地爭議同樣因農民與退官簽訂租佃契約，爭議消解；嘉義竹崎的竹林爭議，因農民全部簽訂承租契約而告解決……。**這些案例中農民抗爭事件落幕多半是農民出於自身利益的考量而決定收手，並未因農民組合領導者激烈的抗爭策略，而將農民運動上綱到階級對抗、民族運動的層次。**

前文指出，臺灣農民組合自一九二七年以來受日本勞動農民黨的影響，日益走向階級運動，訴求工農利益；一九二八年下半年以後，臺灣共產黨滲透、控制農民組合，運動路線愈形激進。一九二九年總督府當局以農民組合激進化導致農村思想惡化，發動「二一二大檢舉」，對農民運動各地組織產生致命性的打擊。前臺共黨員蕭友山（蕭來福）如此詮釋臺灣農民組合的沒落：

> 一般民眾是依據政治意識較低的經濟動機，也就是透過經濟鬥爭而發展政治鬥爭。**農民組合的這種傾向自然地忘記本來任務，一頭栽進政治性指導的結果，忽略經濟鬥爭，使得自身切斷與民眾的紐帶，導致與民眾疏離。**這實在是後期農民組合鬥爭未能充分展開的原因

之一。再者，因為帝國主義殘虐的壓迫而放棄利用合法鬥爭途徑，自陷於非法性途徑，使得與大眾接觸之困難徒然增加，這也是農民組合未能展開充分鬥爭的原因之一。[59]

臺灣農民運動在一九二七年到達高峰，卻在左翼農民組合成立不久後驟然衰退，原因何在？筆者認為，臺灣農民組合所採取的階級運動化、共產主義化路線，升高與資方、官方的對立態勢，非但未能使運動能量增加、聲勢開展，反倒因為未能真正回應農民的經濟需求、與民眾利益相違，而在短短一年內使農民組合成員大量流失。甚至，農民組合採取的激進化目標與手段，反而成為殖民統治取締鎮壓的藉口。

五、小結

透過以上日治時期臺灣農民運動的討論，筆者有以下幾點看法。首先，日治時期臺灣農民運動興起於政治控制相對較為鬆動的大正民主時期，**環境結構是社會運動興起的重要條件，而一九二〇年代初期臺灣文化協會的文化演講，《臺灣民報》的報導與呼應，則為農民運動支撐起行動空間與有利的社會氛圍。**

其次，**日治時期臺灣農民大眾具有相當的自發性與能動性，因本身利害問題起而組織對抗，並非依靠菁英階級、尤其是外來菁英所能操作領導**。一九二〇年代農民運動的發生主要來自農民大眾的自發行動，各地的抗爭事件接二連三，**草根農民扮演了最重要的角色**，即使有些抗爭事件由知識分子所領導，也多是與當地具深厚淵源的在地菁英。二林事件發生前，臺灣文化協會對農村問題甚少關心，也未積極介入農民抗爭事件。

再者，從日治時期的經驗而言，外來菁英、專業社會運動家的的介入運動，組織動員、引進抗爭策略，未必與運動的壯大與深化有必然關係。一九二七年起，臺灣農民組合領導者大力引入日本勞農黨等外來力量、借重職業社會運動家的經驗，一九二八年以後甚至為共產主義職業革命家所左右。在文宣方面，職業運動家奔忙於各地農村演講，擴大宣傳、形成議題；在組織方面，也發展出互助協力機制，使獻身運動者免除後顧之憂；在鬥爭手段與抗爭策略上更不斷翻新。但這些外來菁英與職業運動家並未擴大抗爭能量、延續運動生命，農民運動的榮景只維繫一年就急速萎縮，抗爭件數與組織成員都在一九二八年大幅滑落。

同時，**日治時期臺灣農民運動的經驗也顯示，知識菁英的運動目標未必與底層群眾利益一致**。例如文化協會努力改變殖民統治權力結構，農民組合菁英醉心於社會主義意識形態實踐，但對**農民群眾而言，自有其經濟動機與理性邏輯，以改善生存條件與現實狀態為目的而**

決定如何採取行動。前文的討論顯示，農民群眾並未因文化協會的聲援而追求政治目標，也未因農民組合的激越節拍而支持階級革命。更甚者，農民組合日趨激進、脫離合法手段，造成農民大眾的疏離，可能是導致農民運動快速萎縮的主要原因。

日本殖民當局認為農民抗爭非來自生活困境，質疑農民運動是外力煽動，將農民群眾當作是文化協會與農民組合社會運動菁英從事反殖民對抗與意識形態傳播的工具。這種看法顯然與事實乖離。試看二林事件一審判決後《臺灣民報》的一則社論，可知總督府此種看法的膚淺：

> 最缺乏社會教育、而最富於傳統觀念的農民，能共同一致的緣故，不消說是他們的生活條件已經降到饑餓線下，不能維持其口腹，任他們終日勞苦，猶不能改善絲毫。因為這生活不安的共同利害，遂使他們為生存計，擯除一切的阻礙，而毅然蹶起一致團結的了。或說是一二社會運動家為之煽動的，未免太不識時勢之推移了。[60]

日本殖民統治當局避談對臺灣農民大眾的剝削壓榨，將農民運動興起歸諸於文化協會等菁英階層的煽動操作，小看了農民群眾不說，其實不過是以此為卸責之詞罷了。

第二部

臺灣認同與漢人認同的糾葛

第四章　想像與真實：臺灣人的祖國印象

一、「想像的」祖國

一九四五年八月日本戰敗，臺灣人民歡喜脫離殖民統治。十月國民政府來臺接收，原本慶祝光復、歡迎祖國的臺灣人民，開始察覺明顯的異樣感。葉榮鐘在一首詩作中寫道：「忍辱包羞五十年，今朝光復轉淒然」，這淒然不是突然冒出來的，而是出自戰後初期強烈的失落感，至此葉榮鐘才從歡迎情緒中醒過來，捫心自問：

> 祖國只是觀念的產物，而沒有經驗的實感。……我們五十年間受盡欺凌壓迫，好不容易一旦光復，這是我們夢寢不能忘懷的問題。但是五十年間是這樣地過去了。投入祖國懷抱以

後又是一番怎樣的景況？**我們觀念上的祖國，到底是怎樣的國家？**[1]

葉榮鐘遲來的疑惑，普遍反映了戰後初期臺灣人親見祖國後所受到的衝擊，這問句中似乎也暗示著，如果臺灣人能早些知道祖國的真實面貌、臺灣與中國的巨大差距，就不會懷抱過度的期望，甚至可以避免後來悲劇的發生。

但，事實果真如此嗎？

日治時期臺灣人並不是完全被隔離在中國之外、沒有機會去接觸瞭解。相反的，諸多臺灣文人士紳曾遊歷中國，並留下不少觀察紀錄❶。本文將以謝春木、黃旺成、吳濁流與鍾理和

---

❶ 臺灣士紳的中國遊記：例如《臺灣日日新報》記者魏清德在一九一一年一月赴中國旅遊，返臺之後在《漢文臺灣日日新報》連載〈南清遊覽記錄〉；一九一五年九月十四日到一九一六年一月七日魏清德被報社派往福州擔任《閩報》記者，返臺後在《臺灣日日新報》連載發表〈旅閩雜感〉。連橫曾在一九一二年三月到一九一四年冬進行為期三年的中國之旅，返臺後在《臺南新報》上連載發表〈大陸游記〉等等。參見黃美娥，〈另類現代性——《臺灣日日新報》記者魏清德的文明啟蒙論述〉，收入黃美娥，《重層現代性鏡像：日治時代臺灣傳統文人的文化視域與文學想像》（臺北：麥田，二〇〇四），頁一八三—二三五；徐千惠，〈出遊與回歸——連雅堂「大陸游記」探析〉，《臺灣人文》六（二〇〇一年十二月），頁五三—七一。

四位臺灣知識人在一九二〇到一九四〇年代之間所撰寫的中國遊記與相關作品作為文本，討論其中所呈現的臺灣人中國印象與祖國情懷之間的糾葛。

日記是個人對每日生活的紀錄、對事物的觀察、與他人互動與心理感受的記載。這種特殊型態的記述文體，在西方世界大約是從強調個人獨特性的文藝復興時代開始盛行。日記雖以逐日記載為原則，但也有的是為了記錄特殊際遇與觀察才書寫的，例如旅行、工作、戰爭、繫獄等因素。著名的旅行日記如李春生的《東遊六十四日隨筆》、林獻堂的《環球遊記》、蔣師轍的《臺游日記》、薛福成的《出使四國日記》、梁啟超的《新大陸遊記》等等。

遊記同時是「旅行文學」的一種，透過空間距離與移動，記述者會因其文化主體性、歷史意識、批判思考、感知體系等面向的變動，呈現對旅行中所見所聞、所經歷事件之衝擊感受。[2]本文即嘗試透過四位臺灣知識人的中國遊記，探討其親炙祖國後的見聞、感受、衝擊與心理轉折。

謝春木、黃旺成、吳濁流與鍾理和四人之中，謝春木與黃旺成在日治中期一九二〇到一九三〇年代活躍於政治社會運動，兩人都具有記者身分，先後到中國短期遊歷考察。吳濁流與鍾理和則是文學創作者，在戰爭時期一九四〇年代前往中國，並都有超過一年以上長期居留的生活經驗。

一九二五年五月，謝春木與王鍾麟代表臺灣民眾黨參加國民政府舉行的孫文先生移靈中山陵典禮，並趁此機會考察中國各地。兩個月的旅程中，謝春木遊歷了上海、南京、無錫、蘇杭、東北三省與廈門，返臺後，他以「追風生」之筆名，在《臺灣民報》上發表了〈旅人の眼鏡〉為題的中國遊記。[3]一九三〇年又將遊記補全，命名為〈新興中國見聞記〉，收入其著作《臺灣人は斯く觀る》第二篇。[4]

黃旺成是在一九三〇年臺灣民報社記者任內，於五月七日至六月八日到中國的福州、上海、南京、青島、天津與北京等地遊歷。返臺後以筆名「菊仙」寫成〈新中國一瞥的印象〉，在《臺灣新民報》上連載。[5]

吳濁流於一九四一年元月十六日前往中國，在日人所辦的南京《大陸新報》擔任記者，一九四二年三月二十一日回到臺灣。這一年多的祖國經驗讓他有機會深入觀察中國社會，後寫成〈南京雜感〉，連續十個月在《臺灣藝術》上連載。[6]

鍾理和於一九三八年夏天隻身赴中國東北，一九四〇年回臺攜戀人鍾台妹一同前往中國，遷居北京，至一九四六年才舉家返鄉，並完成了小說〈夾竹桃〉等多篇作品。

本文選擇以這四人的作品作為討論文本的原因是：1.這四人的中國之行都在一九二〇年代以後，亦即進入日本治臺後期，此時臺灣已在日本帝國統治下超過三十個寒暑，殖民當局統治權力全面深入到島內每個角落，照理說，隨著帝國勢力的穩固，臺灣人民的故國之思應該已日漸邈遠；2.此四人的作品雖有漢文與日文之分，但都以現代文體表達，語意明白易懂，不像漢詩存在偌大的解釋空間；3.四人中有二人短期旅遊，二人長期居留，如此的文本選擇也有對照與比較四人之中國觀察深淺差別的意義。

二、殖民地人民的憂鬱病

謝春木於一九〇二年生於彰化芳苑，一九二一年自臺北師範學校畢業。他在臺北師範的同學王白淵回憶謝氏是個早熟青年，對日本統治抱著懷疑態度。[7]之後謝春木前往東京高等師範留學、參與文化協會演講活動、擔任《臺灣民報》編輯、參與臺灣民眾黨活動，政治立場與被日本政府視為中國民族主義者的蔣渭水十分契合。[8]

黃旺成一八八八生於新竹，幼時於私塾學習漢文，一九一一年自總督府國語學校師範部畢業後，擔任新竹公學校訓導職務多年，因日籍校長無禮訓話而辭去教職後，被延攬至清水蔡蓮舫家擔任教席，期間接觸到林獻堂等人的政治運動，思想受衝擊而積極吸收新知。一九二五年閱報得知中國革命家孫文逝世消息，曾召集同志十人在家中舉行追悼會。[9]同年黃旺成參加臺灣文化協會演講團，一九二六年起擔任《臺灣民報》記者兼新竹支局長，其後並熱心於臺灣民眾黨的政治運動。

謝春木與黃旺成兩人因參與政治運動，開始對日本帝國壓迫系統性的批判，對於一九二七年北伐統一後的新中國有所期待。謝春木稱到中國考察是「憧憬的旅行」、「近三、四年來始終在我心中縈繞不去」。[10]黃旺成則說，「自老早就想要到上海以北各地，看看新興中國的近況。因家事上職務上種種的關係，荏苒遷延，總不容易達到目的。可是好生奇怪！在憧憬中國山河的念頭，竟不因世事多忙而漸減，反要累進的一天一天地心切起來。」[11]

吳濁流於一九〇〇年生於苗栗新埔，從小聽祖父說著抗日義民的故事，牢記自己的故鄉在廣東鎮平，在他幼小的心靈種下了祖國的幼苗。及長，一九二〇年臺北師範學校畢業後擔任公學校照門分校場主任，卻因日籍校長對他差別待遇、與日籍同事摩擦而三度左遷。[12]吳濁流自述，雖然沒接觸過祖國文化，心中卻充滿祖國觀念：

眼不能見的祖國愛，固然只是觀念，但是卻非常微妙，經常像引力一樣吸引著我的心。正如離開了父母的孤兒思慕並不認識的父母一樣，那父母是怎樣的父母，是不去計較的。只是以懷戀的心情愛慕著，而自以為只要在父母的膝下便能過溫暖的生活。以一種近似本能

的感情，愛戀著祖國，思慕著祖國。這種感情，是只有知道的人才知道，恐怕除非受過外族的統治的殖民地人民，是無法瞭解的。這種心情，在曾是清朝統治下的人，是當然的，像我一樣在日本統治臺灣之後才出生的人，也會有這種心情，實在不可思議。[13]

終於，在與督學衝突後他憤辭教職，決定前往中國。離臺前，吳濁流一面滿懷希望，一面也自我安慰：

在殖民地的桎梏下，自由被剝奪，生活形同奴隸，毫無指望。……不錯，那無限大的大陸，有的是自由。我就要到那自由的天地去，豈能這樣感傷，我是男子漢啊！[14]

鍾理和一九一五年生於高雄美濃，他的祖國情懷來自異母兄長鍾浩東的啟發。鍾浩東少年時傾慕中國，高雄中學時因閱讀三民主義遭學校記過，後到日本明治大學留學，在中日戰爭爆發後潛赴重慶。受到同姓婚姻問題困擾的鍾理和也在一九三八年遠走中國，在〈原鄉人〉這篇自傳體小說中，他這樣說：「我不是愛國主義者，但是原鄉人的血，必須流返原鄉，才會停止沸騰！」[15]

四位來自不同背景的臺灣青年，雖然都沒有經歷過清朝政府統治，但卻奇妙地都對中國懷有某種程度的嚮往之情、充滿故國之思。作家王白淵曾說：「**在殖民地長大的人，都一樣地帶著民族的憂鬱病，這樣的病在日本治下是無藥可醫的。**」[16]儘管日本統治臺灣已數十寒暑，對殖民地掌控日益穩固，但，謝春木、黃旺成、吳濁流與鍾理和，四個帶著憂鬱病的殖民地之子，雖有各自不同的成長過程，卻同樣對異族統治不甘忍受，憧憬著心中的祖國。

不願忍受異族壓迫，這是各國殖民地人民共同的心聲。但臺灣不同於世界上其他殖民地僅是殖民母國與殖民地間的對抗關係，因為漢人血緣的親近性，臺灣人對於拋棄自己的血緣文化父祖之國，懷著孺慕與憧憬，殖民地臺灣背後隱隱存在中國的影子，中臺兩者之間存在某種微妙的關連。就如同日本殖民政策學者矢內原忠雄所形容，「臺灣是在日本與中國的兩團火之間」，殖民母國日本積極想將臺灣整合進帝國的領域，但中國這方仍對殖民地的臺灣人有著特殊的吸引力。[17]包括謝春木、黃旺成、吳濁流與鍾理和，都帶著這樣的情感，祖國之行對四人而言有著程度不同的心靈慰藉意義。

三、祖國印象

謝春木、黃旺成、吳濁流與鍾理和四人到中國的目的各不相同，停留時間也有長短，融入當地生活的程度有別，對社會現象的觀察與體會深淺不一。因此筆者將謝春木與黃旺成、吳濁流與鍾理和區別為兩組，呈現他們不同層次的觀察心得。

（一）新中國觀感

一九二九年五月，謝春木從日本搭船到上海，船行第三天發現海水被染成黃泥水，疑惑之餘請教船員，方知原來是到了揚子江河口，「一看到黃泥水，到上海還要三小時」，這便是他的第一個中國印象。[18]海水遭濁水染黃，幾乎是臺灣知識人的祖國初體驗，一九四一年元月抵上海的吳濁流同樣見識到揚子江河口將一半海面染成黃色的景象。甚至，不僅揚子江河口如此，黃旺成由天津上陸前，也看到白河口滿是黃水。[19]

1北方與南方的強烈對比

臺灣人來到中國的第一站經常是中國對外門戶上海，這座城市一面是新潮流匯集之處，一面充斥著各種令人驚異的景象。從謝春木眼中所見，上海有幾個特色：一是娼妓滿街走，「上海本身就是一個賣淫窟」、「在南京路上，比臺北城隍廟更多的人潮中，半數是溜溜達達的『阻街女郎』，這樣的事真令人不得不吃驚」、「四馬路和大馬路是她們賣淫的地方，名符其實的人肉市場」。其次是治安敗壞，「綁匪是上海的名產之一」，國民革命軍元老許崇智之子被綁、臺灣商人郭春秧的女婿被綁，連上海工部局偵探長也被綁架勒贖。再者，賭博盛行，「到上海不懂得『賽狗』、『賽馬』的話，就別去社交界」，賽馬場裡，「每晚在此競爭場裡，被動員來的紳士淑女達二萬人以上」，滿場激動與喧囂。[20]同時，上海到處充斥著獵豔與狂歡，擁舞者熱情高張，煽情的樂聲令謝春木也不禁熱血沸騰。總之，聲、色、嫖、賭，是謝春木看到的上海：

在道德家說來，上海是罪惡之都。殺人、詐欺、綁人、賭博、賣淫、鴉片窟等等，總之，凡世上有的罪惡，上海大抵都有，甚至上海還很流行，……凡踏進上海則人心躍動，心的警戒自然會鬆懈，真是不可思議之事。上海會將封閉的人心解放，誠是奇妙之事。[21]

黃旺成對上海的輪廓有更完整的描述。他指出，上海是擁有三百五十萬人口的商埠，是勝過日本的東洋第一大都會；市中的繁華鬧區莫不在共同租界，如南京路、四馬路、虹口等，其次是法租界；中國人的市街則相形見絀。國民政府外交部雖預定在一九三〇年以前要收回租界，但因中央軍在南北內戰中失利，收回租界之議已經沉寂。[22]他也認為上海在繁華的外表下，其實是「萬惡之區」，是吃喝嫖賭、人性險惡的大罪窟。

上海、青島與大連是日本對中國經濟侵略的三個重要地區。謝春木出了上海往北走，到了青島，盛讚這個德國人統治過的海港「真是美得出奇！」青綠山丘上點點紅色屋頂、閃閃發光的白壁，與碧綠海面相映，漂亮無比。「青島從一個漁港，到建成今日這樣重要的港口，不管怎麼說是因為德國人。」[23]

黃旺成則是於旅程末段來到青島，對青島的印象也是整潔有序，市街歷歷，所見盡是尖頂屋，令人想不到是在中國境內，實因「經德國人占領，遂建設如許美麗的市街」。[24]謝春木、黃旺成同時都認為青島的整潔美麗有別於上海，要歸功於曾被德國人占領。兩人遊歷青島時，該處已是日本勢力範圍，日語到處可以通用。至於大連港，謝春木讚許其興盛是基隆港無法比擬的，碼頭候船大廳寬廣美麗，如詩如畫，而這些卻都是日本人的滿鐵會社所建設的。[25]

謝春木接著又到東北，一面考察日本帝國在此處的投資情形，一面觀賞了市景風光。其中，哈爾濱有日本人三千人、長春有一萬人、奉天有近一萬九千人，雖然中國人占了人數上的優勢，但新市街、商業區、中樞地帶多是日本人的天下，建築氣派、設施完善；相對來說，中國人所在的舊街道、華人街則是塵土飛揚、狹窄擁擠。[26]雖然遊記中並未特意將兩者加以比較，但描述風光的同時，讀者就可以發現日人區與華人區的強烈對比。

出了前列強勢力範圍往南方，景象全然一變。謝春木認為南京是多數臺灣人不屈從清廷統治、於明末大移民時的首都，因此有特別親切感的都城。但親身體驗之後，卻發覺「眼下絕不是可以住得舒服的地方」：

來到南京的遊客，無論是誰，首先感到不便的就是缺少乾淨水，灰塵多，電燈也昏暗等事。在南京街上走一圈，滿是灰塵的黑衣服也會看成白色。……南京沒有好的飲用水，對我們這些來自得天獨厚有好水地方的旅客來說，真是痛苦不堪。這裡的水是所謂的硬水，注入盆裡的水靜置一會兒，就會沉澱出二、三分厚石灰粉，是這樣汙濁的水。在旅館，即使想要稍稍擦拭身體，不給充分的水，給的話也只有半盆，取來的這點水簡直沒辦法。……缺乏好的飲用水，恐怕不只是南京而已，這是來到中國內地的人都有的感受。[27]

黃旺成則對在蘇州、杭州、鎮江投宿的旅館沒有廁所所苦，出恭時必須把馬桶拿進客房，令他感到「很不舒服」。[28]

出了南京，謝春木前往江南一遊，歷覽太湖與蘇杭。在新舊交替的中國，固然有些地區正進行建設，但這些千年名勝的髒亂、破敗，令他大失所望。例如遊太湖途中所見的惠山寺竟能得乾隆皇帝三次臨幸之事大感不解，質疑「古代的文人墨客和乾隆皇帝為何喜歡如此一個狹窄的地方」？蘇州寒山寺的荒蕪破敗令他驚呼「在臺灣無論到多麼鄉野，應該都沒有如此荒蕪的寺廟」。[29]幸好有西湖中的秋瑾墓等革命家遺跡、精忠報國岳王廟，慰藉他的滿懷熱血。

黃旺成也遊歷了西湖、南京與蘇杭，所見與謝春木相近。除了對南京有所期待，因國民政府奠都南京，「在事事還沒有整頓好的南京，已隱然現有一種新興的氣象」，其他多數古跡名勝的空有虛名、荒蕪滿目，令他感到索然乏味。[30]

2破敗落後的中國社會

謝春木與黃旺成所見的中國除了狹窄、髒亂、貧窮之外，最讓兩人印象深刻的是交易殺價問題，謝春木指出中國社會喜歡討價還價的習慣，任何交易若不還價、不事先議定價格，必定要吃虧。黃旺成的旅途中則屢屢被敲竹槓，無論在鎮江、在天津、還是在北京都相同，明知其不合理，卻只能任其妄為。[31]

其次是拐偷搶騙。兩人在未到上海之前已有許多先輩警告因而小心翼翼，但黃旺成仍親身經歷了「番戲黨」的騙局，幸好是遇到「軟派」的拐騙，而非「硬派」的拳槍相向、下藥設局，他慶幸自己能以冷靜應變脫身，否則後果不堪想像。又一次則是參觀故宮內的喇嘛廟雍和宮，宮內供有歡喜佛數十尊，導覽僧人四顧沒有巡警，竟然從燭臺下取出假佛像求售。[32]

再者，謝春木對於中國人學習新技藝、新觀念時的「馬馬虎虎」、「差不多主義」，以及中國社會的悠悠慢慢、缺乏時間觀念，多有體會。他在杭州搭乘快車到上海的途中，列車無故停了五個小時，乘客竟也毫不著急地買瓜子、吃零食，站長也解釋不出個所以然，令他對中國人缺乏時間觀念的程度大開眼界。[33]

值得注意的是，兩人不約而同地都對國民政府作風加以批判。謝春木在南京觀察到，國民政府奠都南京後，開始嚴禁賣淫、吸鴉片與賭博，但卻是只對人民開罰，對官方自己人則是威令不行，黃埔軍人賭博娛樂、花天酒地，民間頗多指責。在南京開設道南醫院的臺灣人蘇樵山，常為國民政府要人、軍官看病，因此被邀與黃埔軍校出身軍人權貴打麻將，竟也吃了詐欺麻將的虧。[34]南京當地人認為，論軍紀，馮玉祥的軍隊要好過蔣軍，馮軍士官平均薪俸三十圓，蔣軍薪俸七十圓卻仍嫌不足；馮軍軍官勇於犧牲，蔣軍軍官多時髦（ハイカラ，high collar）；馮軍進北平後忠實執行任務，蔣軍卻花天酒地、幾無寧日。南京政府面對這樣的軍紀，卻在勢力範圍城垣上、街道牆壁上，像日本仁丹廣告一樣到處寫著「擁護蔣介石」、「擁護國民黨」、「打倒馮逆」標語，令謝春木不敢領教。[35]

黃旺成尤其對南京國民政府「神格化」孫文的做法感到不以為然。他到中山陵參觀，發現不僅建築宏偉，陳列的花環還以金銀材質打造，堂前兩側巨柱則是特別由福州運來的石材，花費驚人，祭堂周圍廣場之寬廣竟可容納到五、六萬人，他質疑道：

> 現時工事還未完竣，其建設之巧非明孝陵所能及，至於規模擴大，實超乎各國帝王之上。這麼浩大的經費盡是民脂民膏的結晶。一個以無產階級為基礎的革命領導者，身後受了這麼多優越的待遇，死而有知，能無抱著不安於地下嗎？[36]

參觀時又遇一隊軍校學生整列於祭堂前，恭恭敬敬三鞠躬禮之外，還在教官率領下如讀天皇敕語般敬讀孫文遺訓，更深感「在中國無論奉祀什麼神明，也沒有這麼虔誠的現象可觀」。[37]中國國民黨何以如此慎重其事尊崇孫文？黃旺成認為：

> 國民黨所以盡力於孫總理的神化，不特是為推崇孫總理的人格，其主要目的誰都能看出是在政治上要利用以鎮壓人心的。和歷代帝王之推崇孔子也許是一樣的心理吧。現時各級黨

部定每星期的月曜日，須舉行「紀念週」，很類似耶穌教徒之做禮拜。[38]

在短暫的旅程中，黃旺成深入透視統治者以典禮儀式進行造神運動，企圖馴化社會人民，塑造政治忠誠，顯現出他獨到的洞察力。

（二）中國社會剖析

相較於謝、黃兩人的走馬看花，吳濁流與鍾理和各自在南京與北京了居留一到數年的時間，對中國社會有更深一層的剖析。

1吳濁流的批判

一九四一至一九四二年吳濁流所旅居的南京，已在汪精衛政權治下。吳濁流剛剛抵達南京，相較於人們的海派衣著，相形之下覺得自己的服裝顯得簡單寒傖。但隨即見到車中穿著有優美花紋的上海鞋子的姑娘，卻一腳踏上了座椅，從行李架上取下提箱，鞋跡鮮明地印在椅子上、卻不加擦拭，令他厭惡地皺起眉頭。[39]這是他對南京的第一印象，金玉其外與俗陋其中的鮮明對比，卻不相衝突得渾然不覺、安然自適。

接下來的日子，南京這個二千四百餘年古都如同廣大中國的縮影，令吳濁流見識到中國社會的生活習性與深層性格。他鋒利筆下所描述的南京，第一個特性就是汙濁。吳濁流第一次隨友人前往公共浴室，就戰戰兢兢對著浮泛著汙垢的洗澡水，「心想若洗澡水進了眼睛，恐怕眼睛要瞎掉。」[40]而有名的秦淮河裡，終年流著汙水：

在寬十來丈的秦淮河裡，悠久數千年的流水汙濁而呈暗黑色。有名的南京緞子，便是用這烏黑的水浸染的，而且這顏色居然絕對不褪，才是不可思議的。不僅如此，有名的秦淮畫舫（遊覽船），是浮於此烏黑的水面，供人遊樂的。[41]（括弧內文字為原文）

或許因為南京沒有乾淨的水，人們以濁水為常態：「我到南京後，未曾見到清水。因此，這地方的孩子們，大概以為水都是濁的。我親眼看過船夫掬起玄武湖的微濁的水送入口中。」街道也不乾淨，尤其是雨天的人行道全是汙濁泥濘，「覺得腳下那粘粘的濘泥會沁入身體裡去似的」。對於這樣汙穢齷齪的生活環境，人們習以為常、不以為意，友人對道路的泥濘總是說「馬馬虎虎」，邀宴中他不敢使用女侍送來黑黑的毛巾，女侍也說「馬馬虎虎」。久而久之，連外來的吳濁流也逐漸習慣，甚至喜歡上公共浴室，「先掀開有汙垢的簾子鑽進了脫衣室」，浸泡熱水後讓「浴夫用手巾來擦汙垢」，在如癢如痛的痛快感中睡去。[42]

其次是悠慢。友人鍾君告訴吳濁流「焦急是大陸生活的禁物。像長江水一樣，悠悠然最好。能玩就玩，等待機會，才是最聰明的生存方式」。[43]悠閒的中國人在公共澡堂的安樂椅上逍遙入睡；有錢人耽於麻將、會餐、看戲，來打發時間。吳濁流還舉了中央大學的運動會來說明這種「悠慢的秩序」：

中央大學的運動會雖有節目表，卻看不出何處是頭，何處是尾。學生或參觀者湧入場內，和競技者混為一團，裁判都要發生困難，而寬大的主辦人毫不焦急，也不生氣。……他們依然有辦法使節目進行下去。不能不佩服，中國的事還是有中國方式的解決方法。……這確為中國式的運動會，悠悠然，不迫不急；不能順利進行時，則用時間的力量予以解決，在無秩序中保持秩序。[44]

再者是貧窮，因為貧窮，乞丐特別多。吳濁流與友人去著名的雞鳴寺，眾多乞丐在路旁一直排到山上，瞎眼的、瘸腳的、衣衫襤褸、滿身汙垢的孩子、姑娘、老夫、老婦，百人百態，多到無法勝數。「我在孩提時代，曾隨母親到寺廟去看過十八重地獄的圖景，幾乎懷疑是那種風景的再現」，[45]而南京夫子廟是乞丐最多之處。也因為貧窮，孩子們無精打采、不愛遊戲，「他們的遊樂場所是垃圾堆」，他們朝暮聚集在那裡搜尋東西、爭拾垃圾之餘，若看見人力車拖得吃力，也會自動上去幫忙，邊推邊向車上的乘客討錢。[46]

也因為窮困，所以人們活得沒有尊嚴，混、偷、拐、騙，買空賣空，成為社會整體的習性。吳濁流在南京請了「阿媽」在家裡幫忙，但請來的阿媽卻只會偷東西，什麼也不幹。[47]他發現中國人的上層家庭，往往僱用阿媽數名，煮飯、掃地、看孩子各僱一人，「日本人一個人就能做的事，要四、五人才能做。」這些阿媽們為何不認真努力工作？他剖析道：

> 只要默默地隨著自己的命運活下去便好。所以努力、向上、發奮、功名、事業，都與之無緣的，這些辭語對她們是無任何意義的聲音。對她們而言，每天每天的麵包，是唯一的希望。……當然，她們不會有責任感，責備她們，她們也不想辯駁，只是一任命運撥弄罷了。[48]

阿媽們不想努力工作，只想混口飯吃，認為一切都是命運的安排，而阿媽與賣春婦的最大來源是揚州，據說是至為貧窮的地方。也因此，阿媽們「像野狗似地，搜尋著獵物。因此，稍不留意，無論什麼東西，都會被她們竊去」；中國都市都有著「賊仔市場」，這裡的商品大都是從阿媽或佣人之流偷來的。[49]

吳濁流也指出，在中國不是沒有努力的人，例如人力車夫還知道努力，與阿媽之流精神完全不同，憑著廉價的勞動力，堅韌地生活著。他們站在街頭，未著禦寒衣物在雪中候客，連一分錢也不放棄，有時因為太過執拗，惹來客人生氣、拳打腳踢，但他們根本也不抵抗，一任蹂躪也一定要得到所要求的車資。[50]雖然靠勞力過活，但為了一分一釐必須委屈忍辱，仍是卑屈而無尊嚴的生存方式。

另有一種人則希望藉著大賭一番，等待生命的奇蹟。白天的夫子廟附近頗多此種游手好閒之徒混跡其間聚賭。也有人想要空手捕大魚，憑著運氣，一步登天。菜館裡也有許多捕捉機會而來者，這些人往往要來一杯茶，鄭重其事地啜飲著，這些機會主義者，邊啜著茶，邊傾聽別人的談話，機會來了，便很自然地參與他們的談話，為其獻力、幫助、聯絡，進而更為其工作策劃，而取得謝禮或佣金。[51]

這些社會習性，是窮困環境下形成的生存之道。吳濁流認為，一般大眾普遍性的冷漠也是中國社會的特色，因為中國國民在長時間裡遭逢許多政變，養成人們對世事不露出任何表情的態度。社會上不易聽見民眾評論時局，人們深知發牢騷、吐不滿，不但無濟於事，反而只會惹來殺身之禍，而這，就是明哲保身之道。[52]

2 鍾理和的觀察

鍾理和則透過文學家的筆觸，刻劃他眼中的北京。小說〈夾竹桃〉中，主角曾思勉是鍾理和的化身，透過他的眼睛描述院子裡住著的房東與房客，是北京人生活圖像的縮影。鍾理和也承認小說中的該院落可說是中國人民性格與社會特性的呈現，「證實了研究北京人的生活風景的各種文獻」，「典型地代表著北京城的全部院落」。[53]

鍾理和眼中的中國社會特性，最受他詬病的是自私、缺乏公德心、人情淡漠，「灑掃自己門前雪，休管他人瓦上霜」是祖傳格言，就算東鄰起火，人們只會站得遠遠地觀火，還巴不得火燒成沖天之勢才看得過癮。房客在夜裡偷偷把穢水倒在胡同口，若有人對破壞公物者諭以公眾道德之類的大道理，只會落得自討沒趣。街坊之間各家不相聞問，似乎畏懼且厭惡不幸人家的禍難會轉而落到自己身上，甚至咒罵不幸人家的哀痛妨礙了自己的安寧。其次是知足、認命，不怨天、不尤人地受著命運的驅使，從不知抗拒。而無知、不潔、貧窮、懶惰、虛榮、愛面子、卑鄙、吝嗇、嚼舌等等，更是街頭巷尾俯拾即是的現象。[54]

小說〈夾竹桃〉藉著院落中的故事主軸呈現出中國社會百態，貧窮、疾病、偷竊、犯罪、兄弟爭執、母子無情等等。南屋的老太太與癡呆孫子長期乏人照料，鄰人嫌她骯髒惡臭，莫不掩鼻閃躲，像是躲避可怕的瘟神。一次意外後，二房東終於忍不住找來老太太的三子與媳婦來看顧，豈知這夫婦倆卻是好吃懶做、虧刻老母，提供衣食給老母的六子看不過，斥走兄長，帶著天橋揀來的媳婦照顧母親，但這未過門的媳婦卻趁著老六出門工作時把家中的衣物被鋪一併偷去典當，老太太與癡呆孫兒終於因無人肯照顧而流落到街頭行乞。另一戶人家林大順因在鄉下種地無法過活，帶著一子一女到北京城謀生，再娶一妻生了兩子，一家生活重擔，讓他感到窒息的苦惱。後母苛待前人的兩個孩子，饑餓、病重卻又被逼著工作的小男孩，在大人歇斯底里的爭吵詬罵聲中無助地離開人世。院子裡上演著一幕幕卑微鄙陋的人性醜態，鄰人們冷血地窺探別人家的好戲、搬弄是非，卻吝於伸手阻止正在發生中的悲劇。中國社會的悲哀透過小說具體而微地呈現：貧窮、不潔、匱乏使人們在社會底層忍耐、掙扎；而自私、冷血、嚼舌的卑劣習性，無疑是逼死弱者的共同幫凶。

四、「他者」的祖國觀

謝春木、黃旺成、吳濁流、鍾理和四人筆下的祖國，大大不同於故鄉臺灣，幾乎是個陌生、奇異、神祕、幽黯的國度。他們的此種祖國觀，透過以下方式被呈現建構出來：

（一）與日臺比較下的祖國

以上四人的祖國觀，都是透過比較觀點在觀看中國。與臺灣比較，與日本比較，以「近代的量尺」來衡量中國。

謝春木遊寒山寺，與臺灣的廟宇比較；搭火車時與臺、日的潔淨比較；逛上海舞廳，與東京舞廳的營業時間、舞客心態比較；到紡織工廠參觀，比較日本人與中國人學習態度的不同；給服務生小費，也比較應對態度的差別。

不知不覺中，他以「近代人」自居，表現出優越者的傲慢。例如在遊惠山寺時，他質疑古代文人與皇帝為何喜歡如此狹窄的地方？「對於喜歡寬廣豪放、自由自在的自然景色的近代人而言，有點難以理解。」甚至，他認為無錫巨賈榮氏的梅園應「設置近代的娛樂設施、運動設施」，必可吸引數十倍以上的遊客。到蘇州悠閒騎驢，謝春木感嘆「無論看到新興中國的任何城市，都少有文明都市特有的噪音與黑煙的煩惱」，儼然有「文明人的負擔」之慨。文明人謝春木，尤其對於中國社會缺乏時間觀簡直感到忍無可忍：

> 中國各地的發車時間每天都在變更，……好歹列車準時發車，每站卻都要停很久的時間，這對性急的我而言，實在是一種煎熬。二十世紀文明的程度是用速度來衡量的，速度愈慢

是愈未開化。在中國旅行最感不便之事正是這速度的問題。我們講華語、也著華服，但他們不相信我們是華人。很重要的原因之一是我們一舉一動的速度。這個速度也往往引起華人與臺灣人之間有關「我們是華人，你們是日本人」之類的爭執。我想我們的速度感覺確實要比他們遙遙敏感許多。[55]

光是從時間觀念這一項，謝春木就輕易地區別出「臺灣人」與「華人」的差別了。黃旺成在旅程中也多與臺灣比較，對中國物價之低、勞力之廉最是歡喜。此外，最令他驚異的是上海新女性的行止：

事事都跟不上世界潮流的中國，唯有脫出舊道德羈絆的新女性，其衣服裝束、行動舉止，可說是跑在二十世紀流行的最先端。……北京女子師範大學生……她們嘻笑怒罵，或唱或跳，……看見她們同引率（按：帶隊）教官在一塊兒打麻雀，心裡頭有些感著不快。或許是我的腦筋化石也說不定？……就是其他一般女性的動作，也夠以惹起局促在臺灣的小天地的我們的注目。懇意的男女們，手交著手貼身相挨，在熱鬧騰騰的市街上跑著，比之外國人的男女之相親，還要不客氣的。這麼相親相近的男女，不問是夫婦、是情人、是朋友，誰也不以為怪。比之晚飯後夫婦相隨到外邊散步也要客氣些的臺灣，豈不是有天壤之差嗎？[56]

針對中國新女性，吳濁流更是不客氣地批評：

> 罹患打牌、吃飯、看戲三大病的中國現代女性，……完全陷溺在虛榮與解放的思想中，無軌道的享受在無知階級少見，有錢有閒階級為多。[57]

> 追求時尚的女性，受英美思想的中毒，從家庭跳出街頭，和男人並走於街頭，是她們最得意的場面。……在上海、南京的街頭徘徊的女性，大都是指使阿媽去工作，自己則耽於麻將和戲的。往好的方面說，她們無非是企圖打破五千年來的歷史的矛盾，而大多卻是無意識地追逐著現象罷了，只是靠淺薄的感覺在跳躍而已。[58]

吳濁流與黃旺成兩人一方面以臺灣的「進步」對照出中國的「落後」，一方面卻又以臺灣女性的「保守含蓄」，譴責上海新女性的「大膽逸樂」。然而，清潔、寬闊、守時等固然是文明社會的判準，女性地位提升、兩性平等又何嘗不是模仿自西方的所謂近代文明所追求的價值？怎麼在臺灣這方所模仿的事就是正確、該被肯定，而在中國那方所模仿的就被批判、被譴責呢？

透過一把隱含著優越感的量尺，臺灣與日本意味著文明進步的「我者」，中國社會則成了落後的、畫虎不成的「他者」，與臺灣形成強烈對比。

（二）殖民者所描繪的祖國

進一步細究，謝春木等四人的祖國形象並不是他們親眼見到之後才得知的，在殖民地臺灣，殖民者早已為臺灣人繪製了落後汙濁的祖國形象。殖民地人民日日浸淫其中，對這些描摩早已習以為常、習焉不察。吳濁流透露：

> 依日本教科書的教育：鄰國是個老大之國、鴉片之國、纏足之國，打起仗來一定會敗的國家，外患內憂無常的國家。……學生時代的歪曲的觀念，無法拔除，一直懷抱在心中。[59]

鍾理和的印象也是如此：

到公學校五六年級，開始上地理課；這時我發覺中國又變成「支那」，中國人變成了「支那人」。……日本老師時常把「支那」的事情說給我們聽。他一說及支那時總是津津有味，精神也格外好。兩年之間，我們的耳朵便已裝滿了支那、支那人、支那兵等各種名詞和故事。這些名詞都有他所代表的意義，支那代表衰老破敗；支那人代表鴉片鬼、卑鄙骯髒的人種；支那兵代表怯懦、不負責任等等。[60]

從小在學校教育的過程中，殖民統治者早已將祖國落後鄙陋的形象印刻在臺灣人腦海中。甚至臨出發到上海前，謝春木還再次受到朋友們提示，而對祖國之行感到惴惴不安：

到上海之前，我們所受到的預先告誡，就夠令人戰慄的了，使得我們常處於心理武裝的狀態。綁票、扒手、凶惡的車夫、旅館的誘拐詐欺等，沒有一樣是好的。而且，到了全然未知之地，語言不通，作為旅人，心中更是不安。[61]

謝春木、黃旺成、吳濁流、鍾理和**四人眼見的中國是貧窮、汙穢、貪鄙、卑屈、罪惡的**

國度，這並不是親見之後才知道的。**在他們腦海中早已深植一幅中國的圖像，來自殖民當局的再三傳述、不斷灌輸**。

這並不等於說，謝春木等人所見到的祖國形象只是殖民當局所虛構。自十九世紀末清廷開闢租界以來，華人或中國人的「不衛生」等落後形象，就不斷被西方人與日本人傳述，甚至被認為是民族天性。謝春木等人進到上海前看到的黃浦江濁流濤濤，及以後的種種汙穢景象，在西方傳教士、醫生或日本訪客、文人的筆下早已一再被描述。儘管西方人與日本人這樣的看法帶有濃厚的文化優越偏見，但中國缺乏衛生、落後髒亂的情況，同時也有醫學、公共衛生、傳染病、死亡率等客觀事實與統計數字為依據，以致連華人菁英也群起批判、要求改善。[62]

然則，**謝春木等四人前往中國各地遊歷考察，透過親身經歷與體驗，他們親眼所見的祖國不再只是抽象傳說，而祖國的落後面貌更不再只是殖民者的醜化灌輸**。祖國的真實面貌，竟與殖民者所描繪的圖像這般吻合，這教他們如何承受？

五、為祖國辯解

殖民者對中國形象的塑造與灌輸，不外要使臺灣人對落後的中國產生嫌惡與鄙視，進而遠離血緣文化上的祖國，心甘情願向進步文明的殖民母國靠攏。臺灣知識人謝春木等人雖然親眼所見祖國如此破敗落後，印證了殖民者所描述的「支那」形象，但並未如殖民者所願。**中國之行不但未使他們搖頭退縮、憧憬破滅，反而，他們心中的血緣情感戰勝了眼見的真實，謝春木等人各自尋求為祖國辯解的理由，透過辯護，他們展現了不受殖民者操弄的自主性。**

（一）帝國主義的罪惡

在四人之中，謝春木的辯護姿態最為鮮明。他認為上海的罪惡與墮落並不是中國的錯，是帝國主義割據租界的結果，是帝國主義讓亡命軍閥、浪人惡棍在此無惡不作，資本主義的地主、資本家在此聲色犬馬、剝削榨取；他預測租界消滅的速度會與中國實力發展的速度成正比。甚至，謝春木反過來指出租界對於中國的影響也不全是壞事，上海的英租界、法租界與共同租界吸收了各國文明的精粹，換言之，「上海是各國文明的陳列館」。因此，他進一步期待以中國人的毅力、耐力與生命力，及「同化異國文明的天賦偉大力量，將來將左右世界文明」。[63]

謝春木認為中國的落後，主要原因來自列強的掣肘，中國機械文明的發展幾乎都掌握在外國人手裡，中國作為後進國，其文明進展受到絕大的妨礙。即使在中國各地看到的大多是落後破敗的一面，他卻仍然堅信：

> 漢民族與中華民族終究是個人建設能力極其旺盛。如果戰亂結束，政府果真進行組織性建設，並與這民族的建設力結合起來，數年之間就會打造出全然不一樣的新中國，這是無庸懷疑的事。「只要戰爭結束，可以的話，我們徹底的大幹一場，停止內爭，真正的投入建設」，我想這恐怕是現今中國民眾真實的人民之聲吧。[64]

謝春木將中國的敗壞不振全部歸諸於帝國主義的割據、壓迫，仍對祖國充滿信心，認為只要戰爭結束，民族復興自可期待。

（二）同情的理解

鍾理和與吳濁流則都對中國社會狀況甚感憐憫，他們採取「同情的理解」（sympathetic understanding）的姿態為祖國辯護。

小說〈夾竹桃〉中，鍾理和的化身曾思勉對於共住在大院裡人們的自私、缺乏公德心、人情淡漠等習性感到困惑，對比於自己「負有熱烈的社會情感，而且生長在南方那種有淳厚而親暱的鄉人愛的環境裡」，深覺痛苦、無法適應，甚至一度懷疑臺灣人與祖國人民是否為「流著同樣的血液、有著同樣的生活習慣、文化傳統、歷史、與命運的人種」。[65]儘管為此感到疑惑與苦悶，但在小說最後，鍾理和仍藉著主角曾思勉之口，道出中國人民的不幸其實只是掙脫不出的「命運的傀儡」、「背負著祖先所留下的遺產」：

他們在命運的圈子裡走著、摸索著，……他們很早就想掙脫它，遠昔，則有紀錄可資我們翻閱，最近，則有辛亥的民族革命、五四運動、識字運動、對婦女問題的關心、農村解放、勞動保護、家庭制度的改革等等。

但是悠遠的歷史，使得這圈子紮得極度堅牢。這我們可以從現狀看出他們掙扎的結果，所得的功績與成就是那麼渺小。最明顯的例子則有，他們還餓著肚子。

這樣子，他們負著歷史的重擔，像網底游魚。……虐待者，和被虐待者，即生者和死者，他們俱同樣受著命運的撥弄。何謂命運，拆開來說便是貧窮、無知、守舊、疾病、無秩序、沒有住宅、不潔、缺乏安全可靠的醫療、教育不發達、貪官汙吏、奸商、鴉片、賭博、嫉視新制度和新東西的心理……。這些，便是日日在蹂躪他們，踐踏他們的鐵蹄，是他們背負的祖先所留下的遺產。66

在小說結論中，作者鍾理和十分突兀地、甚至僭越地介入了小說中的人物，他迫不及待地藉曾思勉之口，提出他對中國社會問題的診斷，為他所見的鄙陋中國辯解。他認為歷史因素造成積弱不振，中國人民雖也曾試著奮起反抗、努力掙脫悲慘的命運，但連最基本的貧窮問題都未曾獲得解決。貧窮造成惡性循環，所有人成了命運的俘虜，為了生存失去人性，惡性循環的結果「創造了一個死的深淵，讓他的俘虜在那裡浮沉而滾轉，永遠出不來」。雖然他也對這樣的中國社會感到厭惡，但鍾理和全無訕笑、嘲諷之舉，反而充滿深深的同情與哀傷。

吳濁流則委婉地認為，中國的種種問題與戰爭時期的時空條件有關。他在〈南京雜感〉文中冷峻地刻劃描寫中國社會的汙濁、悠慢，人民貧窮、缺乏尊嚴，四處充斥的混、偷、拐、騙，大眾冷漠自私等種種負面形象，但筆者認為，在他那看似批判的筆調下，其實掩藏著憐憫與不忍，極度同情中國人民因為貧窮不得不那樣委屈隱忍地生活。他不時在文章中透露出對中國人民的肯定，例如稱讚車夫的吃苦耐勞，是「中國偉大的勞動力」；憐憫以垃圾堆為遊樂場的南京孩子們不因爭拾垃圾而鬥毆，廣大的勞動者沉默、忍耐、不計較；他甚至肯定中央大學運動會那樣自成一格的秩序，「不得不佩服，中國的事還是有中國方式的解決方法」；而僥倖投機的機會主義者行徑則被解釋為「社會富於浪漫性、僥倖性，貧窮也沒有悲觀的必要」。[67]簡單地說，吳濁流認為中國社會所有的惡劣習性與人性扭曲的現象，都是不得已，都值得同情。

（三）肯定與寄望

眼看中國的社會百狀，謝春木等人卻未因此對祖國失望。例如，吳濁流反而稱許悠慢、遲滯的中國具有「包容力」與「同化力」：

> 中國是廣大的海，……大海中有清流、濁流……混然一體，形成一大海洋。海有海的特色。……中國儼然像海，不論什麼樣的，全抱擁在懷中。具有融合日本人、印度人、西洋人等世界各人種的偉大潛力。他們的社會，具有無法形容的魅力。有潔癖的日本人，在中國住上三、五年，便會習慣於環境，不知不覺間被同化……想要清淨這海的企圖，也是不可能的。[68]

中國經常在不安與變幻無常的社會變動的痛苦中，而頑強地維持著偉大的存在，確為不可思議。幾度亡了國，而每一次亡了國之後，別的民族便被漢民族同化了。……這偉大的同化力，究竟在哪裡？……試看南京的日本人，不是在不知不覺中改換其生活方式嗎？尤其是日本姑娘，很喜愛地穿著漢裝的，時有所見，而中國姑娘穿和服的，卻一個也看不見。[69]

在日本統治末期，吳濁流的筆法看似貶抑，實則蘊藏褒譽，甚至隱隱寄予期待，提醒日本當局不要小看中國的同化能力與未來潛力，以致錯估情勢。〈南京雜感〉結語部分，他強調應該對中國重新認識，雖然中國社會重視主從關係、頭目與部下關係、血緣關係、姻親關係、鄉黨關係，行鄉黨政治與包辦政治，但他又說：

日本曾一度喧嘲再認識中國的議論，事實上中國的再認識並非簡單的事。對於同文同種，而風俗、習慣、歷史都有顯著差異的日本，有許多難於瞭解的地方，……

粗看會使人有支破滅裂之感的中國，其實仔細觀察時，可以見出偉大而一貫的統一性，……

> 要正確地瞭解中國實在很不容易。以日本人的想法，或以日本人平日的知識標準來瞭解，往往會招來相反的結果。[70]

〈南京雜感〉發表於一九四二年，正是太平洋戰爭初期日本勢如破竹的當頭，吳濁流竟敢提醒中國偉大的同化力量，暗示日本對中國錯誤理解的危機。

有關〈南京雜感〉一文，先行研究者對此文之詮釋看法分歧，例如陳芳明認為此文呈現出吳濁流對中國的絕望與信仰全毀；但廖炳惠則指出本文意在批判日本對中國的誤解，並對博大精深的祖國文化予以讚揚。[71]吳濁流的真意究竟如何？在〈南京雜感〉的序文中，吳濁流曾說明他將居留在南京上海一年多的記者生活寫成雜感，輯成一冊想要出版，但送到情報部審查後，「不幸由於日本當局的不理解，未曾獲得許可。」[72]試想如果〈南京雜感〉全文目的在批判中國社會的落後殘敗，正值大東亞戰爭與皇民化運動高峰的當時，此書的出版不正可以作為符合國策的政治宣傳品，並有助於瓦解臺灣人的祖國憧憬？日本情報部門為何平白放過這個大好的宣傳機會，卻反而要將之封殺呢？因此筆者推測，〈南京雜感〉一文明貶暗褒的反筆手法，透露出對中國社會的憐憫與同情，甚至隱藏著對中日戰爭結局的預言與暗示，正是總督府情報部禁止該書出版的主要原因。

〈南京雜感〉文中雖然以大篇幅描述南京眾生相，看似對落後中國冷嘲熱諷，但實際上透露著同情與憐憫，尤其是第五單元「大陸的魅力」與第六單元「對中國的再認識」更隱藏著微言大義，認為日本低估中國，日本侵華戰爭絕無成功的可能。吳濁流藉著幽微筆法傳達肯定之意，遙遙寄望於祖國。

六、對臺灣人處境的感知

謝、黃、吳、鍾四人的祖國之旅除了驚訝於中國的負面性之外，也都真切感受到臺灣人在中國的尷尬處境。

僅在中國旅遊一個月的黃旺成很快就發現臺灣人在福州不受歡迎，友人郭輝在領事館擔任通譯，告知福州一學生因調查賣私土、開賭場問題與人發生衝突，被臺灣籍民殺死，引起公憤，福州學生團體發動在五九紀念日襲擊日本領事館，臺灣籍民戰戰兢兢、不敢外出。[73] 謝春木也觀察到，在廈門約有臺灣籍民一萬人，有些人雖然很富有，但在地方上卻很不得人緣。[74]

針對福州與廈門臺灣籍民的不受歡迎，黃、謝兩人一致地反求諸己，責備於臺灣人。黃旺成認為臺灣籍民應大大地反省，期望他們「多幹些正經有意義的事業，給臺灣人增點光采」。[75]謝春木也指出廈門地區臺灣人風評不佳的主因，一半應由臺胞自己承擔，一半由在臺灣的日本政府負責；廈門人對臺灣人持恐懼與厭惡之感，這種憎惡感日益加深，演變成公然排斥，乃因為過去十數年來臺灣籍民的罪惡行徑，使得全體臺灣人都受害。他因此認為，臺灣人在中國從事任何活動都必須以假名為之，最主要就是因為那些發生在廈門與福州的臺胞惡行，這是一種報應。[76]

事實上，臺灣人被排斥不僅限於福州、廈門地區。謝春木到滿洲也發現在當地成功的臺灣人相當多，其中多數是於大連、撫順、哈爾濱開設醫院的著名醫生，也有商人或記者。但是，在滿洲的臺僑卻必須在日本當局與華人勢力兩面夾擊下掙扎，處境令人同情：

> 在中國的臺灣人同胞境遇實在悲慘。華人罵他們是日本走狗，即使沒被罵，一旦利害衝突之時，昨日還是親友，今日也會罵是日本走狗而加以排擊。多年辛勞一下子就被推翻的情形也不少見。在華的同胞，現今正站在十字路口上，要歸化為華人嗎？那樣的話，妻子或祖墳還在臺灣；或作為日本臣民要求徹底保護？事實上那也是很困難的。對居住在海外的臺灣同胞，日本政府的態度是或利用或監視，因此在外臺僑都有所抱怨。[77]

由上可知，**臺灣人在中國不受歡迎，不僅僅是因為廈門地區臺灣籍民為非作歹所導致，就算是正派經營的成功者，也並未受到友善對待。臺灣人在中國受到排斥，最主要的原因來自於對臺灣人身分的懷疑、政治忠誠的否定**。因此，在中國的臺灣人都必須改名換姓、自我偽裝，不敢暴露自己的身分。

戰爭時期因熱血而潛赴祖國原鄉的鍾理和，深深感到臺灣人的悲哀，他稱為「白薯的悲哀」。「白薯」是平津兩地間，流行於臺灣人之間的暗語，是臺灣、臺灣人的代名詞。[78]日治末期離開被壓迫的家鄉、踏上祖國的土地、希望過著快樂順心生活的臺灣人，並無法如願。因為，「他們雖然逃出了臺灣，但是否真的回到了祖國，這一點他們卻好像不知道似的」；「生活的牽連與環境的累贅將他們繫於偽政權之下。……無論他們願意也好，不願意也好，即成為了白薯的成員之一」，鍾理和說：

> 北平沒有臺灣人，但白薯卻是有的！並不是沒有臺灣人，而是臺灣人把自己藏了起來！……昆蟲的保護色，人們是知道的。但人類也要保護色，這事情，人們卻好像不大知道似的。然無論如何，人類在某種場合是必要有保護色的——正同昆蟲一樣！臺灣人——奴才，似乎是一樣的。幾乎無可疑義，人們都要帶著侮蔑的口吻說：那是討厭而可惡

的傢伙！[79]

在中國居住時間最長的鍾理和，對於臺灣人的處境，感受也最深刻。祖國人士歧視臺灣人，指責臺灣人依附於日本勢力之下，鍾理和忍不住提出辯駁，認為平津的臺灣人並非依靠日本勢力生存，而是出於歷史與環境因素使然。臺灣人離開故鄉到陌生的異域，一方面要和祖國人士競爭，十分困難；一方面因為受日本教育、法律上又屬日本國籍。他不平地說，是歷史因素造成臺灣人只能藉著既有的教育與國籍條件謀生，這並不是臺灣人自己願意的，這個結果更不能歸咎是臺灣人的責任。鍾理和如此描述夾縫中的臺灣人的可憐相：

在抗戰中，臺灣人的衣兜裡，莫不個個都一邊揣著中國政府頒給的居住證明書，一邊放著日本居留民團的配給票。他們大部分都是二重國籍。但這絕非臺灣人企圖要撿來便宜，或準備當間諜，而是上面既經提過，怕自己的身分被人知道。也唯其要他們如此兩面應酬，弄得他們頭暈目眩，精神疲乏。結果，則並未討得國人之好。臺灣人的可憐相，蓋有如此。[80]

臺灣人在中國受到歧視、排斥，並不是戰爭時期才出現的是，實際上，一九二〇年代以來舉凡到過中國的臺灣人，都有上述類似的遭遇。第一章曾指出，一九二〇年代受臺灣文化協會啟蒙、奔赴祖國的臺灣青年，組成許多團體揭櫫「臺灣獨立後復歸祖國」的主張，但是如廣東革命青年團成員張月澄、張深切都深深感受遭中國社會孤立排擠的痛苦。[81] **因為深刻體會到臺灣與中國之間的隔閡與距離，一九二六年留學南京的臺灣學生與中國學生合組了「中臺同志會」，提出不同於祖國派的看法，他們主張「臺灣自決」：**

> 臺灣解放成功之後，臺灣所得到的就是一個自決之權。**稱之為自決之權，即臺灣有其經濟上及政治上之條件，可以臺灣作為一個獨立自由之邦的意思，就是臺灣的獨立。萬一因為種種關係，**兩地民眾認為中臺可以組成聯邦、或有合併的可能，**應依據臺灣全體民眾的自由決定。**這種原則是我們所確守不渝的。[82]

不過，中臺同志會此一「臺灣自決」的主張，在當時並未受到重視，直到日本統治末期，臺灣人知識分子如謝春木等人，仍然抱持濃厚祖國情懷，也繼續感受祖國的疏離與拒絕。

比較特別的是，吳濁流並未在戰時發表的〈南京雜感〉一文中提到臺灣人在中國受到的歧視與排斥的經驗。難道，吳濁流並未感受到中國人民對臺灣人的敵視？原來，吳濁流在戰爭時期撰寫、戰後才發表的自傳體小說《亞細亞的孤兒》❷中，對臺灣人在中國處處被排擠、被懷疑的困境有著生動的描述，甚至自己本身就因臺灣人身分而遭到構陷、受牢獄之災。〈南京雜感〉對臺灣人在中國的苦況略過不提，是否與前文所指出此文隱藏著對祖國的善意有關，值得推敲。

臺灣人擁抱祖國的美夢不堪事實檢驗，中國人民對臺灣人有惡感、排斥、厭惡，甚至將他們當作日本間諜。臺灣人在中國的處境，謝、黃、吳、鍾四人都看得清清楚楚。但事實的體驗與打擊，足以敲碎他們的祖國憧憬嗎？

謝春木對此強自做解，他站在中國人的位置上設身處地指出，中國人是因為對臺灣鱸鰻憎惡，才轉嫁成對全體臺灣人的強烈惡感，臺灣人應該理解。他也十分樂觀地認為中國各方面人士會逐漸理解臺灣人的想法，而區辨一般臺灣人與臺灣鱸鰻。[83] 謝春木對中國滿懷憧憬，加上臺灣總督府對他的戒心，決定奔赴祖國。一九三一年七月，謝春木再度前往中國，短暫返臺後，又在十二月攜眷移居上海❸。行前，謝春木向友人傾吐胸懷：

> 此行不為做官，亦不希望發財。倘能夠將自己所積蓄多年來的經驗，**用以貢獻於中國**，使

是自己無上的欲望，至於功名榮達在所不計。今後願以一學究的態度，虛心攻研中國事情，自信定有一番工作可為。[84]

雖然先前的祖國經驗已讓謝春木對臺灣人處境有所瞭解，但這並未構成他擁抱祖國的阻礙，他最後終究選擇「貢獻於中國」。

---

❷《亞細亞的孤兒》：早先在臺出版之中文版原名《胡志明》，因與越共領導人胡志明同名，恐被誤會，才改為《亞細亞的孤兒》於日本出版，後又改名為《歪められ島》。吳濁流，〈《亞細亞的孤兒》日文版自序〉，收入吳濁流著、張良澤編，《吳濁流作品集6：臺灣文藝與我》（臺北：遠行，一九七七），頁一七九—一八二。

❸謝春木移居上海：近期學者研究指出，謝春木離臺赴中與多重因素有關。一九三〇年三月臺灣總督府准許《臺灣新民報》以週刊型態創刊，但內部旋即陷入林呈祿、羅萬俥的人事主導權之爭、記者因薪資問題引發罷工事件，謝春木捲入其中，與報社經營階層關係緊張。另方面，政治立場與蔣渭水較為接近的謝春木，反對林獻堂等人脫離臺灣民眾黨另組地方自治聯盟，洪元煌公開指控謝春木散播謠言，惡意宣傳臺灣地方自治聯盟是為總督府推動內地延長主義而組成的團體，總督府並以《臺灣新民報》未來發行日刊作為交換條件。一九三一年二月臺灣民眾黨被解散後，謝春木認為：「臺灣人的解放運動就只剩下轉入地下成為非法運動，或由島外採取『間接射擊』兩條路而已。」謝春木出走中國，儘管與他此項政治局勢判斷有關，但也是可以說是他個人、新民報社、臺灣總督府三方合意的結果。參莊勝全，〈運動分裂下殖民地近代報刊的經營：以臺灣新民報社「同盟罷業」與「冷語子事件」為例〉，《臺灣史研究》二八：三（二〇二一年九月），頁一八一—一九〇。

黃旺成則在一九三二年十月再次前往上海試探❹，未能成功。但他並未死心，靜靜等待機會，旋於一九三四年十月三十一日，再次前往中國。行前，他修了族譜、重建祖墳，大有將要長期停留的準備。[85]而果然此去，他足足待了三個月的時間，在上海與謝春木、王白淵、王鍾麟等老友密切往返，試探應聘、經商或辦報等各種機會，希望能留在中國，但終因工作安排未能如願，才在隔年的元月三十日返臺。[86]儘管如前所述，黃旺成第一次遊歷中國遊覽所留下的遊記中，對中國並沒有好印象，但像許多臺灣知識人一樣，他仍然一再前往試探，反映出他對祖國的嚮往。

吳濁流冒著危險在戰火中完成自傳體小說《亞細亞的孤兒》中，主角最後佯瘋，潛赴對岸、自昆明對臺廣播、協助抗戰，這樣的結局安排與隱喻不言自明。即使在中國一年三個月居留期間遍嚐各種難堪遭遇，吳濁流並未對祖國灰心。而深受「白薯的悲哀」煎熬的鍾理和，也沒有選擇提早回到故鄉，硬是在中國逗留到戰爭結束。

特別值得一提的是謝春木的例子。他在一九三一年移居上海後，創設抗日宣傳機關華聯通訊社，但因為他的臺灣人身分被密告為日本間諜而遭逮捕，又有人利用他的通訊社進行詐欺。[87]中日開戰前，臺灣人不被信任，但七七事變後，國民政府積極展開整合祖國派臺灣人的行動，原本以抗日為目標的臺灣人團體，大多成為中國國民黨指導下的組織，推動「復歸祖國、臺灣復省」運動。一九三八年謝春木擔任臺灣民族革命總同盟的主席時，曾主張「推翻日本帝國主義，建立各民族平等的民主革命政權」；[88]但一九四〇年三月他加入的臺灣革命團體聯合會，開始強調從歷史與種族來看臺灣與祖國不可分的關係。一九四二年臺灣革命同盟會成立，宣稱「臺灣是中國的失土，臺灣革命是中國革命的一環」，臺灣人團體的本質迅速在轉換。[89]一九四二年六一七始政紀念日，謝春木發表言論指出「中華民國只有一個黨、一個主義、一個政府、一個領袖」，「收復後的臺灣，就是建立三民主義的新臺灣」。[90]為了復歸祖國，謝春木把全部的希望放在這個他一九二五年就已批判過的政府與政黨身上。

謝、黃、吳、鍾四人的情況都說明，雖然早已知道臺灣人在中國所受的冷遇，也有各自的親身遭遇，但仍對祖國懷抱希望、別有依戀。對中國有強烈情感的謝春木，甚至拋棄自己過去的看法，全力投入中國國民黨指導下的臺灣復省運動。直到戰後，謝春木仍因被日本間諜的謠言困擾而不受重用歸臺。[91]

---

❹ 黃旺成前往上海：黃旺成於一九三四年十月八日記記載：「二年前今日長沙丸出船往上海去，也許是好紀念的一天。由是以來閒坐至今，雖日待機，未免太過消極」，透露他在一九三二年十月初到上海的事。但因一九三二年分的日記已遺失，無法得知該年在上海停留時間與活動。黃旺成著、許雪姬主編，《黃旺成先生日記（二十）一九三四年》（臺北：中央研究院臺灣史研究所，二〇一〇），頁三一八。

戰爭時期受中國人冷遇、輕視的臺灣人，戰後卻有許多人被以漢奸罪名追究。對於臺灣人這種在任何時候都處於吃力不討好的窘境，鍾理和不禁痛苦地質問道：

> 臺灣人不被優遇，各處受到歧視、欺負，與迫害。唯奇怪的是，此歧視、欺負與迫害，卻都受自國家。國家對人民拿起報復手段，已是天下古今咄咄怪事，而我們則實實在在的不知道國家要對我們報什麼讎。難道臺灣人五十一年奴才之苦，還不夠嗎？難道臺灣人都個個犯著瀰天大罪，應該「誅及九族」的嗎？[92]

七、小結

本文透過具有中國經驗的謝春木、黃旺成、吳濁流與鍾理和四人的遊記與文學作品，來呈現日治時期臺灣人的中國印象與祖國情懷，並試圖進一步追問，如果早些接觸祖國、理解祖國實況，是不是就可以改變臺灣人所懷抱的憧憬，避免戰後悲劇與衝突的發生？

綜合以上的討論，筆者歸納出以下幾點看法。因為四人停留中國時間長短、接觸大眾生活的情形有別，我們可以從前述作品中發現四人對中國社會的觀察層面、洞析能力的深淺之別。但四人的作品共同呈現出一些具有特殊意義、值得加以解析的面向。

首先，謝、黃、吳、鍾四人的中國印象都以負面居多，從環境表面的髒亂、淫穢、貧窮、破敗，到人性內面的自私自利、人情冷漠、生存掙扎、缺乏尊嚴等等，俯拾即是，幾乎一無可取。

祖國之行，讓臺灣知識人深刻觀察與感受到臺灣與中國社會之間存在的巨大差別，受日本統治多時的臺灣人，逐漸習於用日本帝國的眼光、文明進步的量尺去度量中國。尤其是首度履抵中國的謝春木與黃旺成，不斷以日本的標準、臺灣的標準，比較中國的種種現象。他們認為列強統治的上海與東北遠比南方整潔進步；對蘇杭等觀光景點的狹窄破舊大失所望；對中國政府的形式主義不以為然；更對中國社會的悠慢氣氛、缺乏時間觀念難以忍受。遊記中很自然流露出的「文明人」的自信、「進步者」的優越感，也不自覺展現出倨傲姿態，認為臺灣已入文明進步之林，中國還停留在前近代之流。臺灣與殖民者日本同列「我者」，對古老落後的「他者」中國指指點點。但臺灣真的比較「文明進步」嗎?卻也未必，例如上海所追求的女性地位提升，是臺灣與日本所不及的，此一價值雖與所謂近代文明同步，卻被黃旺成與吳濁流等人嚴詞抨擊，視為錯誤示範。

進一步分析，此種陰暗破敗的中國形像早已存在臺灣人的腦海中。在尚未親履之前，殖民者早已替臺灣人，繪製了她血緣文化父祖之國殘敗落後的圖像，日復一日，浸淫澆灌入腦海中。**中國之旅，印證了殖民者所描摹的祖國形象，這不只是殖民者所建構出來的惡性宣傳，更有客觀的事實依據。透過親眼所見與親身所及，謝春木等人的祖國印象並非來自殖民者的片面灌輸**。

值得注意的是，**謝春木等人雖然親眼驗證了祖國的遲滯落後，卻並未削弱或打擊這些臺灣知識人的祖國情感**。他們不約而同地展現了自主性，並未如殖民者所願，就此對中國嫌惡背棄、排拒逃離。**強烈的情感趨向使他們快速地產生心理機轉，架設起精神武裝，急切地為祖國辯護**。他們將中國的問題歸罪於帝國主義的壓迫剝削；把中國社會種種劣根性理解為祖國人民為掙脫貧窮、生存掙扎所造成的人性扭曲，甚至稱許中國浩瀚無涯的包容力與同化力，預言祖國將再起。

謝春木等人在理智上認同於日本所代表的文明進步，情感上則向漢族血緣文化的祖國靠攏，一面自高一等區隔中國為「他者」，一面卻又無法捨棄地想要熱烈擁抱。**這種矛盾情結，使得親眼見證的「真實」變得不重要，情感託付遠遠凌駕於理智判斷之上，在同情、憐憫與寄望之中，「想像」的、未來的祖國栩栩而生**。

更值得剖析的是，日治時期臺灣人明知被祖國排斥、卻仍苦苦追尋的心理。謝春木等人的中國經驗容或有長有短，但都已瞭解臺灣人在中國不受歡迎的處境，更有甚者飽嚐被排擠、受誣陷、遭誤解之苦楚。但，任令祖國再無情傷害，這些臺灣人仍一往情深。謝春木的縱身奔赴、黃旺成的回眸再探、吳濁流的婉轉隱喻、鍾理和的滯留不歸，雖有激越婉約之別，但都是極為類似的情感表現。

日治中期以後，隨著帝國統治能力的強化，臺灣與中國社會的差距在拉大之中。臺灣人並非沒有機會接觸中國，也並非對中國的實況全然不識，像謝春木、黃旺成、吳濁流、鍾理和這樣有著中國經驗的臺灣人不在少數，對中國社會與人情習性不乏切身的體會。只是，在強烈的情感投射下，真實現象變得不那麼重要。

本章一開始指出戰後初期葉榮鐘的喟嘆，曾經是許多臺灣人共同的感慨。但正如本章所分析，在情感與理性、想像與真實的糾葛下，臺灣人選擇包容祖國。雖然透過親眼見證，臺灣知識人有許多機會觀察到臺灣與中國之間的近代性落差、社會文化差異，甚至中臺情感的格格不入。但是，知識分子仍然為祖國辯護，甚至願意深情擁抱、以身相許。戰後初期，歷經中國政府短期統治後即爆發臺灣全島性反抗行動，部分學者指出，主因在於中國與臺灣的社會發展階段差異或文化近代化程度不同，謂之「文化衝突論」。[93]透過本章的梳理，筆者認為文化衝突並不足以解釋戰後初期所發生的問題，許多具有祖國經驗的臺灣人早已知道中臺社會的差異，但仍願同理祖國、為其辯護。有關戰後初期臺灣人全面抵抗的原因，第七章將另予探討。

第五章　戰爭、世代與認同：以林獻堂、吳新榮與葉盛吉為例（1937-1945）

一、戰時體制與殖民地臺灣

文化研究者荊子馨的《成為日本人》一書以小說為文本，分析臺灣人認同問題，他認為一九二〇年代總督府推動的同化政策效果有限，但日治末期的皇民化論述成功營造了「不當日本人不行」的集體焦慮與政治欲望，「成為日本人」是毋庸置疑的目標、被殖民者的內在壓力，不僅要成為日本人，還要成為「好的日本人」。荊子馨因此認為，皇民化論述下殖民地的國族認同被徹底轉化，皇民化運動下臺灣人的心靈已被改造，這個後果一直影響到後殖民時代的今天。[1]

但是，透過不同文本，我們卻看見與荊子馨看法全然殊異的光景。經歷過戰爭時期日本政府精神暴力的人們再三強調臺灣人對於「祖國光復」、「解救臺灣」的殷切期待，例如葉榮鐘的回憶文章〈一段暴風雨時期的生活記錄〉中這樣描寫：

> 太平洋戰爭的初期，日軍雖然連戰連勝，但我們的希望卻始終未曾動搖。不但如此，對於復歸祖國懷抱的情緒，竟是日趨濃厚。這種感情，完全是自然而然的結果，正似川流歸海，絕無考慮選擇的餘地。雖然日人正在展開皇民化運動，不分日臺人一切待遇平等，但臺人表面上虛與委蛇，而內心所想的，卻是另外一套。[2]

上述這種兩極的說法，令人深感困惑：究竟在盧溝橋事變爆發、中日戰爭開始時，面對血緣上的父祖之國與政治上的殖民母國正面開戰，夾在中國與日本之間的臺灣人會站在哪一邊？該站在哪一邊？有過怎樣的心理掙扎？

臺灣脫離日本統治已近八十年，但對「殖民統治究竟造成什麼影響」這麼重要的問題並未受深入檢討。隨著國民黨政府軍事占領臺灣、二二八事件發生、一九四九年以後戒嚴統治，臺灣社會遭逢一波波嚴厲的衝擊，錯過反省殖民統治歷史的最佳時機。臺灣社會從戰前的日本同化主義大幅擺盪到戰後的中國國族主義，面對極端意識形態的澆灌、不同群體歷史記憶的錯亂堆疊，交織成今日激烈撕扯的政治認同問題。因此，重新爬梳日治時期、尤其是戰爭時期的歷史，探索臺灣人集體精神面貌，對於臺灣社會的自我理解，毋寧具有重要意義。

（一）戰爭體制的特性

英國社會家紀登斯（Anthony Giddens, 1938–）指出，因為工業化的高度進展，促成了近代戰爭從「有限戰爭」（limited war）走向「總體戰爭」（total war）。二十世紀以來形成全民皆兵的普遍兵役制、徵兵制，為總體戰爭提供了人力，配合武器、運輸、通訊、物資等，構成戰爭必需的物質基礎。其次，電訊技術的大幅進步使得即時報導成為可能，戰爭被帶入公共領域，新聞報導或戰爭宣傳成為現代國家動員支援、激發公民協力於戰爭的重要手段。再者，戰爭也有助於國家的主權發展，隨著戰爭的爆發，國際主義、社會主義瓦解，國族主義情感不斷被激發、強化。[3]

克勞塞維茲（Karl Von Clausewitz, 1780–1831）的戰爭理論也告訴我們，這種「總體戰爭」或「全面戰爭」，是一種結合武力、資源與思想的綜合作戰。因為戰場立體化與全面化，迫使全民參戰；因為戰爭擴大化與組織化，人力物力資源動員極為重要；因為組織網絡的擴充，使得強化思想的戰爭宣傳成為最強有力的武器，關係著敵我人心的變化。[4]

日本政府於一九四〇年設立的內閣情報局也將此種型態的戰爭稱為「總力戰」，這是一種不分前線與後方、不分軍人與平民、集結所有力量的國民戰爭；簡言之，總力戰是武力戰、經濟戰、宣傳戰等各方面的總合。[5]面對戰爭，為了獲取勝利，殖民地臺灣也被迫全面動員。日本學者近藤正己認為，臺灣總督府為因應戰爭進行了人心、人力、人命的動員：人心動員指的是皇民化運動，人力動員指皇民奉公會等戰爭動員體制，人命動員則是促使臺灣人上戰場。[6]

以上諸位學者都指出，戰爭時期除了資源與人力的動員外，戰爭宣傳所關係的人心動員十分重要。戰爭時期，臺灣總督府如何說服臺灣人相信這場戰爭是「義戰」、「聖戰」，如何透過強力思想管制與宣傳，務使殖民地人民意志堅定地協力作戰，是值得注意的面向。

日本帝國如何界定敵人、宣傳戰爭，其實經過幾度轉折。第一階段中日戰爭開打之際，日本當局稱之為「北支事變」，標舉「膺懲暴支」的強硬論調，一九三七年九月實施國民精神總動員，提出「八紘一宇」、「舉國一致」、「堅忍持久」等口號，這個時期的敵人是中國。第二階段自一九三八年十一月起，近衛內閣發表「建設東亞新秩序聲明」，將戰爭合理化，宣稱是要呼應納粹德國建立「歐洲新秩序」的做法，將以日本為中心在東亞建立新秩序，此時期宣傳「日華友好」、「共同防共」與「日華提攜」，[7]中國不再是敵人，轉而成為攜手合作的對象。第三階段自一九四一年十二月日本偷襲珍珠港與英領馬來半島，日本政府又將戰爭改稱為「大東亞戰爭」。這時的敵人是「英美鬼畜」，宣傳「大東亞共榮圈」是為建設以日本、滿洲、中國為中心的共存共榮體系、以道義為基礎的大東亞新秩序，驅逐英、美、法、荷等西方勢力在亞洲的壓迫與支配。[8]

殖民地臺灣也在這一外在結構下被捲入戰爭。一九三六年臺灣總督小林躋造開始推動皇民化運動，長谷川清、安藤利吉繼之。皇民化運動包括宗教信仰改革、國語運動、改姓名運動，目標是要改造臺灣人成為「真正的日本人」，願意為日本帝國獻出生命。[9] 一九三八年九月，為呼應近衛內閣所昭示的「官民一體、國民精神總動員」而設立的「國民精神總動員本部」，除進行由上而下的各種活動外，一九四一年三月又配合日本國內「大政翼贊會」組成，在臺灣成立了「皇民奉公會」，進行新一波的精神動員與組織訓練，殖民地被動員參與人數明顯增加許多，年齡層也降低，新世代臺灣社會菁英成為支部參與的主要成員。[10] 物資動員方面，各種回收物資、獎勵儲蓄、配購公債、徵用勞役的運動也一波波密集展開。[11]

本文將著重皇民化運動、戰爭宣傳對臺灣人的影響，探討戰爭體制下臺灣人的因應態度、戰爭協力與國族認同變化。

（二）戰爭與世代

戰爭體制下，如何才能夠探悉臺灣人的內心想法呢？筆者認為時人日記是最適切的素材，因為1.日記書寫的目的是私密而非公開，不像報刊、訪談或文學作品可能受到時局壓力而做言不由衷的表態，較能夠反映作者內心真正想法與感受；2.日記所記載的內容以事發當時的心情為主，較不會出現事過境遷所造成之記憶模糊、錯誤，以及時空變化而出現的美化、扭曲與失真；3.因日記書寫的方式主要是記錄而非詮釋，如實寫下當事人在歷史時點的感想，雖然同一件事在不同時點感受可能矛盾、缺乏一致性，卻正可呈現當事人的心理轉折、人性掙扎過程。因為以上種種特性，筆者認為日記作為一種史料，最能反映時人對局勢的態度。

葛超智（George H. Kerr, 1911-1992）早年就以「世代」（generation）概念對日治時期臺灣人的政治觀加以分類，[12]周婉窈的日治末期研究將「世代」加以深化，她認為在青少年時期共同經歷時代激烈變化的人群，將會帶有特殊的烙印（impression），其次近代學校教育也是社會同質化（homogenize）的重要機制，因此將一九二〇到一九三〇年代度過青少年期、歷經一九三七到一九四五年戰爭巨變的人們，稱為「戰爭期世代」。[13]筆者借用此一世代觀察角度，選擇在不同政權統治下成長、接受教育、經歷重要時代烙印的代表性人物作為研究對象，分析他們在日治末期的政治態度與國族認同變化。表5-1是本章所選取三個不同世代個案的相關資料。

筆者將老、中、青三個世代臺灣人納入作為分析的樣本。本文所指的老中青三代，是以出生年代、所受教育、所經歷的特殊時代經驗為區分依據。林獻堂出生於大清帝國時期，所接受教育以漢文為主，成長時期遭逢甲午巨變，壯年帶領反殖民政治社會運動。吳新榮生於日本領臺之後、成長於殖民政權穩定階段，接受新舊兩種教育薰陶，並見證過大正民主時期的相對開放氣象。葉盛吉接受日式近代教育為主，成長過程正逢日本軍國主義高漲，青年時期則面對太平洋戰爭。三人成長背景、人格形成具有代表性，因此選擇以這三位人物日記作為探討對象[1]。

以下，筆者以這三人的日記等史料為文本，世代差異為觀察焦點，分析臺灣知識人在戰爭時期的因應態度與國族認同變化。

二、林獻堂的退避

一九三〇年代末期，日本軍國主義抬頭，軍部與右派氣燄日

表5-1　分析文本之基本資料

史料	時人姓名	出生年代	教育	備注
灌園先生日記（1937-1945）	林獻堂	1881	漢文家塾教育	
吳新榮日記（1936-1945）	吳新榮	1906	漢文書房教育 東京醫專	另有回憶錄
葉盛吉日記（1941-1950）	葉盛吉	1923	東京帝大醫科 臺灣大學醫科	另有筆記、遊記、自敘傳

盛。一九三六年六月殖民地臺灣發生「祖國事件」❷，林獻堂辭去總督府評議員與《臺灣新民報》社長之職，避居日本至年底才回臺；一九三七年五月第二度赴日避居不歸。其間因總督府當局屢屢差人敦促他返臺，他只好應命，但短暫停留數月後後，一九三九年七月第三度避居東京，直到一九四〇年十月底才歸臺。也就是說，中日戰爭開始的前三年，林獻堂大部分的時間都避居在東京。

中日戰雲密布、時局日趨緊俏之際，不只林獻堂避居東京，多位臺灣政治運動家都做類似選擇。如楊肇嘉於一九三七年卜居東京「退思莊」、一九四三年轉往滿洲國、上海居留；[14]蔡培火也率全家離臺、滯留東京，在新宿開設「味仙」餐館。[15]一九二〇年代活躍於一時的臺灣菁英們，此時已完全失去了政治活動空間。

返臺之初，殖民當局不斷敦促共襄大局，但林獻堂只想消極避禍。原本並無明顯宗教信仰的林獻堂，因兄嫂邀請往遊青桐林靈山寺，獲得精神上之安靜，自一九三九年初，開始研讀佛經，[16]此後每年並數次停留靈山寺數日聽佛與靜養。一九四一年三月他給洪元煌的信中說：「皇民奉公會之組織不日將發表，吾人惟有有政府之命是從，盡吾力之所能為者而為之耳，此外勿多言，惟讀書而已。」面對臺北憲兵分隊長桑佃來問對時局之感想，他答以：「年來研究佛學與作詩，以淘〔陶〕養性情，而斷絕一切名利之欲妄念。」在回復警務局思想事務

❶ 文本探討對象：目前雖已出版許多日治時期臺灣人日記，但因各種原因，並未成為本文分析對象。〈蔡培火日記〉從一九二九到一九三六年，並未進入戰爭時期。《葉榮鐘日記》雖包括一九三七到一九四二年期間，但內容斷斷續續，常久久記載一次，一九四二年後到一九四五年並無日記。張麗俊日記所記期間自一九〇六到一九三七年，未涵蓋大部分戰爭時期。〈張深切日記〉為戰中居留北京之日記。《呂赫若日記》只有一九四二到一九四四三年間，且以文學創作與文藝活動為主要內容。〈鍾理和日記〉自一九四五年寫起。另有《楊守愚日記》僅有一九三六到一九三七年間不到一年分的日記，《簡吉獄中日記》僅有一九二九到一九三〇年在獄中一年的日記。以上這些日記的出版，或因未涵蓋戰爭期間，或因斷簡殘篇，或因記載時間太短，未能符合本研究所需。參見〈蔡培火日記〉，收入蔡培火著、張漢裕主編，《蔡培火全集一：家世生平與交友》（臺北：吳三連臺灣史料基金會，二〇〇〇）；葉榮鐘著，林莊生、葉芸芸主編，《葉榮鐘全集6：葉榮鐘日記（上）》（臺中：晨星，二〇〇二）；張麗俊著、許雪姬等編，《水竹居主人日記》（臺北：中央研究院近代史研究所，二〇〇〇）；〈張深切日記〉，收入張深切著、陳芳明等編，《張深切全集卷11．北京書信．日記．雜錄》（臺北：文經，一九九八）；呂赫若著、鍾瑞芳譯，《呂赫若日記》（臺南：臺灣國家文學館，二〇〇四）；〈鍾理和日記〉，收入鍾理和著、鍾鐵民編，《鍾理和全集5》（臺北：行政院客家委員會，二〇〇三）；楊守愚著、許俊雅等編，《楊守愚日記》（彰化：彰化縣立文化中心，一九九八）；簡吉著、簡敬等譯，《簡吉獄中日記》（臺北：中央研究院臺灣史研究所，二〇〇五）。

❷ 祖國事件：一九三六年春，林獻堂參加臺灣新民報社董監事所組之「華南視察團」，在上海華僑團體的歡迎會上致詞說「林某歸來祖國視察」云云，因「祖國」二字受到強烈攻擊。五月《臺灣日日新報》報導此事，痛罵林獻堂是「非國民」，連日以頭條大加撻伐。臺灣軍參謀長荻洲立兵唆使右翼浪人賣間善兵衛於六一七始政紀念日在臺中公園園遊會上公然掌摑羞辱林獻堂，一時之間軍部氣燄高張，臺灣人知識分子大受震動，稱為「祖國事件」。參見葉榮鐘，〈一段暴風雨時期的生活記錄〉，收入葉榮鐘，《臺灣人物群像》（臺北：時報文化，一九九五），頁三八一—三八二。

官松岡清之關切時，也說日常僅「讀書、作詩並研究佛學」。[17]讀書、作詩、習佛，成為林獻堂在戰爭時期最熱中的三件事，反映出他在時局下退避、被動與無奈的態度。

（一）對皇民化運動的抗拒

一九三七年起總督府當局的皇民化運動不斷強化，企圖改變臺灣人的信仰與生活習慣，進而廢止漢文及推動國語，並且大力推動改姓名運動，林獻堂都極為抗拒，並未順應配合。雖然林獻堂一家在新曆元旦舉行祝賀式，但農曆年除夕圍爐、元旦拜祖先、清明節掃墓祭祖的傳統習俗仍然年年持續。他不僅自身保存臺灣人的傳統生活習慣，也希望影響友人和他一樣。例如林呈祿被任命為皇民奉公會本部生活部長時頗為焦慮，不知從何做起；林獻堂差人告訴他：「生活有不善者當改之，善者當保存之，切不可使島民全數學內地人樣式也。」[18]臺灣軍司令官本間雅晴曾勸告林獻堂等「以後當作實在之皇民」，建議本島人衣服應棄布鈕改為角鈕，則漸次可與內地人相同，陳炘答以：「皇民係關於精神，不是區區在於物質」，意指皇民運動應著重精神面向，改變臺人服飾習慣是枝微末節，林獻堂亦表同感。[19]

一九三七年初，郭廷俊、黃純青、李崇禮、洪元煌等人拜訪林獻堂，認為「際此非常時代，應對當局表達愛國之誠意」，邀請他一同參拜神社顯示效忠赤忱，總督府當局也多次暗示林獻堂以具體行動表達愛國之意。他與陳炘、羅萬俥、蔡培火、葉榮鐘等人商議後，決定赴日躲避郭廷俊之邀。[20]六月，已避居東京的林獻堂收到葉榮鐘來信，信中有詩消遣郭廷俊等四十七人拜謁神社輸誠之舉曰：

衣冠濟濟詣神宮，難得姥櫻一點紅；
四十七人齊頓首，皇恩浩蕩感無窮。

林獻堂隨之戲步曰：

高砂此日拜神宮，赤穗當時熱血紅❸；
百十年來同四七，報恩獻媚兩無窮。[21]

詩中可以看出林獻堂與葉榮鐘對於御用士紳參拜神社輸誠的舉動，給予「獻媚」的評價。

其次來看林獻堂對於國語運動的回應。一九三七年初臺灣軍參謀長荻洲立兵以「涵養日本精神」為由，逼迫《臺灣新民報》廢除漢文版，報社主事者雖抗拒卻無效，林獻堂私下批評此舉實是「倒行逆施」的魯莽行動。[22]事實上，林獻堂以低調方式從事漢詩與漢文保存工作。

一九三九年起林獻堂赴東京一年餘，林獻堂與旅日或在臺親友賦詩唱和，藉詩抒懷，詩作數量大增。一九四六年夏天，他邀集諸友於蔡培火所經營的新宿味仙餐廳，組織「留東詩友會」，並將病中唱和詩作百餘首，整理出版為《海上唱和集》。[23]同年十月回臺後，仍然繼續堅持漢文漢詩之保存工作，先是自邀集霧峰庄諸親友與年輕一輩，組織「漢詩習作會」❹，定期聚會作詩，持續三年之久。其次，他也協助櫟社總會成立，每月定期例會舉辦作詩讀詩活動，積極介紹新人入社，並為櫟社四十週年舉辦紀念會、出版《櫟社四十週年沿革誌》與《櫟社詩集》，同時常常參與彰化應社、車籠埔東山詩社的活動。[24]再者，林獻堂也資助當時僅存的漢文刊物《南方》❺，其間，葉榮鐘一度認為發行人簡荷生藉風雅之名、行敲剝之實，評論該刊市儈、大為可惜；但林獻堂認為：

> 荷生無一毫之資本而經營《南方》（按：前身為《風月報》），於今三年矣，若非到處求人援助，何能達到今日，而君謂之敲剝未免過於苛酷。……**際此漢文將絕之時，吾人若力之所能及者，當為之援助，切勿因噎廢食也。**[25]

自一九四三年三月起，同時，林獻堂本人並親自為長孫林博正教授《初等實用漢文讀本》二十課，密集時每日或隔日即教授或複習之。[26]另一個值得注意的現象是，一九四一年八月起，林獻堂請來東北人曹玉波在其所辦的一新會，借會館圖書室教授該會師生十數人學北京話❻，

---

❸ 赤穗四十七義士之喻：元祿十四年（1701），播磨國赤穗藩藩主淺野長矩奉命接待朝廷敕使吉良義央，但受吉良刁難侮辱，憤而在幕府將軍所居的江戶城拔刀砍傷吉良。此事讓將軍德川綱吉蒙羞，盛怒之下便命令淺野長矩切腹謝罪並將赤穗廢藩，而吉良義央只受到免除御役的處分。赤穗家臣試圖復藩未成，遂於次年十二月十四日以大石良雄為首共四十七人夜襲吉良宅邸，斬殺吉良義央，為主君復仇。事發後雖然輿論皆謂之為忠臣義士，但幕府最後仍於一七〇三年二月命令與事赤穗家臣全數切腹自盡。此事件後來成為著名的歌舞伎劇目「忠臣藏」腳本，一般稱赤穗義士、赤穗浪士。參見《日本歷史大事典1》（東京：小學館，二〇〇〇），頁三五—三六。與郭廷俊前往感恩參拜者全島共四十七人，與江戶時期淺野家為主報仇之赤穗義士同數。葉榮鐘、林獻堂詩中引用赤穗義士的故事，諷刺郭廷俊等四十七人參拜神宮之舉，而葉榮鐘詩中所說「姹櫻」則指其中唯一的女性莊阿隨。

❹ 漢詩習作會：該會初稱為「詩學習作」，一九四一年每十日作一課題。一九四二年每月第一週、第三週之週六集會。一九四三年每週五集會，稱「金曜會」，原會員十一人，至後期參與熱情逐漸冷淡，只剩三、四人出席作詩，一九四三年十月二十二日，林獻堂乃提議解散。參見林獻堂著、許雪姬主編，《灌園先生日記（十二）一九四〇年》（臺北：中央研究院臺灣史研究所，二〇〇六），頁三六〇；林獻堂著、許雪姬主編，《灌園先生日記（十五）一九四三年》（臺北：中央研究院臺灣史研究所，二〇〇八），頁三五四。

林獻堂本人也前往學習。在國語當道的戰爭時期，林獻堂卻反其道而行，努力保存漢文的用心十分明顯。

除了低調保持臺灣社會習慣、保存漢語漢詩之外，林獻堂對於改姓名運動則表現出強力抗拒的態度。一九四〇年十月自東京返臺不久，林獻堂馬上面臨改姓名運動的壓力，族親多人告知受到當局要求改姓，非實行不可，但他明白表示自己絕對不改姓名，並勸親人切不可輕率行之。藉著宗親為他舉辦的洗塵會，林獻堂公開告誡親族：「現在巡查到處逼促改姓，內地人之姓林者不少，既言欲同化吾輩，何故不能姓林？若改為中林、小林或林田、田原則可，殊令人不解。總而言之，若無意義而輕率亂改則不可也。」[27]

但是總督府當局希望林獻堂以身作則呼應政策，郡警察課長中村來勸其改姓，林氏默然不答。特務也來要求他改姓以作模範，林獻堂回以「林姓內地人甚多，無改之必要也」。[28]堅持不改姓的態度，毫不妥協。一九四一年十二月，陳炘告以皇民奉公會事務總長山本真平勸林改其姓名已四、五次仍未果，令他頗苦惱。林獻堂告訴陳炘：「此**事有關人格信用**，**切勿輕輕掛起御用紳士之招牌也**。」[29]可見林獻堂極其嚴肅看待改姓名一事，認為此事關乎人格與政治態度，無論如何也要展現抗拒的決心。

（二）被動因應戰爭動員

一九三八年底林獻堂由東京返臺不久，就不斷面對特高警察的查問。特務監視林獻堂幾

---

5 林獻堂與《南方》雜誌：林獻堂除資助此一雜誌出刊，一九四二年更因在該刊上重刊舊作〈環球遊記〉而被檢舉「過譽敵人」引起軒然大波。因為〈環球遊記〉中有一篇滯英雜錄，文內言及「待人親切」、「英王賣花」、「君主國壽命最長者其英國乎」，被投書檢舉。警務局普通高等係長藪木英之到林家告訴林獻堂時，他頗感愕然，乃問如何避禍。臺中州知事森田俊介建議林另為文寫英國全盛時期已過，現已入於腐敗崩壞。臺中州醫師宮原武熊建議林獻堂辭退一切公職。最後，林獻堂面見總督長谷川清請求諒解時，總督無意追究，認為「際此國家總動員之時而欲引退，亦非適當，唯有對皇民奉公運動再努力，以表明心意可也」。但憲兵司令官石田要求林寫一篇〈大東亞戰爭吾人之覺悟〉，同時右翼浪人賣間善兵衛藉機詰問，林獻堂屢託人向相關當局疏通，最後由葉榮鐘代筆寫就〈大東亞戰爭之意義與島民之覺悟〉一文，刊於《南方雜誌》，才算了事。參見林獻堂著、許雪姬主編，《灌園先生日記（十四）一九四二年》（臺北：中央研究院臺灣史研究所，二〇〇七），頁一五六、一五七、一六一、一六四—一七一、一九九、二一八。

6 林獻堂學北京話：一九四一年八月起到十二月日記中記載一新會圖書室每週約兩日教授北京語情形，林獻堂先最初稱為北京語，後稱支那語，最後稱為中國語。戰爭時期臺灣總督府以臺灣作為前進南支南洋的第一線，一九四〇年的廣播節目中就有北京語、廣東語的講座，但林獻堂並無到中國發展的打算，為何要學習北京語，值得推敲。參見林獻堂著、許雪姬主編，《灌園先生日記（十三）一九四一年》（臺北：中央研究院臺灣史研究所，二〇〇七）；柯佳文，〈日治時期官方對廣播媒體的運用（1928–1945）〉（淡江大學歷史學系碩士論文，二〇〇五）。

乎是毫不避諱，有時一日數人前後相繼來問，有時同一人進出林家數次，林獻堂多是以禮相待，竟能與特務相安無事。霧峰林家作為中部大戶、具有全臺聲望，還要面對來自統治當局的各種捐輸與需索。中日戰爭以來，日本當局透過各種手段壓迫警告林獻堂及其親族，目的在促他就範與合作。[30]

林獻堂大多以消極被動的態度來回應日方的要求，例如，當局推動「金賣上運動」（按：黃金收購運動），林獻堂被指定配額，步步緊盯。林獻堂因家中所有金飾不足配額，必須先向他方購買，再以低價讓售予臺銀。某次特務屢次來催促，竟然開口要求林獻堂掘祖母之墓取出陪葬首飾，林獻堂斷然拒絕。地方保正也受命指定林獻堂賣出黃金，林獻堂認為「我等所盡之義務可謂至矣，惟有聽其自由而已」。某日，臺銀又到霧峰收金，警察到處督促，林獻堂竟因「不欲聞此無理之言」，而躲到飯店裡避囂。[31]

一九四二年日本當局要求「金供出」（按：銅鐵回收），林獻堂不得不配合政策，他命家丁將一新會館之鐵窗換成木窗；將鐵枝剪下繳納當局；將家中鐵欄杆鋸下，以應回收；甚至命家丁將霧峰萊園之大炮、花架清出，[32]對於當局的物資收奪，應有不勝其煩之感。接著，當局又推動愛國貯金活動，能高郡役所認領了高配額後要求給林獻堂應承，他不以為然曰：「聞之使人駭然，郡當局只顧自己之成績，而不顧人民之負擔也。」[33]

隨著戰事的激烈化，戰爭末期物資窘迫的程度連霧峰林家都捉襟見肘。因為銅鐵需求日益嚴峻，總督府要求自總督樺山資紀以下銅像一概回收，一九四四年九月，臺灣重要物資營團臺中支部派人到霧峰林家萊園取走林獻堂父親及大哥銅像，以作軍械之用，林獻堂曰「余何敢拒絕」，只能招家人在銅像前拍照留念。[34]接著，因糧食配給量不敷食用，年收租數萬石的林獻堂日記竟出現「昨夜無米可炊」之記載。佃農來抱怨無米可食，林稱自己的伙食米也被減半，「尚不敢異議」，唯有請佃農忍耐著吃番薯。[35]

除了物資搜奪之外，日本統治當局因林獻堂在臺灣社會享有聲望，亟思借重。林獻堂面對統治當局的各種邀約，大都委婉拒絕、能推責推，從未主動爭取職位、協力戰爭。一九三九年，日人久我懋正以當局之命為由，組織「國民精神作興普及會」，多次邀請林獻堂為副會長，林氏屢以自己不解國語、有頭眩之疾、不堪負此重任等種種理由力辭之。[36]一九四三年底總督府總務長官齋藤樹意欲派林獻堂往新加坡號召聯絡華僑，他也以「不識國語、對於軍部及司政長官之接協有種種不便」，堅持不受，轉而推薦林熊祥。當局希望他出任臺中州皇民奉公會事務總長，他也以「年老、無智、不解國語」推辭之。[37]

但並不是當局要求他出任的所有職位都能拒絕，一九四一年四月林獻堂收到臺中州以文書通知臺灣皇民奉公運動委員會選出他擔任委員；十一月又從《興南新聞》得知自己將被任命為總督府評議員；一九四四年底被特務告知，總督府當局決定推薦他擔任貴族院議員；一九四五年三月特務來取履歷書、道恭喜；四月臺中州知事清水七郎以電話告知明日將發布《勅裁議院令》委任林獻堂為貴族院議員。[38]這些職務任命，林獻堂事先並未被徵詢，而是殖民當局直接指派，事實上在當時情況下，臺灣人菁英也無法拒絕當局加諸他們身上的戰爭協力角色。

十分難得的是，**林獻堂利用各種職務與可能的機會，不懈地反映臺灣人心聲，爭取臺灣人平等地位。他的方法是一面推崇統治當局所要的內臺融合，一面力促提升臺灣人地位方能達成內臺融合**。他曾與五弟階堂討論有何方法可以泯除在臺日人與臺灣人之間的猜疑，林獻堂曰：「猜疑者內地人也，本島人僅有不平而無猜疑，有何方法可以泯滅之也」，可知他認為日臺無法融合之責任，全在於在臺日人的猜疑。[39]旅居東京時，林獻堂一有機會見到日本政要，總是建言提升臺灣人之待遇與地位。皇民奉公會成立大會上，他也指出「內臺人之情意未能融和〔合〕，因內地人之猜疑未能忘也」；在受總督府總務長官齋藤樹招待時，力言「內臺當同心協力以維持國防之責，豈可兩方相互猜疑，置大局於不顧也」；當總督長谷川清諮詢推進皇民奉公運動之具體方策時，他也不忘建議推動融合日臺人感情之親切運動。[40]

與此同時，林獻堂不斷提醒必須去除對臺灣人之猜忌、給予平等地位。一九四五年初眾議員清瀨一郎有機會向中央建言，徵詢於林獻堂，林氏答以「撤去差別待遇即可以」。二月同盟通信社記者來訪，問如何做到內臺協力，林氏仍認為應「先除去差別待遇」。三月情報班人員來訪，談論時局與奉公運動，林獻堂僅有一言，即「內地人必先除去猜疑心，而內臺合作之運動方見有效」。同年四月頒布《朝鮮人及臺灣人政治處遇改善令》❼，五月安藤利吉總督來書問如何集結全島強化自給防衛，林獻堂所提的第一項建議仍是「臺灣處遇改善，一般民眾頗為感

❼《朝鮮及臺灣居民政治處遇改善令》：正式的名稱是一九四五年四月一日公布的《眾議院一九四五年法律第三十四號：眾議院議員選舉法中修訂法律》、《一九四五年勅令一百九十三號：有關貴族院令中修訂之事》。一九四四年七月，小磯國昭內閣成立，認為應付當前決戰局面，號召殖民地對帝國之向心，有對殖民地朝鮮人與臺灣人「處遇改善之必要」。一九四五年四月帝國議會通過法律，貴族院應有朝鮮議員七名、臺灣議員三名議員；眾議院議員方面以限制選舉方式（居住滿一年、納稅十五圓以上）選出朝鮮二十三名、臺灣五名眾議院議員。在此法律下，林獻堂、許丙（大山許丙）、簡朗山（綠野竹二郎）三人被任命為貴族院議員；眾議員方面則至日本戰敗為止，都沒有機會舉行選舉。
除了政治處遇改善之外，帝國議會也研究對朝鮮人與臺灣人之「一般處遇改善」，在法律上去除內地人與外地人之差別待遇，具體內容包括改善戶籍制度（婚姻、收養關係下允許移動本籍至內地）、廢止差別待遇法令（《保甲條例》、《匪徒刑罰令》、《浮浪者取締規則》等）、廢除阿片專賣制度、內臺參政平等（總督府評議員內臺任數相當、登用本島人官吏等）、強化地方制度、改善理番行政等等。參見島村朋惠，〈日治末期臺灣「處遇改善」政策之研究（1944-1945）〉（國立臺灣大學政治學研究所碩士論文，二〇一七）。

激，但官吏及內地人之指導者之態度依然不變，頗阻礙總力集結、內臺融合之精神」。[41]

簡言之，即使在戰爭時期日本政府大力推動皇民化運動，林獻堂念念不忘、努力爭取的仍是同胞地位提升。他始終認為日本在臺統治最根本的癥結在於對臺灣人的差別待遇，而在臺日人的優越感、猜疑心則是內臺融合的最大障礙。

（三）戰爭宣傳的影響

一九三七年七月盧溝橋事變初發生時，避居於日本的林獻堂便對時局變化十分關切，時常擇譯新聞報導內容，抄錄於日記中，尤其對於中國抵抗情形更是關心。戰爭初期，日軍連戰皆捷，推進迅速，但林獻堂日記中全無欣喜之情。十一月上海陷落，林獻堂憂心「上海為南京政府經濟心臟而被占領，必大受影響，不知此後將何以支持」；十二月，戰局日愈不利於中國，日記中稱「南京陷落後揚州繼之，三日前杭州、濟南亦相繼陷落，皆不戰而棄之。蔣氏宣言長久抗戰，不知有何實力而抗戰也，嗚呼」，[42]頗為中國軍隊的節節敗退擔心不已。一直到一九四〇年初，日記中對日本發動的侵略戰爭都未表現出支持的態度，對日本的盟國德國與義大利也未予好評。當時日本國內正陷於德軍在歐洲戰局快速推進的興奮之中，但林獻堂卻對此情勢並不樂見，德軍攻下巴黎之時，他說「巴里（按：巴黎）陷落之報傳來，使人聞之不快」；法國投降，他評價「佛國（按：法國）對獨（按：德）竟然提出降服，不意其薄弱若是。五月十日獨軍侵入蘭（按：波蘭）、白（按：白耳義，即比利時）國境以來，不過三十餘日而已，真是使人萬不料及也」。[43]

但是，戰爭宣傳逐漸改變林獻堂的態度。一九四〇年六月底，日本外相有田八郎提出〈建設東亞新秩序宣言〉，指盧溝橋事變以來的戰鬥是為建設永久之和平，但歐洲卻有援蔣之不當行為，東亞諸民族應在政治、經濟、文化等各方面相互提攜、相互援助，南洋也是日本帝國關心與合作之地區。九月日德義三國同盟形成，日本宣布將實行大東亞建設及於南洋，以排除英美之勢力。[44]這些戰局重要的戰事發展、當局立場宣言，林獻堂在日記中都做極為詳盡的記載，而當戰爭訴求從日中敵對轉變成日中合作，林獻堂的立場也開始發生變化。

一九四一年下半年是林獻堂對戰爭態度明顯轉變的時期。十月日美談判，雙方條件差距大，林獻堂日記顯現愈來愈相信是美國對日本處處逼迫，預料美日難免一戰。七月，英美宣告凍結日本資金，林獻堂批評「出此強硬手段是逼日本不得不戰爭也」；十二月日本偷襲珍珠港，並對英美宣戰，林獻堂在日記中竟認為「英、美人之勇敢敏捷，實不及日本，若能速戰速決，勝利當歸日本」。[45]林獻堂對於英美兩國惡感日增，對日本帝國愈來愈具信心，應與當時的戰爭宣傳有密切關係。他在皇民奉公會主辦的時局演講中，林獻堂力言「吾人當協力一致，信賴當局，共作銃後（按：後方）之後援，不可好奇以謠言惑眾」；更在「大東亞戰爭演講會」上為日本辯護：「英、美援蔣，蓋欲使戰爭延長以損日本之國力已經四年矣，近再下其惡辣之手段而行經濟封鎖（資金凍結令），欲日本陷於窮困之地位，故不得已而出於一戰。」[46] 日記中顯示，他認為因為英美等西方國家苦苦相逼，迫使日本不得不戰，此種看法與日本指控「英美鬼畜」、將戰爭合理化的宣傳內容如出一轍。

十分值得探討的問題是，在中日戰爭初起時林獻堂怏怏不樂、無法贊同，一旦戰爭定位從中日敵對轉向了東西對抗，他卻明顯支持帝國政府，此種戰爭態度轉變的原因何在？筆者認為，**一則因為中日戰爭迫使林獻堂必須在血緣祖國與殖民母國兩者之間選邊站，令他感到痛苦、排斥，不願見到祖國遭難；**二則，**當帝國政府將這場戰爭定位為西方欺壓東方，在東方對抗西方態勢下，護衛東方自然是責無旁貸之事，這場戰爭順理成章變成「聖戰」、「義戰」。戰爭末期，林獻堂不僅作為戰爭宣傳的受訓者而改變立場，愈向帝國政府傾斜、與皇國臣民協力同心**，甚至逐漸成為戰爭宣傳的傳播者，呼籲同胞投入聖戰。

太平洋戰爭初期日軍連戰皆捷，林獻堂為日本帝國之戰果感到振奮，一九四二年初日軍攻陷馬尼拉，日記記曰：「マニラ陥落之報一傳，聞之皆大歡喜」；二月，日本東京首次受到美軍轟炸，日記上說：「昨日聞敵機來襲，精神上頗受刺激」，特地從霧峰到臺中打聽消息；

十二月珍珠港事變一週年，林獻堂說：「本日為大東亞戰爭一週年，皇軍戰無不勝攻無不克，臺灣遂免敵軍之攻擊，而得平安過日，真大幸也！」[47]

一九四二年四月起，盟軍轟炸機開始奇襲東京、橫須賀、名古屋與神戶，給予日本政府與軍方巨大衝擊。五月，日本聯合艦隊投入全部兵力進攻中途島，沒想到遭美國軍機痛擊，六月五日聯合戰隊司令官山本五十六下令撤退，日本海軍隱瞞慘敗事實，由大本營發表捷報，中途島海戰是日本海軍在太平洋戰線上失去優勢的開端。美軍則大為振奮，八月陸海軍聯合進攻瓜達康納爾島，日軍失去戰力、躲入叢林，約二萬人喪失生命，一九四三年元月撤兵，經此一役盟軍在二戰中由守勢轉為攻勢。[48]因新聞媒體只做對日軍有利的報導，林獻堂對於日軍已漸在戰場上失利，並未察覺。一九四三年四月聯合艦隊司令官山本五十六大將戰死，日本新聞報紙封鎖消息，直到五月二十二日才予報導，林獻堂「聞之頗為愕然」。五月底，美軍登陸アッツ島（按：Attu），與日軍激戰十八日，日軍二千餘人無一生還，林再度「聞之頗為愕然」。十一月，新聞報紙連日報導索羅門群島之戰，日軍擊沉美軍航母艦、巡洋艦、驅逐艦十數艘，飛機數十架，林獻堂竟天真地以為「若然，米國之敗，當在不遠矣」！[49]可見在媒體控制下，包括林獻堂在內的臺灣人所受到蒙蔽之深。

戰爭末期林獻堂支持戰爭，除因戰爭宣傳影響而對日軍充滿信心，實際上也因為戰爭，臺灣人命運與日本帝國運勢緊緊相連。面對戰局日緊，林獻堂與五弟階堂彼此鼓勵為國盡力：

五弟三時餘來，謂戰爭之危機日見逼切，內臺當一致協力，方不至臨事失敗，但內地人自來不信島民，而島民之中有一部分好作謠言，因是恐愈生障礙，此事願我兄努力為之。余甚贊成其說，待徵兵令發布，然後往會總督，以表島民之誠意也。[50]

一九四三年九月，總督府發布臺灣將實施徵兵制，林獻堂日記中說：「臺灣徵兵制度本日實施，昭和二十年徵集，際此決戰重大之時機，島民亦得盡義務之光榮也。即打電與長谷川總督、安藤軍司令官、山縣海軍司令官以表祝意。」[51]戰爭至此，臺灣人與殖民母國已在一條船上，幾無其他選擇空間。

一九四三年美軍對航行中的日本船隻展開襲擊，往來於臺日之間的高千穗丸、大和丸等民用船隻也陸續遭受攻擊沉沒，族人林纖雲、李漢墩夫婦、友人陳茂堤之子葆和均同船遭難。十月二十七日又有富士丸、茂賀丸遭美軍潛艦擊沉，林獻堂忍不住吐出「敵之橫暴實為可恨」之言。[52]

一九四四年初臺灣本土也開始遭盟軍飛機轟炸。二月友人來談論時局時問日本之勝敗與臺灣之利害關係，林獻堂認為「日本若敗，是吾輩之不利也」。因感受到時局日趨緊迫，當皇民奉公會臺中州支部事務局長遠山景一邀請林獻堂出任大屯郡支會事務局長時，他雖然認為自己身體衰弱、且國語不通，「然為國家盡力而又義不容辭」，決定受任。[53] 接下此工作後，林獻堂在對桔梗俱樂部鍊成會的演講中如此表達自己的想法：

余受命為支會事務長，自愧老朽無能，然為地方顧，當盡吾力之所能而為之。時局漸次急逼，由南太平洋進入中太平洋，如古賀元帥之殉職可以知其大概矣，不久必進攻於臺灣，若然，不可不準備。近日《新報》❽極力鼓舞所謂臺灣要塞化也，建設要塞是軍官之事，建設精神要塞是奉公會之事也。精神要塞從何建設？一、「時局認識」，敵之上路作戰或爆彈

---

❽《新報》：指《臺灣新報》。隨著戰爭情勢發展，臺灣司令部即企圖統一臺灣言論機關，一九四一年二月《臺灣新民報》改名為《興南新聞》、常董兼總經理林呈祿改名林貞六，都是為了向總督府表態，但仍未能阻止被合併之命運。一九四四年三月二十六日，臺灣總督府將《臺灣日日新報》、《臺灣日報》（原《臺南新報》）、《臺灣新聞》、《興南新聞》、《高雄新報》、《東臺灣新報》六家報紙合併為《臺灣新報》，由大阪每日新聞社派員經營，四月一日發行創刊號，林獻堂日記中感嘆臺灣政治運動民報系列「二十五年之辛苦經營，從茲已矣噫」！參見蔡培火、葉榮鐘等，《臺灣民族運動史》（臺北：自立晚報社，一九八三），頁五六九—五七〇。

投下是必至之事，當何以應付；二、「愛人即是利己」，愛我一甲而一保而一庄而至全臺；三、「當局絕對信賴」，勿愛惜一切以供當局之用。[54]

林獻堂將自己的演講大要在日記中詳細記下，可見所言不是虛應故事的場面話，而是他內心真正的想法：若真正珍愛臺灣腳下的土地，必須絕對信賴日本政府，與之團結合作。

受限於資訊來源，林獻堂全然不知臺灣還有其他選擇可能，臺灣人的命運與殖民母國的成敗緊緊綁在一起。一九四四年五月到六月，林獻堂配合皇民奉公會之全島總蹶起運動在中部各庄演講，最後到臺北放送局廣播作為一個段落。廣播中，林獻堂呼籲「全島一家」之精神，落實總蹶起運動的四大目標；又說明臺灣要塞化分為物質與精神兩個層面，物質由軍方負責，精神由奉公會推動，提醒同胞認識時局、信賴當局、盡吾人之義務。[55]九月，林獻堂又擔任皇民奉公會臺中州支部時局演講隊隊長，包括前臺灣文化協會成員陳虛谷、莊垂勝，左翼運動家吳石麟、楊逵、葉陶都不能免於戰爭宣傳動員，[56]此後密集舉辦時局演講會與懇談會。

一九四四年下半年臺灣遭受愈來愈密集的轟炸，到一九四五年初空襲警報幾乎已是無日無之。局勢緊促、戰火延燒家鄉，林獻堂不時與家人親友討論戰局，眾人皆憂心不已，日記中說：「共談比島（按：菲律賓）戰局，深恐皇軍失敗，戰禍即及於臺灣矣。秩序紊亂，將何以維持焉？頗以為慮。……所言皆慮敵軍之上陸，吾輩對於防衛將如何盡力焉？苦無方法，惟待當局之命而已」。二月初，盟軍對馬尼拉發動進攻，但小磯首相在議會答詢失去信心，林獻堂已察覺日本將戰敗，感嘆禽鳥知時，而人不如燕也。又收音機報導盟軍已登陸硫磺島，林氏聞之愕然，憂慮「本土此後定必大受爆擊，不知能支持至於何時耶」。三月新聞報導東京遭盟軍轟炸，發生大火，無異於一九二三年東京大地震之狀況，林獻堂聞之「頗為兒孫輩憂慮」。[57]

四月，林獻堂從新聞報導上得知蘇聯軍攻入柏林，感嘆「嗚呼！獨逸（按：德國）從此滅亡矣，好戰之國，其結果當如是也，可不戒哉」。雖然有感於德國失敗，又未嘗不是對好戰日本的譴責呢？不久，柏林被攻陷、希特勒自殺、墨索里尼陳屍米蘭，林再次感嘆「嗚呼！好戰之指導者，其結果應如是也，可不慎哉」，並與兄弟談論德義之事，深為日本帝國之將來感到憂慮。[58]五月二十日，林獻堂在靈山寺對信眾講佛法，講題「煩惱無盡誓願斷」，舉十誡中之「貪」字，以德義日發動戰爭為例：

> 二、ムソリニ（按：墨索里尼）侵エチオピヤ（按：衣索匹亞）以作歐洲戰爭導火線；三、獨逸征波蘭以致滅亡；四、日本之侵略支那以成東洋大戰爭，……蓋世界有此大戰禍，皆由

於貪而也。[59]

此時的林獻堂不僅公開評論戰局，並且公然指責日本發動戰爭的貪念，顯然怨懟殖民母國將臺灣陷於險境。幾天後又謠傳沖繩失守，嘆「今之失守，則本土其危矣，若非有神助，決不能挽回矣」，[60]對於日本帝國已信心動搖。七月底報紙披露英美提出八項條件勸告日本投降，林氏認為條件頗過為嚴苛，與親友私下議論，尚且認為「日本人決不屈伏」。不料八月十五日昭和天皇透過廣播承認敗戰，林獻堂感嘆日本「五十年來以武力建致之江山，亦以武力失之也」，沒有想到日本會這麼快就宣布投降！[61]

綜言之，像林獻堂這樣出生於清朝時期的臺灣知識人，具有鮮明的漢族意識，不願見到父祖之國受日本侵略，頗為中國憂心，但在時局下無力反抗，暫時只能選擇長期滯留東京，迴避世事。然久居東京不是辦法，只得返臺面對總督府當局的戰爭協力要求。初時林獻堂多以被動方式回應，對激烈同化政策則是低調但堅決地抵抗，並始終要求提升臺灣人地位。

隨著戰爭定位由中日敵對轉向東西對抗，林獻堂逐漸接受「大東亞戰爭」中臺灣與母國命運一體態勢；在戰爭宣傳下，他失去對臺灣前途的想像空間，愈發與日本當局合作，表面上他似乎愈加痛恨敵國、向日本傾斜，但實際上無非顧慮臺灣安危，爭取子孫後代的生存機會，直到戰爭末期發現日本帝國窮兵黷武將貽禍臺灣，終於忍不住出言指責。

三、吳新榮的苦悶

一九三七年初殖民地臺灣氣氛趨於緊繃，時局壓力使得在臺南的吳新榮心情抑鬱，中日戰爭才揭開序幕不久，他已夢見飛機轟炸、人人驚逃，甚至「忽然間聽了休戰的聲音」而驚醒，日記中直說「這樣緊張的氣氛我已不能耐忍了，我這生理上的不快使我終日消沉」！[62]面對苦悶的時代，作家吳新榮的方法是放縱、麻醉自己來逃避。中日戰爭初期大約有半年的時間，吳新榮頻繁地買醉於酒肆飯館、流連方城之戰，直到有一天，他終於驚覺自己生活完全墮落，但卻說這是時勢與環境所迫，渺小的個人如何能逆時於勢？[63]

有此感嘆的臺灣知識人不僅吳新榮，他的許多友人都有「醉生夢死」之慨。一九三八年二月，他在日記中分析了眾人生活墮落的原因：

郭水潭、徐清吉、陳培初、鄭國津諸君來訪，從生活問題談到社會問題，久未如此暢談，頗覺愉快。但是，雜談的結論盡在『醉生夢死』一語之中。**這是多麼悲哀的結論，我們沒**

有生活的目的，什麼文化建設、社會運動、政治改造，皆屬徒然。有的只是精神逃避、良心破產、奴隸生活、動物的愛慾而已。[64]

直到戰後，吳新榮仍不忘戰爭初期的精神苦悶所造成自己心理上的巨大挫折：

> 在這時代日本對臺灣的控制也達到極度，尤其對文化人的監視是無所不至。夢鶴（按：吳新榮）周遭的青年們，也是陷於悲慘的天地，這就是「醉生夢死」的絕境了。原來他們對事業的經營，文化的建設，社會的運動，政治的改造，這種種的熱情都成為歷史了。甚至他們都逃不了精神的破產，良心的衰亡，甘願過著奴隸的生活，傾向著動物的性慾，賭瓢〔嫖〕飲成為時代的寵兒了。……他們不但這樣主張，而且這樣實行，日日都是酒樓，夜夜都是菜館，……這樣畸型的生活，也許可為對日本人一種無形的抗議，但卻不是對自己有益的行動……[65]

戰爭壓力直令臺灣知識人無法招架，撕裂他們的生活與情感，迫使他們無底線地墮落，竟以醉生夢死、自我放棄的方式表達無言的抗議。

（一）適應皇民化運動

自一九三八年起，吳新榮中斷原來中文寫日記的習慣，改以日文書寫。吳新榮並非特例，林獻堂祕書葉榮鐘也於戰爭期間開始以日文寫日記。[66]臺灣知識人在戰爭時期改變書寫習慣由漢文改為日文，或許與正在推動的國語運動有關，但是日記是極為私密的個人紀錄，並非公開發表的演說或文章須背負順應時勢的壓力，為何會選擇在文字工具上進行轉換？對此，吳新榮在日記中這樣解釋：

> **日本國的擴張即意味著日語的氾濫，以我這小小的個人的城堡來說，要防備這種氾濫是不可能的。**正如同我在生活中使用日語這件事實一樣，以日文來寫日記亦是極為自然的事。想一想，我打從一出生就已經是日本統治下的人，而前半生完全是接受日語的教育，此極為重大的事實，令我說的是日語、並以日文書寫。這又與英國讀書的留學生說英語、寫英語的意義是不同的。我寫日記只為了記錄我的生活，所以想要瞭解我的生活的人，又以我個人最容易使用的語言來寫，這也是理所當然的。[67]

吳新榮受過漢文書房教育，賦詩、寫作以漢文表達流暢。如果像他所說的，日本語是他最熟悉易懂的語言，所以選擇此種語言；那麼，豈不反證在此之前他使用漢文這種並非最熟悉的語言寫日記，乃刻意之舉？漢文書寫的目的為何？如今吳新榮放棄漢文書寫、改以日文寫日記，並且在日記中說明自幼習日語、以日語書寫事為自然之事，又豈不是一種「自我說服」的心理反映？

隨著皇民化運動的推展，民間習俗也不斷受衝擊，吳新榮有深刻感受。面對此一情勢，他努力適應，並以「便利」為由說服自己習於成為「日本人」：

> 我經常在結束當天工作之後，脫下西服和皮鞋，換上私服，穿上木屐；就寢時穿上日式睡衣，一天中有一半的時間是穿和服的生活。喜好吃醃蘿蔔、味噌湯，生魚片、壽喜燒，又以家中設有榻榻米的座席為榮。並且以日語交談，以日文書寫，結果是以日本方式來思考、處理事物，因為這樣較為方便。其方便性與必要性是同化不可或缺的條件。**我們是迫於方便和必要性而被同化了的臺灣人**。無論是誰都不能否認我們是日本人，也許大和民族形成之前的日本人幾乎與此相同吧！[68]

時局下，吳新榮無力阻擋日常生活逐漸與日本同化，便以「便利與必要」來安慰自己，接受自己已成為日本人的事實。皇民化運動下當局要求「正廳改善」，吳新榮沒有抗拒，他請郭水潭揮毫寫了三則墨寶置於正廳：「忠孝」、「天壤無窮」、「億兆一心」，後兩幅標語充滿濃厚的帝國主義擴張意味，他便自作新解：「天壤無窮是自然主義的最高表現」，「億兆一心是國際主義的最佳理想」，[69]用這樣犬儒的方式讓情感與現實得以共存。

但並非日本當局推動的所有運動，吳新榮都可以找到自我說服的理由，最令他感到苦惱的是改姓名運動。吳新榮苦苦思索、斟酌再三⑨，掙扎抗拒了四年之久，最後只希望在改姓之際，能將自家淵源傳統的意義保存在其中。他還請教了漢學老師林泮先生，經林泮解說，認為吳姓是周人逃難至江南所創，且與南蠻雜居，「並非純粹的黃帝漢族」，且吳父本姓「謝」而非「吳」，「本已非純粹的吳姓子孫」，終於稍感寬慰，說服自己「我們創新姓，作為新民以享此生，亦屬當然之事」。[70]

---

⑨ 吳新榮苦思改姓名：吳新榮曾擬了兩個方案：一是以「吳」的別號「延陵」為根據，改姓「延岡」（ベオカ），且與延平郡王鄭成功同樣有「延」字；一是以名為姓，將「新榮」二字為姓，據說北海道確實有此姓，並努力查證。參見吳新榮著、張良澤總編撰，《吳新榮日記全集4：1940》（臺南：國立臺灣文學館，二〇〇八），頁二九〇—二九一、三〇〇。

雖然吳新榮極力自我說服、適應總督府的皇民化運動，但終究只是形式上、被動的因應，臺灣人的內心依託並未真正改變。一九四五年三月盟軍密集轟炸臺灣，吳新榮遵奉母命在防空壕內立祀神位，用紅布包著南鯤身代天府相片，寫上觀音佛祖、五府千歲、保生大帝、中壇元帥神位，以保平安。[71]緊要關頭，臺灣人想到祈求保護的對象仍是民間信奉神祇，此刻天照大神的神宮大麻根本已不值一顧！

（二）順應時勢協力戰爭

一九三七年下半年，戰時體制的組織編整與精神動員工作已深入人民生活周遭，吳新榮的日記中不時記載著被動員參與相關組織活動之情形，例如為募集一定配額的國防獻金而奔忙，負擔佳里防衛團之夜間輪值，參與防衛團救護班，參加「軍用機獻納促進會」，出席觀看青年團演劇，出席北門郡教育研究會會議等等。[72]面對這樣頻繁密集的戰爭動員，吳新榮如何看待？十月初，吳新榮之妻毛雪芬參加愛國婦人會與佳里婦人會，每日刺繡日章旗作為前線士兵的慰問品，吳新榮自己則被任命為防衛團員及軍機獻納會幹事，時時要去集合服務，日記中記載「免講如何，這是時勢，這是潮流」。十六日，他又被任命為國民精神總動員佳里分會參與，妻子被任命為愛國婦人會佳里分區委員，吳新榮無力違逆時勢，因為「人人都有部任（伍）」，人人都順時勢」。[73]順應時勢，是他僅有的心情寫照。

一九三八年九月，日本當局對臺灣士紳階級下達「徵傭令」，徵調軍伕上戰場，包括邱德金、顏德修、林柏壽、翁瑞春、江鼎元、吳鴻麒、施江南、郭秋生、陳逸松等社會菁英都收到徵召令，引起臺灣民間極大震動。[74]對於日本當局徵召臺灣士紳上前線當軍伕，吳新榮說「總是這歷史的變動期，臺灣人也參加歷史行動是極其自然的」，仍以順應時勢的態度看待之，並未表現出抗拒。

一九四〇年下半年，吳新榮愈發認真看待自身所擔任的戰爭協力角色。六月，吳新榮擔任佳里街防衛團救護班副班長的工作，日記裡說「在此時局中，能被當局認定我還可以擔當時局的一角色，自覺很滿足」；他對東西大事逐漸有所認識，在被分派的任務中找到自我價值，七月用心投入防空演習訓練之餘，認為「我們愛鄉土之故，領空也須保護，守護了領空，才能引導人民」。[75]在殖民母國的對外戰爭中，吳新榮的敵我觀念愈發鮮明：

這次的防空演習是全國性的，可解讀為是對應日、德、義同盟。此後應覺悟的是美、英將成為敵對國。因而臺灣將是一個重要的地區之一，防衛團的任務更為重大。[76]

日德義軸心國與英美協約國的對抗態勢已成，吳新榮愈來愈嚴肅看待動員體制下所分配的任務，認為臺灣民眾為了自身的生存，必須與日本統治當局合作，無法自外於戰爭。

但是吳新榮的戰爭協力似乎有一條隱形的界線，作為文學家，他是極力排斥以文學之筆協力於戰爭。隨著日本本土推行大政翼贊運動，戰爭動員也在殖民地各層面展開，文學活動難逃戰爭協力命運，臺灣文學奉公會、大東亞文學者大會、文學報國運動、臺灣文學決戰會議陸續席捲而至，文學家失去自主的生活，成為戰爭宣傳的工具。[77]吳新榮雖然密集參與文學聚會與文藝活動，但多是關心文學創作，而拒絕文學淪為政治的附庸。例如在一次文藝演講會中聽取日本文壇重要作家提唱「文藝家銃後運動」，認為這些大眾文藝家或戰爭文學家的論點均無法說服他。[78]一九四三年十一月吳新榮北上參加臺灣文學決戰會議，目睹會中西川滿所領導的《文藝臺灣》一派發動奇襲欲合併臺灣作家為主的《臺灣文學》，深深感受文學必須為戰爭奉獻的壓力，不禁懷疑自己這般熱衷於文學所謂何來？文學之路如何走下去？直到返抵家門，孩子們雀躍奔跳、病人等待診療，更讓他覺得「想到時局的緊迫，文學的困難，吾人首先應該把家顧好，為職業而殉死，這樣的覺悟才是最重要的」。[79]

吳新榮頗重視佳里防衛團的工作，卻對文學奉公運動表現出反感，兩種態度似乎十分矛盾。筆者認為，這正顯示臺灣知識人在戰爭體制下的掙扎與猶疑，而出現的動靜、進退與選擇。在戰火下，吳新榮以照料家人平安、守護家鄉安全為主要考量，在此前提下全力配合動員體制；但如果要他以筆為劍、宣傳戰爭，不免遲疑。

（三）大東亞戰爭與政治認同變化

中日戰爭開打，臺灣知識人大多密切關注著情勢發展，心情矛盾。一九三七年七七事變當天，吳新榮的日記上只有「正義如不滅，良心遍世界」兩句話，別有意味。開戰之初日方勢如破竹，十二月南京陷落，吳新榮卻說：「中國史上被外國民族滅亡已有兩回了，第一回、宋後被北方蒙古民族來侵，第二回、明後被東北方滿洲民族來略，這回是第三回、被東方日本民族來寇，這也可算是民族的運命了。將來或被南洋民族或是安南民族滅亡也不可知」，[80]似乎對中國的節節敗退感到氣悶。

吳新榮密切注視戰局變化，為中國落敗擔憂不已。一九三八年三月南京梁鴻志維新政府成立，中國境內原本陸續成立了北京王克敏臨時政府、綏遠蒙古臨時自治政府、東三省滿洲帝國政府、庫倫外蒙古共和國，如今再加上南京維新政府，他不禁憂心「中華民國不就漸漸地處在分裂時代了嗎?中國若沒有出個偉大人物，恐怕漢民族只能治理本土中原，而只好承認滿洲、蒙古、新疆、西藏的各自獨立與自治吧」!同年十月武漢陷落，吳新榮認為，中國連心臟都被奪，加上如腦袋部位的南京、兩臂部位的北京與廣東早都被扭斷，僅存如兩腳部位的陝甘、雲貴要如何走下去？他不禁要問：「日本如同忽必烈，如同愛新覺羅，征服了中原，那麼蔣介石是否猶如岳飛或鄭成功的氣魄呢？」[81]對蔣介石的期待之情躍然紙上。

吳新榮也對中國土地與人民懷抱特殊情感，他甚至在書房牆上貼著友人所送的時局大地圖，其中包括中國全圖，日記中詳細抄寫了地圖中的蔣介石之軍隊布局、現代中國十傑姓名，並自道此地圖的重要性：

> 這整個情勢總有一天會從這張地圖消失而去，然而記錄在地圖上的江、湖、都市或住在那邊的百姓是永久存在的吧。這是我貼這張地圖的理由，比起任何一件美術品、風景畫，我還是會選擇這張地圖，它不僅明示了世界情勢，也暗示了我們的生活。這幅地圖是我們生活的重心。[82]

由此觀之，吳新榮對世界局勢的關切核心，恐怕正是中國之命運吧。

苦悶時局中，吳新榮以閱讀排遣聊賴。但值得注意的是，他多選擇與中國相關的書籍，如《唯物史觀支那史》、《支那古代社會史論》、《精解支那文學史講義》、林語堂的《吾國與吾民》、石川三四郎的《東洋古代文化史談》、村上知行的《支那と支那人》等等。因為對局勢充滿無力感，只能寄情於閱讀：「我們看了史書，應能知道我們個人是多麼地無力，我們只要作為這奔流時代的一分子而行動就夠了」；「我們的矛盾與混亂愈來愈深，這些事情，歷史的奔流總會幫我們解決吧！我們的靜態行動，只能靠外力以等待動態的前進」。[83]

但是**隨著戰爭推進，吳新榮的敵我意識開始出現變化**。一九四〇年上半年，德國在歐洲之閃電作戰成果輝煌，義大利也參戰，吳新榮已看出兩大陣營隱然成形，並視英法協約國為敵，因為：「從菲律賓、中南半島、印度等地，把美國、英國、法國等勢力趕出去，我跟任何人都同樣熱烈地期待著。儘管如此，如果有一天德國稱霸歐洲，然後以其凶暴性的武力來對付亞洲的話，則會令人厭惡。」到了九月，日德義同盟形成，吳新榮警覺到這一「世界的大風暴」，但也**明白「此後應覺悟的是美、英將成為敵對國」**。[84]

東西兩大敵對陣營形成，吳新榮認為臺灣人無法自外於此一世界性對抗，所以當一九四一年六月總督府當局公布將在臺灣實施志願兵制度時，他雖慨嘆出征之日意外早到，卻也贊成志願兵制度，因為「我舉雙手贊成本島人在精神上、肉體上，要有好的訓練」；「本島人應該自覺將會被要求成為南方唯一的防守者」。到了七月，他甚至看出美、英、中、印四國聯合起來對付日本，日本可能發動更大的戰爭，如此一來，臺灣戰略地位將大異於前，因此告知友人「際此國家動盪劇變，賭上民族命運時期，吾人已超越個人打算，老早把個人生死置之度外」，[85]面對已到來的東西大戰、世界大勢，吳新榮似乎已做好犧牲個人的準備，頗有以日本帝國興亡大我為重的氣概。

十二月八日珍珠港事件爆發、美日開戰，局勢發展果如吳新榮所料，但也不禁感到緊張，認為是前所未有的大事，「地區性戰亂終於演化成世界性戰爭」，預料日本將可在此一冬季攻下香港、關島與南洋各地。果然太平洋戰爭初期，日軍在東南亞如入無人之境，吳新榮一時也為日軍表現喝采，認為日本皇軍完全掌握制空權，尤其是長驅直入爪哇，令人驚異，讚嘆「這橫跨太平洋的大作戰，足以證明日本海軍之偉大」。十二月底日軍拿下香港、攻克新加坡，吳新榮顯然接受了大東亞戰爭宣傳，相信日本是正義之師，大東亞戰爭負著神聖目標，故預測亞洲將會出現四個獨立國，包括菲律賓、安南、緬甸與印度，並稱許「這才是日本發動大東亞戰爭的最大意義」。[86]從中日戰爭到大東亞戰爭，吳新榮的態度明顯已從被動轉為積極。

吳新榮對戰爭態度的轉變，筆者認為與他服膺大亞洲主義論述、企圖在亞洲新局勢中為臺灣取得正當地位有關。本書第一章即指出，一九二〇年代抵抗運動中，蔣渭水等人強調臺灣在中日提攜的重要性、希望臺灣成為「世界和平的鑰匙」。儘管這是臺灣知識分子對大亞洲主義的挪用，但反過來可知大亞洲主義對臺灣知識分子存在相當吸引力，因為這一論述可以讓臺灣人不必直接面對殖民母國、血緣祖國二擇一的困境，反而可以在中日合作、共存共榮關係中擔任關鍵角色，無疑提高臺灣地位。這一套思想論述深入吳新榮情感基底，揮灑起來毫無罣礙，一九三八年底，他的第四個小孩即將出生，他給小孩取名，如果是男孩就叫「南圖」、如果是女孩就叫「亞姬」，因為「南圖更意味著此民族往南發展，亞姬二字為亞細亞之姬，或姬之次者也」，[87]將大亞洲意涵灌注在子女名字中。甚至，一九四九年他在《興南新聞》發表了詩作〈獻給決戰〉，內容更是別具意味：

我站在新高山頂在思想——
東臨渺渺茫茫的大平洋
西控渺渺茫茫的亞細亞大陸
被繫神州日本群島
南顧熱帶馬來群島
啊！這個島　我們臺灣
東亞的中點　八紘的關門[88]

吳新榮此一詩作看似違背他反對以文學作為戰爭工具的初衷，但筆者認為，這正反映臺灣知識分子在戰爭中的曲折心境：如果是為大亞洲而戰、如果可以在戰爭中提高臺灣的地位，則另當別論。

一九四三年戰勢逆轉，日本陷入苦戰。五月，從收音機聽到聯合艦隊司令山本五十六戰死消息，吳新榮感受到「異樣衝擊」，體認「戰爭的激烈與艱困」。九月東條英機首相聲明強化國內決戰體制，臺灣總督府發表將實施徵兵制，吳新榮感受危機迫近，北門郡醫師會全體醫師則都志願充當南方派遣醫，「再次表現無人之決心」。[89]一九四四年二月，吳新榮的胞弟壽山自日本搭船返臺途中，卻遭美艦擊沉遇難，他雖然痛感戰火之下人命如芻狗，卻也更堅定戰鬥到底的決心：「哎，這場戰爭就此讓人明白了一切。那就是我的親人是直接受到犧牲。當然，這類的犧牲早有覺悟，由此犧牲釀成敵愾之心，也沒什麼不合理的」；「而對這樣的犧牲能堅持到最後的，不就是最後的勝利者嗎？我已有堅定的覺悟與信念。」[90]戰爭已使殖民地臺灣無可避免地與殖民母國命運與共，這恐怕是當時的臺灣人不得不有的覺悟。

一九四四年八月英美聯軍奪回巴黎，德國敗退，戰勢逆轉，吳新榮判斷歐戰在今年之中就會勝負立見，太平洋戰線也到了決定關頭，英美下一個戰略不是攻下臺灣、就是菲律賓，如此一來臺灣將成為決定東亞命運之要地，故當局呼籲全島要塞化，全力進行設防，「我等身處此時代命運中，何懼之有？吾等必須有此覺悟。」敵我意識愈發鮮明的吳新榮，躲避空襲之餘，抱怨「明月可憎，敵機更可恨」！[91]

同年十月，美軍太平洋艦隊集結將登陸菲律賓，吳新榮認為大決戰已揭開序幕，收到胞弟壽坤的入伍通知，不禁自問弟弟壽山已犧牲，而今又要送壽坤上戰場，但「命運如此！經過這命運的試煉，我等才會有歷史性的生存吧」。十一月下旬又下動員令，北門郡下多人應召，不分日人、臺人，日記中描述「決戰的要求下，大家都默默向南方出征」。這是戰爭之下無可抗拒的命運，吳新榮說，所有能做的都做了、能動員的都動員了，再來就是實彈射擊與近身肉搏了。[92]

戰爭最後階段，吳新榮保衛家園的求生意志愈發強韌。一九四五年元月起，全臺都面臨空襲威脅，他已有心理準備要堅忍地活過這一年。送胞弟壽坤步上征途前，祭拜祖先時，告誡兄弟戰亂時期生死不可預卜，「最後留存的人一定要保護祖家不可」；今日「以武人身分把壽坤送上戰場，為的是要救臺灣」。二月初，美軍突破馬尼拉市，吳新榮認為馬尼拉陷落、可知菲律賓命運，為免臺灣走向相同命運，不敢想像盟軍一旦登陸，會面臨怎樣的摧殘，所以「我們絕對堅守聖土，以除子孫後顧之憂才是」。[93]

眼見戰火可能直逼臺灣，吳新榮固然有了心理準備，但另方面更密切注意各種訊息。以事後之明對照吳新榮日記，不得不說他對戰局的判斷與預測相當準確，除了前述他研判美軍會在臺灣與菲律賓擇一進攻之外，他也估計美軍攻下菲島後，截斷日本與南洋之連絡，攻臺意義降低，因此美軍將不會登陸臺灣，而是攻取琉球。一九四五年六月初，他取出所藏《中山全集》與《胡適文存》研讀，因為「想到東洋的未來，想研究中國的政治思想與文學思想」；八月十五日天皇玉音放送，竟如先前預告友人的內容，自己都嚇了一跳。[94]與林獻堂不同的是，吳新榮對戰局自有犀利的觀察與研判，並在預料中迎接新時代的來臨。

總言之，**中生代臺灣人知識分子吳新榮有著強烈的漢族認同，戰爭開打初期，眼見祖國的節節敗退，心情苦悶無可言喻，喪志之餘一度自暴自棄、醉生夢死**。但比起林獻堂，吳新榮更能順應時勢、讓步妥協，並改以日文書寫日記。隱忍與自制是戰爭時期殖民地人民的最高生存守則。**同時，吳新榮也受到戰爭宣傳的影響，相信大東亞戰爭的神聖任務，當敵對國家從中國轉變成英美之後，協力戰爭變得順理成章**。從戰爭初期對中國的同情與關切，到戰爭末期與殖民母國日本同心協力，政治態度出現重大轉變。

其次，吳新榮改變態度願與殖民母國同心，除了官方戰爭宣傳影響外，更重要的是戰爭促使殖民地臺灣與母國命運與共，為護衛臺灣家園不受敵軍侵犯，已別無選擇。作為與殖民母國在同一條船上的殖民地人民，吳新榮決心護守家園，甚至已有犧牲的覺悟。

值得注意的是，戰爭末期吳新榮因密切觀察局勢，判斷日本即將戰敗時，又很快地取出《中山全集》重新溫習，戰後也迅速重拾中國認同。**戰爭時期臺灣人對殖民母國的支持與認同似乎只是時局下的權宜之計，中國認同雖然暫時隱身**，並未消失。正因如此，八一五日本宣布敗戰，林獻堂雖感意外、卻不憂傷，甚至因為精神亢奮而必須依靠安眠藥才能入睡，隨即裡裡外外忙於新局事宜。[95]吳新榮則是興奮地與友人「跳下溪中，洗落十年來的戰塵及五十年來的苦汗。起了岸，各人向海面大聲絕叫：自今日起吾人要開始新生命啦」！[96]林、吳兩人在戰爭結束後隨即積極投入籌備歡迎中國政府的活動、加入三民主義青年團等政治團體，並未出現政治認同轉換的困難或遲疑，而他們兩人正反映了大部分臺灣知識分子的態度。

四、葉盛吉的認同掙扎

年輕一代的臺灣知識人則與前輩們有著全然不同的成長經驗。葉盛吉一九二三年出生於臺北，因母親早亡，被臺南州新營郡的叔父葉聰收養長大。葉聰任職於新營鹽水港製糖會社，以人事課長之職退休。由於養父在日本人經營的製糖會社工作，周遭有許多日本人，又住在會社宿舍，葉盛吉從小就在日本式環境下成長。一九三〇年，滿七歲的葉盛吉進入新營公學校，六年後畢業，考入臺南一中。一九四一年春他前往日本岡山投考第六高等學校失敗，返臺參加臺北帝大預科考試又落第，於是再度前往日本，在東京度過了兩年的重考生活，一九四三年考上仙臺第二高等學校，一九四五年春順利考上東京帝大醫科，但因日本戰敗，他未完成在東京大學的學業，於一九四六年返臺。葉盛吉在日本共待了五年，親歷了日本帝國由盛而衰的過程。

（一）日本人？臺灣人？

中學以前的葉盛吉對成為日本人有著單純的嚮往，進入臺南一中這個日本人為主的中學，進一步學習日語及接受日本式的教育。多年以後，葉盛吉回憶自己在中學時期努力於同化，並深信自己可以達到與日本人同等的境界，從未對於自己的身分與國族認同問題有過懷疑。[97]葉盛吉的好友楊威理也以其臺南一中的品行鑑定書佐證，當時的葉盛吉無疑是個優秀的日本中學生。[98]

懷抱著對殖民母國的憧憬，葉盛吉負笈到內地投考高校。到了日本，才開始面臨國族認同問題的挑戰。他自敘，中學時期對於與日本人對立、日臺雙重生活的矛盾等等，採取逃避的態度；「我具有的民族意識，是赴日之後的事。」[99]

事實上初到日本時，葉盛吉仍然對同化政策堅信不疑，所以積極呼應皇民化運動，主動提出改姓名申請書，並正式改名為「葉山達雄」。[100]雖然嚮往成為日本人，但來到日本後的葉盛吉卻對故鄉產生強烈的思念，發現自己對故鄉臺灣的深切情感。他在筆記中寫道：

任何民族，無論怎樣處在落後狀態、不科學、不衛生的民族，都是他們的故鄉。而他們的習慣，對他們來說，都是絕對的東西。即便有一天他們接觸到其他更高級的文化、文明之時，雖然會一時地迷醉其中，但隨著時間流逝，他們也還會懷念自己的故鄉，懷念過去的生活、習慣。[101]

因為對故鄉的強烈思念，葉盛吉重新省視自己生身之地，開始正視自己的「雙重性」，接受自己有「兩個故鄉」：

在我心中，有一個故鄉。幼時在會社宿舍度過了童年，在中學校經歷了學寮生活的我，同時從教科書中知道了內地的風俗習慣，在我心中栽植了一個故鄉（按：指日本）。孩提時代，那灰暗陳舊的建築物，親戚家的婚喪嫁娶儀式，接觸到這些生活習俗，還有鄉下廟會祭典情形，……在我心裡又有了另一個故鄉（按：指臺灣）。前者來自社會生活，後者源自血統、傳統。但我卻不感到有什麼矛盾地在我心中並存著，真是不可思議的事。102

尤其進入仙臺二高之後，葉盛吉陷入了嚴重的認同問題困擾。這年，正好閱讀了王昶雄發表在《臺灣文學》秋季號〈奔流〉⑩一文，故事喚起他的強烈感受，對於自己過去如同故事中伊東春生一樣追求同化，感到極度慚愧，確信應該如林柏年一樣在成為「真正的日本人」之前先成為「真正的臺灣人」。在筆記中，對於如何在臺灣認同與日本認同之間尋求平衡點，他有了以下的體悟：

回想起中學時代，真是對不起雙親。……我曾經對這一頭效忠，而對另一頭失敬了。我為什麼沒能設法過兩全的生活呢？真是慚愧……雙重生活是痛苦的。……我必須忍受痛苦，而使日本和臺灣的雙重生活兩全並存。……無視於臺灣或日本之一方面的生活，鄙而棄之，那是卑怯、沒有氣概的做法。……遵守天地的公道才是人類之道，要走天公地道的大道，就算有些痛苦也要要忍受。103

殖民者的教育從小灌輸被殖者低劣的自我認知，致使葉盛吉以為臺灣文化是落後的，但卻不能抹殺他對自己生長土地的深摯情感。經過自省，他逐漸正視臺灣文化傳統，並且肯定其價值。一九四三年十一月學寮舉行一年級生辯論大會，葉盛吉自選「論傳統」為講題，筆記中，葉盛吉提出他對日本當局正在推行的皇民化運動、寺廟改正問題的看法：

最近強烈呼籲有關臺灣宗教問題，寺廟神升天，風俗習慣改變等，……不得不有強烈的感受，我的想法是尊重自己傳統的同時，也有必要對其他傳統表達敬意與保存，因為價值判斷是主觀的，相對的。……真正有強大同化力的文化是對其他文化之長處能夠兼容並蓄的發展，恰如大河是小河匯聚成流一般。[104]

至日本內地方才生出認同問題的葉盛吉，逐漸正視自己對故鄉臺灣的強烈情感，並對統治當局推動皇民化運動、否定臺灣傳統習俗等做法提出批判。從追求同化於殖民母國到重新

---

⑩ 王昶雄〈奔流〉：發表於《臺灣文學》三：三（昭和十八年七月三十一日），故事敘述身為醫生的主角「我」為自己是否應該同化為日本人而苦惱掙扎，朋友伊東春生立志成為純正的日本人，對鄉土與親生父母甚鄙夷；少年林柏年則認為要成為堂堂的日本人之前，更應成為堂堂的臺灣人，勝過日本人。王昶雄著、鍾肇政譯，〈奔流〉，收入許俊雅主編，《王昶雄全集第一冊．小說卷》（臺北：臺北縣文化局，二〇〇二），頁一四九—一八五。

肯定故鄉臺灣，從申請改姓名到質疑皇民化運動，自幼接受日本教育形塑的新生代臺灣人，對雙重認同的愛恨迎拒，明顯地較老生代與中生代更為複雜、糾葛。

（二）對戰爭動員的態度

一九四三年春天，葉盛吉踏上積雪未融的仙臺，住進了二高明善寮。但到了年底，學寮裡的學長紛紛應召當兵，在日本留學的臺南一中同學也有人入伍，葉盛吉在為友人角田入伍餞行之際，感到羨慕。甚至，異鄉的孤寂與時代的氛圍，令他一度申請海軍預備生，渴望體驗戰場的奔騰。他自己也曾試圖剖析這種激情的原因：

> 困擾於race的問題。為了見證真正的歷史洪流，渴望上戰場去，這或許是我不耐於精神上的苦惱所做的一種妥協也未可知。精神的痛苦比肉體的痛苦更加嚴酷難耐，我渴望上戰場之事或許是一種妥協也不一定。但我確信應該走這條路，從種種意義來看，都是必要的。[105]

同年底，好友林宗人以甲種體格入伍、郭朝三被征調為海軍，更令他羨慕之餘也意氣激昂地渴望上戰場。接到郭朝三從軍中來信時，葉盛吉自覺不如，而發出如此的喟嘆：

他是堂堂正正的男子漢，我只有嘴巴而已，到今天為止什麼事也沒做。……朋友們一個一個離我而去，到激烈的戰場上去，時局愈是嚴酷，今年是困難的一年。……我想出征，不要不自覺地貪圖偷安，我想感受那激烈的風暴，想要接受鍛鍊。[106]

青年葉盛吉渴望上戰場，一方面固然是長期教化的結果，另方面恐怕也與青年的純情與浪漫情懷有關。

（三）激烈的認同掙扎

受到戰爭宣傳的影響，葉盛吉認定大東亞戰爭是一場聖戰，日本的使命在解放大東亞諸民族，並深信阻撓此一神聖使命的美英等國無疑將被擊退。一九四四年元月學寮舉行辯論大會，辯論題目是「論學生在決戰中的態度」，葉盛吉獲得一等獎，講稿中他力陳如何弘揚天皇之道，以此作為動力，推動大東亞共榮圈之建設。[107]葉盛吉的思想激烈地向右翼傾斜，他參加了二高教授小野浩等人所組成的「猶太問題研究」團體，日記中詳列了長串的指定研究參考書目，莫不是強調日本神道思想、國體論、皇道論、德意志第三帝國論方面的書籍。[108]他並詳細以文字、圖式，記錄教授們所傳播的極端右翼理論；而有關「天壤無窮」、「神武必勝」、「皇統連綿」、「國體歸一」等口號，更在日記中不斷出現。

但實際上此時日本已陷入劣勢，戰爭失利的同時，激烈的皇道派思想卻更加猖獗地滲透到高校青年學生之中。面對艱困的戰爭局面，一九四四年上半年葉盛吉的筆記中充滿憂國之思、為天皇犧牲的決心，以為青年的鮮血可助神州不滅；或將〈海行かば〉[11]等軍歌的歌詞抄寫在筆記中。即使是經過半個世紀以後的筆者都可以透過筆記感受到他燃燒般的激情。

像葉盛吉這樣的青年，一面充滿對故鄉的摯愛，一面又狂熱於激進右翼思想、護衛神國，兩者並存不悖，並不是特例。依據周婉窈的研究，葉盛吉這個世代的臺灣人，正是受公學校第三期國語教科書讀本薰陶的一代，教科書中一方面有大量的臺灣鄉土教材，一方面卻缺乏歷史的鄉土，在「愛鄉即能愛國」的教育原則灌輸下，年輕世代產生對鄉土的濃厚感情，但因為缺乏與臺灣歷史連結，鄉土情感直接被嫁接到對日本國家的認同上。[109]因此，鄉土愛與國族認同兩者得以不相矛盾地並存。

自明治維新以來，日本就在「脫亞入歐」與「東亞盟主」兩條路線中徘徊，一戰後的凡爾賽會議與華盛頓會議令日本深感西方世界對其排擠與掣肘後，從脫亞入歐路線大幅轉向回歸東洋，此後以追求日本為盟主的「大東亞共榮圈」路線逐漸定調。為了與西方世界爭強，一九三〇年代以來日本帝國侵略滿洲、華北，並不斷強化國防國家、國體明徵、皇道精神、滅私奉公等集體主義式的右翼思想，為擴張行為尋得正當性。[110]日本陷入東西競爭的焦慮感與危機感，促使國家主義當道，狂潮席捲之下甚至連自由主義者、社會主義與共產主義分子都紛紛轉向。[111]殖民地青年葉盛吉便是成長於右翼軍國主義思想最為昂揚的戰爭時期，人格養成過程中飽受此種意識形態的浸淫濡染。戰爭時期統治當局為鼓舞人民為國捐軀之熱情，系統性地美化戰爭語言，將死亡代換為淒美浪漫的「落櫻」、「玉碎」，[112]於是這一套戰爭語言就頻繁地在青年葉盛吉日記與生活筆記上重現。

但這一套國家機器強力灌輸的皇國神話並非如銅牆鐵壁般毫無破綻。從殖民地臺灣到殖民母國求學的葉盛吉，因發現對鄉土的熱情而陷入認同困擾，並重新評價故鄉的地位，已如前述。一九四三年秋天，他為準備重考高校住於高圓寺附近，某日一位來自中國的留學生喚起了他的民族意識，「這是我民族意識覺醒的開始。從這天起，我心中的糾葛未嘗停止。」[113]

---

⑪〈海行かば〉：〈海行かば〉一曲在一九〇〇年被編入〈軍艦進行曲〉，歌詞內容為：「海行かば，水浸く屍。山行かば，草生す屍。大君の邊にこそ死なめ，顧みはせじ」（海行兮，水漬。山行兮，草掩。但得死在大君身旁，永不反顧）。戰爭期間經過收音機的放送傳播，地位有如第二國歌，在戰爭時期傳唱於日本本土、殖民地與占領地的每個角落，歌詞內容帶有追悼意味，隨著日本戰局失利，該戰爭歌曲的悲劇色彩愈發濃厚。參見周婉窈，《海行兮的年代：日本殖民統治末期臺灣史論集》（臺北：允晨，二〇〇三），頁一四—一七。

其次，當時日本當局徵召學徒出陣（按：學生入伍），在日本留學的殖民地學生也被要求赴前線，但理科學生例外緩召，只需從事勞動服務。就讀於高校理科的葉盛吉因此自一九四四年八月至一九四五年三月期間，被派到宮城縣南部的海軍火藥工廠，並成為帶領一百五十人的勞動服務隊的隊長。沒想到，勞動服務期間卻逐漸動搖了他的政治信念。

該火藥工廠的海軍上校塚本屢次在訓話中批判日本的戰爭國策，拆穿戰爭宣傳謊言，給予葉盛吉思想上極大衝擊。塚本在訓話時指出，盧溝橋事變的責任未必在中國；所謂清國奴、鬼畜英美等說法，都是為了完成八紘一宇的戰爭，鼓舞戰爭士氣，今後應予撤廢，否則戰爭將無終息之日。塚本也不客氣地指出日本帝國的雙面性，日本人在殖民地對當地人一面用手摸摸頭，一面卻又用腳去踢對方；粉飾光輝的歷史，以為生為日本人就優於其他民族，這是大錯特錯的，是一切禍害的根本。這些說法給予葉盛吉相當的刺激與啟發，回到學校，他又與好友中目（按：楊威理）討論，益發對日本帝國主義所發動的侵略戰爭反感。[114]葉盛吉開始對自己的雙手製造火藥、協力戰爭，感到痛苦，逐漸採取消極怠工的態度，在休息、聊天、讀書中逃避戰爭。[115]

仙臺二高同窗楊威理也是臺灣籍，家住滿洲齊齊哈爾，有著中國認同，他給葉盛吉帶來不小影響。在學寮中只有這位殖民地同鄉可以理解他在認同問題上的掙扎與痛苦，兩人常常通宵達旦爭論暢談而成為知己，關於同化問題、殖民地處境、帝國主義侵略、神道問題、日本戰敗、中國未來等等，莫不是討論的話題。[116]葉盛吉開始對「八紘一宇」的絕對性產生懷疑，對「共存共榮」的虛偽性格加以批判，也向楊威理學習中文，並借來《三民主義解說》、《孫文傳》、《近代支那思想史》等與中國有關的書籍閱讀。然後，他的日記中出現了以工整字跡抄寫的〈中國國民黨黨歌〉樂譜與歌詞。[117]

日後，葉盛吉稱楊威理是「肝膽相照的好友，我的思想受他影響最大」。[118]在楊威理的影響下，透過不斷的論辯、釐清，葉盛吉愈來愈向中國傾斜，並預測日本即將戰敗。

戰中代臺灣人的成長期，完全籠罩在軍國主義與神道國粹思想的教化之下，原本並無漢族意識與中國認同滋長的空間。但是來到殖民母國之後，濃烈迸發的故鄉情感讓葉盛吉體察到殖民者與被殖者之間的民族問題，他極力要在日本認同與臺灣認同之間尋求平衡。另方面，在帝國教化下服膺軍國主義、不時複誦戰爭宣傳話語的皇國青年葉盛吉，卻因部隊長官的意外啟發與同儕的影響，開始質疑八紘一宇思想，政治認同也出現巨大變化。葉盛吉從積極同化到認同臺灣，又從右翼國粹主義擺盪到中國民族主義，其情感與認同的激烈變化，明顯異於老生代林獻堂、中生代吳新榮的經驗。

五、小結

長期以來對戰爭時期臺灣人政治認同的詮釋，存在種種迷思（myth）。無論是誇大臺灣人熱烈盼望「祖國光復」、「解救臺灣」，或指責皇民化政策下的臺灣人已被改造「成為日本人」，筆者認為都是對歷史事實的過度簡化，需要更加細膩分析、更多例證支持。

透過對林獻堂、吳新榮、葉盛吉三人的考察，筆者提出以下幾點看法。

首先，戰爭時期的高壓下，臺灣人各有種種應付局勢的生存之道。吳文星研究一八九五年甲午割臺指出，當時臺灣社會領導階層採取了抵抗、內渡、消極退隱、順服新政權等各種因應方式，迨因各自的條件考量。[119]傅葆石（Poshek Fu, 1955-）也將日本占領時期上海的知識分子分為消極、抵抗與協力等類型，莫不緣於個人條件與愛國理念的選擇。[120]反殖民研究中也發現，除了少數抵抗運動以群起抗暴或獨立運動的型態出現外，一般人民的反殖民抵抗可能以下列幾種方式存在：日常生活中人們採取冷漠、移民、出逃、農民反叛等等抵抗方式，無論個人或團體都努力改變殖民體制與秩序，但卻未必會出現國族主義運動式的大規模反抗行動。[121]而斯科特（James C. Scott, 1936–2024）對農民抵抗運動的研究更是廣為周知，他指出農民經常以怠工、偷竊穀物、破壞農具、造成損失等等種種方式，對抗地主或宰制者。他把這些邊緣的、日常的、非正統的抵抗方式稱之為「弱勢者的武器」。[122]

時代變局之下的人們，為了生存所做的種種妥協、因應與抉擇，應該放在時代脈絡下加以理解，而非以是否追求「民族主義」加以衡量。臺灣人在戰爭體制下，面對殖民當局鋪天蓋地而來的強化效忠與軍事動員要求，無所逃於天地間，如林獻堂的隱遁、吳新榮的消極，都已是時局下抵抗的極限，不應以「民族大義」單一標準加以檢驗，輕率做出臺灣人心靈已被改造的結論。何況在戰爭體制下，林獻堂與吳新榮仍各有堅持、各有抗拒，例如林獻堂始終掛意臺灣人地位與權益問題，直陳日本在臺統治最根底的癥結是對臺灣人的差別待遇，批判在臺日人的優越感與猜疑心是內臺融合的最大障礙；吳新榮則始終拒絕將心愛的文學作為配合皇民化運動的工具。這些努力與堅持，不應被忽視。

其次，**戰爭時期臺灣人的政治認同並非固著不動，而是因時局等種種因素呈現出游移、流動的狀態，本章所述的三個案例都有徘徊在中國、日本與臺灣之間的認同掙扎與猶豫經驗，不應被簡化為「日本人」、「日本皇民」**。老世代政治運動家如林獻堂有明顯的漢族認同，強力抗拒皇民化運動、拒改姓名，並致力於保存漢文與漢詩。但在太平洋戰爭展開、戰局日益緊急後，他逐漸與當局協力配合，對抗英美盟軍。中生代吳新榮也懷抱漢族認同，在戰爭初期倍覺苦悶壓抑，醉生夢死以求解脫。儘管如此，他仍選擇順應時勢、妥協讓步，屢屢以時局、便利等說詞，自我安慰與自我說服，並隨著戰爭激烈化，最終也支持「大東亞戰爭」。但因吳新榮密切觀察戰局，精準預測日本將戰敗，在戰爭結束前後即迅速重拾中國認同。新生代葉盛吉原本追求同化為日本人，到殖民母國求學後才發現對故鄉臺灣難以割捨的深厚情感，雖然一度激情支持軍國主義擴張，但在同儕等影響下萌發中國認同，其間的轉折更是劇烈。

臺灣人對戰爭態度的轉折，與戰爭宣傳所發揮的強大作用不無關係。林獻堂與吳新榮對戰爭態度的轉變，大約都在一九四〇年下半年到一九四一年太平洋戰爭爆發這段期間，此時期日本當局將戰爭對手從中國轉向為美英，宣傳重點從「暴支膺懲」變成「鬼畜英美」，強調「大東亞新秩序」是為建立日、滿、中為中心的共存共榮體系及道義為基礎的皇道一統，驅逐西方勢力在亞洲的壓迫與支配。在這樣的「大亞洲主義」戰爭論述下，臺灣知識分子解除心防，與日本當局協力合作。年輕一輩的葉盛吉更對八紘一宇、神國皇道等右翼思想入迷，對戰爭語言信以為真。**因為戰爭宣傳的引導，原本具有漢族認同的老生代與中生代終於願意支持日本、協力戰爭，新生代甚至樂於為聖戰獻身。**

再者，不可輕忽的是，**臺灣人願意與日本統治當局合作的重要原因是戰爭將臺灣與殖民母國綁在同一條船上，兩者命運一同、利害與共，在看不到臺灣前途有其他選擇的情況下，為了保全、護衛鄉土，戰爭局面愈是嚴酷、愈需與日本當局協力同心。**林獻堂的親族、吳新榮的手足都不乏在戰爭中遇害者，危殆情勢下，他們甚至都有決戰、犧牲的準備。他們最關心的問題其實是如何保全臺灣，戰爭末期，林獻堂甚至批評日本當局的貪念與好戰拖累了臺灣。戰火強化了本土認同，在護衛臺灣的強烈動機下，與殖民統治當局合作可說是不得不然的選擇。

同時應注意的是，戰爭體制與皇民化運動所發生的作用，存在世代差異。對具漢族認同、有過一九二〇年代政治運動經驗的林獻堂與吳新榮而言，戰爭期間對日本帝國的支持具有濃厚的權宜性質，並未真正深入骨髓、改變其國族認同。因此在戰爭結束時，兩人並不因戰敗而與日本人同悲，反而迅速接受中國統治的新局面。青年世代受日本教化與皇民化運動影響較深，葉盛吉一度具有強烈的日本認同，深信日本發動的是「聖戰」，甚至懷抱為神國捐軀的浪漫情懷，但終究不敵理性思辨的檢視、漢族血緣的召喚而改變其認同取向。由此可知，日本殖民統治末期雖然進行嚴格的思想控制與政治教化，但臺灣人的政治認同並未因此被一致塑造，乃是非均質化（non-homogenized）的狀態，不同世代因其環境差異與生活體驗，對日本認同強弱有別，甚至同一世代的日本認同也有若干差異，難以一概而論[12]。

總言之，從林、吳、葉三人的例證來看，戰爭時期的皇民化運動並未成功，所謂「『不當日本人不行』成為臺灣人的集體焦慮與政治欲望」的說法未必成立，臺灣人的心靈與國族認同也未被徹底轉化。戰爭體制之下，臺灣人或退避、或消極，各有其因應之道。即使在戰爭末期必須與日本當局合作，也多是出於護衛臺灣安全的初衷。即使是受日本統治教化最深的年輕世代臺灣人如葉盛吉，也並未蒙蔽於統治者的宣傳，經過不斷辯證與思考，最終廓清了自己的認同糾葛。戰爭體制下，臺灣人艱苦謀求生存機會，並未因此就同化為日本人，反而迸發對土地的摯愛情感，護衛臺灣的意志不斷強化。

⑫ 戰爭世代的認同差異：例如葉盛吉在臺南一中的同班同學王育德，就對皇民化運動的感受不深，反而有豐富的臺灣民間文化風俗體驗，他的政治認同也與葉盛吉有極大差異。參見王育德著、吳瑞雲譯，《王育德自傳》（臺北：前衛，二〇〇二）。

第三部

戰後初期的認同衝擊

第六章 「新生臺灣」的頓挫：延平學院創立始末

一、緒言

一九四五年二戰結束，留日臺灣菁英熱切期盼盡快返回故鄉，並組織「新生臺灣建設研究會」，希望貢獻所學，重建新生。返臺之後，他們創辦了延平學院，這是第一所臺灣人所創辦的私立大學。由於青年學子熱心向學，全臺僅有的臺灣大學無法提供足夠的升學機會，延平學院因此極受歡迎。但是，這所符合社會殷望的大學，卻只開辦不到半年，就不明原因被政府當局下令關閉。而新生臺灣建設研究會也在一九五〇年代被下令解散。

二二八事件中參與的青年學生眾多，來自全臺各地學校，為何受到社會歡迎的延平學院被下令關閉[1]，令筆者感到好奇。由此，筆者追溯到更早之前即成立的新生臺灣建設研究會，進而對這段被淹沒的歷史產生一探究竟的強烈動機。

從新生臺灣建設研究會這個團體的名稱，可以看出戰爭結束時成員們想要奉獻故鄉的熱情，他們返臺之後有著怎樣的遭遇？延平學院創設經過如何？為何匆匆被關閉？研究會又為何被下令解散？筆者認為，新生臺灣建設研究會與延平學院的遭遇如同戰後臺灣菁英與新來政權互動的縮影，解答上述這些問題，有助於理解臺灣社會在戰後極短時間內劇烈轉變的過程。

至目前為止，有關新生臺灣建設研究會與延平學院的先行研究十分不足，僅有《朱昭陽

---

❶ 二二八事件中被關閉的學校：二二八事件中被關閉的學校除了延平學院以外，還有臺中的「建國工藝職業學校」，兩所學校都是私立學校。建國工藝職業學校的前身是日本人山中公所創，他畢業於東京美術學校，擅長蒔繪漆器，早年來臺創立了「山中工藝美術漆器製作所」，生產販賣漆器，一九二八年臺中州廳將此改為「臺中工藝傳習所」，一九三七年又改為「私立臺中工藝專修學校」，傳授工藝技能，分為漆工、木工家具、民俗藝品三部。戰後，山中公被遣返，該校初由蘇天乞接收，改為「私立建國工藝職業學校」，但因經營不善，於一九四六年秋被臺中左翼人士出資買下，改由林西陸任董事長、謝雪紅任校長，但學校經營登記尚未完成轉移，就發生了二二八事件。事件中謝雪紅、楊克煌等人鼓動學生起來鬥爭，部分學生被動員參加二七部隊，導致事件後學校遭關閉、教師李炳崑等人被捕。一九五〇年代師生多人捲入白色恐怖案件。參見陳翠蓮，〈二二八事件後被關閉的兩所臺灣人學校〉，收入許雪姬主編，《紀念二二八事件六十週年國際學術研討會論文集》（臺北：臺北市文化局、臺北二二八紀念館，二〇〇八），頁二二五—二五四。

回憶錄》對於這兩個團體提供了當事人的第一手線索；[1] 其次，謝聰敏在《自立晚報》所發表的〈留日學生的「祖國經驗」〉一文，記述了新生臺灣建設研究會成員們的回憶。[2] 另外則有陳君愷所撰〈荒野暗夜中的螢光——延平學院的歷史地位〉論文探討了學校被關閉的原因。[3] 但因為受限於史料，以致上述論著都顯得極為簡略，只呈現了這兩個團體的部分側面。

本章試圖以近年來出土的政府檔案、時人日記、回憶錄等史料為基礎，輔以當時新聞媒體報導，及對相關人士進行之口述訪問，重建新生臺灣建設研究會與延平學院成立經過，探究兩團體被解散或關閉的原因，並檢討其所顯現的戰後臺灣社會集體心靈抑鬱、挫折與轉變。

二、故鄉情、祖國心

一九四五年八月十五日昭和天皇透過廣播宣布敗戰投降，臺灣人的命運面臨重大轉折。戰爭結束，大部分海外臺灣人迫切想要返回鄉里，尤其在日本的臺灣人因為長期戰爭動員導致物資匱乏、盟軍轟炸到處殘破不堪、戰後社會人心惶惶，都促使他們希望迅速回臺。

面對破敗的日本，東京帝大學生邱炳南（邱永漢）的心情是：「巴不得早日逃離這樣的環境，為此必須盡快找機會回臺灣。……如今已經不是巨石壓頭的帝國主義日本，而是咱們自己的臺灣由自己統治的立場了。……在當時從臺灣來的留學生們無不歡欣振奮。」[4]青山學院學生高俊明回憶：「戰爭一結束，我日夜想著趕快回臺灣。我很想念父母親，很想念故鄉，完全不想待在日本。」[5]就讀東京醫專的許丕樵則說：「我們這些留日臺籍學生頓時變成了戰勝華僑，基於現實考量及思念祖母、母親，……決定舉家返國。」[6]而在長崎的彭明敏與兄嫂一家人，儘管大哥可以繼續在日本行醫、他自己也可以繼續完成京都大學的學業，但是「我們決定盡快回去臺灣，而全無其他想法」。[7]經歷戰爭浩劫，殖民母國已如廢墟，在日臺灣人迫切希望返回故鄉，這是當時共同的心情寫照吧。

（一）返臺作業與東京臺灣同鄉會

據估計，戰後流落海外的臺灣人總數約有二十萬人之譜，其中在日本的臺灣人約五萬人❷。由於盟國為排除敗戰國日本在占領地的影響力，戰後遣返政策以日俘日僑優先，朝鮮人其次、臺灣人再次。因為臺人返鄉工作不在優先順位中，再加上中國政府接受回籍臺民之種種準備工作仍未就緒，遲遲無法展開遣返作業。[8]

歸心似箭的在日臺灣人要返臺，必須先到國民政府駐日代表處接受調查、進行登記後，再接洽盟軍總部安排船期。因為運輸船艦調度困難，等候時間甚長，為此旅日各地臺灣人紛紛組織同鄉會，協助接待安頓同胞。一九四五年十月，東京臺灣同鄉會[3]成立，會長為高天成，副會長高玉樹，事務所設在東京丸之內會館，主要工作在協助旅日臺灣人國籍回復登記、生活安頓、與返鄉船期安排。

在臺灣的林獻堂不久就接獲女婿高天成來電報稱，「在日京解甲臺僑不下數千，歸計未就，旅囊羞澀，而氣候日增寒冷，物價逐日飛漲，饑寒交迫，情形極為嚴重，籲請救援」，[9]於是號召組成臺灣省海外僑胞救援會，著手海外臺人返鄉、捐款救濟事宜。

十月二十三日林獻堂偕羅萬俥、黃朝清、陳炘、林雲龍拜訪前進指揮所主任葛敬恩，請求交涉運載船隻；又託外交部駐臺灣特派員黃朝琴轉致陳情書，請求國民政府代向駐日盟軍總部洽准匯寄所募捐款一百五十萬日圓救濟臺胞，並核撥專輪、或載運日僑之船隻順道運回

---

❷ 戰後留日臺僑人數：戰後在日本究竟有多少臺灣人，各種統計數字從二萬人到十萬人，差距相當大，學者看法也不一致。曾任東京臺灣同鄉會副會長的高玉樹估計當時在日本臺僑有六萬五千人，學者湯熙勇認為應為二萬人左右，簡笙簧則估計約有五萬人。筆者認為戰後在日臺灣人至少有五萬人，因為根據臺灣省行政長官公署民政處一九四六年底在省參議會報告，迄該年十一月二十日由日返回臺胞有二萬二五七一人，十二月二

十日又宣稱尚待回臺之旅日臺胞尚有二萬五二〇〇餘人，亦即已回返臺、及準備返臺者接近五萬人。參見高玉樹口述、林忠勝撰述，《高玉樹回憶錄》（臺北：前衛，二〇〇七），頁二七；湯熙勇，〈恢復國籍的爭議：戰後旅外臺灣人的復籍問題（1945-1947）〉，《人文及社會科學集刊》一七：二（二〇〇五年六月），頁四〇一；簡笙簧，〈光復後政府接運旅日臺胞返籍之探討〉，收入國史館編，《中華民國史專題論文集：第三屆討論會》（臺北：國史館，一九九六），頁一一七四；臺灣省行政長官公署編印，《臺灣省參議會第一屆第二次大會臺灣省行政長官公署施政報告》（臺北：臺灣省行政長官公署，一九四六），頁二三；李汝和主修，《臺灣省通志．卷首（下）：大事記》（臺北：臺灣省文獻委員會，一九六八），頁三三〇。

❸ 東京臺灣同鄉會：東京臺灣同鄉會會長的產生過程顯然有爭議，以致出現種種不同說法。《朱昭陽回憶錄》指，東京臺灣同鄉會初採委員制，由朱昭陽、謝國城、陳文彬等七人任常務委員，常務委員會並推朱昭陽為議長、謝國城為副議長，但後來同鄉會改組為會長制，由晚些回臺的高天成為會長。但是同鄉會成員之一的廖史豪則指出，東京臺灣同鄉會中陳文彬與朱昭陽競選會長，朱昭陽當選，因有人批評朱氏曾當日本官、是日本人池田之養子，豈能擔任會長，所以朱氏將此職位讓給高天成。另有一說則指出陳文彬先被推舉為會長，但他以回臺灣為由推辭，才改由高天成、高玉樹分任正副會長。而當時是小留學生的高俊明則在回憶錄中說，經過選舉，高天成最高票當選會長，但一些想當會長、委員的人當場大聲批評、攻擊，爭權奪利，情況混亂。這種種說法雖然不同，但都一致指出高天成是當時東京臺灣鄉會會長。參見朱昭陽口述、林忠勝撰述，《朱昭陽回憶錄》（臺北：前衛，一九九四），頁七〇；張炎憲、胡慧玲訪問，胡慧玲記錄，〈廖史豪口述訪問紀錄〉，收入張炎憲等採訪記錄，《臺灣獨立的先聲：臺灣共和國》（臺北：吳三連臺灣史料基金會，二〇〇〇），頁二三；楊國光，《一個臺灣人的軌跡》（臺北：人間，二〇〇〇），頁一四七—一四八；高俊明、高李麗珍口述，胡慧玲撰文，《十字架之路：高俊明牧師回憶錄》（臺北：望春風，二〇〇一），頁九四—九六；高玉樹口述、林忠勝撰述，《高玉樹回憶錄》，頁二七。

滯日臺人。[10]二十四日又有黃宗岳等人向葛敬恩陳情，請求接運被日本海軍徵往神奈川縣等處為航空廠工員的臺灣少年工八四一九人。[11]十二月四日，東京臺灣同鄉會電臺灣省行政長官公署，聲稱有為數約七萬名的臺灣人準備返鄉，請求陳儀長官與盟軍總司令麥克阿瑟（Douglas MacArthur, 1880–1964）洽商辦法，急速救助。[12]

一九四五年十一月二十四日，國民政府參軍長商震告知美軍駐華總部，中國政府已準備好收容從日本與朝鮮遣返之臺灣人，美軍駐華總部當即轉知盟軍統帥，此後開始遣返工作。[13]同年十二月五日開始輸運留日臺胞，首批六百餘人於二十三日抵臺。[14]

（二）新生臺灣建設研究會

戰爭期間，臺灣人之間不太敢相互聯絡、聚集一堂，以免被特高注意。但此刻已無顧慮，在日臺灣人出現各種橫向聯絡團體，定期聚會。例如一九四五年十月約有二千名臺灣留學生組成「臺灣學生聯盟」；曾任教於上海復旦大學的陳文彬組織「光復會」；廖史豪、蔡子民等東京《中華日報》人員組織「鵬南會」；[15]以朱昭陽為中心的臺灣留學生則組織「新生臺灣建設研究會」。

新生臺灣建設研究會於一九四六年初召開了成立大會❹，與會的臺灣菁英們不知從何處找來一面「青天白日滿地紅」的國旗懸掛牆上，卻因對祖國的不熟悉，把橫式國旗給直掛了。成立大會中推舉朱昭陽為會長、謝國城為副會長、宋進英為總務課長、林迺敏為財務課長、楊廷謙為組織課長、郭德焜為調查課長、曹欽源為文化課長等。該會成員近二百人，大多數為知識分子，也有部分是戰爭中被日本政府徵用的勞工。成員之一的賴永祥認為該會是以東京帝大為中心所組成，幹部也以東京帝大人士為主。[16]

依據《朱昭陽回憶錄》中新生臺灣建設研究會成員合照，以及相關史料，筆者將研究會主要成員名單與背景整理如附表6-1。

---

❹新生臺灣建設研究會成立大會：東京帝大醫科學生葉盛吉的日記中記載自己參加了一九四五年十月十日的成立大會，大會以臺灣話說明，隨後又進行國慶紀念日儀式，唱國歌、向國旗行最敬禮、恭讀總理遺囑、為戰歿英靈與殉難同胞默禱、向國旗獻花、主席致詞、來賓祝詞、三呼萬歲後閉會。但是《朱昭陽回憶錄》則指出，他和謝國城、宋進英等人發起新生臺灣建設研究會，利用每週六、日休假時間在明治學院集會活動，但正式的成立大會要到一九四六年初才正式召開。綜合相關人士的說法，筆者研判該研究會的聚會活動在戰後即已展開，但正式成立大會則可能稍遲至一九四六年初才舉行。葉盛吉著，許雪姬、王麗蕉主編，《葉盛吉日記(六)1945》(臺北：國家人權博物館、中央研究院臺灣史研究所，二〇一九)，頁四六〇—四六三；朱昭陽口述、林忠勝撰述，《朱昭陽回憶錄》，頁六八—六九。

返臺初期工作	二二八事件後動向
大同中學校長	延平中學校長、董事長
大公企業總經理	立法委員
臺灣大學副教授	新生蔴袋廠總經理、新臺灣基礎公司
籌辦延平學院	延平中學副校長
大同中學教務主任	因政治案件受刑六年
臺灣拓殖會社	逃亡、合作金庫研究員
臺大中文系教授	臺大中文系教授
錫口療養院主治醫師、臺大醫學院教授	父親林茂生失蹤、世界衛生組織顧問
	因政治案件遭槍決
省衛生處疫苗研究所	衛生署防疫處長、衛生署預防醫學研究所所長
開南商工教師	臺大化工系教授
臺大醫學院教授	臺北醫學院院長
臺灣拓殖會社	臺大圖書館系主任
省立澎湖醫院外科主任	省立澎湖醫院院長
	日本貴族院事務官
臺大醫學院教授	臺大醫學院院長
臺大醫學院教授	臺大醫院院長
臺大醫學院學生	因政治案件遭槍決
延平學院教師	因政治案件逃亡、棄文從商
新竹地院檢察官	二二事件後失蹤
牧師	臺南神學院教授
省衛生局職員	臺灣省衛生處技術室主任、行政院衛生署署長
臺大經濟系教授	臺大經濟系教授
財政處職員	逃亡香港、日本企業家
	二二八事件後返臺；中華基督教青年會幹事、總幹事、顧問
	臺灣省儀器公會理事長
	彰化銀行經理

（續下頁）

表6-1 新生臺灣建設研究會主要成員一覽

姓名	生卒年	學歷	經歷／研究會職務
朱昭陽	1903-2002	東京帝大經濟學部	日本高等文官考試及格、大藏省專賣局高崎支局長／會長
謝國城	1912-1980	早稻田大學政治經濟科	讀賣新聞政經記者／副會長
林迺敏	1917-1978	東京帝大政治學部	日本外交官考試及格、別府市郵政局長／財務課長
宋進英	1908-1979	東京帝大法學部	東京執業律師／總務課長
楊廷謙	1917-1990	中央大學經濟學部	東京都廳總務課囑託／組織課長
郭德焜	1921-1995	東京帝大經濟學部	東京帝大研究員／調查課長
曹欽源	1907-1993	東京帝大文學部	文化課長
林宗義	1920-2010	東京帝大醫學部	東京都立松澤病院精神科醫師
李中志	1916-1950	中央大學法學部	日本陸軍少尉
許書刀	1922-1992	東京帝大醫學部	
陳成慶	1920-2016	東京工業大學	
江萬煊	1922-2013	東京帝大醫學部	
賴永祥	1922-2024	東京帝大法學部	日本陸軍少尉
蘇銀河	1921-1985	京都帝大醫學博士	
李燧煤	1912-1990	東京帝大法學部	日本高等文官考試及格、貴族院事務官
魏火曜	1908-1998	東京帝大醫學博士	
高天成	1904-1964	東京帝大醫學博士	東京帝大醫學部
葉盛吉	1923-1950	東京帝大醫學部 臺灣大學醫學部	東京帝大學生
張冬芳	1917-1968	東京帝大文學部	
王育霖	1919-1947	東京帝大法學部	日本高等文官考試及格、京都地檢處檢察官
吳振坤	1913-1988	京都帝大宗教哲學科	
王金茂	1913-2002	慶應義塾大學醫學部	
張漢裕	1913-2000	東京帝大經濟學部	
邱永漢	1924-2012	東京帝大經濟學部	
鍾啟安	1916-1992	日本東京聯合神學院（現東京神學大學）	日本基督教青年會工作
童搖輸	?-2005	化學專業	東京市政府試驗所
林宗人	1923-?	明治學院大學文科	

返臺初期工作	二二八事件後動向
延平學院經濟系	因政治案件遭槍決
臺中農學院講師	因政治案件判刑十年
省水利局職員	嘉南大郡管理委員會總工程師
臺灣石炭調整委員會職員	煤礦調整委員會科長
	返回廈門
	自來水公司
高雄工業學校教師	第六屆高雄市議會議員
臺中農專講師	臺灣省農業試驗所

資料來源：作者自製。本表名單部分主要參考朱昭陽口述、林忠勝撰述，《朱昭陽回憶錄》（臺北：前衛，1994），頁9。學經歷等欄乃作者綜合各種相關資料後整理而成，因參考資料甚多，無法一一列出。另，本表經賴永祥、楊建基、許雪姬三位先進提供資訊，惟資料仍無法完整。

（三）祖國想像

新生臺灣建設研究會的母體，可以追溯到戰爭末期成形的「烏秋寮」。中央大學法科畢業的楊廷謙因擔任東京都廳總務課囑託之職，負責管理東京都地產業務。戰爭末期美軍轟炸，楊廷謙所居住的公寓被燒燬，於是在他管理的位於東京目黑區、遭炸燬的伊達公爵宅邸廢墟上搭建房屋。當時因為空襲破壞，郭德焜、童搖輸、陳仁傑等十多名臺灣人無處可宿，也寄居在此，[17]這裡成為戰爭末期臺灣同鄉遮風避雨的共同住所。

楊廷謙將這個地方取名叫「烏秋寮」。當時也住在此處的楊廷謙之姪楊建基指出，楊廷謙特別喜歡烏秋這種鳥類，他認為烏秋代表著認真工作的勞動階級；常常站在牛背上抓蟲子、有著忠心與友善的性格；又敢於對抗凶猛的老鷹，具有勇敢與義氣的精神。因為喜歡這種具有濃濃臺灣特質的鳥類，所以將住所以烏秋名之。[18]

姓名	生卒年	學歷	經歷／研究會職務
楊廷椅	1926-1950	明治學院大學預科	
林秀棟	1918-1994	東京物理學校高等師範科理化學部	東京目黑工業學校、東海理工學校等校教員
楊建業	1923-1963	宇都宮農專	
楊建基	1925-?	秋田礦山專門學校	
盧敬亭		東京帝大	
陳瑞五			
潘作宏	1925-?	日本東海大學電氣工學科	
曾浴沂	1922-?	東京農業大學	

楊廷謙曾擔任中央大學橄欖球隊教練，熱心於這項體育活動，又具有魄力、包容與領導能力，很得朋友們的信賴。他的烏秋寮可分為兩個時期，第一個時期是戰爭中臺灣親友共同生活，約有十多人；第二個時期是戰爭結束後被徵召的學徒兵們都回來了，成員愈為增加，固定在此居住者約二十餘人。楊廷謙及其妻簡淑循、弟弟楊廷椅，子姪輩楊建業、楊建基，友人林宗義、郭德焜等都聚居於此，來來去去的臺灣同鄉，無法估算。[19]大家共推楊廷謙為「寮公」、童搖轆為「寮母」，並以黃得時在一九二四年所寫的歌曲〈美麗島〉為「寮歌」，思鄉之情盎然：

你看咧，一二三，
水牛吃草過田岸，
烏秋娘仔來作伴，
肩胛頂，騎咧看高山，

美麗島，美麗島，
咱的臺灣！❺

戰爭結束後，朱昭陽、謝國城等人號召組織臺灣人團體，因為烏秋寮是臺灣同鄉的固定聚所，乃以其成員為主體，擴大組成新生臺灣建設研究會。[20]無論在烏秋寮或研究會，成員們都迫不及待要擁抱祖國，例如烏秋寮時期，楊廷謙請來東京帝大留學的廈門人盧敬亭教授「國語」（按：北京話）；聚會中他們除了看謝春木的《臺灣人の要求》、《臺灣人は斯く觀る》之外，也閱讀孫文的《三民主義》、蔣介石的《中國之命運》、《新生活運動》等書籍，並且喜愛中國的〈義勇軍進行曲〉。[21]擴大為新生臺灣建設研究會後，則借用明治學院為活動地點，每週六、日集會，召開座談會、講座，介紹並討論戰後中日臺情勢；又商請東京帝大中文系畢業的曹欽源教授北京話，每次都有三、四十人前來，學習興致高昂。[22]此外，研究會也依據會員專長分成小組，安排組員進行專題報告。[23]

面對新時期即將來臨，研究會成員們聚在一起各談抱負，期待回到臺灣後能在財經、金融、官界、學界有所發揮，對未來抱著極大的夢想。[24]成員們熱切構思建設鄉土的同時，也熱烈地擁抱祖國，對於有關祖國的一切，來者不拒。無論戰爭結束前這些臺灣菁英有著怎樣的政治認同，此刻，對於即將前來統治的祖國，他們確實懷抱著濃郁的情感。例如曾經一度是激烈右翼皇國青年的葉盛吉，在日記中以不太通順的中文描述他們對祖國的情感：

> 明治學院的我們的會的特色是研究的、暖和的。一同唱「漁光曲」❻是很快樂了，我們能對抗日本文化侵略，依唱我們的唱歌以親我們的祖國文〔化〕。[25]

---

❺〈美麗島〉寮歌：楊建基先生接受口述訪問時，哼唱了此曲，仍能朗朗上口。這首歌曲應是當時流行的臺灣民謠，高俊明回憶指出，在返臺搭乘的大久丸上，舞蹈家蔡瑞月也教同船年輕人合唱此曲作為其所編舞蹈的配樂，參見高俊明、高李麗珍口述，胡慧玲撰文，《十字架之路：高俊明牧師回憶錄》，頁一〇〇。但另有一說指大久丸上配舞歌曲為蔡培火作的〈咱臺灣〉，參見汪其楣，〈大久丸上同船君子〉，《聯合報》，民國九十三年八月四日，第E7版。

❻漁光曲：《漁光曲》是一九三〇年代著名的左翼電影，由蔡楚生所導演，內容在敘述一漁民家庭之悲慘遭遇，藉以表達反帝國主義、反封建、反資產階級的主張。該片在一九三四年完成後在上海連續放映八十四天，創下空前紀錄；又於一九三五年參加莫斯科國際電影節獲得榮譽獎，成為中國電影史上第一部獲得國際獎項的影片。電影中的主題曲〈漁光曲〉由安娥作詞、任光作曲，由該片女主角王人美主唱，歌曲內容勾勒貧苦漁民生活景象，曲調哀怨、如泣如訴。隨著該部電影的賣座，〈漁光曲〉也在當時廣泛流傳，遍及中國與東南亞地區。參見胡平生，〈左翼電影《漁光曲》及其相關史事〉，《臺大歷史學報》三九（二〇〇七年六月），頁二三三—三一三。

從烏秋寮聚會到研究會活動，成員們充滿鄉土熱情，並且對於祖國懷抱孺慕之情。雖然一切都還在重新認識與學習，但在他們的想法中，建設臺灣與擁抱祖國幾乎是同一回事。

如何建設新臺灣？新生臺灣建設研究會成員們討論過後逐漸有了共識。他們認為日本治臺五十年，刻意限制臺灣的教育與人才培養，今後要建設臺灣，需要培養各方面人才，因此教育是首要急務。[26]他們以日本著名的兩所私立大學早稻田大學、慶應義塾大學為參考目標，打算將來募款籌辦私立大學。[27]

依據國民政府行政院所公布的《在外臺僑處理辦法》，臺僑自一九四五年十月二十五日起「恢復」中華民國國籍❼，由外交部分電各駐外使館，請各駐在國政府查照。在外臺僑須由駐外領使館辦理登記，確定其臺灣籍貫，恢復中華民國國籍。對於聲明不願恢復中國國籍之臺僑，駐外領使館應予許可，彙報內政部備案，並通知該臺僑居住國政府。[28]由於中國人是戰勝國人，戰勝國國民在日本享有乘車等各種優待等實際利益；加上臺灣人熱切希望返鄉，不願申請入籍成為日本人，因此，許多臺灣人在戰後申請成為中華民國國民。

研究會的菁英們決定放棄在日本的一切，返鄉建設新臺灣。朱昭陽放棄多年文官資歷、辭去大藏省的職位，一九四六年二月，在橫須賀港搭乘冰川丸，與魏火曜等六、七百人回到臺灣。[29]

載著臺灣留學生二千多人的大久丸，在航程中，楊廷謙等人安排舉辦了同歡晚會，船上青年合唱蔡培火所作的歌曲〈咱臺灣〉，為舞蹈家蔡瑞月伴舞。[30]原本在東京擔任律師工作的宋進英，雖然已從遣返的日本友人口中得知國民政府接收的亂象，友人力勸他不要返臺、弟弟選擇長留日本，但仍然沒有改變他奉獻故鄉的決心，同年六月在吳港搭上美籍自由輪返臺。[31]

據長官公署的統計，至一九四六年五月，自日本返臺者一萬九七二五人。同年十一月底，自日返鄉者已達二萬二五七一人。[32]

❼臺灣人「恢復」中華民國國籍問題：國民政府受盟軍總部之命軍事占領臺灣，認為臺灣已是中國領土，於一九四六年一月公布訓令稱「查臺灣人民原係我國國民，以受敵人侵略致喪失國籍，茲國土重光，其原有我國國籍人民自三十四年十月二十五日起應即一率恢復我國國籍」。行政院並通過法令規定願意恢復國籍之旅外臺灣人應向駐外使領館登記，恢復國籍之臺灣人，其地位與華僑相同。但事實上一八九五年清國割讓臺灣予日本，中華民國建立於一九一二年，臺灣人從未擁有中華民國國籍，如何能「恢復」？並且，盟國認為二戰結束後，臺灣主權之轉移、臺灣人之國籍歸屬須待和平條約訂定後方可確定，並不同意中國政府的片面宣稱，包括美國、英國、荷蘭等盟國均電文外交部指出，戰後和平條約簽訂前，臺灣人仍是日本國民。參見陳翠蓮，《重構二二八：戰後美中體制、中國統治模式與臺灣》（臺北：衛城，二〇一七），頁一一一—一一九。

三、黑暗中的螢光

憧憬著新時代來臨、可以一展抱負的臺灣菁英們，分批回鄉後發現，現實情況並不如原本所想像。因為工作機會難尋，維持溫飽成為第一要務，大家各自忙著找工作，研究會也因此沒有展開任何活動。[33]

由於行政長官陳儀的偏見，臺灣人在文官體系不受重用。據楊基銓所言，戰後初期無論是舊總督府時期、或自日本本土返臺的臺灣人高等文官，都沒有被拔擢擔當重任。[34]例如新生臺灣建設研究會成員中，有著日本大藏省專賣局主管經歷的朱昭陽，並未被借重專長，而是透過國語學校前輩、臺北市長游彌堅任命，接收日本人在大龍峒所辦的私立學校，改為臺北市立大同中學，擔任第一任校長。東京帝大畢業的賴永祥、朱華陽、郭德焜與周叔輝四人，則藉著陳逢源的介紹，到臺灣拓殖株式會社工作。而邱永漢、楊廷謙則被安排到財政處，在當了幾個月的閒差之後，相繼辭職。[35]

從筆者所整理的表6-1可以看到，同樣畢業自名校的臺灣菁英，大多數法政背景出身的研究會成員都沒有機會在政府機關任職，但醫學、農業專長的成員，則有多位在臺大醫學院任教，或到衛生機關等相關單位工作。這種輕法政、重專技的傾向，與日本殖民統治時期有著微妙的雷同之處。對於臺灣菁英而言，原本憧憬回歸祖國懷抱意味著不必再受差別待遇，但事實卻澆了他們一大盆冷水。

因尋求公職未如理想，朱昭陽觀察發現大陸來的接收官員「對於教育不像對權力與錢財那樣緊緊控制」，研究會成員包括魏火曜、高天成、陳茂源、曹欽源、林宗義、陳成慶等，先後都到臺大擔任教授，因此認為，辦學校可能會是日本歸臺菁英較好的出路，[36]於是加強了辦學的決心，積極策劃創校事宜。

（一）籌設延平學院

朱昭陽等人認為，日本殖民地教育政策下，臺灣人之教育不受重視，日治後期雖有中學、高校、大學之設，但名額有限，極少青年有機會讀大學，而國語學校、師範學校畢業者，都無投考大學之資格，戰後之初有意再入大學深造者比比皆是，大學之設立有迫切的需要。[37]

但創立學校需要師資、經費與校舍。朱昭陽認為在人力與師資方面不成問題，因為新生臺灣建設研究會人才濟濟，有多人在臺灣大學任教。[38]而研究會成員確實有多位自始即投入協助學校創設，例如東京帝大法科畢業、具有律師資格的宋進英，返臺後並未重新執業，即全力投入延平學院的籌設工作。一九四六年八月底，賴永祥辭掉臺灣拓殖會社的工作，與朱華陽、郭德焜三人都正式加入延平的團隊，成為專職人員。[39]

其次是籌措經費，離臺已久的朱昭陽需要得力人士協助開拓資源，經介紹認識了劉明。因煤礦發跡的劉明，透過他在臺灣社會的人脈熱心協助募款。一九四六年五月，劉明趁著省參議員林獻堂來臺北開會之際向他募款，林氏允諾捐助三萬元。[40]劉明也帶著朱昭陽跑遍各地，到瑞芳拜訪李建興、到基隆拜訪顏欽賢、到中南部拜訪當地士紳，說明辦學宗旨。許多士紳們都答應贊助支援，作為學校開辦的基金，但承諾的款項還沒去收，學校就因二二八事件被關，唯一收到的是何義的三十萬臺幣捐款。[41]

一九四六年五月一日下午，延平大學籌備會假省參議會食堂舉行成立式，計有省參議員及籌備委員共五十餘人出席，先由省參議會議長黃朝琴說明設立宗旨及籌備經過、朱昭陽報告設立案後，全場並推舉林獻堂為籌備會主任委員，省參議員及陳逢源、劉明、陳逸松為各縣市之常任籌備委員。會中並決議：1.初期計劃成立法、商、工三個學院，每一學院學生數每學年二百名，四學年制，每學院學生八百名；2.校舍地址在崛川町舊家政女學校之校舍；3.預定籌募基金二千萬元。[42]

同年七月二十日下午三時，延平大學籌備會邀請臺灣文化協進會與臺灣省教育會人士，在中山堂舉行談話會，與會者有游彌堅、吳克剛、陳兼善、林呈祿、周延壽、劉克明、黃純青、黃啟瑞、蘇惟梁、許乃昌。會中決定學校名稱暫定為「延平學院」，先成立法學院，自本年九月起招生，其他學院再繼續推動，而後完成為一綜合性大學。校舍方面擬請教育處撥用前第三高女校舍，此外並決定聘請各地名人為該校董事，以期負責推進諸事宜。[43]

七月二十三日，朱昭陽、劉明、陳春印到霧峰拜訪林獻堂，邀請他出任延平學院之董事長，林獻堂因為正打算在中部成立基督教大學及醫科大學，一時之間欲創設三個大學殊為不易，因此一度與中部士紳商議三校合一。[44]最後，林獻堂欣然接受出任董事長，「並為紀念延平郡王鄭成功不畏強權、不貪名利、誓死反抗滿清、反對外來支配之民族精神」，將學校命名為「延平」，但創校之初因尚不足三個學院，依教育部規定無法成立大學，故名為「延平學院」，[45]但一般均稱之為「延平大學」。

再者，籌辦學校馬上面臨校地與校舍問題。興建校舍不只需要大筆資金、並須相當時日，朱昭陽認為緩不濟急，如果想要從速開學，只有借用他校的教室在夜間上課。他並坦言，最重要的考量是，夜間上課才能夠提供日本殖民政策下失去上大學機會的就業民眾上進的機會，因此決定先辦夜間部。日治時期的「臺北商工學校」，戰後改為「私立開南商工學校」，但戰爭時荒廢仍在停課中，朱昭陽與劉明乃向開南名義上負責人臺北市參議會議長周延壽商議復校事宜，決定延請開南商工學校校友王民寧任董事長、陳有諒任校長，並由朱昭陽等人負責修繕校舍，修復後白天歸開南使用、夜間借給延平學院使用。[46]

八月七日於基隆市政府會議廳召開延平學院基隆市籌備委員會，會中發言熱烈，並成立募款委員會，推舉委員多人，決定分三期為延平學院捐集一百五十萬元捐款。[47]朱昭陽與劉明並巡迴各地，十五日於臺南、二十六日於高雄、二十七日於屏東、二十八日於嘉義等各市舉辦創立籌備座談會，懇請各界熱心教育人士群策群力，共同參與。[48]

至於延平學院之立案登記，則另有周折。依照國民政府規定，大學或獨立院校之設立，必須經過教育部核准。然教育部遠在南京，朱昭陽認為要先到南京申請許可後再開學，有實際上的困難，於是就此問題請教對中國政情較為熟悉的董事游彌堅，游氏授以中國大陸常有的做法，即先設立學校，招生開學後，再補辦手續。[49]

延平學院就在這樣風風火火的熱情中，一面籌備、一面開始招生。一九四六年八月下旬，延平學院在各報刊登招生啟事，將招收本科生一百名，包括法律五十名、經濟五十名；補習科三百名，總共預備招收學生四百名。[50]由於日本學制與中國不同，過去日本中學須修讀五年，中國中學則是六年制，六年中學畢業才有資格才進入大學。在臺灣五年制畢業的中學生，須進入補習科讀一年，如戰爭時期只讀了四年、或是從四年制的女子中學畢業的人，則需要入補習科讀兩年，才可以進入大學。所以延平學院規劃設置補習科，補習科人數尚且多於本科生，補習甲班修業一年、補習乙班修業二年，另五年制中學畢業者，也可配合其他相關資格進入本科一年級。[51]

（二）官方的質疑

根據現今延平中學所保存的〈延平大學設立計畫書〉中所載，延平大學設立旨趣如下：

> 臺灣光復以來，已過半載，而經濟的恢復、文化的向上，牛步遲遲，混沌低迷，其原因何在，實因人才缺乏，各界若能配置多量的人才，則經濟的再建、文化的向上，可指日而待。我們臺灣，人才的缺乏，沒有今日這樣嚴重。臺灣的盛衰，實靠人才的培養和教育的充實，光復以後，各處高級中學，增加得多，而大學僅一個，所收的學生數也很僅少，大學的設立，是真必要的。現在民生嚴重，教育的振興，像有迂遠之感，實乃緊要問題中的最緊要的。因此，**我們提倡設立一個大學，以培養純真而至誠的青年，做人民的先鋒，來建設我們新生臺灣**。[52]

此計畫書大約是一九四六年四、五月間所作，成立旨趣中念念不忘要建設「新生臺灣」，透露出延平大學的籌設與在日本所成立之新生臺灣建設研究會在精神上的一脈相承。

一九四六年五月《人民導報》、《臺灣新生報》都刊載延平大學第一次籌備會於一日下午假省參議會食堂舉行的第一次籌備會。[53]奇怪的是，過了兩星期後，五月十九日《臺灣新生報》再次報導延平大學籌備委員會之事，新聞中指出該校「教授全部網羅全省人才，無分內外大學之出身，就臺灣之範圍內招聘最高權威，不陷於門閥主義、學閥主義之弊害，將組成教授招聘委員會，求多數專家之綜合意見決定之」。[54]

如果依報導所言，延平大學希望打破門閥之見，招聘全臺最優秀的教授，原是一件值得肯定的事。不料幾日後，行政長官公署的《臺灣新生報》竟以社論批評此事：

> 最近本省各界人士，為紀念臺灣光復，擬創設私立延平大學。以地方的金錢培養地方的人才，這原是最有意義之舉。**但據報上關於該校的設立計畫概要所載，教授全部要聘用本省人，這便造成了一種印象：即在本省人士意識中，臺灣有什麼可以發揚的獨立文化，或是要建立什麼臺灣本位的文化**。因為假如不是這樣，則以一個研究高深學術的教育機關，正宜廣延國內乃至國際的人才，現在卻打算全部用本省人為教授，顯然毫無意義可言。該校

籌備人在擬具計畫時或者見不及此；我們這樣說也並不在於批評這計畫的本身。這只是一個例子。我們認為我們應該拋棄任何臺灣本位的意識，避免造成臺灣本位主義的印象。[55]

觀諸延平大學設立計畫書與籌備會後各報的報導，都未提及只用臺灣人為教授。**長官公署機關報消息不知從何而來，以社論規格做了嚴厲批判，指稱為「臺灣本位主義」，透露官方對籌設中的延平學院心存猜疑。**

五月三十日《臺灣新生報》上登載了一篇標題為〈延平大學設立の意義〉的文章，文中說明私立延平大學取名「延平」二字，即在繼承延平郡王鄭成功之素志，「代表中國氣質中最具特徵性的慷慨之氣」，國姓爺的節操氣概直達萬世，「深入吾人血肉，在全臺灣根深蒂固。」而延平大學之設，有兩個理由：一是痛感於中國文化傳統下的官僚因私害公，希望為國家培養有為人才。二是考慮臺灣特殊的情況，彌補日本殖民時期以來臺灣人沒有機會受高等教育的缺憾。大學的增設，對臺灣而言是值得慶賀之事，「絕對不是臺灣人群雄割據主義的表示」。[56] 這篇文章以日文發表，並未署名，從其內容來判斷，筆者認為應該是朱昭陽回應官方批判之作，用以向官方交心並自辯。

事實上，此時正召開的臺灣省參議會第一次大會，省參議員們也紛紛指出臺灣只有一所大學，無法容納想要繼續升學的眾多中等學校畢業生，建議設立多個省立大學卻不可得，而私立延平大學的籌設，實在是本省青年的一大福音。[57]顯示當時，增設大學確有其社會需求，而長官公署的猜忌態度與社會需求，存在若干落差。

八月三日下午三時，延平學院在中山堂召開第一次董事會❽，學校董事林獻堂、黃朝琴、游彌堅、范壽康、劉明、李季谷、陳兼善、許壽裳、吳克剛、陳逸松、陳逢源、陳啟川、朱昭陽、石錫純、宋進英等十五人就任，並推舉林獻堂為董事長，黃朝琴、游彌堅、劉明為常務董事，朱昭陽為院長。延平學院的董事中，外省人就有教育處長范壽康、師範學院院長李季谷、臺灣大學總務長陳兼善、省立編譯館館長許壽裳、長官公署參議吳克剛等五席，再加上「半山」臺灣省參議會議長黃朝琴、臺北市長游彌堅兩席，占董事席次近半。筆者認為，**經歷《臺灣新生報》的嚴詞批判，延平學院董事席次的安排納入近半數外省人與官方代表，不無洗刷「臺灣本位主義」指控的意味，也可以說是學校當局向官方妥協輸誠，所不得不採取的做法。**

延平學院準備先開設夜間大學，其資格與一般大學同等，但夜間上課使得各政府機關公務員亦可得到就學機會，據各新聞媒體所稱，「對此點得陳長官非常贊成，並有積極援助之意。」[58]同時，民間也熱烈響應，八月七日基隆市籌備會中，與會者發言熱烈，咸認一百五十萬元的募款款項不成問題。基隆市長石延漢並表示延平學院為思想自由、追求真理而設立，故將盡全力協助，期勉延平作為一個私立大學，與官立大學不同之處在於思想與研究之自由，希望學校於可能範圍內發揮研究自由、思想自由，以建設新中國。[59]

由於民間向學人數眾多、對延平學院熱烈歡迎，九月八日延平學院舉行入學考試，原訂招收四百名學生，竟有二千餘人報名參加考試。《臺灣新生報》以「鬚の爺さんも必死」（老爺爺也拚命投考）作為標題，搭配考場照片，詳細報導了入學考試激烈競爭的盛況：考生中有四十多歲的國校校長、中年上班族、紅顏美少年、年輕女孩，因為錄取率只有五取一，考生莫不奮力拚命；因為考生過多，除了開南工商外，還增借了東門國民學校為考場。[60]對照同年八月臺灣大學招生，報名學生人數為一千一百名，可謂毫不遜色。[61]可能是在夜間上課、提

---

8 延平學院董事會：〈私立延平大學　定九月中開校〉，《民報》，民國三十五年八月五日，第二版；〈延平學院下月開校　擬先開設夜間大學　院長選任朱昭陽氏〉，《臺灣新生報》，民國三十五年八月五日，第三版。但《朱昭陽回憶錄》中指延平學院董事主要以日治時期抗日先輩來擔任，有蔡培火、吳三連、楊肇嘉、林柏壽、杜聰明等；又請丘念臺代表外省人為校董；政府官員則有游彌堅、劉啟光、黃朝琴；其他董事還有劉明、謝國城等。朱昭陽所說的董事名單與新聞報紙所刊載者，有極大出入，筆者認為明顯是記憶錯誤，《朱昭陽回憶錄》中所說的應是一九四九年以後延平補校之董事名單。參見朱昭陽口述、林忠勝撰述，《朱昭陽回憶錄》，頁八七。

供社會青年進修機會之故，延平學院報考人數竟高於臺灣大學，可以說明其受到歡迎的程度。

因為青年踴躍投考，各報紛紛報導延平學院在九月十一日於中山堂召開臨時校董會議，決定增加錄取名額為九百六十名，十五日放榜。[62]最後正式錄取的學生有一〇一〇名，包括女生三十名，共分為十一班，本科四班四百餘人，補習甲班四班四百一十餘人，補習乙班兩班一百六十餘人。學生中最低年齡十八歲，最高四十二歲，其中又以二十七至三十歲者最多數，整體而言八〇%的學生日間都有職業。[63]

一九四六年十月十日晚上，延平學院借開南商工的操場舉行開校典禮。在沒有照明設備的操場上，點燃一根蠟燭，微弱的燭光下，朱昭陽上臺主持典禮，以臺語對臺下的一千多名學生致詞：

> 在這一片漆黑的會場中，所幸有一支燭光帶給我們些微的明亮；**我們學校在此時開辦，正是要給這混亂、昏昧的社會提供一線光明，我們要當荒野暗夜中的螢光。**[64]

而延平學院創校時的校徽，正是以螢火蟲作為標幟。[65]

四、二二八狂飆

延平學院成立後，院長朱昭陽、教務主任宋進英、總務主任張冬芳，上課時間分早班和晚班，早班由下午四時三十分到八時，晚班由六時三十到九時四十分。學習科目分為一般科目：國語、國文、英語、歷史、地理、自然科學、理則學、美學、語言學、英語會話。專門科目：經濟原論、經濟史、法律概論、民法總則。[66]

學校的教員中，教國文的有曹欽源、黃得時、陳蔡煉昌、張冬芳；教英文有蘇維熊、林迺敏、高秀雄；教歷史有徐先堯，生物有李淦，倫理學有黃金穗。教經濟學有朱昭陽、朱華陽、張漢裕、邱永漢、郭德焜；民法有蔡章麟、洪遜欣、戴炎輝，語言學有陳文彬，哲學有洪耀勳，數學有許遜榮、徐長生。板橋林家出身的林衡道也曾在此兼課，教授三民主義。[67] 除正式課程外，校方每週又安排定例課餘講座一次、特別課餘講座二次，延攬各界專家來校演講。例如教育處副處長宋斐如講「學生深造的第一步」、臺大教授林茂生講有關哲學的議題、廖文奎講「臺灣往何處去？」等等。[68]

由於臺灣才脫離日本統治不久，多數青年只聽得懂日語，所以延平學院教師有時候也會用日語授課。[69]

（一）擴校的準備

到延平學院就讀的學生，多數是有工作的社會人士，其中有小學校長、長官公署官吏、公司主管、學校教員等等，大家都十分珍惜再度進修的機會，求知欲旺盛、出席踴躍，甚至有臺大學生會來旁聽，教室座位往往不敷使用，晚到的人只好站在走廊上聽課。[70]彰化銀行霧峰出張所主任戴明敦也向董事長林獻堂商量，想要報考延平大學，希望轉任到臺北支店。[71]

戰後在臺大醫學院復學的新生臺灣建設研究會成員葉盛吉，也參加了延平學院的入學考試、並順利考上。他一方面屢屢抱怨「臺灣大學變做一個最不好、最非民主的大學了」，一方面密集地到延平學院上課，對校長朱昭陽所談的「日本之復興」很有感懷，在延平聽課津津有味，認為「延平學院愈來愈有意思」。[72]

從各報對延平學院的密集報導，顯示該校受到社會各界的歡迎與重視。一九四六年底《臺灣新生報》報導：

> 私立延平學院，自開辦以來，頗引起各界注意及熱烈援助，該校自十月上課迄今，將近三個月，成績甚有可觀，學生多半家貧失學之青年，今得受教育之機會，每夜不辭勞苦，不怕寒風踴躍上課，教授亦不拘薪金之多少，犧牲前來服務。頃聞該院院長朱昭陽氏及常務

校董劉明氏，因謀該校規模之擴大，及擬設工商學院起見，特到臺中方面與各界人士交換意見，熱望各界予以特別援助。[73]

一九四七年元月中旬，新聞媒體又報導了延平學院將舉行插班考試的消息。[74]自延平學院開學後，院長朱昭陽大約每個月一次定期向董事長林獻堂報告學校運作狀況。[75]延平學院大受歡迎，有擴校之議，必須加緊爭取官方同意立案。一九四七年二月十七日上午，朱昭陽同林獻堂到工商銀行拜訪黃朝琴，並一同會見臺灣省行政長官陳儀，商借第三高女校舍作為延平學院之用。陳儀認為延平只有法律與經濟兩科，絕對得不到教育部准許設立大學，宜改為商業專門學院為妥；他也未允諾提供第三高女作為校舍，表示校舍問題俟再斟酌然後決定。二十日，長官公署教育處為延平學院立案申請問題舉行了座談會，出席者有教育處主祕梁翼鎬、教育處副處長宋斐如、延平學院院長朱昭陽、常董游彌堅、劉明、黃朝琴與董事長林獻堂，會議結論仍是，延平學院非有校舍，不得受立案許可，並約定必須在八月完成校舍。[76]

儘管延平學院頗受社會歡迎，準備擴大規模再增設工、商兩學院，逐步朝綜合性大學邁進。但從延平學院林獻堂、朱昭陽等人與官方商議的情形可知，**行政長官陳儀對延平學院態**

度冷淡，他無視於法律、經濟為主的該校正欲增建工、商兩學院，卻以教育部的大學設立規範建議該校退縮為「商業專門學院」，也無意積極協助校舍問題，而是要求該校限期完成校舍興建方能正式立案。

一九四七年元月底，學校開始放寒假。賴永祥先生指出，大約是二月二十三、二十四日，臺北市長游彌堅邀請朱昭陽、宋進英、張冬芳和他一起到過去圓山動物園、大約今天士林一帶看了一片土地，如果合意，可以在那裡蓋校舍。沒想到，幾天後就爆發了二二八事件。[77]

（二）二二八事件中的延平學院

二二八事件有如星火燎原，一發不可收拾。當時延平學院已放寒假，大部分學生都已回家，院長朱昭陽因母親過世、返回板橋奔喪，他認為學校師生並非組織性地參加事件。[78]

依據相關人士口述回憶，事件中確實有延平學院學生參與了抗爭。延平學院學生徐世通指出，事件發生之後的三月一日，警備總部參謀長柯遠芬要求學生出面維持治安。[79]二日上午十時，臺灣大學、延平學院、法商學院、師範學院及各中等學校學生聚集在中山堂，舉行學生大會，要求政治民主、教育自由，並討論組織學生，協助維持治安。[80]三日，警備總部所安排的忠義服務隊成立，由許德輝任總隊長、廖德雄為副總隊長。四日下午忠義服務隊在北署開會，據開南商工學生、忠義服務隊副隊長廖德雄指出，該服務隊各組副組長由學生代表擔任，其中總務組副組長是延平學院的李日富、治安組副組長是成功中學的游英、糾察組副組長是開南商工的高德貴，廖德雄兼糧食組長。學生隊成員來自開南商工、臺北工業學校、法商學院、成功中學、泰北中學、建國中學等，約一千六百人，延平學院人不多，只有大約十幾人。[81]

但根據左翼人士回憶，中共地下黨策劃利用事件，著手組織學生軍、採取武裝行動。臺大法商學院的陳炳基指出二月二十八日在延平學院召開學生代表會議，三月四日又在延平學院討論了武裝計畫，但最後武裝行動因為武器與接應沒有著落，計畫遂沒有付諸實行。[82] 延平學院的葉紀東則說，中共地下黨指派當過日軍砲兵的李中志作為臺北地區武裝起義總指揮，郭琇琮為副總指揮，於三月四日提出作戰計畫，將動員來的學生分為三個大隊：第一大隊在建中集結，由陳炳基帶領；第二中隊在師範學院集結，由郭琇琮帶領；第三大隊在臺大集結，

---

❾ 忠義服務隊開會地點北署：指日治時期北警察署，曾為今臺北市警察局大同分局所在，位於寧夏路八十九號，現已成為臺北市政府「臺灣新文化運動紀念館」。參見黃富三、許雪姬，〈廖德雄先生訪問紀錄〉，《口述歷史》四（一九九三年二月），頁六八。另外，日治時期南警察署在今中山堂旁，武昌街一段六十九號，曾為臺北市刑警大隊原隊址。

由李中志帶領。各校負責人是：臺大楊建基、師院陳金木、法商學院陳炳基、延平學院葉紀東，作戰計畫原本打算進攻景尾、馬場町軍火庫，再奪取軍憲警據點，最後會攻長官公署，但因入夜後大雨不止，加上桃園方面武器供應未到，致使計畫胎死腹中。[83]根據他們的說法，延平學院似乎成了左翼人士抗爭的基地之一。

然而有關二二八事件中臺北地區學生武裝行動之說，實情至今仍相當隱晦不明。葉紀東、陳炳基口述回憶中指證歷歷的武裝計畫臺大學生隊負責人是楊建基，但楊建基本人卻對此事一無所知。楊建基接受筆者專訪時表示，從日本返臺後，他就任職於劉明擔任主任委員的石炭調整委員會，一來並非臺大學生，二來也不認識葉紀東、陳炳基等人。二二八事件發生時他在家中，並未參與任何行動，完全不知此種說法從何而來，如果他真的參與了二二八事件，並列名左派隊伍中，不可能在白色恐怖時期還能全身而退。楊建基也認為，《沉屍・流亡・二二八》一書中葉紀東、陳炳基等人所說的內容極為雷同，不排除是事後統一的說詞，互為引述。[84]其次，延平學院是否成為學生集會地點之說，筆者也持保留看法，因為被陳炳基指為參與該兩次延平會議的葉紀東，其口述回憶中卻完全沒有提到相關訊息。

更值得注意的問題是，青年學生出面維持治安，有明顯被動員的跡象。包括臺北市長游彌堅、忠義服務隊總隊長許德輝都幾度要求、催促青年學生盡快出動、組織團體、維持治安。[85]延平學院董事劉明因受到臺北市警察局長陳松堅之請，動員延平學院與開南商工學生分守各警察派出所；從劉明的角度看，出動延平學生是在協助政府維持治安，他在事件後告訴朱昭陽，有八、九十個延平學院學生出來保護派出所、維持社會秩序。[86]

當局催促與動員學生出面，卻在事後指稱學生參與叛亂，誠為可怪之事，原來其中牽涉到情治機關藉機擴大事端、權謀算計，再降罪給青年學生。行政院《二二八事件研究報告》中指出，軍統利用線民許德輝主導二二八事件處理委員會之忠義服務隊，《二二八事件責任歸屬研究報告》則進一步指出軍統局的「擒賊擒王」之策。[87]近年出土的國家安全局檔案也證實了這項看法，忠義服務隊總隊長許德輝呈毛人鳳的〈臺灣二二八事變反間工作報告書〉中陳述，「臺灣省政治建設協會蔣渭川、延平大學校董劉明，因見臺北治安日形恢復，深恐此勢削平於彼叛逆不利，即於所謂二二八事件處理委員會中唆使臺灣大學及臺北各中等以上學校學生，計十五單位一千二百名，組織學生治安隊。」[88]國防部保密局（按：軍統局改組）報告則指出，「延大校董劉明、國民參政員陳逸松亦因鑑於忠義服務隊已盡力恢復全市秩序，為蔓延亂態，亦發動十五校中等以上全體學生罷課，參與叛亂，與蔣渭川、蔣時欽所組織之學生聯盟及學生治安隊混合滋亂，搶劫倉庫、劫奪武器，無所不為，使與忠義服務隊魚目混珠，以遂其反叛陰謀。」[89]二二八事件中延平學院董事劉明應臺北市警局、忠義服務隊要求動員學生協助維護治安，事件後卻反遭情治機關指控劉明利用學生作亂，恐怕是劉明與學生都意想不到的事。

二二八事件後，情治機關製作〈二二八事變叛逆名冊〉，其中延平學院學生僅有「陳榮乾」一人被列入名冊。此人被指為擔任「學生隊代表」之「逆職」，「罪行」是「煽動暴動、自任延平學院學生代表參加處委會」。[90]根據當時參與中山堂二二八事件處理委員會會議之延平學院學生徐世通表示，他因「某人士」之提醒，出席中山堂會議時都用「假名」。[91]因此，「陳榮乾」可能即為徐世通。

（三）警備總部下令關閉學校

三月九日淩晨國民政府援軍進入臺北。控制局面後，軍隊開進延平學院，以發現學校藏有武器與「興華共和國」旗幟為由，下令學校停辦。但是朱昭陽指出，當時學校並無軍訓科目，何來武器？對「興華共和國」旗幟從何而來，也無法理解。他認為這些都是可笑的栽贓式的罪名，只是要延平學院停辦的藉口而已。[92]

三月二十一日，《臺灣新生報》報頭旁刊登了一則醒目的新聞：

私立延平學院，頃由臺省警備總部予以封閉。該部布告稱：「延平學院辦理不善，且未奉准立案，『二．二八』事變中並有一部分員生參加叛亂，殊屬不法，應予封閉。」又悉：某部曾在該院查出手榴彈七十餘枚，軍用汽油五大桶。[93]

依據新聞報導來看，警備總部封閉延平學院的理由有三：辦理不善、未奉准立案、部分員生參與二二八事件。但如前文所述，延平學院自開辦以來受到社會各界的歡迎，學生熱烈報考，校務蒸蒸日上，甚至準備擴充規模，辦理不善之說顯然不成立。其次，二二八事件前，延平學院高層已與教育處有所協議，將在八月前完成校舍，以俾符合申請要件，並且已著手尋覓校地，在期限截止之前，第二個理由也有些勉強。那麼，第三個理由，延平學院學生參與二二八事件會是學校被關閉的主要原因嗎？

從近年新出土的情治機關密報中，可以窺見特務與線民長期監視延平學院，及他們眼中的延平學院學生參與二二八事件情形：

二二八事件發生後的行動：（一）該校學生開會數次，組織學生隊參加治安服務隊，為詞演講激烈，且都用日語宣講，又散發傳單罵國軍為「豚軍」，但是會後沒有結果而得團結。

> **聽說最後組織一隊，只有三十多名參加而已**，此隊為「本科一年B組組代表」（姓名不詳待查）為隊長，參加叛徒暴動，其他學生尚沒有積極行動。（二）教員中宋教務主任進英看見學生累次開會，甚抱不平，**曾從中勸告學生不要參加政治，但是未能勸阻學生，朱校長亦不能阻止，放任他們煽動演講**，學生自治會監督者為宋進英和林迺敏（國立臺灣大學先修班教授兼救濟總署辦事員），學生活動情形宋、林二人均知甚詳。[94]（括弧內文字為原文，標點為筆者所加）

延平學院有一千多名學生的規模，但刻正處於寒假中。依據情治關密報，有三十多人參加治安服務隊，情況並非特別嚴重；並指出宋進英與朱昭陽都曾試圖阻止學生參與事件，但無效果。依此而言，學生參與二二八事件抗爭，學校已盡勸阻之責，以此作為關閉學校的理由，未免過於牽強。

何況，前文已指出，情治機關的報告中認為延平學院校董劉明與國民參政員陳逸松主導、動員學生組織治安隊伍。但奇妙的是，動員學生的劉、陳二人在事件後非但未被逮捕、追究，劉明還被列入省政府委員推薦名單中。[95]如此一來，主導學生參與事件者並未被追究，被動員的學校反而必須關閉，似乎缺乏足夠的說服力；更有甚者，二二八事件中臺北市各校學生多有參與，卻只有延平學院被關閉，更顯出此事的不尋常。

筆者認為，當局關閉延平學院另有考量，情治人員以下的密報內容，提供了重要線索：

> 查臺北延平學院之設立，尚未經教育部許可立案，現有學生總數一千一百名左右。因資金不夠，兼任教員之津貼極為微少，講課每小時津貼僅一百貳拾元臺幣而已。因此，**外省籍教員收入不能維持日費，僅留兩、三名，其他講師皆為本省人，尤以東京帝國大學畢業生占大多數。校長朱昭陽、教務主任宋進英、訓導主任曹欽源，均係帝大生。即該校校務委員十數名中，除一、二名外，亦為東京帝大出身者，故延平學院有東京帝大閥的稱呼。**……學生教員思想之動向：延平學院未得立案，雖經校長等努力向本省教育處請求幫忙，但沒有結果，學生們看此情形甚為灰心，但其中有過激分子發出傳單，鼓勵學生團結，請求立案，否則鼓動風潮，此舉受學校當局勸導始得平靜。該校教員二十餘名中，專任教授僅有四、五名，其他皆為國立臺灣大學或其他學校教授兼任，資格學力雖甚豐富，但是**國語國文甚為欠缺，而且大多數不知祖國情形，因此對祖國觀念可稱微薄**。該校因係夜學學生中以有職業而來苦學者占多數，年齡比較高，學歷不能稱好，可以說大多數都是失學者而來集中者，其中小〔少〕數為外省籍學生，可是言語不能通達，出席聽講者更小〔少〕數。**對**

本省籍學生如無國內良好教師指導，難使他們受得真正祖國精神與文化。[96]（標點為筆者所加）

這則密報內容透露了兩點重要訊息：第一，情治機關早已密切監視延平學院師生、教學與平日運作情形。部分延平學院學生也指出，儘管學校師長並未在課堂上批評時政，校內也未有不滿政府言論，但卻早已察覺學校受到當局特別關注，線民、職業學生潛伏在課堂上蒐集情資，平日格外謹言慎行。[97]第二，在當局的眼中，延平學院師生的省籍色彩與「祖國意識」令其深感憂慮。密報中對於延平學院師資與學生多數是本省人的現象多所著墨，以該校校長、教員多為東京帝大出身，稱之為「東京帝大閥」，並且認為他們國語國文能力低落、祖國觀念薄弱，又因學生與教員中只有少數外省人，擔憂學生無法接觸真正的祖國精神與文化。

戰後國民政府剛接收臺灣，以促進祖國化教育作為臺灣教育最主要課題，[98]行政首長無時不提醒臺灣人謹記在心、向祖國效忠。一九四五年十一月，教育處長趙迺傳在電臺廣播指出臺灣省教育設施之重點在於：闡揚三民主義、培養民族文化、適合國家與本省需要、獎勵學術發展、增加教育機會與推行教育法令，一再強調需強化臺灣省民對祖國的認識與向心。[99]繼任的教育處長范壽康也指出，日本的皇民化教育把臺灣同胞日本化，今後教育方向在使臺灣同胞完全中國化，所以必須從加強國語國文與三民主義思想兩方面著手。[100]一九四六年除夕，行政長官陳儀透過廣播，要求臺灣民眾加強心理建設，發揚民族精神，學習國語國文與三民主義，方能貫徹〈臺灣接管計畫綱要〉中關於文化設施之規定，增強民族意識、廓清奴化思想、普及教育機會、提高文化水準。[101]

延平學院籌辦之初，官方報紙《臺灣新生報》即以該校隱含「臺灣本位主義」為由，而大加撻伐，行政長官陳儀、教育處官員也對學校立案等行政手續問題袖手旁觀。從情治機關的監視報告更可以看出，當局對於延平學院教師以留日菁英為主甚感不妥，更對學校師生濃厚的省籍色彩存有疑慮。在長官公署大力推動國語國文、三民主義的祖國化教育政策下，延平學院的特色顯與祖國化政策背離、缺乏民族精神，這恐怕才是當局下令關閉的主要原因吧。

除了上述因素外，檔案中另可看到情治機關追查共黨分子在臺發展情形，密報指出「聞有民主同盟分子潛伏於臺北教育處及延平學院及各報社三部門活動」，[102]但只有以上簡短的隻字片語，無法得知當局眼中民主同盟同義字的共黨分子在延平學院活動的情形，尚難據以判斷與學校關閉是否相關。

五、白色羅網

延平學院被關閉後，傳聞將進一步搜捕學校的負責人，在楊廷謙、楊廷椅兄弟通風報信之下，院長朱昭陽倉皇躲避。[103] 教務主任宋進英必須離家躲藏，離去前，還親眼看著長子宋文彬在院子裡挖坑焚燬數十本可能被入罪的心愛藏書。[104] 躲藏近月，風聲平息後，朱昭陽等人希望能繼續學校的經營。但由於局勢不定，原來幾位專任老師，都已另謀工作，只剩宋進英、張冬芳與賴永祥等人協助延平復校的工作。[105]

一九四七年五月初，朱昭陽拜訪在臺中的董事長林獻堂，得知林獻堂於會見國防部長白崇禧時，請求讓被查封的延平學院起封，繼續運作。[106]

五月十六日魏道明出任臺灣省政府主席，六月臺灣省參議會復會，省參議員劉傳來為延平學院被下令閉校之事質詢教育廳長許恪士，並指出民眾熱切希望延平能復校、復課，希望教育廳多多幫忙。教育廳長許恪士答詢表示，延平學院被封閉乃是警備總部在二二八事件中的緊急措施，「已往情形尚拜請警備總部賜予解釋」，日後只要該校按照手續申請立案，待董事會設立、連同計畫呈教育部核准後，始能招生，教育廳自無不樂於協助。[107] 教育廳的答覆顯示，延平學院如何處置，須待警備總部說明，意即權限仍在警備總部，教育部僅能要求日後遵照手續辦理。九月延平學院欲著手修整校舍，請配給水泥，但因教育處要求須待警備司令部取消查封方能辦理，林獻堂乃與黃朝琴、朱昭陽一同拜會警備司令彭孟緝，彭孟緝則推說要等魏道明主席南京歸來再與之交涉。[108]延平學院復校問題就這樣懸而不決。

延平創立之初，曾以董事長林獻堂名義申請了一批木材作為建築校舍之用，等候復校期間，賴永祥到太平山林場領取了這批木材、變賣部分，充作校方臨時經費，並利用剩下的木材成立「臺灣美術工藝社」，開發販售工藝品。[109]一九四八年三月起，朱昭陽在省府主任祕書羅理的推薦下，出任臺灣省合作金庫常務理事的專職工作，[110]延平復校事宜交由宋進英處理，他為了籌措經費，每日騎著腳踏車早出晚歸、摩頂放踵，四處奔波。[111]

原先延平學院商借開南商工校舍於夜間上課，二二八事件後，開南商工董事長、時任臺灣省警務處長的王民寧拒絕再出借教室，幸好西門國校校長陳炳鎔鼎力協助，撥借辦公室與夜間上課教室。一九四八年九月，延平學院以補習學校名義開學，招收補校生高中四班，教授高中標準課程；另有商業及法律專修班，修習高中畢業後課程，聘請臺大、師大教授授課，外界多將之視為延平學院的重新開辦。[112]但因為畢業生的學歷並未受到官方認可，學生人數愈來愈少，最後終於不得不停招。

（一）解散新生臺灣建設研究會

延平以補校名義剛復校不久，一九四九年九月二十三日上午，朱昭陽自合庫辦公室被兩名保安司令部情治人員用槍抵住腰部押上吉普車，同車並到農林廳檢驗局，以同樣手法押走該局副局長、朱昭陽三弟朱華陽。兩人被載到保安司令部保安處的東本願寺[10]地下室牢房。朱昭陽被拘禁近三個月，並未受審問，經承審軍法官楊丕銘告知，當局要調查戰後在東京所組成之新生臺灣建設研究會，除朱氏兩兄弟外，副會長謝國城、財務課長林迺敏也被捕入獄。[113]

原來，新生臺灣建設研究會成員之一的李中志首先被捕。他在日本訂購日本共產黨機關報《紅旗》雜誌，將繳費收據塞進一旗桿中，置於天花板上，但在搬離臨沂街住所時忘了帶走旗桿。新入住房客是大陸來臺外省人，拾獲旗桿與收據後，向保安司令部告發。[114]李中志被捕時，口袋中正好有一封楊廷謙的信件，特務人員到楊家搜捕時，又發現在東京成立的新生臺灣建設研究會會員名冊，牽連人員不斷擴大，包括會長朱昭陽、副會長謝國城、組織課長楊廷謙、財務課長林迺敏、成員陳成慶等人都被株連逮捕。朱華陽雖非研究會成員，也因與李中志餐會而被捕。[115]

根據臺灣省保安司令部判決書，牽涉此案者包括廖瑞發、李中志、朱華陽、楊廷謙、陳建利與陳成慶六人。判決書指稱廖瑞發於一九四七年三、四月間經中共臺灣省工作委員會成員王萬得之介紹，加入共黨組織。中共臺灣省工作委員會書記蔡孝乾於一九四七年春介紹李中志入黨，李於一九四九年二月組織「臺灣新民主自治同盟」，與廖瑞發、蔡孝乾連絡，商洽指導組織事宜。李中志邀朱華陽、楊廷謙、郭德焜（在逃）、何海堂（在逃）等人以聚餐方式開會討論，進行組織事宜，並指定朱華陽為主席、楊廷謙為宣傳部長、李中志自任組織部長。同年三月中旬聚餐討論時，朱華陽、楊廷謙心懷畏懼，藉故規避參與討論，並向李中志表明拒絕參加，陳建利、陳成慶則矢口否認參加組織。結果判決廖瑞發、李中志死刑，朱華陽、楊廷謙刑期六年，陳建利、陳成慶無罪。[116]

此案中，陳成慶當時在臺大化工系擔任兼任講師，該系系主任陳華洲出名具保，並多次透過校長傅斯年催詢警備總部，陳成慶仍被拘禁了三百天後才獲釋。[117]朱昭陽被拘押一百日，謝國城、林迺敏被拘禁幾天後釋放。同年十二月三十一日，朱昭陽被通知到保安司令部見司令彭孟緝，彭氏訓誡一番後，要求登報聲明解散新生臺灣建設研究會。保安司令部人員交下

---

⑩ 東本願寺：日治時期淨土真宗佛寺，在今日之西寧南路，一九四九年成為臺灣省保安司令部保安處專門拘押、審訊政治犯的黑牢，今已改建為獅子林大樓。陳孟和繪，〈五〇年代政治監獄與刑場〉及附圖，收入李禎祥等編，《人權之路：臺灣民主人權回顧》（臺北：玉山社，二〇〇二），頁四五—四六。

一張名單，指示朱昭陽草擬「解散啟事」後，在劉明保釋下返家。一九五〇年一月二十八日在《中央日報》上刊登了這則解散啟事：

〈新生臺灣建設研究會解散啟事〉⓫

民國三十四年，日本投降、臺灣光復當時，我們旅日臺胞為學習國語及研究臺灣事情，以資建設起見，在東京組織一個研究團體，稱為新生臺灣建設研究會。未幾該會會員紛紛歸臺，在臺雖有各地支部之設立，但以各在一方，各忙期業，既無聯絡，復未曾集會活動。但因會員眾多，分子複雜，乃有少數會員以本會名為掩護，做反對政府之非法活動，實違本會學術研究之本旨。未免為奸匪所利用起見，特將新生臺灣建設研究會宣告解散，希各界人士察照，此啟民國三十九年一月二十八日。

朱昭陽 宋進英 謝國城 林迺敏 高天成 曹欽源 魏火曜 林秀棟 吳振坤
鍾啟安 林宗義 張漢裕 王金茂 江萬煊 李燧煤（標點為筆者所加）

新生臺灣建設研究會為何會被下令解散，原因不明。包括朱昭陽、魏火曜、賴永祥、楊建基等人的回憶錄或口述訪問均指出，該成員返臺後莫不忙著各自找尋工作，未曾再集會，朱昭陽即指出，政府當局要求刊登解散啟事，其實是「宣布解散一個原本已經不存在的組織」。[118]

不過，筆者在檔案中發現，二二八事件國府軍隊增援鎮壓後的三月十日，留日臺胞團體曾聯名向立法院請願，呼籲嚴懲陳儀及貪官汙吏、取消行政長官公署制、縣市區長民選、促進臺灣島民政治經濟自治等等，其中包括以李燧煤為代表的「新生臺灣建設會」也參與連署。[119]李燧煤戰後並未返臺，二二八事件引起在日臺灣人的高度關心，在劉明電為首召集下有留日臺灣人團體二十六個聯合向立法院院長提出請願，尚無積極證據說明研究會遭解散與此事有關。

衡諸戰後臺灣人所組聯誼團體而遭受白色恐怖威脅者，不只新生臺灣建設研究會一案。具滿洲經驗的臺灣人，返臺後曾組聯誼團體「東北會」，但因政府當局的猜疑，會長楊蘭洲就

⓫ 新生臺灣建設研究會解散啟事：《中央日報》所刊登之解散啟事，內容與朱昭陽所保存之手稿只有一處文字稍有出入，但成員排名順序則大不相同。參見《中央日報》，民國三十九年一月二十八日，第八版；朱昭陽口述、林忠勝撰述，《朱昭陽回憶錄》，頁一一七—一一八。另外，成員之一魏火曜則指出，當時他正擔任臺大醫院院長，當局要求他與高天成、蔡章麟三人登報聲明解散研究會，三人照辦。但《中央日報》所刊出與朱昭陽所保存的解散啟事，名單中都沒有蔡章麟，應是魏火曜記憶有誤。參見熊秉真等訪問、鄭麗榕記錄，《魏火曜先生訪問紀錄》（臺北：中央研究院近代史研究所，一九九〇），頁一九。

常被帶到保密局約談，深受嫌疑之苦。[120]留學滿洲建國大學的臺灣學生組織的「愛國青年會」，也因林慶雲等九人被判處徒刑，罪名是「以臺灣自治與獨立運動為宣傳共產、吸收黨員之掩護，陰謀於共軍侵臺時，以二二八暴動方式策應匪軍，赤化臺灣不諱」，「共同陰謀意圖以暴動之方法顛覆政府」。[121]上述案例可以看出當時國民黨政府密切關注臺灣菁英組織化，抱持不信任態度。

延平學院以補校名義復校一年再遭挫折，校長朱昭陽被捕、副校長宋進英也在情治機關追捕下躲躲藏藏。學校乏人管理、學生人數銳減，學校生存出現嚴重危機。又值中央政府播遷來臺、社會動盪之際，以新生臺灣建設研究會為主所組成的校務委員會對學校前途失去信心，主張解散學校。在多數校務委員離去的情況下，只剩朱昭陽與宋進英堅持繼續辦校，於是改組校務委員會，由專兼任教師擔任。[122]

（二）中共學委會案及其他案件

一九五〇年五月十四日，國防部總政治部主任蔣經國召開記者會，宣布破獲中共臺灣省工作委員會祕密組織，省工委書記蔡孝乾、組織部長陳澤民、宣傳部長洪幼樵、武裝工作部長張志忠等人先後遭國防部保密局逮捕，該黨自一九四六年四月成立後歷經四年發展之組織，包括省工委領導機構、基隆市工委、臺北市工委會、臺中區工委、臺南區工委、高雄市工委等均已瓦解，各地支部小組被摧毀者達八十餘單位。蔡孝乾等四人並發表〈告全省中共黨員書〉，呼籲黨員自首。[123]

受到中共省工委會首腦被捕影響，地下黨員相關案件一一遭破獲，其中不乏新生臺灣建設研究會成員涉案。李水井為首的學生工作委員會案有四十五人被判刑，包括新生臺灣建設研究會成員楊廷椅與葉盛吉。據楊廷椅供述，他原本在延平學院經濟系就讀，二二八事件後經廖瑞發介紹加入共黨，臺灣省保安司令部判決書指出，楊廷椅於一九四七年五月間經廖瑞發介紹參加共黨組織，與徐懋德、陳炳基、劉沼光、陳水木五人共同發展學生組織，領導臺大及師院支部。同案的黃華昌回憶錄中證實了楊廷椅化名為「臺大工學院邱先生」吸收青年、鼓勵黃華昌「作為臺灣青年革命先鋒隊」的經過。[124]葉盛吉則是在一九四八年九月經劉沼光介紹入黨，接著葉又介紹低他兩屆的臺大醫學院學生顏世鴻入黨，顏世鴻口述中回憶葉盛吉，博學多聞的兩人曾相互論辯，因基於信任與情誼而同意入黨。[125]楊廷椅、葉盛吉因從事學運、擴大組織，被判處死刑，十一月底於馬場町執刑槍決。另有學生郭慶、李日富於延平學院關閉後返回雲林，分別在貓兒干國校任校長、在臺西國校任教，一九五一年兩人遭指控參加鍾心寬之組織、閱讀反動書籍，郭慶遭判處死刑，李日富原判十年，經參謀總長周至柔核覆改判死刑。[126]

令人驚異的是，才在不久前出面到保安司令部保釋朱昭陽的延平學院董事劉明，竟也於一九五〇年四月間被捕，原因是出資協助友人蕭坤裕創辦大安印刷所，以資匪罪名被判刑十年，擔任臺灣美術工藝社總務主任的文學家王白淵也在同案中被判刑二年。[127]雖然劉明被捕後有臺灣省參議會副議長李萬居、國大代表游彌堅、吳三連、葛曉東、考試院考試委員陳逸松、省參議員郭國基等十人聯名上書陳情，亦無法解救劉明於危難。[128]

一九五〇年底，延平補校師生被捕、判刑、逃亡時有所聞。延平補校地理教師林水旺、數學教師林秀棟被指加入「匪幫」躲藏於臺南縣玉井鄉農民楊鬧雲家，延平學生陳錫忠、連林山則因老師介閱「禁書」，也連同入案。眾人被捕後，楊鬧雲等三人被判處死刑，林水旺被判處十五年有期徒刑，林秀棟等三人被判處十年有期徒刑，連林山、陳錫忠等五人被判處五年有期徒刑，同案學生楊友舜則逃亡七個月後脫險。[129]國文教師張冬芳遭通緝，雖辦理自首仍被逮捕。[130]延平補校學生何春輝三度被逮捕審訊後交付感化教育三年。[131]賴永祥於一九五八年被調查局約談，訊問參加新生臺灣建設研究會之事，於一九七二年避居美國。[132]從延平學院到延平補校，師生屢屢遭難、人人如驚弓之鳥，一所立意培養臺灣人才的教育機構，竟長期處於風雨飄搖的困境中。

六、小結

一九四五年八月日本在臺灣殖民統治終結，旅日菁英充滿欣喜之情、懷抱浪漫夢想，組織新生臺灣建設研究會，呼朋引伴返臺為奉獻故鄉而努力。回臺之後雖然未能在文官體系內發展，仍創辦延平學院作為實踐理想的途徑。但是，學校開辦不到半年即因二二八事件被封閉，新生臺灣建設研究會也遭追究並解散。白色恐怖時期，延平學院與研究會人士因政治案件被槍決、下獄者所在多有，遭難者或躲藏逃亡、或遠走異域、或危危惴惴抑鬱以終。朱昭陽在回憶錄中說：「臺灣剛光復……我們旅日的省人，天天期待著能早日見到回臺之遣送船，盡早重返自己的故鄉。我們的盼望終於實現了，遠離家園的遊子，踏上故鄉的土地，投入慈母的懷抱，這種心情，可能不是局外人所能體會到的。但是我們得到的是什麼呢？」[133]

日本殖民統治下飽受歧視的臺灣人，對於復歸祖國充滿期望，認為今後不必再受差別待遇，可以成為一等國民。臺灣人熱心學北京話、學國歌、研讀三民主義，認為是當家作主、出人頭地的時候了，豈知前來接收的祖國官員對臺灣人並不信任。新生臺灣建設研究會成員邱永漢指出：

當時留學日本的人們幾乎都被摒棄在職場外，……因此經過商議，決定創辦私立大學。然而，私立延平學院遲遲無法設立。由於行政長官公署認為我們是反政府運動的一派，不僅不准許創辦，還公然指責「接受日本帝國主義教育毒害的不法分子」。因此，創辦大學被凍結，但看在向教育廳提議此事的人面上，准許降格創辦初中和高中。當時延平大學若成立，我打算加入教授行列……。徬徨了大約半年，我得到的結論是，從大陸來的政府視臺灣人知識階級為眼中釘。[134]

儘管延平學院的創立符合戰後臺灣社會需求，在增設大學呼聲下受到極熱烈歡迎，辦學初期運作順暢，但行政長官公署卻始終抱持疑慮。**在長官公署加強推動「祖國化」政策下，由留日菁英主導延平學院並不合時宜，長官公署機關報乃嚴厲批判該校充滿地域主義色彩，陳儀等官員也對學校申請立案採取消極態度**。二二八事件發生後，從情治機關的情報中可看出政府當局對於延平學院由「帝大閥」主導、「缺乏祖國意識」的憂慮。警備總部乃利用事件趁機打壓，以學生參與事件及私藏武器等理由關閉學校。

更值得注意的是，**新生臺灣建設研究會與延平學院遭遇的深層意義在於中國政府對受日本教育的臺灣菁英存有疑慮，不願臺灣人菁英插手高等教育，阻絕爭取自主教育權的機會**。

一九五〇年代末期，臺灣政經情勢逐漸穩定，高等教育發展受到重視，學者研究指出至一九六二年增加了十四所大學、九所專科學校。[135]但若仔細分梳可知，這個時期增設的公私立大專院校可分為三個類型：一是中國大陸大學院校在臺復校者，如政治大學、清華大學、交通大學、東吳大學；一是教會學校，如東海大學、輔仁大學、靜宜文理學院等；一是配合社會經濟發展需要設立的專科院校，如中原理工學院、淡江文理學院、逢甲工商學院，與高雄醫學院、中國醫藥學院、臺北醫學院。[136]其中，新設公私立大學絕大部分是外省人士或黨國要員所主導，只有林挺生的大同工學院、杜聰明的高雄醫學院、徐千田等人的臺北醫學院三所是臺灣人創辦的私立院校。⓬顯然直到一九六〇年代的教育界，臺灣人仍未能獲得信賴，只被允許在醫學、工業等技術專業領域發展，以文法政師資為主的延平學院，企盼復校多年，終究沒有生存空間。

⓬ 臺灣人創辦的私立大專院校：除大同工學院、高雄醫學院、臺北醫學院外，淡江文理學院前身為淡江英語專科學校，首任校長張鳴（驚聲）雖是臺灣宜蘭人，但早年前往中國，與國民黨關係深厚。該校由張鳴的岳父居正擔任董事長，董事會主要成員如朱家驊、鄒魯、張知本等多為國民黨要員，所以筆者未將之列入臺灣人所創辦之學校。教育部教育年鑑編纂委員會編，《第四次中華民國教育年鑑》（臺北：正中書局，一九七四），頁一一八。

延平學院復校曾於一九四九年初一度露出曙光，教育部長朱家驊透過延平董事劉啟光轉來電報，通知速提出延平學院設立申請文件。但因正逢國民黨政府遷臺，次年再往洽教育部，未獲答覆。後又因臺灣省政府政策暫不准設立學院，復校希望破滅。一九五三年、一九五七年延平補校董事會兩度向教育部申請成立商業專科學校，都未獲准，於是在一九五八年決定將日間部申請改為中學，終於在此年八月奉准立案，補校日間部改為延平中學，招收初中及高中學生，夜間部為附設補習學校。[137]朱昭陽等人原本希望設立高等教育機構，歷經輾轉波折，十三年後終於以降級為中等教育機構而獲得政府准予立案。

其次，新生臺灣建設研究會是留日臺灣菁英的集合體，成員之中思想多元，朱昭陽的觀察「其中有小部分偏左，也有小部分偏右，而其相同點是一致反對殖民地主義，反對被歧視，反對差別待遇」；[138]二二八事件以鎮壓收場令臺灣人徹底失望後，研究會中部分人士轉而追尋紅色祖國。根據調查局的內部資料，二二八事件前共產黨員只有七十餘人，一九四八年春發展為二八五人，到一九四九年底已增加到一千三百多人。[139]新生臺灣建設研究會成員如李中志、楊廷椅、葉盛吉，延平學院學生郭慶、李日富等在二二八事件後的思想日益左傾，正是在此社會脈絡下所發生。

再者，當時國民黨政府對臺灣人菁英處處防範，又因國共內戰中漸露敗跡，更對各種人民國體心懷疑懼，動輒出以恐怖手段對待，輕則調查解散，重則逮捕殺戮。雖然新生臺灣建設研究會成員返臺後並無實質活動，卻被下令解散，朱昭陽等多人被拘禁。但該會的遭遇並不是特例，在那個幽黯年代，團體組織僅被解散處置，竟然已經是最幸運的待遇了。隨著白色恐怖鋪天蓋地而來，臺灣社會莫不膽戰驚心，延平補校師生在一波波政治案件中受害尤深，許多菁英喪生在祖國政權手中，生者則是精神備受打擊、拒絕公共參與、抑鬱一生[13]。大肆株連捕殺的結果，雖然達到使臺灣社會震懾戰慄的效果，但同時也斲殺了一整個世代的菁英人才、斷絕人民向心。自國民黨政府接收臺灣到失去中國大陸政權，是戰後黑暗歷史的起點，而新生臺灣建設研究會與延平學院的遭遇，恰似是這段歷史的傷痛見證。

---

[13] 白色恐怖造成之精神打擊：例如宋文彬指出，其父宋進英在二二八事件中後雖仍盡心投入延平復校工作，但長期精神抑鬱，儘管黃啟瑞等曾邀請入臺北市政府任教育局長，卻終生拒入官場。楊建基自述眼見叔父楊廷謙、楊廷椅因案下獄或槍決，好友陳成慶被捕，上司劉明也被判刑，身邊親友同儕諸多入罪，令他終日驚惶、亟思自保。陳翠蓮訪問、宋文彬先生口述，二〇〇五年十一月十四日，未刊稿；陳翠蓮訪問、楊建基先生口述，二〇〇六年五月三十日，未刊稿。

第七章　戰後初期臺灣人的祖國體驗與認同轉變

一、緒言

二戰剛剛結束不久，一九四五年九月美國軍方戰略情報部門在中國政府尚未軍事占領臺灣之前就先抵達，展開情報蒐集工作。這個稱為「戰略情報小組」（Strategic Service Unit, SSU）的單位經過數月對總督府軍政官員、臺灣社會調查與訪談後，一九四六年元月提出了一份〈福爾摩沙報告書：日本情報及其相關課題〉[1]（A Report on FORMOSA (TAIWAN): Japanese Intelligence and Related Subjects）。調查報告中掌握了日本在臺政治軍事情報機關情形，除詳盡記載了一九二〇年代以來臺灣政治社會運動中各種團體成員、活動與訴求外，也蒐集了戰後初期臺灣各地三民主義青年團組織、成員名單。更重要的是，該小組對包括林獻堂、羅萬俥、林茂生、廖文毅、陳炘、許丙、辜振甫、辛西淮等十數位臺灣士紳進行訪問，希望掌握戰後臺灣人的政治意向。臺灣菁英們在訪談中表達出相當一致的看法，主要包括：1.希望臺灣成為中國獨立的一省，但應由臺灣人統治，而非由中國大陸官員統治的殖民地（the people of the island desire to become an independent province of China governed by Formosans and not "a colony" of the continent governed by officials from China）。2.臺灣人只願與中國聯盟，因為中國是祖國（mother country），彼此之間有相同的語言、文化、歷史與宗教信仰；正因臺灣與中國有人種、習慣與宗教上的關連，菁英們不希望歸屬於美國、英國或其他盟國。3.不贊成臺灣獨立，因為無法獨立作為一個小國而仍擁有國際上之發言權，希望透過與中國連結進而與國際接觸（cannot be independent as a small nation and still have a voice in world affairs and so desire an alliance with China to provide that international contact）。4.臺灣人同意與前日本統治當局合作，但不願再受其統治，希

---

❶〈福爾摩沙報告書〉：Strategic Service Unit, A Report on FORMOSA (TAIWAN): Japanese Intelligence and Related Subjects, RG 59, Department of State Decimal File 1945-1949, Box 7385, in The U.S. National Archives and Records Administration (NARA). 受訪者之一林獻堂在日記中記載了一九四五年十一月二十六日接受訪談的經過：「美國情報部員二名以戶田龍雄為通譯，三時來訪，問往年政治運動、文化運動之經過，略告以始末，攀龍亦出為相會，約三十分間。」參見林獻堂著、許雪姬主編，《灌園先生日記（十七）一九四五年》（臺北：中央研究院臺灣史研究所，二〇一〇），頁三九七。

望盡速遣返包括在臺灣出生的所有日本人。

這份報告書可以說是臺灣現代史上第一份民意調查，雖然限於當時技術並未進行普及式抽樣，訪談對象僅限於政治經濟菁英，但已盡可能含括日治時期不同政治立場主張者、北中南代表性人物，相當程度反映出當時臺灣人的想法。**臺灣菁英們的回答顯示出幾層重要態度：在文化意義上，強調臺灣與中國同文同種的關連性，與美、英等其他國家文化上的差異性。但在政治意義上，臺灣人雖然同意中國統治，卻反對殖民統治，希望由臺灣人自我統治。同時，戰略情報小組訪談中顯然觸及了臺灣前途與歸屬問題，臺灣菁英們除了文化情感因素，也基於利益考量與理性選擇而顯現出事大主義的傾向**。

從另方面看，臺灣士紳們的主張也意味著，戰後初期臺灣人不僅是等待被統治的客體，而是希望可以「當家做主」，顯現了主體意識：一面歡迎中國統治，一面要求以自己所同意的方式統治；選擇歸屬於中國出於工具性考量，可讓臺灣與世界連結。

本書第一章與第二章已指出，日治中期以來臺灣人努力從事於反殖民運動，已在政治與文化面確立鮮明的追求目標。政治上，臺灣人共同體意識形成，反對殖民統治，追求以全島為範圍的臺灣人自治（self-governing）。在文化上，透過臺灣文化協會與《臺灣民報》的宣傳與論述，喚起「做自己主人」的自覺，反奴役、反從屬，主張建立符合自由、平等、尊嚴、法治等近代價值的文明社會。戰後，殖民者離去，臺灣人歡迎同文同種的祖國統治，滿心以為長期以來努力追求的理想將可以實現。

但是，臺灣人的夢想很快地遭到打擊而幻滅。中國政府統治一年四個月後，各地爆發全面性的抵抗行動，不久之前「六百萬人同歡慶，簞食壺漿表歡迎」熱烈迎來了新政權，卻在轉眼間，如同抵抗日本殖民統治般反抗祖國。在這短短的期間內，臺灣人經歷了怎樣的祖國體驗？又遭遇怎樣的衝擊？

學者黃富三與李筱峰曾提出「文化衝突論」來解釋戰後現象，認為近代臺灣與前近代中國的文化差異是戰後衝突與二二八事件爆發的主要原因。[1]文化衝突論意味著日治之下臺灣已近代化，社會發展階段遠較前近代的中國進步。但筆者研究發現，此種「日本統治近代化論」，其實是戰後臺灣人被汙名化之後發展出的集體自我防衛論述，是為了反擊官方「臺人奴化」論述而出現的反論述（counter discourse）。戰後中國政府對臺灣社會所進行的再殖民統治，才是迫使臺灣人從歡迎到反抗，從迎接祖國到認同轉變的主因。[2]

筆者在第一章已指出何謂「殖民」及何謂「再殖民」。殖民不只是一個社會群體移住到另一個新的地區從事經濟與社會活動而已，更重要的條件是，殖民母國與殖民地之間，建立一種政治上的從屬關係，為了維持殖民統治「政治宰制」的權力關係，更必須在文化上營造一套「殖民者vs.被殖者＝優越vs.低劣＝高級vs.低俗」的知識體系，經由此種「殖民論述」（colonial discourse）徹底摧毀被殖民者的自我認知，正當化統治基底。這種將被統治者在政治上使之從屬化、文化上加以汙名化的權力支配型態，就是殖民統治。二戰後許多亞非殖民地紛紛獨立，但西方帝國、異族統治的離去並不保證殖民權力關係的結束，**因為新降臨的國族菁英往往模仿殖民帝國的國族主義、承襲前殖民者地位，壓迫大眾集體效忠，於是出現「以前壓在頭上的，是歐洲的白人；現在，是同種的新貴」的現象。此種異族殖民終結、但新殖民狀態再起的情境，即是「再殖民」**。

以下，筆者以戰後的官方作為與民間輿論為焦點，從政治與文化兩方面檢視戰後初期再殖民統治關係的形成與臺灣人政治認同的轉變。

二、戰後初期的政治體驗

一九四五年十月十日創刊的《民報》以「祥瑞彌天萬眾歡騰」、「臺灣有史以來未有之情景」形容臺灣民眾慶祝戰後第一個國慶；同月十七日國民政府軍隊抵臺時的「萬人空巷歡聲雷動」；以及行政長官陳儀飛抵臺北時「市民歡喜若狂、萬人空巷、人山人海、情況熱烈、空前未有」的情況。[3]陳儀抵臺隔日，《民報》社論立即呼籲登用臺灣人才、從速教導國語、警民合作維持治安，期待新時代來臨。[4]但是，很快的，臺灣人失望了。

(一) 文官任用與政治歧視

陳儀抵臺後發布人事，行政長官公署一級單位十八位正副首長中僅有教育處副處長宋斐如為臺籍人士。公署轄下各機關十六位主管中僅有王耀東、陳尚文兩位屬臺籍，十七名縣市長中僅有臺北市長黃朝琴、新竹縣長劉啟光、高雄縣長謝東閔三位為臺籍，而這六人中除了王耀東是本土醫生外，其他都是從重慶返臺的半山人士。[5]同時，長官公署接收工作大量倚賴留用日人，至一九四六年三月，留用日籍人員達七千名。[6]

對於這樣的人事任用情形，《民報》率先發難，在社論中提出「本省民的起用問題」：

臺灣五十年來，在日人統治下，埋沒了許多俊秀的人才。……及至這次臺灣光復，凡抱不遇、大志莫伸，或具有一技一能者，都在期待起用，以為從此可以揚眉吐氣了。然而光復後將近三閱月，許多上層部的辦公要員，業已發表。**就中除抗戰即在祖國服務的幾個人而外，本省人受拔擢起用的，寥寥如晨星一樣。性情較急的人們，早已漏出失望的聲**。尤其

> 目睹或聞日人一部分之受採用，便頓呈意氣消沉之狀。**甚至有自暴自棄的，以為是無異於日人的統治。**[7]

接著，該報不斷以社論敦促政府晉用臺籍人才。《民報》指出，本省人中不少優秀人才，臺灣的建設應由熟悉臺灣的本省人負責，早一日登用便能早一日促進新建設早一日實現。又提醒當局，日治五十年中臺灣雖有許多能力卓越的知識分子，但因日人獨占高位，不肯任用臺灣人才，致使具有行政經驗的臺灣人看似不多。臺灣優秀的專業人士、技術人才有數千人，如果能給予機會、盡量登用，謬見誤解自可消解，更可使本省人才協力建設新臺灣。[8]或批評日本人殖民臺灣，重要職位都為日本人所占據，臺灣人無路可通成為一大問題；戰後建設需要人才，公家機關或地方政府職位卻為外省人所獨占、或留用日人，臺籍青年有志難伸、不得其所，大抱不平。[9]

陳儀政府為何鮮少拔擢臺灣人？長官公署人事室統計指出，日治時期臺灣各機關中高階層與重要職位，完全由日本人充任，一九四五年接收之初全臺公務員人數八萬四五五九名，臺籍四萬六九五五名，占五五．五三%，但簡任級僅一人，且為大學教授而非行政官員；薦任級僅二十七人，其中十二人是醫師或教師，行政官員僅十五人；委任級僅三六八一人。總計委任級以上臺灣人有三七三三人，僅占全部公務員的七．九五%，因此，**人事室認為「臺胞在日本統治之下，擔任行政工作的，大多數為低級職位的雇傭，只聽日人的驅使而已」**。[10] **簡言之，長官公署認為臺灣缺乏政治人才，能力不足，不堪大任。**

其次，行政長官公署也以臺灣人不會講國語、不能寫中文、不諳公文流程等理由，拒絕任用臺灣人。**陳儀在公開場合不斷強調臺灣人學習國語的重要性，**並且**將國語能力當作是出任公職、獲得參政權的要件**。例如一九四六年除夕陳儀在廣播中表示，新一年度的工作要領之一在心理建設，即加強臺胞對中國語言文字與中華民國歷史的理解，以發揚民族精神；並明確宣稱要在一年內使全省教員學生能夠說國語、通國文、懂國史。[11]一九四六年二月中央宣慰使李文範抵臺考察，許多民眾向他陳情，當他將民眾對語言政策之建議轉達給陳儀後，陳儀在國父紀念週報告中明確表示，民眾希望暫以日文舉辦文官考試一事是辦不到的，文官考試必須以國語進行，「對於國文我們要剛性的推行，不能稍有柔性。」[12]

陳儀主張剛性國語政策，在接收臺灣一年後的一九四六年十月二十五日宣布廢除報紙雜誌日文版。日人統治之下也推行國語，但一直要到七七事變發生、即領臺四十二年後，才取消報紙的漢文版。相較之下，祖國來的統治者剛性語言政策何其嚴苛，不僅忽視驟然轉換語言的困難程度，更對臺灣人缺乏同情與理解。[13]

隨著長官公署在臺施政受到批評，陳儀愈發對臺灣人持懷疑態度。一九四六年十月，陳儀巡視臺中時發表談話，希望臺胞迅速學習祖國之語文、法律及歷史，並稱「這三件事做到後，才可做一個好國民」。[14]十一月，又在臺北賓館的記者招待會上對國語問題提出看法：

本省眼前最需要者為人的建設，本省人雖有良好技術及苦幹精神，但許多人尚用日語、日文，**為建設中國的臺灣，首先要使本省人學習國語國文。現在要實行縣市長民選，實行危險得很，可能變做臺灣的臺灣**。現在公務人員中，四分之三約三萬人是臺胞，其中二萬人將在明年中使他們學習國文國語。[15]

一九四六年十一月長官公署發表了公務員人數統計資料，相較於接收之時全體公務員有八萬餘人，此時大降為三萬九八〇二人，其中本省籍二萬四七一四人，占了六二．〇九％；外省籍七九四〇人，占一九．九五％；日本人七〇二七名，占一七．六五％。從比例上看來，似乎臺灣籍在公務體系中占絕大多數，但從職位高低來看則不然。《民報》刊登了兩大統計表格，說明長官公署人事結構嚴重的不公平現象：長官公署從行政長官、祕書長、各處正副處長及主祕共二十一名，僅有一位副處長是臺灣人。長官公署各處室公務員中，外省人八百五十人均為中上級官員，臺灣人四二五人多為最下級辦事員。[16]這種省籍比例懸殊的人事結構，**令《民報》大嘆「仍舊感覺著和日人時代並無二致，依然是在受日本式或荷蘭式的統治一樣**」。[17]

長官公署方面以臺人不諳國語國文而不予登用，民間指責只是一種藉口，實則包庇外省人在官場中的牽親引戚、呼朋引類、貪汙舞弊；[18]感嘆外省接收官員動輒出以優越感輕侮本省人，其中多屬貪汙腐化之徒，當局若過於重視國語國文程度，以此判定能力的有無，當作人才登用標準，不特埋沒本省青年，更是國家的一大損失。[19]

尤其，針對官方一再以日治之下臺灣人缺乏訓練、缺乏政治人才作為說詞，民間無法接受。一九四七年一月，半山新貴李萬居又在公開場合表達「臺灣缺乏政治人才，希望同胞虛心學習」，《民報》社論不客氣地反唇相譏：

所謂「政治人才」是何以為標準？何以為資格？是不是以為本省人缺些專攻政治學，或因未曾獲得政治學博士之頭銜，即以為缺乏政治人才？或者因本省人士未學糊塗敷衍之術，並不慣於封建時代的惡作風，不懂排架子。或以為本省人大都是器小性急，尤其揩油、說謊、偷懶的手段，都學不上手。若以為本省人國語國文的程度，尚且不足，不能寫出美麗的官樣文章，就做不得政治家，不錯，臺灣沒有完全具有這幾種條件的政治人才。[20]

由於高唱臺灣缺乏政治人才論者中，不乏戰後歸臺的半山人士，某日《臺灣新生報》再唱此調，更加激怒《民報》，指責半山人士的心態是一種「以阿諛之辭投合少數特殊階級的心理」，並抨擊此種用人政策背後的權力考量：

小〔少〕數特殊階級的根本思想，本來是在於「民可使由之不可使知之」，……他們內心是在夢想永遠騎在人民頭上，永遠做人民的統治者。所以要站在高臺上，向人民命令：「你們沒有人才，你們要好好的學習。」符咒一念，理直氣壯。**其實他們還有一句最重要而不敢公然說的話，即：「所以應該讓我們來統治你們。」**[21]

臺灣民眾歡欣於復歸祖國，以為從此可以「重做主人」，但祖國來的統治者以臺灣沒有人才、不會國語國文等理由，漠視臺灣人的期望，新政權的協力者則藉此保障自身的競爭優勢，令人大失所望。一九四六年六月，上海《僑聲報》刊出報導，在臺採訪的中國記者丁文治指出，從內地擁來了大批人員占據了臺灣職位，其中大部分是公教人員，其次是軍事人員、技術人員。這些人把臺灣人的飯碗奪去，省參議會開會時參議員紛紛質詢政府為何不能盡量登用臺灣人，偏要招致眾多內地人來統治，「**臺灣是不是已經變成了中國的殖民地**」？[22]連中國記者也察覺到人事任用的歧視現象已造成社會嚴重不滿，臺灣人相當疑慮再次淪為被殖民的對象。

（二）漢奸審判與停止公權

一九四五年十二月六日，國民政府修訂《懲治漢奸條例》，將漢奸範圍擴大，鼓勵人民密告、檢舉漢奸，並於全國各地一體適用。[23]次年一月十六日臺灣省警備總司令部公告，奉陸軍總司令何應欽之令，全國各地舉行漢奸總檢舉，臺灣自一月十六到二十九日兩週間舉行全省漢奸總檢舉，要求全省民眾「儘量告發過去日寇統治臺灣時所有御用漢奸之罪惡」，並將檢舉資料逕寄警備總部參謀長柯遠芬，警總將代為保密。[24]檢舉截止日後，警備總部共收到民眾踴躍檢舉文件三三五件。[25]

一九四六年三月，警備總司令部忽然逮捕了辜振甫、林熊祥、許丙、簡朗山、黃再壽、詹天馬、陳炘等十多位臺籍士紳，指為漢奸、陰謀獨立。[26]據聞還有百數十名列入預備逮捕名單，包括林獻堂在內，在臺訪問的監察委員丘念臺認為《馬關條約》後臺灣人早已喪失中國國籍，不應以漢奸治罪，否則將牽涉臺省各階層人士，影響民心安定，因此出面提醒長官公署考慮周詳，勿再捉拿「臺灣漢奸」。[27]

但懲治漢奸政策造成臺灣社會各界惴惴不安，《民報》雖然表態支持政府懲治漢奸政策，主張追究戰爭時期淪陷區內的不正得利者，但也提醒長官公署，甲午之役割讓臺灣，在國際公法上臺灣已是日本領土，不能以抗戰中被日軍占領的淪陷區同等看待。何況戰爭時期日人加強皇民化，臺灣人仍努力保存民族熱情，不應以淪陷區漢奸眼光鄙薄之。[28]

就在長官公署追訴漢奸之際，國民政府司法院早於一九四六年一月二十九日發布院解字第三〇七八號解釋：「凡臺人被迫應征、隨敵作戰，或供職各地敵偽組織者，應受國際法之裁判，不適用《懲治漢奸條例》」，[29]但行政長官公署卻仍繼續追究臺灣人在日治時期的作為，檢驗對中國政府的忠誠度。

一九四六年元月，長官公署民政處訂定《省縣市公職候選人臨時檢覈實施辦法》，企圖排除部分人士的參政權。辦法中擬將「凡擔任皇民奉公會實際工作及有漢奸嫌疑檢舉有案者」，尚未判決無罪前，停止公職檢覈申請權利。然因司法院已函釋臺人不適用《懲治漢奸條例》，臨時檢覈實施辦法最後並未將上述條文納入。[30]但是到了九月臺灣各級民意機關選舉即將展開之際，長官公署卻又頒布行政命令〈臺灣省停止公權人登記規則〉，表示政府對於本省同胞過去行為殊難深切明瞭，為防止日本占領時期為虎作倀者今復投機出任公職，防止濫竽充數、健全地方自治，因此頒布此一登記規則，規定除法定褫奪公權者外，日本時代曾擔任皇民奉公會實際工作者，或經檢舉查有漢奸嫌疑者，亦均納入停止公權範圍。[31]

此一停止公權人登記規則將對個人權利與公私行為產生重大限制，包括不得參加公民宣誓、不得參選公職、不得為各級公務員和律師等等；又因所謂皇民奉公會實際工作、漢奸嫌疑定義不清，影響所及，人們恐懼驚惶、不知所措，**因此民間稱之為「突然而來的原子彈」**、**「引起一陣大旋風」**、**「臺灣的公職追放令」**。[32]《民報》質疑：日治時期狐假虎威、殘害同胞的惡黨汙徒固應肅清，違背省民利益及損害國家權益之土豪劣紳固然應自動退場反省；但中央政府體念臺胞之苦楚，已函釋不適用漢奸懲治法令，長官公署卻公布停止公權措施，將臺灣人視為敵人、或譏為奴化、加深省籍鴻溝，須冷靜慎重考慮。[33]

果然，停止公權登記的衝擊效應立即顯現。當時國民參政員選舉正在舉行，應選名額八名，因廖文毅、陳逸松、林茂生、吳鴻森、杜聰明等人同獲十二票支持，將以抽籤方式決定四名當選者，林茂生突然於投票前一日宣布放棄參加抽籤權利。[34]九月六日上午，在省參議會會址由民政處長周一鶚監選下舉行抽籤，抽出林茂生、吳鴻森、杜聰明、陳逸松，加上已選出的林忠、林宗賢、林獻堂、羅萬俥共八名當選。[35]《民報》報導，該報社長林茂生已於先前向省參議會祕書處申明棄權，雖經當局發布當選，但在慎重考慮後，仍決定不改初衷、提出辭呈。[36]

事實上，**國民政府中央與陳儀當局對於臺灣人的政治忠誠要求態度並不一致**。在長官公署指揮下，至一九四六年十月初步完成對各縣市調查，共計獲得參加皇民奉公會者一九二名，但陳儀政府仍要求各縣市政府擴大追查皇民奉公會各地分支機構參與人員，目前已披露的檔案中僅新竹市、臺南縣、臺南市的皇民奉公會名冊就已超過三百人。[37]中央政府方面，儘管國民政府主席蔣介石曾批示「抗戰期內，臺人有違法行動、通敵殃民者，亦應以漢奸罪論處，不予寬恕」，但一九四六年十二月司法院再度做成院解字三三二三號解釋，重申「臺灣人民於臺灣光復前，久已取得日本國籍，其在中日交戰期內基於其為敵國人民之地位，供職各地偽組織，應受國際法上之處置，不適用《懲治漢奸條例》之規定」。監察委員丘念臺也多次進言臺灣在日本統治下官職低微、並且未有中國國籍，不能構成漢奸罪名，並請監察院函請行政院、立法院注意〈臺灣省停止公權人登記規則〉之適法性，行政院司法行政部回覆對該規則尚無所悉，「如何毫無根據率行公布，停止人民公權，自屬不合」；立法院法制委員會也認為該行政命令不合立法程序。**但奇特的是，行政、立法、司法部門的種種裁示都未能對陳儀政**

府發生效力，直到一九四七年二月，長官公署仍堅持將來行憲與地方自治推動時，曾任皇民奉公會者將不予檢覈。同月，司法院再做成院解字三三七五號解釋，指出曾經任偽職、但未依法判罪兩年內不得任公職候選人者，「其選舉權自不在限制之列」。[38]

從臺灣人的眼中來看，戰後新來的祖國政府荒謬地以中國國族主義量尺檢驗日治時期臺灣人的政治忠誠，儘管中央政府看法並非全都如此，卻未能發生作用，令臺灣社會陷於惶惶不安之中。

（三）結社權及參政權

二戰結束，臺灣社會自發性的群眾組織如雨後春筍般出現。最早開始活動的是謝雪紅等舊臺灣共產黨分子於一九四五年十月五日成立的「人民協會」、發行機關報《人民公報》。日治時期農民組合幹部簡吉等人為中心的「農民協會」也於同月二十日在臺中市成立，隨後在各地組織支部，不到一個月會員已達萬人以上。受到這兩個團體組成的鼓舞，臺北學生以郭琇琮為中心也在中山堂正式成立臺灣學生聯盟，各校原有組織則改為該聯盟支部。[39]十二月三日，臺灣學生聯盟在省公會堂召開大會，會場內充滿學生，幾無立錐之地，各校代表大吐抱負，願協助政府建設新臺灣。[40]此外還有臺灣政治經濟研究會、政治研究會、臺灣建設協進會等團體❷籌組。

戰後初期臺灣人民熱情參與政治、展開結社活動，卻聽說祖國政府並不歡迎成立民間團體。吳新榮回憶指出，日本投降後，陳逸松擬在臺北組臺灣政治同盟，臺南也有新青年會、還中會，吳新榮自己也打算在地方組織青年同志會等團體。但從中國回臺的張士德卻告以國內一貫的作風是「黨外無黨、團外無團」，已存在的團體或擬將成立的團體都要消解，或是吸收納入三民主義青年團。嘉義地區李曉芳也得到相同訊息，指國民政府只允許一個政黨、一個人民團體存在。[41]

根據王泰升的研究，一九三一年所制定的《中華民國訓政時期約法》規定，雖然中華民國主權屬於國民全體，但人民之選舉權等尚由國民政府「訓導之」，並無人民代表機關存在，而是由「中國國民黨全國代表大會，代表國民大會」；同時，國民政府主席與委員，也由國民黨中央執行委員會選任之；如此一來，國民黨統領了政權與治權的行使。一九三九年國民黨內設置了國防最高委員會成為「政治最高指導機關」，國防最高委員會的一切決議，均由祕書處通知包括國民政府在內的各機關執行之；立法院制訂法律也須受國防最高委員會所議定之「立法原則」拘束，甚至黨的決議可以暫時等於是國家法律。[42]在訓政時期約法下，一言以蔽之，就是「以黨領政」的黨國體制。

訓政體制之下，國民黨中央委員會於一九三九年通過《非常時期人民團體組織綱領》，國民政府於次年六月公布，綱領第十一條規定「各種人民團體須受中國國民黨之指導，政府主管機關之監督」；一九四〇年八月國民黨中常會又通過《非常時期黨政機關督導人民團體辦法》，規定凡人民申請組織團體時，省縣政府除派員視察外，並同時函知省縣黨部。[43]依照上述規定，訓政時期所有人民團體都須受國民黨指導，無法自由組織，人民的結社權無疑受到極大限制。

但臺灣民眾對於訓政時期的規定並不瞭解，戰後熱烈組織各種團體。長官公署軍事占領臺灣後，將中國政府的訓政時期黨國體制跨海移植而來。一九四五年十一月十七日公布了《臺

❷臺灣政治經濟研究會等團體：臺灣政治經濟研究會主要成員有陳逸松、顏永賢、王白淵、胡錦榮、陳炘、陳逢源、王井泉與蘇新等人，但後來並未組成，而是發行了報紙《政經報》。政治研究會會長為林獻堂，參謀羅萬俥，聯絡有杜聰明、陳逸松、洪火煉、黃純青、劉明朝等人，但報刊上並未報導此團體之活動。臺灣建設協進會則以林獻堂為會長，林熊徵為副會長，該會曾於一九四六年一月舉辦時事座談會，出席人士包括游彌堅、宋斐如、黃朝琴、劉啟光、林忠、張錫祺及實業界人士林熊徵等三十餘人，聽取林茂生報告後討論時事。蘇新，《未歸的臺共鬥魂——蘇新自傳與文集》（臺北：時報文化，一九九三），頁六〇—六二；吳濁流，《臺灣連翹》（臺北：前衛，一九八八），頁一八九—一九〇；〈為資省政府施策　組成建設協進會　研究現下諸問題病癒提出建議案〉，《民報》，民國三十四年十月三十日，第二版。

灣省人民團體組織暫行辦法》，第一條即規定「臺灣省原有人民團體，暫時停止活動，俟舉辦調查登記後，依據法令及實際情形，加以調整，必要時得解散或重新組織之」；第二條要求「一切人民團體，應切實協助政府，推行政令，以建設三民主義之新臺灣，不得有妨害國家民族之行為」，[44]長官公署並據此進行人民團體之調查與整頓。

一九四六年一月十八日，長官公署民政處召開記者會公布人民團體調查整頓結果，除臺灣省政治經濟研究會等十幾個團體還在審核、備案、調查或登記中，包括臺灣省農會、臺灣人民協會、臺灣學生聯盟等八個團體不准組織、或予解散。[45]九月初又公布經政府指導、完成備案之人民團體，核准備案有臺北市土木建築同業公會等一百二十單位，被駁回不許成立的人民團體則有七十單位。[46]

其次，政府當局也否定日治時期臺灣人的參政經驗，質疑臺灣人行憲與自治能力。一九四五年十一月陳儀在第一次總理紀念週上指出，日本統治臺灣使用奴役政策，不許臺人有政治知識、受政治教育、組政治團體，「雖然也有地方自治機關，號稱人民組織，實則是半官方性質，不是真正的民意機關。」[47]民政處長周一鶚也認為日治之下有總督府評議會、州會、市會、街庄協議會，「雖號稱民意機關，實則完全是委託的、御用的，雖有半數議員是選舉產生，也受日本政府支配，是毫無意義的。」[48]省府機關報《臺灣新生報》也以同樣理由認定多數臺胞均無充分政治經驗與政治智能，甚至認為「光復後臺胞高昂的民主參政熱情只是遭受日人長期壓抑後的精神反動」，應該去除自滿、知所警惕、虛心學習，以俾行憲。[49]

一九四六年十二月二十五日制憲國民大會完成憲法制定，隔年元月公布，並規定行憲程序，將於一九四七年底行憲。臺灣民眾熱切希望因此獲得省級自治，紛紛展開行憲座談會。不料，長官公署卻在一九四七年元月公布了「臺灣省地方自治三年計畫方案」，須待各級自治機構、辦理戶政、組訓民眾、發展教育、勵行新生活運動等事項完成後，於一九四八年舉行縣市議會議員選舉，一九四九年舉行縣市長民選。[50]

從臺灣民眾眼中看來，長官公署此舉無異延遲行憲時程，臺灣省政治建設協會強烈表示反對，認為已違反行憲程序，乃於元月二十日致電長官公署要求如期實現縣市長民選；又於二月十日在臺北市第一劇場、國際戲院舉辦兩場「憲政推行演講大會」，此外，該會組織全省巡迴演講隊，自北而南在各地宣傳演講，增進民眾對憲法之瞭解、積極準備迎接行憲。[51]

臺灣省政治建設協會反對長官公署的「臺灣省地方自治三年計畫方案」，認為無異延遲行憲，他們指出：

查本省向來戶籍完整，地籍精詳，警衛周密，衛生完善，交通發達，教育普及，……文化水準既高，地方自治之常識與能力亦強。……今我政府當局，祇要改革過去之惡劣制度與作風，……似無須一一從頭做起，是則本省地方自治條件，一切具備，倘執政者肯予積極進行，則立可完成地方自治，何須再待時日乎？且憲法業經制定公布，並有明白規定行憲程序，至本年十二月廿五日完全實施，該項計畫，顯有違憲，及無地視方〔無視地方〕事實，因之全省民眾均起非議。[52]

政治建設協會因此主張應於一九四七年十月以前完成省級以下各級民意機關及縣市長之民選，於憲法施行前完成地方自治，以俾如期行憲。

一九四七年二月三日，臺灣省政治建設協會與民報社共同於蓬萊閣舉辦「憲政推行座談會」，與出席會議的陳逸松、張晴川等人都認為臺灣戶口完備、文化程度較內陸各省為高，要在行憲之前完成地方自治選舉不是問題，甚至可以由全體省民直接選舉省長。[53]民報總編輯許乃昌更指出，行政院第七七一次會議決議將選擇若干縣市試辦縣市長民選，其條件包括：1.全縣戶口清查完竣；2.土地測量辦理完畢；3.全縣公民宣示完成且公職候選人檢覈足數；4.縣城設立警察機關且各鄉鎮完成組織訓練；5.主要縣道及鄉村道路平坦可通行；6.各縣每一鄉鎮有一定數量之中等學校、國民學校；7.各縣設一衛生所；8.各縣市政府及鄉鎮公所均依法令組織完成；9.全縣職業團體依法完成組織。以上各項條件臺灣已是件件具備，他建議應向行政院要求即刻在臺灣實行縣市長民選。[54]

誠如本書第一章所指出，**日治時期一九二〇年代以來臺灣人即爭取議會自治，標舉「臺灣是臺灣人的臺灣」，積極與殖民政府周旋對抗。戰後陳儀政府對於臺灣人長期以來爭取自治的強烈要求全然未覺，對臺灣地方選舉經驗棄之如敝屣，如同新征服者般降臨**。對臺灣人而言，過去騎在頭上的異族殖民者離去，並未因此獲得解放，同文同種的祖國同胞取代了殖民者，成為新統治階級。祖國政府不同情臺灣被異族壓迫的過往，反而對臺灣人進行忠誠檢查，在所謂「國民精神」、「國家觀念」等政治忠誠未獲確認前，不能與國內一樣具備行憲資格。從臺灣人眼光來看，這與日本統治下的差別待遇何異？光復的結果並非解放，臺灣人的政治地位未獲改善，自治期望仍遠在天邊。

三、戰後初期的文化體驗

從陳儀的角度而言，戰後他受命於國民政府來臺統治，努力推動中國國家重建，積極去除日本殖民遺緒。一九四四年五月陳儀與教育部長陳立夫討論臺灣收復後教育工作，函件中直陳「臺灣與各省不同，它被敵人已占據四十九年。在這四十九年中，敵人用種種心計，不斷地施行奴化教育，……收復以後，頂要緊的是根絕奴化的舊心理，建設革命的心理」。[55]一九四五年三月通過的《臺灣接管計畫綱要》，第四條明定「接管後之文化設施，應增強民族意識，廓清奴化思想，普及教育機會，提高文化水準」。[56]抵臺之後，陳儀以降的政府官員貫徹此一政策，不斷提出「臺人奴化」、「去除遺毒」的論調。

（一）「臺人奴化」指控

一九四五年十月二十五日，甫抵臺灣的陳儀在光復慶祝大會上致詞指出「臺灣得以光復不是臺灣人的力量做出來的，是全國同胞做出來的，希望今後努力合作文化向上得加一層進步發達，一心一德以建新中國與新臺灣」。[57]在次年二月的中學校校長會議又表示：「臺胞過去受著日本之奴化教育，其所施之愚民政策不使大眾對政治正確認識……各位是青年的領導者，應好為指示，認識我國的情況」，進而宣示「本省過去日本教育方針，旨在推行『皇民化』運動，今後我們就要針對而實施『中國化』運動」，[58]明白揭示「中國化」的目標。

一九四六年五月一日《民報》以〈本省人完全奴化了〉的斗大標題，報導行政長官公署教育處長范壽康在臺灣省行政幹部訓練團演講中放言：1.臺胞抱有獨立思想；2.臺胞排擊外省工作人員；3.臺胞有以臺治臺之觀念；4.臺胞完全奴化；5.臺胞對於本省各項工作表示旁觀態度。此演講引起全體四九五名團員激憤，認為嚴重侮辱臺人，乃發表抗議書、召開糾正大會加以聲討。[59]此事引起軒然大波，省參議員郭國基在剛開議的省參議會第一次大會上提出緊急動議，大會決議指派郭國基、蘇惟梁調查此事，臺北縣參議會也決議支持省參議會之行動。郭、蘇二位省參議員調查結果確認范壽康失言，但范壽康以國語不夠標準、翻譯有所錯誤為由辯解，加上省參議會議長黃朝琴及參議員劉傳來、韓石泉掩護，事件未再追究，草草收場。[60]「范壽康失言風波」被認為是外省籍高官與公務員所抱持優越姿態、錯誤觀念的顯現，但卻未加以處置或化解，不只更刺激相關論戰如火如荼展開，省籍隔閡也日益加深。

政府官員與官方報紙所謂「臺人奴化」的指控有兩層意涵：表面上是指臺灣社會語言文字、生活習慣的「日本化」；更深層的意義是指臺灣人在精神上的「皇民化」、「奴隸化」。長官公署機關報《臺灣新生報》不斷透過社論、專論、政府要員談話，指控臺灣各處所見，盡是「日化」風尚，包括房屋建築、店名招牌、日常用詞、一般稱謂等都應自動改正。抨擊臺灣人沿用日化用語，稱日本人為「內地人」、新來的同胞為「中國人」，稱日語為「國語」等等，根本是觀念錯誤，是「奴性未改」、「奇恥大辱」。又建議市區街道、鐵路站名、公文字樣、各地地名都應該立刻改革，以符合全國的規制。[61]更嚴重的是，官方媒體認為日本殖民統治下，為使臺人「皇民化」，首先必須消滅民族意識、忘記祖國，因此對內推行普遍深入的「奴化教育」，不許臺人學習中國語、知曉中國歷史。於是，臺胞經過長期的思想知識上的箝制與窒息，對祖國的印象已經模糊不清了，對中國歷史臺胞能熟悉者已不多，大多數臺灣人對抗戰的情形茫茫然如在五里霧中。官方報刊認為，日本五十年殖民統治後，臺灣人精神上遭受「思想毒素」腐蝕，因此對日本崇拜頌揚，卻對祖國離心離德。[62]

面對這排山倒海而來的「奴化」指控，臺灣文化界認無可忍，終於，一九四六年一月八日王白淵在《臺灣新生報》上發表〈所謂「奴化」問題〉，加以反擊：

日本統治下有「皇民化」三字，使臺胞非常頭痛，光復後有「奴化」兩字，不斷地壓迫著我們。臺省現在的指導者諸公，開口就說臺胞「奴化」，據說政治奴化、經濟奴化、文化奴化、語言文字奴化、連姓名亦奴化，好像不說臺胞奴化，就不成臺灣的指導者，而似有損及為政者的資格一樣。……光復後來臺的大小官員，每個人都認定，日本對臺灣施行的「皇民化」完全失敗，但是繼之開口就說臺胞奴化，這樣論理的矛盾，非常使我們感覺到莫名其妙。……臺胞有許多的地方日本化，這當然毫無異議，但是這種現象雖不可輕視，究屬枝節問題。因為「奴化」、「不奴化」是嚴肅的本質問題，若是臺胞反對光復，這就可說奴化，因為這是屬於本質問題，一點不能放鬆。但是臺胞沒有一個人反對光復，都是個個慶祝光復，何以以「奴化」相欺，而損害臺胞的自尊心。[63]

王白淵的反擊如石破天驚，不啻對「臺人奴化論」正面宣戰，自此，包括《民報》、《人民導報》、《政經報》、《新新》等民間報刊陸續加入論戰，正反雙方你來我往，展開激烈論辯。[64]

不久王白淵又在《政經報》上發表一篇措詞更為強烈的〈告外省人諸公〉：

> 現在的臺灣主腦者特別是政府主要角色，大部分都是外省人諸公。……許多外省人，開口就說臺胞受過日人奴化五十年之久、思想歪曲，似乎以為不能當權之口吻。我們以為這是鬼話，除去別有意圖，完全不對。……臺胞雖受五十年之奴化政策，但是臺胞並不奴化，可以說一百人中間九十九人絕對沒有奴化。**只以為不能操漂亮的國語，不能寫十分流利的國文，就是奴化。那麼，其見解未免太過於淺薄，過於欺人。**日人常對臺胞強辨〔辯〕，臺灣的民智太低，所以不能施行憲政。……外省人諸公，**若是以為發奇財而來臺，或是以裙帶人事為上策者，當然奴化這個名詞，可以做護身符亦說不定。**[65]

王白淵的憤慨躍然紙上，他穿透「奴化」論述背後的政治意圖，挑明外來壓迫者、即外省人的權謀操作，他們高高在上，阻止臺灣人參政與競爭，與日本異族統治者並無二致，「臺人奴化」之說只是他們包攬權力的堂皇藉口。

（二）「臺人心胸狹隘」

日治中期，臺灣人就積極爭取政治參與，但因歷史經歷的巨大差異，新來的統治者無法體會臺灣社會的熱切要求。官方對於來自民間不斷催促登用本省人才，另有一套說詞。戰後接收沒多久，民政處長周一鶚透過廣播提示臺灣人，「我們是中華民族」、「且不可存有偏隘地方的私見」，地方自治應該將眼光向大處著眼，不能只從臺灣出發，要放眼全國，顧全大局。[66]也有外省人投書批評「臺胞眼界太淺狹」：

> 許多臺胞目前正醞釀著一種的不滿，以為臺灣或幾乎變成他省的殖民地，因為眼看著各機關正在一批一批地珠連魚貫地插進外省的同胞，……**我們現在除了請外省人來幫忙以外，根本沒有方法可以清除過去日本的遺毒，沒有方法可以學習祖國的文物和典章制度，為要建設新臺灣的中國文化，**我們**正需要著大批的和善而熱忱的外省同胞來給我們指導，……**

務必在最短期間，能夠學習或體會一個中國人所應該體會的最起碼的見識和精神。[67]

行政長官陳儀也以類似角度看待問題，他認為在日本教育下，臺胞雖然擁有注重自治與勇於求知兩種好習慣，但是從日本教育也得來兩種缺點，這也是日本人所普遍存在的性急與氣小：「因為性急所以什麼事總想立刻做好，看見政府接收工作稍慢，他們就覺得不耐煩；因為氣小所以往往不能容人容物。」[68]《臺灣新生報》於是將臺灣人對外省人獨占人事職位的批評指向日本統治下臺人眼光短淺所致：

臺胞因受日人五十年長期壓迫的痛苦，積怒蓄恨，久而且深，感情上不能容忍，乃屬人情之常。……希望臺胞把眼光放遠，把胸襟放闊，不要囿於一隅。即為臺灣計，今後也只有靠全國人才的交流，與文化技術的交流，才能使臺灣進步，從中央或外省來的人固不可抱有優越感，而臺灣同胞也不該有地域偏見。[69]

不僅如此，官報又指出歷經異族統治的臺灣人在高度壓制下長期忍受奴隸生活，以致精神頹廢、喪失活力、不能振作；反之，「一旦解除桎梏，對於新的自由生活，一時不能完全適應，有如脫韁之馬，不免踰閑。」[70]總之，官報批評臺人受日人統治、沾染眼光短淺習性，加以驟然獲得自由，竟不知分寸地要求參政。

針對戰後政府接收以來民間不斷批判政風敗壞、軍紀蕩然、法治觀念薄弱、經濟停頓、通貨膨脹等，官方並未認真檢討改進，卻疾呼「臺灣不可自立於國家之外」、「不可誤認一切可以自了」。[71]臺灣省立法商學院院長周憲文在報上更明白地呼籲，臺灣人要「從大處看」，今天種種問題，並非僅是臺灣的問題，更是中國的問題、是世界性的問題；何況臺灣之建設與法治比諸國內已經好許多，中國還處在農業社會、貪汙盛行，這是半殖民經濟的後果，世界各地都一樣。[72]他更反對臺灣人處處將中國政府與日本政府做比較：

> 我們也得想想，我們是中國人，今天的臺灣是中國地，所以目前要論臺灣的好壞，那是應**當拿今日的臺灣與今日的中國其他地方來比，不應拿今日的臺灣與過去日本統治的時代來比**。……我們既然要把臺灣由日本人的手裡收回來，而又怕「臺灣中國化」，這是不可思議的。……總而言之，**臺灣既由日本的殖民地解放出來，自然一切都要中國化**，好的固然如此，壞的亦所不免。**只要臺灣是中國的一省，決沒有中國沒有辦好，臺灣可先辦好的。**[73]

官方將臺灣人熱切的參政與分享權力要求，解釋成臺灣人心胸狹窄，因為日治教育所致，「奴化遺毒」造成臺灣人的地域偏見、本位主義、國家觀念淡薄。長官公署教育處長范壽康「失言風波」中指控臺灣人完全奴化、排擊外省人、以臺治臺觀念、抱獨立思想等等，正可說是整套論證的縮影。

面對官方動輒出以奴化相譏，或指責抱獨立排外思想，民間報刊不斷剖明心跡、昭告忠誠，屢屢追溯歷史述說割讓並非臺胞之過，實是祖國把臺灣當作犧牲品；儘管在日人嚴苛統治之下，臺人不曾屈服，抵抗運動從未間斷，始終抱著強烈的祖國愛，民族精神可告無罪於祖國。[74]戰爭時期政治動員下，臺灣人被迫忠誠表態，戰後「奴化論」指控、文化清算，再度面臨精神壓迫。

(三)「中國化」的要求

官方認為臺灣要去除「奴化」，該走「中國化」的道路。陳儀等官員在許多場合呼籲臺灣要盡速中國化。陳儀宣示，臺灣受日本統治五十年，一般人民都習於日本的思想及性格，政府目前最要緊的任務，即為推行心理建設，使臺胞完全中國化、成為地道的中國人，盡快理解國語國文、歷史、地理、風土人情及法令規章。教育處長范壽康也指出，今後教育方針的第一個重點在「中國化」、「祖國化」，重點包括：1.法規制度；2.語言文字；3.三民主義為中心的思想，寬大和平精神；4.生活習慣，臺胞慣於日人習慣，量小性急，應逐步改善。[75]換言之，「中國化」可以治臺灣之病，中國化的內涵不只是學習中國的典章制度、思想文化，更在於變換習慣與心性。

不僅如此，官方「中國化」論述重點還在彰顯三民主義的重要性。國民黨臺灣省黨主任委員李翼中認為必須使三民主義成為領導臺灣文化運動的最高原則，使文化運動配合建設三民主義新臺灣的偉大任務。[76]國民黨臺灣省黨部《中華日報》社長盧冠群主張重新建立民族文化的基礎，包括三民主義信仰、民族至上精神、四維八德的民族德性等。[77]

一九四六年六月，半山人士主導下，結合官方、民間文化界組成了「臺灣文化協進會」。臺灣省文化協進會雖是個文化團體，卻負有重要的政治作用與目的，欲以「文化協會」之名取得抗日正統名義，目標在「肅清日本奴化遺毒」，國民黨臺灣省黨部主委李翼中指其「宣傳強調嚮日文化協會之精神，隱然有繼承之志」。[78]六月十六日該會於中山堂成立，包括省黨部、青年團、教育處、宣傳委員會等官員暨會員四百多人與會，大會發表宣言指出：

五十一年的歲月，和日寇的設心苦慮，卻也發生過相當的「效果」，我們的文化，一部分

> 變了質，一部分受過了嚴重的破壞，這我們要客觀的坦白承認。……建設民主的臺灣新文化！建設科學的新臺灣！肅清日寇時代的文化的遺毒！三民主義文化萬歲！[79]

這樣的宣言立刻引起民間輿論的諷刺與反駁。《人民導報》在次日刊出文章，嘲諷文化協進會宣言不符事實，應改為「五十一年的歲月和日寇的焦心積慮，我們的文化經過了嚴重的破壞，但我們是不忘本的，這自有五十年來文化運動的事實可以證明的」，顯然對於該會所謂臺灣文化遭受日本遺毒不能認同，並對協進會能否代表臺灣文化界，大表懷疑。[80]

一九四六年十月二十七日，半山人士為主的「臺灣憲政協進會」成立，號稱要喚起先民民族意識、宣揚過去民族革命事蹟、擁護三民主義思想，並且發動「臺灣新生祖國化運動」，推行「新生活運動」。[81]《臺灣新生報》呼應該會應展開臺灣的「新生活運動」，仿效一九三四年蔣介石在江西所發起的「新生活運動」，因為臺灣經過異族統治、精神深受影響，內在文化思想、道德觀念、生活意識均為日本精神，顯現於外則是這種精神為基調的衣食住行生活習慣，日人影響沒有排除淨盡，國民武裝便不能裝備起來。是故：「新生活運動在臺灣的特殊意義，便是我們要把日本式的舊生活完全去掉，開始中國國民的新生活」；「希望本省同胞深切瞭解生活習慣的改變，對於一個重返祖國的國民的重要，並依照新生活運動的主旨和內容，篤實踐履，努力做一個日新又新的新中國國民」，[82]但實際上新生活運動在中國並未成功推行。

憲政協進會成員幾乎網羅了當時半山新貴，並吸引了地主士紳、民意代表參加。因為其成員屬性和文化協進會較為接近，而與本土政治團體臺灣省政治建設協會組成分子不同，雙方各有志趣與標榜。[83]當權派半山人士群集於文化協進會、憲政協進會旗幟下，呼應「臺人奴化」之說，號召臺人努力於「祖國化」，為長官公署的「肅清奴化毒素」政策效命。

戰後日本殖民者才帶著殘破的大和民族優越感離去，新來的統治者隨即標舉中華民族優越性鋪天蓋地而來。祖國來的統治者不只取代了異族殖民者的統治權力，更居於文化上的高地，貶抑曾被殖民的臺灣人與臺灣文化，指控日本思想毒素與精神汙染，必須去除「奴化」，加強「中國化」。中國化標榜語言學習、歷史認識外，還加入三民主義黨化元素，更把並未推行成功的新生活運動責求於臺灣人。中國化的思維邏輯無異於前殖民帝國，只是「大和民族」換成了「中華民族」。

四、臺灣前途再思考

經過祖國政府數個月統治後，臺灣社會很快地就陷入集體苦悶焦躁之中，伴隨著陳儀政府失敗治理、社會危機浮現，人們對現狀深感憤怒與失望。遭到官方貶抑的臺灣人，為了護衛集體尊嚴，一方面檢視日本殖民統治遺產，提出對抗「奴化指控」的「反論述」；另方面收起戰爭結束時的過度樂觀，深入思考臺灣前途問題，有關臺灣文化建構與政治出路的方案次第浮現。

(一)日治遺產總清算

一九四六年六月周憲文在官方媒體發表了〈如何看臺灣〉一文，要求復歸後的臺灣應該「中國化」，接受中國現狀，而非與日治比較，批評中國之落後。此文一出，輿論大譁，民間媒體充斥著反駁文章。《民報》社論問如何「中國化」？中國淪陷於滿族三百年甘心事仇、積弊成風，貪汙無恥作風至今猶然，「幸勿以中國化為詞，趨我臺胞與腐化分子合流同濁」；甚至指「中國魂之性格」即是「貪汙成風、怕強欺弱、不守法、不講理、不懂衛生、虛偽、齷齪等」。[84]《人民導報》社論也指周憲文之說無異為黑暗辯護、為壞蛋撐腰，「臺灣中國化，我們是贊成的。但臺灣中國化並不等於臺灣黑暗化、臺灣貧窮化、臺灣貪汙化。」[85]民眾則投書指出「我們臺灣應該在中國的懷抱裡跟著向好的方面『化』，三民主義化、親愛精誠化、實幹硬幹化，但決不能官僚主義化、爭權奪利化」。[86]政府官員掛在嘴上、傲視臺人的所謂「中國化」

竟是如此不堪聞問，民間反彈情緒已趨高點。

當統治當局愈是宣稱中國文化的優越性，臺灣人就愈生出自我防衛心理，強調日治經驗的近代性特質。臺灣知識分子在文化遭扭曲、尊嚴受挫折後，試圖從過去的經驗中去區別「我們」與「他者」的差異，重建自尊與認同。他們重新省視自身的被殖民印記，從中發現，異民族統治固然有剝削壓迫的一面，卻也留下值得珍視的遺產。

一九四六年九月，《新新》月刊社舉辦了「談臺灣文化的前途」座談會，與會的文化界人士對臺灣文化的過去、現狀與未來，進行相當深入的討論，並從社會發展階段與文化特性差異來解釋戰後所出現臺灣文化與中國文化的衝突。王白淵、黃得時等人紛紛指出，臺灣文化雖然受到日本式文化影響極大，但日治時期臺灣社會與世界文明接軌，文學名著、各類思潮一應俱全，臺灣文化已近國際水準是當時的優點。[87] 楊雲萍在另一場合也表達同樣的看法，認為日治時期一九二〇年代臺灣曾掀起啟蒙運動巨浪，「臺灣青年以日文為媒介，得以和世界最高的文學和思想相接觸，獲得相當程度的批判力和鑑賞力。」[88]

該座談會中，王白淵直指國民黨統治下的文化與日本帝國主義下的文化都是排他文化；黃得時也認為戰後政府主張的中國化，卻忘了臺灣文化已達世界文化水準，具藝術性的作品不應因其以日文表現就說不好。與會人士對臺灣文化的進路達成共識，主張一方面保存已達國際水準的世界文化，推進發揚之；一方面擇取良好的中國文化注入臺灣文化之轉型。

其次，民間報刊也認為，日治五十年已形成各種具有近代性特質的臺灣文化。《民報》社論指出，日本統治雖以經濟剝削為目的，但造就的結果卻未必與目的平行。日本統治結果提高了臺灣民眾的文化程度、促使臺灣社會獲得法治訓練、推進臺灣民眾經驗了近代工業社會生活。[89]尤其日治時期臺灣已建立了法治風氣，一來尊重司法權獨立，二來重視司法威信，三則要求政府大小官員都須與人民一樣守法、護法。無奈戰後由內地來臺的司法人員多沾染不良習氣，卻以資深而位於本省人法官之上，如此一來，冀求司法權公正推進無異緣木求魚。接收後官員貪汙成風、牽親引戚、結黨營私、地盤主義、不問是非、無視法律，面子勝於一切等等由外省人帶進來的前近代社會的封建作風，正是對法治社治社會的極大挑戰。[90]

一九四六年十月《人民導報》報導高雄市警察局長童葆昭包庇地主惡行，該報社長王添灯遭童葆昭控告，一審被臺北地院判處六個月徒刑，民間稱為「王天灯筆禍事件」❸。十一月又發生臺中縣警察局警員集體行使暴力、非法槍殺執行法律的法警、扣押法院人員的「員林血案」❹，引起社會極大震動，臺灣省政治建設協會熱烈召開「護法守法大講演會」，聲討官方帶頭違法，各地紛紛響應「護法運動」，到處一片護法之聲。[91]

民間報刊也特別強調日治經驗使臺灣民眾體驗了近代性的社會生活。例如日治教育重視科學精神的灌輸，臺灣人應該保持已有的科學精神，事事認真、不容曖昧，更不應為了明哲保身，沾染祖國化的馬馬虎虎主義。[92]日治時期也十分重視防疫與衛生的觀念，包括衛生檢疫設施、掘築下水道、改造房屋建築、厲行疫苗注射等等，使得衛生習慣普遍全省，臺灣三十年來未再受惡疫威脅。這是近代文明國家以科學與組織克服未開化國家「天命觀」的成果，可是，復歸中國之後，天花、霍亂、鼠疫橫行，臺灣民眾莫不驚惶焦躁，外省同胞卻問何須大驚小怪。[93]又如近代國家的軍隊重紀律，軍人被要求具有足夠的學識、修養與人格；戰後中國軍隊進駐本省，本省同胞莫不簞食壺漿以表敬愛，不料軍人欠紀律、行動欠修養，進而不斷發生軍民衝突。近代國家的軍隊負責國防，日常治安由警察維持，非遇重大內亂軍隊不輕易出動；但是戰後臺灣卻不然，軍人外出攜帶槍械，動輒對民眾拳槍相向，更以集體行動、甚至搬出機關槍結隊出動，擾亂社會治安。[94]

透過對日治遺產的重新評價，臺灣知識分子對臺灣文化有新的認識。《人民導報》社長宋斐如指出，受過日本統治五十年的臺灣，其文化內容已變得非常複雜，「既不是純粹漢明的正統，但也不是純粹日本式的文化。」[95]這種非漢非和的臺灣文化，充滿後殖民理論中所說的「混雜性」（hybridity）。人們固然反對不加篩選的「中國化」，但也並非全盤倒向日本經驗，而是主張保留其中的進步成分，更不拒斥學習外國，認為這才是臺灣社會要走的方向。《民報》如

❸ 王添灯筆禍事件：一九四六年六月，農民運動家簡吉帶領高雄佃戶莊垂火向地主蔡胡抗爭，高雄市警察局派大隊鎮壓農民，簡吉請求在《人民導報》任職的蘇新加以報導聲援。《人民導報》報導「警察壓迫農民、為地主走狗與日人時無異」，引起高雄市警察局長童葆昭憤怒，對《人民導報》社長王添灯提起公訴，控告妨害名譽。十月，臺北地方法院判決王添灯「以文字公然煽惑他人犯罪」，判處徒刑六個月、褫奪公權一年、罰金六百元，王添灯不服上訴。此案因關係言論自由尺度、王添灯日後公職參選資格而受社會矚目，高院開庭旁聽人士擁擠，次日《民報》並以全版詳細報導法庭問答，最後童葆昭撤銷告訴而落幕。參見〈王添灯筆禍事件　被告向高院上訴　記者公會代表訪院長有所表示〉，《民報》，民國三十五年十一月七日，第三版；〈王添灯的筆禍事件　今天公開審理　關於言論自由的關健〔鍵〕〉，《民報》，民國三十五年十一月二十五日，第三版；〈王添灯筆禍事件　高等法院昨日公開審理　各界人士旁聽甚形擁擠〉，《民報》，民國三十五年十一月二十六日，第三版；蘇新，〈王添灯先生事略〉，收入蘇新，《未歸的臺共鬥魂——蘇新自傳與文集》，頁一一五—一一七。

❹ 員林血案：一九四六年五月，鹿港警察所長許宗喜夥同流氓巫忠力等三人毆打四方醫院院長施江西，施氏以傷害罪提出告訴。十月十六日法院發傳票，許宗喜等人抗不應訊，法官蘇樹先請法院核准拘捕許宗喜在案，又派法警黃清耀等人前往緝捕巫忠力，不料巫卻在押解途中逃逸。十一月十一日臺中地院典獄長賴遠輝奉院長饒維岳之命帶領十七名法警前往緝捕許宗喜，怎知臺中縣警察局局長江風竟召集附近警察所警力馳援，法警與警察雙方開槍混戰，數人受傷。此事中，原本應是執行法律的警察拒捕、法警與警察互相開槍戰鬥，引起臺灣社會極大震撼，咸認執法人員帶頭違法，不啻臺灣法治敗壞的象徵。參見吳俊瑩，〈由「員林事件」看戰後初期臺灣法治的崩壞〉，《國史館館刊》三七（二〇一三年九月），頁八一—一二一。

此主張：

> 須明白地把握正確的指導原理，方才可以不發生錯誤。第一：國內現在的習俗思想，未必全可以為我們的模範。……第二：固然日本統治以後所發生的習俗思想中，有違背三民主義的，必須徹底地剪除，但其中亦有若干要素，是法治國的必須條件，在最低程度的文明社會，亦所不可缺的。比方守法的精神、社會公德等等。這些不但不可使其消滅，而且必須積極地促其光大。……
>
> **我們的生活改進的目標，應當是在於如何達到富強的國家民族的生活。**若是配合著這個目標的，**無論它是英美的，或者是日本的，都應當攝取而活用之。若是違背這個目標的，無論它是數千年來的道地中國傳統，也必須把它打破剷除。**[96]

《民報》所提出的上述主張十分值得注意，這些內容極易與一九二〇年代抗日團體臺灣文化協會所推動的文化運動連結。文化協會成員黃呈聰就曾揭示過類似的主張：

> 若有優秀的文化就採用來和本來固有的文化調和，……**我們臺灣是固有的文化，更將外來**

的文化擇其善的來調和，造成臺灣特種的文化，……不是盲目的可以模仿高等的文化，能創造建設特種的文化始能發揮臺灣的特性，促進社會的文化向上，……只憑這東西各種的文化所翻弄，或有傾於中國、或有傾於日本、或有傾於西洋，為二重生活三重生活，這是無利益的。**總要擇其最善有益的，方可促進社會**，不然終歸於混亂的狀態。[97]

戰後知識分子的主張與日治時期如出一轍，筆者認為並非巧合。本書第二章論及日治時期一九二〇年代的反殖民運動中，臺灣知識分子以文化作為抵抗戰場，追求尊嚴、自主、文明、進步等目標，並主張擇優採用、不避多元混雜，吸納各國文明精粹，兼採中國的優點，以調和創新出更優越的文化。戰後臺灣人歡迎祖國，積極學習中國文化，卻面對新統治者如同前異族殖民者般予以鄙視、羞辱。「**奴化」論戰的刺激，迫使臺灣知識分子面對過去被殖民經驗，正視自身文化的混雜性格**。自尊受挫的臺灣人試圖從過去經驗中建立差異，區別「我們」與「他者」，護衛集體尊嚴、重建認同。同時，透過殖民歷史的檢討與反省，人們不再一廂情願地迎向祖國。他們拒絕同化於中國落後的一面，肯定日治以來的優良成分，並吸收英美各國的進步文化，融合並進。**此種混雜的文化主張，與過去對抗異族殖民者相同，至此，日治中期以來所追求的文化目標再次重現**。

（二）臺灣前途的各種方案

一九四六年初，臺灣社會陷入極度苦悶、意氣消沉，甚至出現漠然、疏離氣氛。民間媒體很快地察覺這種傾向，不斷發出鼓舞、激勵言論，呼籲青年們不要失望，應「趕快涵養主人翁的資格和實力，以創造新臺灣」；認為自己的國家自己救，不應漠不關心；或鼓勵青年「要反省」、「要自覺」、「要有戰鬥精神」。[98]一九四六年元月，《民報》如此呼籲：

〔臺灣光復〕我臺胞無論男女老幼，都是歡天喜地，雀躍若狂，重見天日。……剛纔經過四個月餘，依我們所見所聞的，盡都失了所望，甚至於懷抱隱憂，幾乎頓失了光明的路徑，……總是，我們要知道現在既經脫離了日人的統治了，我們的前途是不愁無光明的，我們六百五十萬的臺胞，就是臺灣的主人翁，萬事皆在主人之手可以幹辦，合法的自由有一天可以獲到。[99]

這種氛圍十分奇特，臺灣人並不陌生，在日治時期也曾有過同樣的經驗。一九二〇年代《臺灣民報》上也常常如此呼籲：

> 臺灣本是臺灣住民的臺灣，萬般的事業和設施，皆要以臺灣住民為本位的，而且萬般的事情都要靠仗臺灣民眾自身的力量去做，才會徹底才有誠意的。唉！臺灣人的地位，全靠著諸君來挽回了！……臺灣的文化運動和政治運動，也在期待諸君的鼎力了！[100]

就如同日治時期對抗殖民者一般，被殖民者相濡以沫，戰後祖國政府統治不到半年，竟出現類似氛圍，被壓迫者彼此激勵、相互取暖。祖國的統治者成了權力新貴，「我們」的共同體再度出現，區隔了新來的壓迫者。

一九四六年下半年，意見領袖們亟思為臺灣前途尋找出路，各種政治方案陸續被提出。先是左翼人士訴諸民主政治。一九四六年五月，《新新》月刊專題報導了中國內地正在進行的政治協商會議，自上海返臺的蔣時欽發表文章，主張實施完全自治以符合民主政治精神。[101]他主張要呼應「全國民主戰線」，因為中國政治的失敗全因封建官僚獨裁，「只有爭取民主政治才能解救這種毛病，這才是唯一的治本療法」，而自治是臺灣民主運動的目標，「我們需要與全國民主戰線相應，結集民眾的偉大力量來爭取地方自治。」[102]王白淵、蘇新也強調政治民主化是解決現時問題的主要方法，包括文化方向的問題，政治是先決條件，必須向民主主義路線推進，提高民眾的民主意識。[103]省參議員王添灯更強調組織民眾、集中力量的重要性，因為「民眾是國家的主人翁，但是做主人翁的老百姓卻做不起主人，主僕顛倒，即被僕人當豬狗看待」。[104]

左翼人士主張廣泛的民主，其中不乏呼應中國共產黨人民民主路線的傾向，但因缺乏進一步的行動方案，並未引起太多迴響。

其次，廖文毅所提出的「聯省自治」主張，引來正反意見論辯，激出許多火花。一九四六年八月舉行國民參政員選舉，廖文毅以「憲政實施聯省自治」，及「以臺養臺、以臺治臺、中臺一體」作為競選政見。[105]他的主張立即引來國民黨臺灣省黨部與行政長官公署聯手圍剿。臺灣省黨部書記長張兆煥接受《臺灣新生報》訪問指出，「聯省自治」之說是民國初年封建軍閥唐繼堯、陳炯明、段祺瑞等人所倡，目的在便利割據，遂其殘民以逞的野心，晚近則有共產黨抄襲此說，擁兵恣肆、割據自雄。他抨擊該主張實乃「歷史之渣滓」、「具有危險毒素」，廖文毅竟倡此二十年前封建軍閥之主張，實昧於國內政治情況。[106]同日，《臺灣新生報》以同樣的理由與措詞，在社論中對廖文毅大肆批判。[107]

面對官報與省黨部的攻擊，廖文毅不得不加以辯明，他投稿《臺灣新生報》，強調元月的政治協商會議中有關中國政治體制應採中央集權或地方分權，已引起討論，在孫科主持的研討會上，多數人士建議採省長民選式的聯省自治，即採取地方分權。他所提倡的「聯省自治」

主張，正是美國採行的「聯邦自治」，就省而言則是「聯省自治」。為恐被大陸各省人士誤解，所以主張「以臺養臺、以臺治臺」外，再加上「中臺一體」，述明血濃於水，臺灣是中國的一省分。[108]

國民參政員選舉中，廖文毅因選票塗汙問題經抽籤後落選❺。儘管如此，廖文毅的主張卻獲得臺灣抗日運動先輩林獻堂的公開呼應。林獻堂認為解決中國內戰最好的方法就是聯省自治，這與軍閥時代所主張的封建割據不同，而是軍事、外交、金融等全國性的事務由中央辦理，普通行政、交通、教育、產業等地方性事務由省來辦理。林氏並認為在這種辦法下省長

---

❺ 廖文毅選票塗汙事件：一九四六年八月十六日臺灣省參議會參議員投票選舉國民參政員，廖文毅十三票中有一票塗汙、楊肇嘉十二票中有一票的「肇」字多一劃，是否為有效票引起爭議，且同為十二票者有五人。後向中央請示，結果國防最高委員會審定此二爭議票無效，廖文毅成為十二票與其他四名同票者抽籤決定四名當選人。九月六日舉行抽籤，原本票數居多的廖文毅竟落選，輿論認為當局並未保持公正的態度。參見〈本省參政員揭曉　林獻堂羅萬俥林宗賢林忠等　同票者決請示中央〉，《民報》（晚刊），民國三十五年八月十六日，第二版；〈參議員選舉揭曉了〉（社論），《民報》，民國三十五年八月十七日，第一版；〈參政員選舉不明票　中央當局核示昨到　廖文毅楊肇嘉兩票無效　最後決定將行採取抽籤〉，《民報》，民國三十五年九月一日，第二版；〈參政員抽籤完畢　林茂生吳鴻森杜聰明陳逸松獲選　林氏棄權聲明不受考慮〉，《民報》，民國三十五年九月六日，第二版。

要民選，必須是省民所好，不致違背民意，所謂「粵人治粵」、「浙人治浙」，各有愛鄉之心，自然貪汙會減少、產業會發達、情感會融洽，國家也會繁榮發達。而聯省自治也無排斥外省人之意，外省人盡可來臺發揮。[109]

但國民黨臺灣省黨部並未放手，仍對廖文毅繼續追擊。落選後的廖文毅在報上發表一篇〈競選有感〉回應蔡培火的〈敗戰記〉，文中提到「臺胞應為臺省之主人」一語；[110]又引來國民黨臺灣省黨部幹部白志忠的嚴厲指控，認為此說無異「臺灣是臺灣人的臺灣」，是要將臺灣從中國獨立出去，居心可怕；並指此種論調乃是呼應共產黨，破壞國家統一。[111]

一九四六年底中華民國憲法公布，引起臺灣社會熱烈討論。廖文毅認為憲法中對地方自治的保障太過薄弱，從臺灣人的立場來看，相對中央政府力量的強大，臺灣是一個很小的省分，必須以聯省自治之制度賦予自制省憲的權利。他指出，新制定的憲法中將省憲改為省自治法，但省憲與省自治法兩者權限相差太遠，若採省自治法，中央政府有權使之失效，如此一來事無大小都要看中央臉色，縱使省長民選也是一籌莫展，此種自治實乃「假自治」。[112]從廖文毅的論述與分析可以清楚看出，他的聯省自治主張強調「臺人治臺」、「高度自治」。

第三種方案是謝南光（謝春木）所提出的行憲自治。一九四六年九月七日前臺灣民眾黨重要成員謝南光返臺停留一週，受到熱烈盛大的歡迎。十一日，謝南光在中山堂的歡迎茶會上表示，光復至今，許多青年失望悲觀、一般百姓感到黑天暗地，但政治腐敗是全國性的問題，如果能實施縣長、市長、省長民選，眼前政治必能開朗，唯有民主政治始能澄清貪汙政治，如果官僚腐敗，人民可以發動罷免權而罷免之。[113]當夜，謝南光又在臺北廣播電臺以「最近世界情勢與本省出路」為題播講，力倡由人民行使選舉權的民主政治是臺灣政治進步的原動力、中國的救亡之道；省縣市長民選之後，貪汙之風、不健全的思想、本外省人的對立觀念均可消除廓清。[114]十三日，謝氏在中山堂發表題為「民主政治與民主作風」的演講，再接再厲主張督促憲法施行、省民行使選舉權、行政長官公署改為省制、省長民選，爭取完全的地方自治。[115]十五日，謝南光離臺前猶殷殷叮囑秉性純真、熱情、富正義感、責任心的臺灣人民，要培養忍耐的美德，切莫意志消沉，中國憲政施行與地方自治已在眼前，民主將可實現。

謝南光歸臺掀起一股旋風，他的體恤與鼓勵宛如對深陷痛苦的臺灣社會打了一劑強心針，同時指引出明確的努力方向——行憲自治。《民報》在社論中呼應謝南光所開的藥方，鼓勵臺灣人團結、爭氣、腳踏實地，爭取地方自治的實現、民主政治的施行。[116]此後，《民報》集團似乎將希望寄託在行憲與地方自治，多次在社論中催促長官公署施行民主政治、推動地方自治與縣市長民選。[117]

第四種政治方案是廖文奎等人所提出的臺灣自決、獨立主張。一九四七年元月，《前鋒》雜誌社在中山堂舉辦「青年座談會」，討論時局問題。有青年提問，在國際法上臺灣的地位如何？廖文奎回答說，二戰中英美兩國領袖發表《大西洋憲章》，揭示尊重原殖民地人民自決與自治的權利，但開羅會議決定臺灣命運時卻未適用此原則，因為「英美視臺灣人是對政治沒有意見的人們」。他表示，自己於兩個月前第一次回到臺灣，看到鄉土的荒廢，流淚不止，因此主張「根據《大西洋憲章》，臺灣的命運是可由臺灣人決定的」！[118]《前鋒》雜誌社並發起「臺灣的出路」論文徵求活動，希望喚起臺灣社會對自身前途問題的思考。[119]

具有芝加哥大學博士學位、研究政治哲學的廖文奎，是極少數在二二八事件前即公開倡議臺灣自決獨立的思想家。另據保密局情報指出，一九四七年元月十二日臺灣省參議員郭國基在三民主義青年團高雄分團部成立典禮上，向在場八百多名群眾發表演說表示：「我臺灣民族現有六百餘萬人，自元明清歷代以來均不願受中國統治，歷有抵抗事實，實望各青年均能為臺灣獨立而努力，勿再受大陸中國之管轄等語，當時搏得聽眾掌聲不少。」[120]從廖文奎、郭國基等人的發言可知，在二二八事件爆發前，有關住民自決、臺灣獨立的主張雖然尚未成為主流，但已被公開提出。

國民黨政府統治短短一年餘，臺灣民眾感到極度失望，知識分子莫不憂心苦悶，思考臺灣前途問題。二二八事件爆發前的兩個月，臺灣社會已出現爭取民主政治、高度自治、行憲自治與臺灣獨立等種種政治方案。臺灣人體悟，要擺脫再次被殖民命運，對抗中國官僚集權統治，必須團結奮起、自立自主，才有機會主宰自己命運、開創前途。

五、小結

自一八九五年割讓後，臺灣與中國走上不同的歷史命運，各自經歷集體的創傷苦痛。祖國政府無法體會遭受殖民壓迫的臺灣人對「出頭天」的熱切期待，因追求戰後國家重建力推「去奴化」政策嚴重傷害臺灣人情感，而種種施政錯誤引起批評時卻歸諸於殖民毒素。如此惡性循環下，官方與民間無法對話溝通，又不斷升高衝突，就如同兩列急駛的火車即將對撞。

一九四七年元月，臺南工學院學生在新年懇談會上一時興起，唱日本歌曲跳舞助興，校方孫姓祕書不問情形，斥責學生「要唱日本歌，須退學歸去日本」。學生們無法接受，認為此言與日本殖民者無異，正在論辯抗議時，王石安院長來到會場，對著學生又是一頓痛罵，學生自治會開會抗議，事件鬧大。[121]對此境況，《民報》社論感慨之餘，不禁問「臺灣人要歸哪裡去」？

> 至於孫祕書的說話，不特失了理性，完全是犯著征服者對待被征服者的錯誤。曩時日人如遇臺胞中有不聽其「皇民化」的言動時，輒以「你們如不願意做日本國民，可速回支那去」之言加之。不消說，話中充分含有侮辱的意思。……**今當本省人與外省人感情隔膜未解之際，聞此和帝國主義者日人一樣的暴言，是多麼痛心事呀！**[122]

此種光景竟如日治時期一九二〇年代的翻版。一九二四年治警事件法庭辯論中，檢察官三好一八斥責臺灣人若反對同化政策，不願做帝國臣民，只有退出臺灣一途。大感不平的蔣渭水在《臺灣民報》社論中如此反駁：

> 國民的政治運動，乃是個國民的權利，也是國民的義務啦！怎麼樣對這政治運動的臺灣人，宣告退去的壞話呢！這句話實在是「非同小可的」呀！……要之，說這句話，是表示母國人的度量太狹了，是表示臺灣政治的退步，是非常阻害內臺人的融和，這句話是像對臺灣人罵個「清國奴」一樣的！其損害本島人的感情，很大很大的。[123]

從臺灣人的眼光來看，日本統治下臺灣人痛恨殖民壓迫，企盼同文同種的祖國重光；戰後祖國降臨，卻以征服者之姿，露出與日本殖民者同樣的面目。他們取代舊殖民者統治權力的同時，也複製了舊殖民者的統治模式、語言政策，甚至優越的心態、指控的口吻，都與前殖民者如出一轍。無論是異族或同族的殖民者，都是欺壓人民，動輒叱喝臺灣人不服統治就離去！光復並未帶來解放，卻無異再殖民的開始。

二戰後許多亞非殖民地脫離帝國統治，紛紛獨立。臺灣情況特殊，並未因日本殖民政權的離去而獨立建國，反而歡迎文化祖國的統治。異族統治終結、殖民帝國離去，未必保證就能「去殖民」，反而可能是來自同族的「再殖民」。戰後臺灣民眾迎來同文同種的祖國統治，正落入此種境地。多重的被殖民經驗引發複雜的愛恨情感與官民糾葛，甚至衍成難以收拾的全面抵抗。

透過前文的討論，筆者總結以下幾點看法：

首先，從國族主義的角度而言，戰後初期臺灣人以祖國作為共同體想像對象，抱持中國國族主義熱情。因為從文化與政治面向來看，中國似乎都是最佳歸宿，在文化方面，臺灣人認為與中國有相同血緣、相同文化；政治方面，歸屬於同胞統治，臺灣人不致再受壓迫，可以重做主人。二戰結束後，臺灣人願意接受中國統治，並未如同多數殖民地般尋求獨立，以為事大主義可使權利獲得保障。**但是短暫接觸後，才發現一切都是一廂情願。**政治上，長期以來追求當家做主的期待落空；文化上，則因巨大的社會差距出現嚴重摩擦。政治權利與文化尊嚴受到嚴重挫折的臺灣人，終於必須重新思考共同體的定義。

從臺灣人的角度來看，祖國政府的種種施政與思維，與日本殖民政府如出一轍。在政治上如人事任用、國民參政、行憲與自治等問題，中國政府都有嚴重的政治歧視與差別待遇，來臺的外省官員抱持優越感高高在上，以國語國文能力與政治忠誠為由，拒絕臺灣人平等出任公職與行憲參政的機會。日治時期以來臺灣人所追求的自治主張，在祖國同胞的政權下，依然遙不可及。在文化上，祖國政府加諸臺灣人「奴化」的指控，認定臺灣人心性墮落、缺乏能力，深染「精神毒素」、「排外思想」，並且以「去日本化」為由，高唱「中國化」，歌頌祖國文化的優越偉大，發動「新文化運動」、「祖國化運動」、「新生活運動」，要求臺灣人學習、改造。臺灣人一廂情願擁抱祖國，卻換來無情的羞辱。對於期待出頭天的臺灣人而言，光復並不意味著解放，而是政治從屬化、文化汙名化的同族再殖民。

其次，祖國政府的「奴化」指控嚴重冒犯臺灣人的自尊、傷害臺灣人的心靈。「奴化」之說不僅指責臺灣人外在行為的「日本化」，更指涉內在文化低下、能力不足，心性品格低等帶有奴隸根性。因此，統治當局認為臺灣人在精神上崇拜日本、背離祖國，不同於中國人民，不僅沒有資格從事公職，連參政權利都該受限制。這樣的指控無異於羞辱，激起臺灣人的集體憤怒、知識分子群起辯駁。尊嚴受挫的臺灣知識分子於是回過頭去從過往經驗尋求自我護衛的武器，也從而更加認清臺灣與中國的差異、我者與他者的區別。從這層意義上來看，**「日本統治近代化論」其實是為了對抗「臺人奴化」指控而產生的相對論述，目的在自我防衛**。祖國政府忽視臺灣歷史情境，強勢加諸「中國化」政策，不但未能同化臺灣人，反而逼迫人們走向對立面，與祖國漸行漸遠。[124]

再者，戰後初期的祖國體驗，使人們再度憶起被殖民的感受，過去是異族殖民，如今是同族再殖民。日治時期因為抵抗殖民而形成的臺灣人共同體意識再度迅速凝聚，同胞們相濡以沫、互相激勵，這時祖國官民已成為壓迫榨取的「他者」。祖國已無可期待，巨大的挫折失望迫使臺灣人放棄依賴性濃厚的事大主義，重新思考臺灣文化與前途問題。他們逼視自己受日本統治五十年後已然非漢、非和的混雜文化，不再崇尚中國漢文化，也不因被殖民經驗而自慚形穢。透過對日治遺產的重新評價，他們主張萃取日治經驗中的優良成分，並篩選中國或其他國家可資學習的優點，作為臺灣文化的養分。**日治時期文化運動所追求的「多元混雜、擇優選取」的目標重新被喚起，臺灣人主體意識甦醒，這種自覺與自主精神，正是追求去殖民化最重要的動力**。

同時，透過臺灣前途問題的思考與各種政治方案的提出，可以明顯觀察到戰後短短時期內臺灣人的國族認同已出現轉變。

一九四六年十一月上海《文匯報》提出警訊，擔心「臺灣會不會變成中國的愛爾蘭」，在臺中國記者準確地觀察到臺灣的民心變化：

> **臺灣會不會變成「中國的愛爾蘭」呢？**假如我們不做揣測，那最好請事實作證吧。一個來臺一年的朋友有著這麼的觀感，……他說：看日人在臺灣五十年來的建設和光復前臺灣的社會經濟人民生活，我們口口聲聲說日本人剝削臺灣，……但是他們的榨取和剝削至少像擠牛乳剪羊毛，……**光復一年來，我們的一切呢？一句話：殺雞取卵！**除非中國有民主，臺灣有民主，否則，日本帝國主義退出臺灣，只不過是臺灣的「光復」，並不是臺灣人民的「解放」。[125]

日治中期以來反殖民抵抗運動中，凝聚出「臺灣是臺灣人的臺灣」的共同體意識，追求自治成為共同目標。戰後異族殖民者離去，臺灣民眾原本歡迎祖國的解放，在光復熱潮中祖國認同臻於最高點。但是，祖國政府接收後的作為與異族殖民者無異，政治上的差別對待、文化上的歧視貶抑，都使臺灣人失望憤怒，中國認同的熱情正在消退。臺灣人再度要求自治，從民主自治、聯省自治、行憲自治、住民自決等種種政治方案一一被提出，不啻顯示臺灣人自力更生、自立自主意識的覺醒。

印裔英籍學者帕雷赫（Bhikhu Parekh, 1935–）認為國族認同並非定著不動的情感，它往往會依隨著環境與歷史情境變動、群體成員自我概念轉變，以及所追求共同目標之改變等等而不斷變化，國族認同是過去的承傳、當前的需求與未來的期望三者間不斷重組調整的結果。[126]以此看法參照戰後初期臺灣歷史的發展，毋寧具有相當啟發性。戰後初期臺灣人的利益遭剝奪、情感遭打擊、我者與他者不斷再定義、臺灣解放的意義須重新思考，在極短期間內，臺灣人從熱烈擁抱祖國到猶疑退卻，正是國族認同迅速重組調整的鮮明例證。

一九四九年下半年起，臺灣社會提出各種自治要求。一九四七年二二八事件處理委員會所提出的三十二條處理大綱，「臺人治臺」、「高度自治」是最核心的訴求，不料高度自治要求竟遭到祖國政府的血腥鎮壓與殘酷屠殺。其中一部分人因白色祖國已不可恃，轉而期待紅色祖國；另一部分人則對中國的期待完全破滅，徹底覺悟必須自主獨立。至此，具有政治意義的臺灣國族主義於焉形成。

一九四九年國民黨政府敗退臺灣後，島內政治環境更趨嚴酷，臺灣獨立主張因挑戰中國政府的統治正當性而被強力壓制，獨立運動只能在海外展開。儘管如此，從日治時期以來的自治主張經戰後淬鍊，自主獨立意識已然成形。雖然在威權高壓時期長期蟄伏，仍然汩汩不絕，直到一九九〇年代民主化浪潮湧起，終於能夠公開倡議並匯成巨流。

結論

一九二〇年代是臺灣政治史上無法忽視的重要年代，儘管殖民體制日益穩固、帝國權力深入掌控臺灣各處，但就如同安德森所指出的，殖民地知識分子到殖民母國學習而引發殖民地民族主義運動，臺灣知識分子也是從帝都東京出發，開始了自我發現之旅。一戰後威爾遜總統的殖民地自決主張帶起風潮，接著，朝鮮三一獨立運動的劇烈衝擊，刺激臺灣知識分子思考自身的處境，進而自問「我們是誰」?「我們該如何解放」?日本內地多元思潮交織激盪，普選、婦女、無產運動多重展演、俄國與第三國際的革命路線引領，也使臺灣知識分子得以貼近國際脈動、與世界接軌，從殖民母國取得近代思想武器的他們，迫不急待點燃啟蒙之火、號召同胞，開始了豐富而奇妙的文化構築與共同體認同追尋旅程。

這是臺灣歷史上首次以近代式社會運動模式進行媒體宣傳、策略動員、論述建構的經驗，範圍所及不僅在政治抵抗層面，更擴及社會動員、文化建構。知識分子們認真面對統治關係、殖民體制，盱衡情勢提出具體政治訴求，並透過組織動員說服、號召一般大眾。他們也急切地引入西方文明價值，構思理想臺灣的圖像，並以「世界的臺灣」自我期許。日治中期反殖民運動撐開了相對自由空間，也為底層農民大眾營造有利條件，農民抗爭行動蓬勃一時。日治中期政治社會運動的高峰雖然只有短短十年，即因中日戰爭迫近橫遭壓制，但因反殖民運動凝聚而來的共同體意識，卻留下深遠影響。

然而在臺灣人共同體意識形成的同時，漢族血緣意識緊緊相隨。臺灣社會的主要構成來自漢族，即使近代知識分子也難以擺脫血緣意識，不斷影響集體的未來想像。

好不容易熬過戰爭考驗，臺灣人終於喜見光明，期待「出頭天」。戰後，知識分子欣喜返鄉、企盼建設「新臺灣」，臺灣社會則熱烈歡迎祖國政府、慶祝光復。不料，走在與臺灣不同歷史道路上的祖國，無法理解臺灣人的集體情感與熱切期望。八年抗戰的祖國以日本為敵，不但拒絕任用受日本統治五十年的臺灣人，更認為必須清洗深受「奴化毒素」的臺灣社會。臺灣人敏銳地察覺到戰後的「再殖民」情境，儘管異族離去，卻換來同族的再殖民。於是，日治時期因反殖民、反壓迫而形成的集體意識被喚醒，知識分子們的自治主張再次上場，在官民無法相互溝通理解的情況下，最後並爆發全島性的抵抗行動。

本書梳理一九二〇至一九五〇年有關「臺灣人」的出現、政治共同體認同，以及當時人們對於集體命運與未來方向的思考，這些課題有助於增進臺灣社會的自我認識，更對當代臺灣具有現實意義。以下是本書的幾項主要發現。

一、反殖民、反壓迫而形成的臺灣集體認同

一九二〇年代是臺灣人共同體意識形成的起點。日本帝國在殖民地所建立的有效統治、交通電信建設、媒體流通、教育與語言等近代性工程，為共同體形成提供了基礎條件；但更明確而言，**臺灣總督府為了確保帝國利益所採取的殖民體制、差別待遇、壓榨掠奪而引發的反殖民運動，才是促使臺灣人區別「我者」與「他者」的動力**。臺灣知識分子到母國留學，見識到內地相對平等開放，並面對國際殖民地自決風潮，強烈感受殖民地臺灣處境堪憐，必須奮起改變，因此訴求「臺灣是臺灣人的臺灣」，主張設立以臺灣為規模的民選議會。反殖民、反壓迫，是臺灣人抵抗運動的起因，也是「臺灣人」意識形成的起點。

值得注意的是，**臺灣人的反殖民運動有其特殊之處：其一，在文化上**，異於許多殖民地以本土文化對抗殖民文化，殖民地臺灣與帝國日本之間並非二元對抗關係，而是**呈現「西方—日本—臺灣」的階序關係。其二，在政治上，臺灣人並不像許多殖民地那樣以獨立為目標**，而是一方面在承認帝國統治的前提下，希望提升臺灣人參政權利；**一方面又基於漢族血緣而對中國存在情感上的憧憬，形成「日本—臺灣—中國」的三角關係**。

先談文化層面，臺灣知識分子的世界文明圖像中存在「西方—日本—臺灣」三層階序概

念，臺灣處於世界文明的最底層，人民蒙昧未開，尚待啟蒙方能重新打造文化。他們並不以臺灣文化對抗日本文化，而是借重更上位的西方文明作為武器，批判日本帝國的落後性。帝國／殖民地之間並非同化／對抗關係，臺灣知識分子直接取法西方價值，藉以超越日本媒介的二手文明，用「近代化」抵抗「日本化」，展現出激進改革傾向。在近代性的基礎上，臺灣知識分子更構想多元融合、吸收創新、貢獻於世界的臺灣文化，而充滿高度建構色彩。

二、臺灣人政治性格中的務實面向

日治時期的反殖民運動追求體制內改革，相較於日本另一殖民地朝鮮以追求獨立為目標，並為此付出慘烈代價，臺灣的抵抗運動溫和許多。

一九一九年三一獨立運動被鎮壓後，一九二一年華盛頓會議對「朝鮮問題」也不予理會，朝鮮志士企圖透過外交途徑尋求獨立的努力也完全失敗，民族主義運動陣營因此出現分化，溫和派的朝鮮自治路線與激進派的朝鮮獨立路線分裂。朝鮮總督府拉攏自治派作為懷柔手段，一九二五年提出朝鮮自治論，規劃「朝鮮大」的地方議會。但是，朝鮮自治運動被視為親日、妥協的運動，遭到輿論批判、同胞唾棄，在敵對的社會氛圍中，無法公開論述，力量相當微弱。[1]主張朝鮮人盡速同化為日本人以獲取國民權利的「朝鮮國民協會」會長閔元植，甚至遭到朝鮮青年刺殺身亡。

與朝鮮抵抗運動比較，臺灣人的反殖民運動具有高度務實性格。目睹朝鮮的重大犧牲，臺灣知識分子們權衡得失，放棄激烈的獨立運動，但又不願接受統治當局的同化政策，於是提出確保臺灣特殊性的第三條路——臺灣議會設置請願運動。臺灣議會運動並不像朝鮮一樣遭到內部批判、反對，在一九二一至一九三四年持續進行，成為一九二〇年代反殖民運動的主要路線。但是，當議會請願運動以「反殖民運動統一戰線」的型態出現、成功凝聚臺灣人的抵抗意志時，臺灣總督府終究無法容忍，而施以各種手段分化、圍堵、打壓。

臺灣人為何選擇此一溫和的抵抗路徑？**對大多數人而言，臺灣沒有自己的國家經驗，缺乏朝鮮一樣激烈的國族主義抵抗熱情**，何況面對日本帝國強大的近代軍事武力，手無寸鐵的人民如何以卵擊石？朝鮮三一獨立運動的血跡斑斑是最好的教訓。所以，**一九二〇年代臺灣知識分子採取議會設置請願的溫和路線，正是在上述條件下理性抉擇的結果**。

其次，因為理性務實，臺灣人的政治運動往往流露事大主義傾向。一九一五年臺灣士紳曾經呼應日本民權運動板垣退助倡議，組織「臺灣同化會」，以接受同化的前提換取平等地位。臺灣同化會所追求的參政權與平等待遇目標，引起在臺日人的高度戒心，遂與臺灣總督府聯手打壓、解散該會。[2]一九二八年日本實施普選，殖民地參政權仍未開展，蔡培火出版《日本本國民に與ふ》一書，企圖說服日本內地人民理解臺灣議會設置請願運動、回應殖民地朝鮮與臺灣人民的請求。蔡培火說，清廷割讓臺灣時，大多數臺灣民眾只視之為兩國國勢變化所造成的「莫明所以的命運」而已，並未有亡國的屈辱感。臺灣人的反抗運動其實是始於日本統治的實際體驗，因為總督府的壓迫、他族侵害，才激使我族奮起自我保衛。他強調，「政治是講究實感的東西，安身立命是第一要務」，因不滿總督府的「同化政策只是榨取的別名」，臺灣人在強烈反感下不得不抵抗；相反的，如果日本政府能保障殖民地臺灣平等安定，就算不鼓勵同化，人們自然會去達成。[3]蔡培火露骨地表達了政治現實主義者的想法：其一，臺灣從來只是帝國邊陲，主權移轉只被視為「莫明所以的命運」而已，誰來統治並無強烈好惡；其二、政治講究實際利益，只要日本統治者能讓臺灣人安身立命、保障平等權利，同化為日本人不是問題。但日本統治五十年終究難以做到一視同仁，同化政策難竟其功。二戰結束，殖民母國戰敗，臺灣人並未訴諸自力更生，而是再度將希望寄託於祖國，希望成為戰勝國的「一等國民」。

臺灣人事大主義的形成，除了因為利益權衡，恐怕也與殖民體制弊害難脫干係。本書第二章指出，在統治者的建構下，臺灣人素質低下、落後無能、貪財怕死等殖民論述深植人心，扭曲了殖民地人民的自我認知。臺灣人缺乏自信、自我禁錮，未曾想像能夠成為自己的主人、自我統治，戰後迎來了新統治者，繼續遭到高高在上的祖國文化鄙視貶抑。**從日治到戰後，這種統治者／高尚vs.臺灣人／低俗的霸權論述輪番荼毒，歷經多重殖民經驗的臺灣人深受其害。**

難得的是，儘管臺灣人的抵抗運動溫和、務實，但卻也充滿韌性。日治時期透過體制內的折衝、跨越、你退我進、討價還價，持續與強者周旋；日常生活中損傷有限的邊緣戰鬥有助於持久抵抗。此種彈性務實的抵抗策略也展現在農民運動中，蔗農、佃農反抗的目的在尋求生活改善，並非你死我活的零和賽局。一九四〇年代，即使在戰時體制與皇民化運動高壓下，臺灣社會仍有其應對之道，以拖延、應付、轉化，抵銷同化收編的作用。直到戰後威權體制建立，臺灣人的日常抵抗仍舊上演，雖然大多數民眾為了生活與工作必須妥協、叮囑子弟遠離政治，但人們的沉默並非等同於馴服，許多人私下小心翼翼傳遞二二八記憶、閱讀禁書與黨外雜誌、捐助民主運動。此種日常的、非正式的、邊緣的、持久的抵抗行動不曾間斷，終於在一九八〇年代有利國際結構下獲得翻轉體制的機會。

三、臺灣人意識與漢族意識交疊

日治時期反殖民運動推促了臺灣人集體意識的形成。但，值得注意的是，**殖民地臺灣的集體認同**並非如多數殖民地一樣以「殖民者vs.被殖者」二元對抗形式出現，而是在「日本—臺灣」兩極認同之外，**呈現「日本—臺灣—中國」三者拉鋸局面**。本書第二章、第四章、第五章都指出，臺灣知識分子因為漢族意識而產生的祖國情結：一九二〇年代文化運動語言工具選擇中，漢字白話文主張者莫不出於祖國情感；知識分子即使親眼見證祖國與臺灣文化上的偌大差異，卻仍殷殷辯護；中日戰爭爆發更迫使部分臺灣人在日本與中國之間遲疑掙扎。

本書導論中曾對國族、國族主義加以定義。國族，意指一個政治與文化的共同體，在文化上，人們共同定居於某一土地上、擁有共享的歷史、共同的文化；在政治上，這一群人希望能夠擁有主權、產生自己的政府、自己統治自己。亦即，國族主義是追求「文化單元與政治單元合一」的情感與主張。依據此一定義，**日治時期臺灣人集體認同是否已堪稱為「臺灣國族主義」，不無討論空間**。

一九二〇年代臺灣人集體意識形成起因於反殖民壓迫，「臺灣人」是群體的自我命名，用以區辨他者「日本人」，並追求集體尊嚴與文化提升，但是並不像大多數殖民地一樣致力於政治主權與自我統治。不僅如此，部分知識分子基於漢族血緣因素，在文化運動中尋求與中國的連結，一九二〇年代中期以後諸多臺灣人前往中國，協助祖國強盛、寄望藉祖國之力光復臺灣。一直到日本統治結束時，真正追求自我統治的臺灣國族主義，並未明確成形。

本書認為臺灣人意識與漢人意識交疊，是一九二〇年代臺灣人認同的一大特性，並借重了史密斯觀點加以解釋。史密斯強調國族主義雖然是人為建構，但並不是任意一群人都可以打造成一個國族，**國族形成過程中的先在族群情結**（pre-existent ethnic ties）**或核心族群**（core ethnic）**仍具有相當重要性，這是國族想像的人群基礎**。以史密斯觀點考察臺灣人的認同，即可發現漢族意識具有重要影響。如同第一、二章所述，**日治時期臺灣人共同體以漢人為範圍，並不包括臺灣的原住民**，漢人意識成為臺灣人認同的基底，臺灣人意識與漢族意識交疊，**影響了對共同體未來的想像，對祖國情感投射逡巡不去**。**這正是為何日本帝國戰敗離去後**，臺灣人並未如其他殖民地一樣選擇獨立建國的計畫與行動，**反而歡迎中國統治的主因**。

本書認為，臺灣國族主義並非在一九二〇年代形成，而是經過曲折的過程。日治時期出現的臺灣人認同與漢族認同重疊，因此在異族統治結束之時，歡迎同族的祖國統治。**直到二二八事件爆發、祖國夢碎，臺灣人自我統治主張才真正登場，臺灣國族主義於焉出現**。

一九九〇年代民主化過程中臺灣國族主義浮出檯面，部分人士嘲諷臺灣國族主義不過是

「臺灣皇民菁英的漢奸思想」，[4]或指控為地主資產階級不滿土地改革、「臺獨運動是地主階級後代搞出來的」。[5]這種論調是對臺灣近代政治史疏於理解、或刻意扭曲。從本書的討論可知，對臺灣人而言，戰前日本政府與戰後中國政府都將臺灣人在政治上從屬化、在文化上汙名化，兩個統治政權的作為如出一轍，無法保障權利、平等對待，都是殖民性格的外來政權。從日治到戰後，臺灣人反殖民、反壓迫、要求集體尊嚴而不斷抵抗，日治時期抵抗運動與戰後二二八事件本質並無不同。二二八事件中國政府出動軍隊以武力鎮壓，造成重大傷害，終於令臺灣人體悟到事大主義的卑屈，認清自主尊嚴不可能憑空而降，出現「非靠自己不可」的獨立主張，此一仰仗強權到自我追尋的過程正顯示主體性的形成。

四、集體認同的變動性

本書也認為，**政治認同不能僅依賴情感維繫，更是情感與利益折衝的結果。政治認同有可能因為劇烈外在變遷、權益變動而出現變化，並非自始固著不動**。

一八九五年清廷割臺，臺灣與中國走上不同的歷史道路。臺灣人受日本五十年殖民統治，在壓迫與同化雙向作用中掙扎，一面凝聚臺灣人集體意識，一面期望祖國伸出援手。中國人則在列強壓迫下飽受恥辱，八年抗戰日本成為不共戴天的仇敵，對日本帝國主義侵害恨之入骨。本書第四章指出，一九二〇年代中臺同志會等團體已敏銳地意識到長期分離的中國與臺灣社會的差異，提醒一旦日本人離去，臺灣人應該審慎思考是否復歸中國統治。但這些冷靜的提醒並未受到臺灣社會的重視，祖國憧憬也未因此退散。

戰爭結束，臺灣與中國基於各自的歷史經驗與集體需求而追求新時代目標。臺灣人樂觀地迎接新政府、追求去殖民，以為從此出頭天、不再受差別壓迫。中國政府則欲清除日治五十年影響、強化臺民效忠、凝聚國族向心。兩個不同集體記憶的人群，在戰後遭遇，中國政府積極清理日本統治「奴化毒素」，成為臺灣社會的夢魘；臺灣人的強烈抗議，在中國政府眼中反成為奴化的證據。相互無法理解的官民雙方，關係日益惡化，短短不到一年，臺灣人的祖國政治認同快速消褪，焦慮苦思未來出路。

戰後祖國所加予臺灣社會的巨大否定與挫折感，促使知識分子集體反思，來自不同歷史路徑的祖國逐漸成為他者。臺灣社會重新檢視日治遺產，透過不斷辯證進行自我修復，與他者中國愈加區別，此即「日本統治近代化論」、「日本統治肯定論」的由來。

事實上，日本統治者早年即自我標榜科學主義、近代性，自認是成功的殖民地經營典範，並有計畫地向西方各國進行宣傳。[6]但在一九二〇年代反殖民運動者眼中，臺灣總督府所吹噓的「近代性」從來不包括民主、自由、平等、人權等「近代價值」，林呈祿即加以批判：

臺灣的物質進步，是以內地人為本位的進步，是本國本位的經濟政策。……是與島民精神進步並無關係的跛行的進步。但是，人類是有理智的精神的動物，並非以物質生活為唯一、最高的目的。若只滿足於物質生活，與動物園內的動物有什麼不同呢？又與耕作用的牛馬有什麼差別呢？蓋人類擁有高級智能與理性這點，是異於動物之處，並且，追求完全的文化生活與精神自由這點，是文明人與野蠻人區別之處。[7]

日治時期反殖民運動先輩們洞悉殖民者的統治手法與壓迫性格，並不滿足於物質文明，不願如動物般任人宰割，他們努力追求文明與自由，要求有尊嚴的生活方式。為何戰後反而出現「日本統治肯定論」？

筆者認為，「日本統治肯定論」是對中國統治者指控臺人奴化的「反論述」，是一種為維護集體尊嚴而來的自我防衛反應，[8]此種論述是特定歷史時空下的自我辯護方式。「日本統治肯定論」的邏輯是：為了反對中國，所以抬高日本；為了批判中國殖民者，而肯定日本殖民者。影響所及，曾有論者推崇後藤新平帶來臺灣的近代化，用以對比、貶抑國民黨政府的落後性，[9]甚至還成為日本右翼人士美化日本殖民壓迫、迴護帝國形象的藉口。[10]但戰後此一「日本統治肯定論」是特定歷史時空的產物，僅側重日本統治下的「近代性」，刻意忽略其「殖民性」面向，並無助於對臺灣歷史的深入理解，在民主化之後的臺灣，已經不合時宜。

透過第六、第七章的討論，本書指出戰後臺灣菁英的期盼與失落，對於祖國政府如何從憧憬到反叛的過程，從中可知國族認同並非固著不動。如本書緒論指出，國族認同並非只依賴情感面向決定，社會學者提醒國族認同同時包含情感依歸與理性抉擇兩個面向，意味著當政治共同體中某些族群質疑權利配置不公、起而抗爭，政治認同隨之鬆動，將從族群問題轉變成國族問題。印裔英籍學者帕雷赫也指出，國族認同並非不變的情感，它往往會依隨著環境與歷史情境的變動、群體成員自我概念的轉變，與所追求的共同目標的改變等等而不斷變動。國族認同是過去的承傳、當前的需求、未來的期望三者間不斷重組調整的結果。

本書所探討日治一九二〇年代到戰後一九五〇年代的歷史，正是臺灣集體認同與國族意識形成的重要時期。日治時期知識分子們抗議差別待遇，呼籲臺灣人應受平等對待、各階級受到體恤照顧、人格尊嚴獲得保障；因為反對殖民壓迫，臺灣人的我群意識形成，日本政府的同化政策徒勞無功。戰後初期，臺灣社會熱烈期待於中國政府，但很快就強烈感受到政治面的差別對待、文化面的貶抑羞辱，日治時期反殖民、反壓迫的記憶快速被喚起，民間社會不斷發出抗議之聲，臺灣人的祖國認同因此消磨、鬆動，最終引發全島性的反抗行動。此一歷史經驗提示，政治認同不僅繫於共同體的情感依歸，更與具體利益、集體目標息息相關。

國族認同具有情感依歸與現實利益兩個面向，因外在環境、個人利益或集體目標變化，而具有流動性，也因此，如何維繫政治共同體向心是充滿挑戰的課題。如同法國思想家雷南（Ernest Renan, 1823-1892）所說，**政治共同體由兩項要件構成，一者與過去緊密相連，即共享豐富傳承的歷史，一者與現在休戚相關**，即人們願意守護共同的價值、榮辱與共；所以國族的存在是「時時刻刻進行的公民投票」。[11] 儘管臺灣已經民主化，但至今因內部存在不同的歷史記憶而爭辯不已，也因資源配置、國家目標差異，不時引發衝突。民主化之後新生的臺灣共同體仍須戰戰兢兢、努力維繫認同與向心：包括如何增進臺灣這塊土地上先來後到不同族群之間的相互理解；如何對一起走過的苦難與變革形成集體記憶、產生共感；如何使不同群體的權益都能獲得確保、人們得以安身立命，並珍視由此而來的幸福感與成就感。當人們不僅滿意並珍惜現在的生活，且願意為未來攜手打拚、挺身護衛，臺灣共同體才能夠堅定凝聚、屹立不搖。

觴〉，收入梅家玲主編，《文化啟蒙與知識生產：跨領域的視野》(臺北：麥田，2006)，頁233-259；吳文星，〈新渡戶稻造與日本治臺之宣傳〉，收入臺大歷史系編，《日據時期臺灣史國際學術研討會論文集》(臺北：國立臺灣大學歷史學系，1993)，頁31-41。

7. 林呈祿，〈新時代に處する臺灣青年の覺悟〉，《臺灣青年》1：1，和文之部（大正9年7月16日），頁29-30。
8. 陳翠蓮，〈去殖民與再殖民的對抗：以一九四六年「臺人奴化」論戰為焦點〉，《臺灣史研究》9：2(2002年12月)，頁145-201。
9. 楊碧川，《後藤新平傳：臺灣現代化奠基者》(臺北：一橋，1996)。
10. 小林善紀著、賴青松等譯，《臺灣論：新傲骨精神宣言》(臺北：前衛，2001)。
11. 雷南（Ernest Renan）著、李紀舍譯，〈何謂國家？〉，《中外文學》24：6(1995年11月)，頁15-16。

110. 廖文毅，〈競選有感〉，《臺灣新生報》，民國35年8月24日，第5版。
111. 白志忠，〈讀廖文毅「競選有感」後感言〉，《臺灣新生報》，民國35年8月28日，第5版。
112. 廖文毅，〈憲法與臺灣政治前途（三）〉，《人民導報》，民國36年1月10日，第3版；〈憲法公布之後的臺灣〉（社論），《前鋒》13（民國36年1月8日），頁1。
113. 〈歡迎謝南光　昨中山堂開茶話會〉《民報》，民國35年9月12日，第2版；〈不要悲觀　要爭取民主自治　政治前途如天空海闊　謝春木在歡迎會演講〉，《人民導報》，民國35年9月12日，第3版。
114. 謝南光，〈為民主政治而奮鬥〉，《民報》，民國35年9月12日，第2版。
115. 〈謝南光演講會　民眾擁擠空前盛況〉，《民報》，民國35年9月14日，第2版；〈謝南光氏大演講　爭取完全地方自治　這是我們目前的政治工作〉，《人民導報》，民國35年9月15日，第3版。
116. 〈謝南光氏歸臺——臺胞們心機一轉〉（社論），《民報》，民國35年9月13日，第1版。
117. 〈嚴辦貪官與實施自治〉（社論），《民報》，民國35年9月16日，第1版；〈奮勇爭取民主政治〉（社論），《民報》，民國35年9月18日，第1版；〈團結的力量〉（社論），《民報》民國35年10月12日，第1版。
118. 前鋒編輯部，〈青年座談會〉，《前鋒》14（民國36年2月8日），頁10-13。
119. 〈前鋒叢書編輯部徵求論文啟事〉，《前鋒》14（民國36年2月8日），頁18。
120. 〈保密局呈蔣主席情報〉，大溪檔案，收入中央研究院近代史研究所編，《二二八事件資料選輯（二）》，頁63。
121. 〈臺南省立工學院　孫祕書之失言　愈鬧愈多問題〉，《民報》，民國36年1月19日，第4版。
122. 〈臺灣人要歸哪裡去？〉（社論），《民報》，民國36年1月21日，第2版。
123. 蔣渭水，〈這句話非同小可！〉（社論），《臺灣民報》2：22（大正13年11月1日），頁1。
124. 陳翠蓮，〈去殖民與再殖民的對抗：以一九四六年「臺人奴化」論戰為焦點〉，頁188-189。
125. 北庚，〈臺灣——中國的愛爾蘭？〉，《文匯報》（上海），民國35年11月1日，收入李祖基編，《二二八事件報刊資料彙編》，頁146。
126. Bhikhu Parekh, "Discourses on National Identity," *Political Studies* XLII (1994), pp. 503-504; "The Concept of National Identity," *New Community* 21: 2 (Apr. 1995), p. 267.

結論

1. 韓恩素，〈朝鮮與臺灣之自治運動比較〉（國立政治大學歷史研究所碩士論文，2012），頁52-59。
2. 岡本真希子著、林琪禎譯，〈殖民地人民政治參與過程中之折衝與挫折：以臺灣同化會為中心〉，《臺灣文獻》62：3（2011年9月），頁273-320。
3. 蔡培火，〈日本本國民に與ふ〉，收入張漢裕主編，《蔡培火全集三：政治關係—日本時代（下）》（臺北：吳三連臺灣史料基金會，2000），頁25-28、33-36、68-72。
4. 李壽林編，《三腳仔：《臺灣論》與皇民化批判》（臺北：海峽學術，2001），頁8。
5. 呂正惠、陳宜中，〈一個臺灣人的左統之路（上）——陳明忠訪談紀錄〉，《思想》（2008年5月），夏潮聯合會：http://chinatide.net/xiachao/page_932.htm，擷取日期：2024年9月30日。
6. 張隆志，〈知識建構、異己再現與統治宣傳——《臺灣統治志》（1905）和日本殖民論述的濫

82. 〈開始臺灣的新生活〉(社論),《臺灣新生報》,民國36年2月19日,第2版。
83. 李翼中,〈帽簷述事〉,頁401。
84. 〈如何中國化?〉(社論),《民報》,民國35年6月12日,第1版;〈認識中國魂〉(社論),《民報》,民國35年6月19日,第1版。
85. 〈如何看臺灣?——質周憲文先生——〉(社論),《人民導報》,民國35年6月13日,第1版。
86. 龍泊夏,〈駁周憲文「如何看臺灣」〉,《人民導報》,民國35年6月15日,第1版。
87. 本社主催,〈談臺灣文化的前途〉,《新新》7(民國35年10月17日),頁4-6。
88. 楊雲萍,〈記念魯迅〉,《臺灣文化》1:2(民國35年11月1日),頁1。
89. 〈歡迎國內記者團〉(社論),《民報》,民國35年10月13,第1版。
90. 〈確保司法權之權威〉(社論),《民報》,民國35年2月20日,第1版;〈司法官要用得其人〉(社論),《民報》,民國35年6月7日,第1版;〈掃除封建作風〉(社論),《民報》,民國36年1月16日,第1版。
91. 〈臺中縣警察局血案　法界一齊崛起護法〉,《民報》,民國35年11月25日,第3版;〈護法守法大演講會　廿八日晚七時在中山堂〉,《民報》,民國35年11月27日,第3版;〈各地一片護法聲!〉,《民報》,民國35年11月29日,第3版;〈臺灣一片護法聲〉(社論),《民報》,民國35年12月2日,第2版;〈基隆各團體蹶起　為護法開臨時大會〉,《民報》,民國35年12月2日,第3版。
92. 〈確保我們的科學精神〉(社論),《民報》,民國35年9月19日,第1版。
93. 〈徹底防止鼠疫〉(社論),《民報》,民國35年6月21日,第1版;〈防止「天命」的光復〉(社論),《民報》,民國36年2月26日,第2版。
94. 〈軍民要融洽〉(社論),《民報》,民國35年3月19日,第1版;〈軍民互敬互愛的精神〉(社論),《民報》,民國35年5月17日,第1版。
95. 宋斐如廣播,〈如何改進臺灣文化教育〉,《人民導報》,民國35年1月11日,第1版。
96. 〈中國化的真精神〉(社論),《民報》,民國35年9月11日,第1版。
97. 黃呈聰,〈應該著〔要〕創設臺灣特種的文化〉,《臺灣民報》3:1(大正14年1月1日),頁8。
98. 〈青年們莫失望〉(社論),《民報》,民國35年2月6日,第1版;〈我們須〔需〕要改變政治態度〉(社論),《人民導報》,民國35年3月7日,第1版;吳瀛濤,〈臺灣的進路〉,《新新》7(民國35年10月17日),頁13。
99. 〈我們要努力勿失望〉(社論),《民報》,民國35年1月7日,第1版。
100. 〈敬呈畢業生諸君〉(社論),《臺灣民報》3:11(大正14年4月11日),頁1。
101. 蔣瑞仁,〈向自治的路〉(社論),《政經報》2:5(民國35年5月10日),頁3-4。
102. 蔣瑞仁,〈憲政運動及地方自治〉,《政經報》2:6(民國35年7月25日),頁6。
103. 本社主催,〈談臺灣文化的前途〉,頁6。
104. 王添灯,〈省參議會的千萬言〉,《新新》6(民國35年8月12日),頁4-5。
105. 〈參政員候選人政見發表〉,《臺灣新生報》,民國35年8月6日,第5版。
106. 〈競選主張「聯省自治」實有昧於政治情況　省黨部張書記長予以糾正〉,《臺灣新生報》,民國35年8月10日,第5版。
107. 〈再論參政員選舉〉(社論),《臺灣新生報》,民國35年8月10日,第2版。
108. 廖文毅,〈感謝各位前輩指教〉,《臺灣新生報》,民國35年8月11日,第5版。
109. 編輯部,〈本省參政員對時局發表政見——本社舉行本省參政員座談會記錄〉,《臺灣評論》1:3(民國35年9月1日),頁6-7。

日，第2版；〈范處長暴言證實　郭蘇兩參議員調查完了〉，《民報》，民國35年5月3日，第2版；〈對范處長暴言問題　議決支持省參議會　第三日臺北縣參議會〉，《民報》，民國35年5月4日，第2版；〈省參議會第七日　「我們忠於祖國　我們未曾奴化」〉，《民報》，民國35年5月8日，第2版；〈劉韓兩參議員　為范處長辯護〉，《民報》，民國35年5月8日，第2版。

61. 〈建設臺灣新文化〉（社論），《臺灣新生報》，民國34年11月6日，第2版；〈希望臺胞改革幾件事〉（社論），《臺灣新生報》，民國34年11月20日，第2版；盧冠群，〈臺灣文化重建之路〉，《臺灣新生報》，民國34年11月23日，第2版；〈糾正「日化」的習慣用語〉（社論），《臺灣新生報》，民國34年12月12日，第2版；張兆煥，〈發揚民族精神〉，《臺灣新生報》，民國34年12月12日，第3版；〈改正「日化」名詞〉（社論），《臺灣新生報》，民國34年12月26日，第2版。
62. 〈認識本國與認識臺灣〉（社論），《臺灣新生報》，民國34年12月13日，第2版；〈肅清思想毒素〉（社論），《臺灣新生報》，民國34年12月17日，第2版。
63. 王白淵，〈所謂「奴化」問題〉，《臺灣新生報》，民國35年1月8日，第2版。
64. 陳翠蓮，〈去殖民與再殖民的對抗：以一九四六年「臺人奴化」論戰為焦點〉，頁145-201。
65. 王白淵，〈社論——告外省人諸公〉，《政經報》2：2（民國35年1月25日）（臺北：傳文文化復刻版），頁1-2。
66. 周一鶚廣播，〈視察歸來（下）〉，《民報》，民國34年12月8日，第1版。
67. 駱駝生，〈兩個月來的觀感〉，《民報》，民國34年12月18日，第1版。
68. 陳儀，〈來臺三月的觀感〉，收入臺灣省行政長官公署宣傳委員會編，《陳長官治臺言論集第一輯》，頁48-50。
69. 〈休戚相關〉（社論），《臺灣新生報》，民國35年1月14日，第2版。
70. 〈政風與民風〉（社論），《臺灣新生報》，民國34年12月15日，第2版。
71. 〈休戚相關〉（社論），《臺灣新生報》，民國35年1月14日，第2版。
72. 周憲文，〈星期專論：從大處看〉，《臺灣新生報》，民國35年2月3日，第2版。
73. 周憲文，〈星期專論：如何看臺灣〉，《臺灣新生報》，民國35年6月9日，第2版。
74. 〈論臺胞革命精神〉（社論），《民報》，民國35年1月16日，第1版；〈臺灣未嘗「奴化」〉（社論），《民報》，民國35年4月7日，第1版；菊仙（黃旺成），〈奴化教育與民族意識〉，《民報》，民國35年5月26日，第1版。
75. 〈政府最緊要任務　首使臺灣中國化　民意機關工作檢討會第三日　陳行政長官出席致詞〉《民報》，民國35年10月16日，第3版；〈省教育普及程度　為百分之七十一〉《民報》，民國35年10月16日，第3版。
76. 李翼中，〈星期專論：對當前臺灣的文化運動的意見〉，《臺灣新生報》，民國35年7月28日，第2版。
77. 盧冠群，〈臺灣文化重建之路〉，《臺灣新生報》，民國34年11月23日，第3版。
78. 李翼中，〈帽簷述事〉，頁400。
79. 〈臺灣文化協進會　昨召開成立大會　會援四百餘人參加〉、〈大會宣言〉，《民報》，民國35年6月17日，第2版。
80. 〈祝臺灣文化協進會——少數人的成功與失敗〉，《人民導報》，民國35年6月18日，第3版。
81. 〈臺灣憲政協進會　昨舉行成立大會　決議發動臺灣新生運動〉，《臺灣新生報》，民國35年10月28日，第4版。

36. 〈林茂生氏提出辭呈　昨日發表聲明書〉，《民報》，民國35年9月8日，第2版。
37. 陳翠蓮，《重構二二八：戰後美中體制、中國統治模式與臺灣》（臺北：衛城，2017），頁159-161。
38. 陳翠蓮，〈臺灣戰後初期的「歷史清算」（1945-1947）〉，《臺大歷史學報》58（2016年12月），頁228-239；〈本省公職候選人員　曾任皇奉會要職不檢覈〉《民報》，民國36年2月22日，第3版。
39. 蘇新，《憤怒的臺灣》（臺北：時報文化，1993），頁114-117。
40. 〈學生聯盟　昨開大會〉，《民報》，民國34年12月4日，第2版。
41. 吳新榮，《吳新榮回憶錄》（臺北：前衛，1989），頁189-190；許雪姬訪問、蔡說麗記錄，〈李曉芳先生訪問紀錄〉，《口述歷史》3（1992年2月），頁17。
42. 王泰升，〈臺灣戰後初期的政權轉替與法律體系的承接（1945-1949）〉，《臺大法學論叢》29：1（1999年10月），頁7-9。
43. 羅詩敏，〈二二八事件之法律史考察〉（國立臺灣大學法律研究所碩士論文，2000），頁53。
44. 《臺灣省行政長官公署公報》1：1（民國34年12月1日），頁1。
45. 〈整訓本省人民團體　民政處報告目前之情形〉，《臺灣新生報》，民國35年1月19日，第3版。
46. 〈本省人民團體　組織概況一班〔般〕〉，《民報》，民國35年9月9日，第2版。
47. 〈對臺灣的施政方針〉，收入臺灣省行政長官公署宣傳委員會編，《陳長官治臺言論集第一輯》，頁3。
48. 周一鶚，〈建立民意機關的兩大準備工作（上）〉，《民報》，民國35年1月25日，第1版。
49. 〈由行憲談到政治人才〉（社論），《臺灣新生報》，民國36年1月3日，第2版。
50. 〈本省行政會議通過　地方自治三年計畫　健全縣市各級自治機構　成立民意機關組訓民眾〉，《臺灣新生報》，民國36年1月13日，第4版。
51. 〈本省政治建設協會　亟盼如期實行民選　建議修改地方自治計畫方案　認為該項方案設施殊嫌遲緩〉，《人民導報》，民國36年1月20日，第3版；〈省政建協會主辦　第二次憲政演講大會　十日晚在兩地同時舉行〉，《人民導報》，民國36年2月9日，第3版。
52. 〈地方自治三年計畫　臺灣政建協會反對〉，《民報》，民國36年1月20日，第3版。
53. 〈自治通則及自治法　應有充分民主精神　憲政推行座談會紀錄（一）〉，《民報》，民國36年2月5日，第3版；〈縣市長之民選　臺灣可即時實施　憲政推行座談會紀錄（二）〉，《民報》，民國36年2月6日，第3版。。
54. 〈臺胞應同心協力　促進憲政順利實施　憲政推行座談會紀錄〉，《民報》，民國36年2月7日，第3版。
55. 〈陳儀致陳立夫函〉，收入陳鳴鐘、陳興唐主編，《臺灣光復和光復後五年省情（上）》（南京：南京出版社，1989），頁58。
56. 〈臺灣接管計畫綱要〉，收入陳鳴鐘、陳興唐主編，《臺灣光復和光復後五年省情（上）》，頁49、54。
57. 〈光復慶祝大會　各界人士六千參加〉，《民報》，民國34年10月26日，第2版。
58. 《人民導報》，民國35年2月10日。
59. 〈本省人完全奴化了　“哲學”處長如是“認識”　團員憤慨決嚴重抗議〉，《民報》，民國35年5月1日，第2版。
60. 〈對教育處長之言論　決派員詳細調查　郭國基氏緊急提議〉，《民報》，民國35年5月2

一輯》，頁69。

13. 許雪姬，〈臺灣光復初期的語文問題——以二二八事件前後為例〉，《思與言》29：4（1991年12月），頁184。
14. 〈努力於完成建設工作　臺胞可獲預期幸福　陳長官視察臺中時訓詞〉，《民報》，民國35年10月5日，第3版。
15. 〈目前省各種問題「今天請把我當作老盟友來談談」陳長官昨於臺北賓館　招待市外勤記者茶會〉，《民報》，民國35年11月22日，第3版。
16. 〈本省公務人員數　臺灣籍二四七一四名　但大多數為下級職員〉，《民報》，民國35年11月8日，第3版。
17. 〈人才的登用質量要並重〉（社論），《民報》，民國35年11月15日，第1版。
18. 〈關於登用人才〉（社論），《民報》，民國35年5月11日，第1版。
19. 〈為什麼要裁員〉（社論），《民報》，民國35年7月11日，第1版。
20. 〈談談政治人才！〉（社論），《民報》，民國36年1月18日，第2版。
21. 〈司馬昭之心路人皆見〉（社論），《民報》，民國36年2月2日，第2版。
22. 丁文治，〈臺灣混亂象　人事也發生風潮了〉，《僑聲報》（上海），民國35年6月12日，收入李祖基編，《二二八事件報刊資料彙編》（臺北：海峽學術，2007），頁27。
23. 張世瑛，〈從幾個戰後審奸的案例來看漢奸的身分認定問題（1945-1949）〉，《國史館學術集刊》1（2001年12月），頁167-169。
24. 〈全省漢奸總檢舉　望民眾儘量告發〉，《民報》，民國35年1月17日，第1版。
25. 臺灣省警備總司令部，《臺灣省警備總司令部週年工作概況報告書》（臺北：臺灣省警備總司令部，1946），頁94。
26. 李翼中，〈帽簷述事〉，收入中央研究院近代史研究所編，《二二八事件資料選輯（二）》（臺北：中央研究院近代史研究所，1992），頁400。
27. 丘念臺，《嶺海微飆》（臺北：中華日報社，1962），頁251。
28. 〈懲罰戰爭利得者〉（社論），《民報》，民國34年12月10日，第1版；〈抗戰區和淪陷區〉（社論），《民報》，民國35年1月12日，第1版。
29. 臺灣省警備總司令部，《臺灣省警備總司令部週年工作概況報告書》，頁94-95。準此釋義，辜振甫、許丙、林熊祥等人後以戰犯嫌疑罪移送臺灣軍事法庭審理。
30. 臺灣省行政長官公署民政處編印，《臺灣省民意機關之建立》（臺北：臺灣省行政長官公署民政處，1946），頁17、25、27、313-316。
31. 〈皇民奉公會工作者　決定停止其公權　省署制頒登記辦法〉，《民報》，民國35年9月4日，第2版。
32. 〈參議員公務員　都做不得了　公私行動接受限制〉，《民報》，民國35年9月4日，第2版；〈原子彈突然而來　公權問題捲起大旋風〉，《民報》，民國35年9月5日，第2版；〈「公職直追放令」亦將施行於本省　士紳賢達莫不戰戰兢兢〉，《人民導報》，民國35年9月6日，第3版。
33. 〈停止公權的原子彈〉（社論），《民報》，民國35年9月6日，第1版。
34. 〈自動放棄抽籤權利　林茂生氏正式申明　其餘四名可自然獲選　參政員選舉完滿結束〉《民報》，民國35年9月6日，第2版。
35. 〈參政員抽籤完畢　林茂生吳鴻森杜聰明陳逸松獲選　林氏棄權申明不受考慮〉，《民報》（晚刊），民國35年9月6日，第2版。

131. 何春輝，〈我最敬愛的延平之父——朱昭陽先生與我〉，收入財團法人延平昭陽文教基金會編，《螢光曲》，頁204-234。
132. 許雪姬等訪問、賴永祥等記錄，《坐擁書城：賴永祥先生口述訪問紀錄》，頁140-142、238-240。
133. 朱昭陽，〈我的回憶〉，收入私立延平中學恭輯，《螢之光：朱昭陽先生言論集》，頁124。
134. 邱永漢著、朱佩蘭譯，《我的青春．臺灣 我的青春．香港》，頁77-78。
135. 陳舜芬，〈戰後臺灣地區高等教育設校政策〉，收入陳舜芬，《高等教育研究論文集》（臺北：師大書苑，1993），頁15-51。
136. 教育部教育年鑑編纂委員會編，《第四次中華民國教育年鑑》，頁115-127。
137. 「轉呈臺北市私立延平中學申請設校計畫及董事會申請備案由」，《臺灣省政府教育廳》，教育部檔案室藏，檔號：48/229.00-31/1/0/0/48 782；張愷輝，〈延平中學的成立〉，收入延平中學創校五十週年紀念專輯編輯委員會編，《延平中學創校五十週年紀念專輯》，頁125-126。
138. 朱昭陽口述、林忠勝撰述，《朱昭陽回憶錄》，頁69。
139. 調查局，《臺灣光復後之「臺共」活動》（臺北：調查局，1977），頁31、53。

第七章　戰後初期臺灣人的祖國體驗與認同轉變

1. 黃富三，〈日據經驗與戰後臺灣的文化衝突〉，中央研究院人文社會科學研究所主辦，「光復後臺灣地區發展經驗研討會」論文，1990；李筱峰，〈二二八事件前的文化衝突〉，《史聯雜誌》19（1991年12月），頁105-119。
2. 陳翠蓮，〈去殖民與再殖民的對抗：以一九四六年「臺人奴化」論戰為焦點〉，《臺灣史研究》9：2（2002年12月），頁145-201。
3. 〈祥瑞彌天萬民歡騰　熱烈舉行慶祝大會　全省若狂情況極為踴躍〉，《民報》，民國34年10月11日，第1版；〈萬人空巷歡聲雷動　抗戰壯士安抵臺灣　第七十軍由基隆登陸〉，《民報》，民國34年10月18日，第1版；〈熱烈歡呼聲中　陳長官由滬蒞臺　民眾數萬夾道歡迎　汽車百輛成長陣〉，《民報》，民國34年10月25日，第1版。
4. 〈歡迎陳長官　同時述些希望〉（社論），《民報》，民國34年10月25日，第1版。
5. 鄭梓，〈試探戰後初期國府之治臺策略——以用人政策與省籍歧視為中心的討論〉，收入陳琰玉、胡慧玲編，《二二八學術研討會論文集》（臺北：二二八民間研究小組等，1992），頁255-257。
6. 〈臺灣省行政長官公署民政處電知留用日籍技術人員及眷屬人數〉，收入何鳳嬌編，《政府接收臺灣史料彙編（上冊）》（臺北：國史館，1993），頁607。
7. 〈本省民的起用問題〉（社論），《民報》，民國34年11月5日，第1版。
8. 〈建設與人才〉（社論），《民報》，民國34年11月19日，第1版。
9. 〈本省人青年的出路〉（社論），《民報》，民國34年12月20日，第1版。
10. 臺灣省行政長官公署人事室編，《臺灣一年來之人事行政》（臺北：臺灣省行政長官公署宣傳委員會，1946），頁2。
11. 〈民國三十五年度工作要領〉，收入臺灣省行政長官公署宣傳委員會編，《陳長官治臺言論集第一輯》（臺北：臺灣省行政長官公署宣傳委員會，1946），頁45。
12. 〈關於糧食與用人問題〉，收入臺灣省行政長官公署宣傳委員會編，《陳長官治臺言論集第

對，卻仍被判刑六年。

116.「臺灣省保安司令部判決（39）安潔字1110號」，〈廖瑞發等叛亂〉，《國防部後備司令部》，檔案管理局藏，檔號：A305440000C/0039/273.4/563/0001/007/0014-0015、A305440000C/0039/273.4/563/0001/008/0001-0002。

117.「請准予保釋本校化工系兼任講師陳成慶由」，〈保釋被拘員工案〉，《國立臺灣大學》，檔案管理局藏，檔號：A309200000Q/0038/3500300/019/0001/001/0002-0005。

118. 朱昭陽口述、林忠勝撰述，《朱昭陽回憶錄》，頁118。

119.「呈為此番臺灣省發生二二八不祥事件留日臺胞由省內廣播電臺聞訊之下不勝惶惑爰敢瀝血披肝懇請我愛民如子之孫立法院院長為我無告臺民作主火速設法善後以解倒懸之急事」，〈委員陳顧遠等臨時提案〉，《立法院》，檔案管理局藏，檔號：A400000000A/0036/9999/1/1/004/0005-0007。

120. 許雪姬訪問，吳美慧、曾金蘭記錄，〈楊蘭洲先生訪問紀錄〉，《口述歷史》5（1994年6月），頁160。

121. 許雪姬，〈滿洲經驗與白色恐怖——「滿洲建大等案」的實與虛〉，收入許雪姬等著，《戒嚴時期政治案件專題研討會論文暨口述歷史紀錄》（臺北：財團法人戒嚴時期不當叛亂暨匪諜審判案件補償基金會，2003），頁1-40；許雪姬，〈白恐研究中檔案與口述歷史間的實與虛〉，收入《記錄聲音的歷史》7（2016年12月），頁223-239。

122. 朱昭陽口述、林忠勝撰述，《朱昭陽回憶錄》，頁151-152。

123.〈全省匪黨組織瓦解蔡孝乾陳澤民等告黨徒希望大家立刻自首〉，《中央日報》，民國39年5月14日，第4版。

124.〈楊廷椅訊問筆錄〉，收入許進發編，《戰後臺灣政治案件：學生工作委員會案史料彙編》（臺北：國史館，2008），頁33-38；黃華昌，《叛逆的天空：黃華昌回憶錄》（臺北：前衛，2004），頁270-271、293。

125.〈葉盛吉訊問筆錄〉，收入許進發編，《戰後臺灣政治案件：學生工作委員會案史料彙編》，頁62-65；林世煜、胡慧玲訪問記錄，〈塵世霜白，紅雁丹心——顏世鴻口述〉，收入林世煜、胡慧玲訪問記錄，《白色封印：白色恐怖1950》（臺北：國家人權紀念館籌備處，2003），頁212-213。

126.「郭慶等叛亂一案罪刑經核擬意見簽請核示祇遵」，〈郭慶等叛亂案〉，《國防部軍法局》，檔案管理局藏，檔號：B3750347701/0041/3132206/206/1/001/0002-0005。

127.「臺灣省保安司令部判決書（39）安澄字第2361號」，〈資匪案〉，《國防部軍務局》，檔案管理局藏，檔號：B3750187701/0039/1571.6/3780/1/003/0004-0005。

128.「呈為民等友人劉明一時不慎貸借非人構成助匪嫌疑至被扣押在案懇乞本寬大為懷之旨准予保釋圖報黨國由」，〈資匪案〉，《國防部軍務局》，檔案管理局藏，檔號：B3750187701/0039/1571.6/3780/1/001/0004-0007。

129. 沈懷玉訪問、鍾玉霞記錄，〈陳錫忠先生訪問紀錄〉，收入呂芳上主持，《戒嚴時期臺北地區政治案件相關人士口述歷史：白色恐怖事件查訪（下）》（臺北：臺北市文獻委員會，1999），頁190-195；「核准楊闊雲等叛亂一案罪刑」，〈非法顛覆案〉，《國防部軍務局》，檔案管理局藏，檔號：B3750187701/0039/1571.3/1111/11/054/0001-0004；楊友舜，〈敬愛的朱昭陽董事長〉，收入財團法人延平昭陽文教基金會編，《螢光曲》，頁235-239。

130.〈逃犯張冬芳案〉，《法務部調查局》，檔案管理局藏，檔號：AA11010000F/0040/FC1/00017。

二八事件檔案彙編（十六）》，頁99。
91. 陳翠蓮訪問、徐世通先生口述，2001年12月27日，未刊稿。
92. 朱昭陽口述、林忠勝撰述，《朱昭陽回憶錄》，頁105。
93. 〈延平學院奉令封閉〉，《臺灣新生報》，民國36年3月21日，第1版。
94. 「臺北市延平學院學生參加事變活動調查資料」，〈拂塵專案附件〉，《國家安全局》，檔案管理局藏，檔號：A803000000A/0036/340.2/5502.3/18/002。
95. 〈白崇禧呈蔣主席四月十四日簽呈〉附件，大溪檔案，收入中央研究院近代史研究所編，《二二八事件資料選輯（二）》（臺北：中央研究院近代史研究所，1993），頁246-247。
96. 「臺北市延平學院學生參加事變活動調查資料」，〈拂塵專案附件〉，《國家安全局》，檔案管理局藏，檔號：A803000000A/0036/340.2/5502.3/18/002。
97. 張光憲等訪問、賴信真記錄，〈延平學院口述史——簡永昌先生訪問紀錄〉，頁176；曾秋美訪問、張嘉元記錄，〈延平學院口述史——林竹堂先生訪問紀錄〉，頁188-189。
98. 何清欽，《光復初期之臺灣教育》（高雄：復文，1980），頁231。
99. 趙迺傳廣播，〈臺灣教育設施之趨向〉，收入臺灣省行政長官公署教育處編，《臺灣省教育概況》（臺北：臺灣省行政長官公署教育處，1947），頁69-71。
100. 范壽康廣播，〈今後臺灣教育的方向〉，收入臺灣省行政長官公署教育處編，《臺灣省教育概況》（臺北：臺灣省行政長官公署教育處，1947），頁71-73。
101. 陳儀廣播，〈民國三十五年度工作要領〉，收入臺灣省行政長官公署宣傳委員會編，《陳長官治臺言論集第一輯》（臺北：臺灣省行政長官公署宣傳委員會，1946），頁44-46。
102. 「臺中民主同盟分子活動情形調查資料」，〈拂塵專案附件〉，《國家安全局》，檔案管理局藏，檔號：A803000000A/0036/340.2/5502.3/18/009。
103. 朱昭陽口述、林忠勝撰述，《朱昭陽回憶錄》，頁105。
104. 陳翠蓮訪問、宋文彬先生口述，2005年11月14日，未刊稿；宋文彬，〈先父宋進英二三事——在東京及創辦延平前後時期〉，1998年，未刊稿。
105. 許雪姬等訪問、賴永祥等記錄，《坐擁書城：賴永祥先生口述訪問紀錄》，頁134。
106. 林獻堂著、許雪姬主編，《灌園先生日記（十九）一九四七年》，頁265。
107. 〈臺灣省參議會第一屆第三次大會教育類詢問案〉，收入歐素瑛編，《臺灣省參議會史料彙編：教育篇一》（臺北：國史館，2004），頁150-151。
108. 林獻堂著、許雪姬主編，《灌園先生日記（十九）一九四七年》，頁490。
109. 許雪姬等訪問、賴永祥等記錄，《坐擁書城：賴永祥先生口述訪問紀錄》，頁135-137；朱昭陽口述、林忠勝撰述，《朱昭陽回憶錄》，頁155。
110. 許雪姬等訪問、賴永祥等記錄，《坐擁書城：賴永祥先生口述訪問紀錄》，頁138。
111. 陳翠蓮訪問、宋文彬先生口述，2005年11月14日，未刊稿；宋文彬，〈先父宋進英二三事——在東京及創辦延平前後時期〉，1998年，未刊稿。
112. 朱昭陽口述、林忠勝撰述，《朱昭陽回憶錄》，頁147-150。
113. 朱昭陽口述、林忠勝撰述，《朱昭陽回憶錄》，頁114-115。
114. 謝聰敏，〈留日學生的「祖國經驗」〉，《自立晚報》，民國80年8月1日，第19版。
115. 沈懷玉訪問、鍾玉霞記錄，〈朱華陽先生訪問紀錄〉，收入呂芳上主持，《戒嚴時期臺北地區政治案件相關人士口述歷史：白色恐怖事件查訪（上）》（臺北：臺北市文獻委員會，1999），頁461-465。朱華陽指他受新生臺灣建設研究會成員郭德焜之邀，參加與該會成員李中志、楊廷謙之餐會，餐會中李中志提議成立「臺灣青年會」，朱華陽認為時機不宜而反

美訪問、張嘉元記錄，〈李雲騰先生訪問紀錄〉，頁30-31。另有一說指演講者是廖文毅，參見周籐章，〈謹祝母校延平五十週年校慶憶當年〉，收入延平中學創校五十週年紀念專輯編輯委員會編，《延平中學創校五十週年紀念專輯》，頁125-126。

69. 許雪姬訪問、王美雪記錄，〈張賴朝邦先生訪問紀錄〉，1997年4月18日，未刊稿。
70. 張炎憲等訪問、賴信真記錄，〈延平學院口述史——簡永昌先生訪問紀錄〉，《臺灣史料研究》26（2005年12月），頁175-176；曾秋美訪問、張嘉元記錄，〈延平學院口述史——林竹堂先生訪問紀錄〉，《臺灣史料研究》26（2005年12月），頁186-188。
71. 林獻堂著、許雪姬主編，《灌園先生日記（十八）一九四六年》，頁385。
72. 葉盛吉著、許雪姬、王麗蕉主編，《葉盛吉日記（七）1946-1947》（臺北：國家人權紀念館、中央研究院臺灣史研究所，2019），頁293、298、302、322、325、350、352。
73. 〈延平大學　擬設工商學院　朱院長昭陽三日南下〉，《臺灣新生報》，民國35年12月29日，第4版。
74. 〈延平學院舉行插班招考〉，《臺灣新生報》，民國36年1月14日，第4版。
75. 林獻堂著、許雪姬主編，《灌園先生日記（十八）一九四六年》，頁456；林獻堂著、許雪姬主編，《灌園先生日記（十九）一九四七年》（臺北：中央研究院臺灣史研究所，2011），頁76。
76. 林獻堂著、許雪姬主編，《灌園先生日記（十九）一九四七年》，頁118、123。
77. 許雪姬等訪問、賴永祥等記錄，《坐擁書城：賴永祥先生口述訪問紀錄》，頁134。
78. 私立延平中學恭輯，《螢之光：朱昭陽先生言論集》，頁54；曾秋美訪問、張嘉元記錄，〈延平學院口述史——林竹堂先生訪問紀錄〉，頁192。
79. 陳翠蓮訪問、徐世通先生口述，2001年12月27日，未刊稿；張炎憲等採訪記錄，《臺北南港二二八》（臺北：吳三連臺灣史料基金會，1995），頁301-302。
80. 林木順，《臺灣二月革命》（臺北：前衛，1990），頁21-22。
81. 陳翠蓮訪問、廖德雄先生口述，2001年11月3日，未刊稿；黃富三、許雪姬，〈廖德雄先生訪問紀錄〉，《口述歷史》4（1993年2月），頁64-68。
82. 藍博洲，《沉屍．流亡．二二八》（臺北：時報文化，1991），頁28-30。
83. 藍博洲，《沉屍．流亡．二二八》，頁83-88。
84. 陳翠蓮訪問、楊建基先生口述，2006年5月30日，未刊稿。
85. 蔣渭川，《二二八事變始末記》（臺北：家屬自印，1991），頁37、57、86。
86. 謝聰敏，〈二二八事變研究——二二八事變中的黨政關係〉，收入謝聰敏，《黑道治天下及其他》（臺北：謝聰敏國會辦公室，1993），頁160；朱昭陽口述、林忠勝撰述，《朱昭陽回憶錄》，頁104。
87. 行政院研究二二八事件小組，《二二八事件研究報告》（臺北：時報文化，1994），頁63-64。有關警備總部與保密局在事件中策動許德輝組織忠義服務隊、動員青年學生的過程，可參見張炎憲等，《二二八事件責任歸屬研究報告》（臺北：二二八事件紀念基金會，2006），第四章，頁309-319。
88. 許德輝呈毛人鳳，〈臺灣二二八事件反間工作報告書〉，收入侯坤宏、許進發編，《二二八事件檔案彙編（十六）》（臺北：國史館，2004），頁205。
89. 警備總部，〈臺灣二二八事變報告書〉，收入侯坤宏、許進發編，《二二八事件檔案彙編（十六）》，頁35。
90. 國防部保密局，1947年4月造報，〈二二八事變叛逆名冊〉，收入侯坤宏、許進發編，《二

45. 朱昭陽口述、林忠勝撰述，《朱昭陽回憶錄》，頁86-87。
46. 朱昭陽口述、林忠勝撰述，《朱昭陽回憶錄》，頁85-86。
47. 〈延平大學　基隆市籌備委員會〉，《民報》，民國35年8月9日，第2版；〈基隆市籌募鉅款贊助延平大學　籌募委員推定分三期進行〉，《臺灣新生報》，民國35年8月9日，第5版。
48. 〈延平學院積極籌備中〉，《民報》，民國35年8月24日，第2版。
49. 朱昭陽口述、林忠勝撰述，《朱昭陽回憶錄》，頁88。
50. 〈私立延平學院招生〉（廣告），《民報》，民國35年8月19日，第1版；〈私立延平學院招生〉（廣告），《臺灣新生報》，民國35年8月19日，第4版。
51. 許雪姬等訪問、賴永祥等記錄，《坐擁書城：賴永祥先生口述訪問紀錄》，頁130-131。
52. 〈私立延平大學設立計畫書〉，收入延平中學創校五十週年紀念專輯編輯委員會編，《延平中學創校五十週年紀念專輯》，頁34。
53. 〈籌設私立延平大學〉，《臺灣新生報》，民國35年5月2日，第6版。
54. 〈培養人才促進文化　延平大學成立籌備委會〉，《臺灣新生報》，民國35年5月19日，第5版。
55. 〈隔閡應該消除〉（社論），《臺灣新生報》，民國35年5月24日，第2版。
56. 〈延平大學設立の意義〉，《臺灣新生報》，民國35年5月30日，第4版。
57. 〈本省參議會の總決算（五）〉，《臺灣新生報》，民國35年5月25日，第4版；〈本省參議會の總決算（八）〉，《臺灣新生報》，民國35年5月28日，第4版。
58. 〈私立延平大學定九月中開學〉，《民報》，民國35年8月5日晨刊，無版次；〈延平學院下月開校擬先開設夜間大學院長選任朱昭陽氏〉，《臺灣新生報》，民國35年8月5日，第3版。
59. 〈延平大學基隆市籌備委員會〉，《民報》，民國35年8月9日，第2版；〈基隆市籌募鉅款贊助延平大學〉，《臺灣新生報》，民國35年8月9日，第5版。
60. 〈鬚の爺さんも必死　延平學院入試開始〉，《臺灣新生報》，民國35年9月9日，第4版。
61. 〈臺灣大學招生截止　總數達一千一百名〉，《臺灣新生報》，民國35年8月3日，第5版。
62. 〈青年求學熱延大錄取九六〇人〉，《大明報》，民國35年9月12日，第2版；〈本省青年熱心求學踴躍投考延平學院〉，《臺灣新生報》，民國35年9月12日，第5版。
63. 李東輝，〈私立延平學院訪問記〉，《臺灣學生》1（臺北：臺灣學生雜誌社，1946年12月1日），頁10-13。轉引自延平中學創校五十週年紀念專輯編輯委員會編，《延平中學創校五十週年紀念專輯》，頁52-53。
64. 朱昭陽口述、林忠勝撰述，《朱昭陽回憶錄》，頁88-89。朱昭陽以「螢之光」勉勵延平學生，令人聯想到日治時期一首甚為普遍流傳的驪歌〈螢の光〉，不過朱昭陽之致詞及內容與該歌曲並無關連。
65. 私立延平學院復原籌備處，〈私立延平學院復原申請書〉，臺北市私立延平中學提供，2001年9月，頁9。
66. 許雪姬等訪問、賴永祥等記錄，《坐擁書城：賴永祥先生口述訪問紀錄》，頁131。
67. 許雪姬等訪問、賴永祥等記錄，《坐擁書城：賴永祥先生口述訪問紀錄》，頁132；曾秋美訪問、張嘉元記錄，〈李雲騰先生訪問紀錄〉，收入私立延平學院復原籌備處，〈私立延平學院復原申請書〉，人證2，頁29-30；陳三井、許雪姬訪問，楊明哲記錄，《林衡道先生訪問紀錄》（臺北：中央研究院近代史研究所，1992），頁18-19。
68. 〈延平學院設立課館講座〉，《人民導報》，民國35年10月28日，第3版；〈延平學院敦請宋副處長講述，「學生深造的第一步」〉，《人民導報》，民國35年11月8日，第2版；曾秋

22. 朱昭陽口述、林忠勝撰述，《朱昭陽回憶錄》，頁68-69。
23. 陳翠蓮訪問、楊建基先生口述，2006年5月30日；陳里攀，〈跟隨同行六十年〉，收入財團法人延平昭陽文教基金會編，《螢光曲》(臺北：財團法人延平昭陽文教基金會，2003)，頁241。
24. 邱永漢著、朱佩蘭譯，《我的青春．臺灣 我的青春．香港》，頁62。
25. 葉盛吉著、許雪姬、王麗蕉主編，《葉盛吉日記（六)1945》(臺北：國家人權紀念館、中央研究院臺灣史研究所，2019)，頁523。
26. 陳翠蓮訪問、宋文彬先生口述，2005年11月14日，未刊稿。宋文彬，〈先父宋進英二三事——在東京及創辦延平前後時期〉，1998年，未刊稿。
27. 許雪姬等訪問、賴永祥等記錄，《坐擁書城：賴永祥先生口述訪問紀錄》，頁81-82。
28. 李汝和主修，《臺灣省通志．卷十：光復志．國籍恢復篇》(臺北：臺灣省文獻委員會，1970)，頁56。
29. 朱昭陽口述、林忠勝撰述，《朱昭陽回憶錄》，頁73-76。
30. 汪其楣，《舞者阿月》(臺北：遠流，2004)，頁43-52；汪其楣，〈大久丸上同船君子〉，《聯合報》，民國93年8月4日，第E7版。
31. 陳翠蓮訪問、宋文彬先生口述，2005年11月14日，未刊稿；宋文彬，〈先父宋進英二三事——在東京及創辦延平前後時期〉，1998年，未刊稿。
32. 〈民政處工作報告〉，收入臺灣省行政長官公署編，《臺灣省參議會第一屆第一次大會臺灣省行政長官公署施政報告》(臺北：臺灣省行政長官公署，1946)，頁54-55；〈民政處工作報告〉，收入臺灣省行政長官公署編印，《臺灣省參議會第一屆第二次大會臺灣省行政長官公署施政報告》(臺北：臺灣省行政長官公署，1946)，頁23。
33. 熊秉真等訪問、鄭麗榕記錄，《魏火曜先生訪問紀錄》(臺北：中央研究院近代史研究所，1990)，頁18-19。朱昭陽、賴永祥、楊建基等人也都指出，研究會在返臺後並未展開活動。
34. 楊基銓，《楊基銓回憶錄》(臺北：前衛，1996)，頁176。關於陳儀的用人政策，可參見湯熙勇，〈臺灣光復初期的公教人員任用方法〉，《人文及社會科學集刊》4：1(1991年11月)，頁391-425。
35. 朱昭陽口述、林忠勝撰述，《朱昭陽回憶錄》，頁78-79；許雪姬等訪問、賴永祥等記錄，《坐擁書城：賴永祥先生口述訪問紀錄》，頁84；邱永漢著、朱佩蘭譯，《我的青春．臺灣 我的青春．香港》，頁76。
36. 朱昭陽口述、林忠勝撰述，《朱昭陽回憶錄》，頁84。楊基銓也指出戰後臺灣人菁英在政界少有出路，多轉往教育界發展。楊基銓，《楊基銓回憶錄》，頁176。
37. 私立延平中學恭輯，《螢之光：朱昭陽先生言論集》(臺北：私立延平中學，1990)，頁88。
38. 朱昭陽口述、林忠勝撰述，《朱昭陽回憶錄》，頁86。
39. 許雪姬等訪問、賴永祥等記錄，《坐擁書城：賴永祥先生口述訪問紀錄》，頁84。
40. 林獻堂著、許雪姬主編，《灌園先生日記（十八）一九四六年》(臺北：中央研究院臺灣史研究所，2010)，頁176。
41. 朱昭陽口述、林忠勝撰述，《朱昭陽回憶錄》，頁84-85。
42. 〈私立延平大學將成立林獻堂氏為中心開始籌備〉，《人民導報》，民國35年5月2日，第3版。
43. 〈延平學院九月開學　決定先設法學院〉，《民報》，民國35年7月21日，第2版。
44. 林獻堂著、許雪姬主編，《灌園先生日記（十八）一九四六年》，頁254、256。

1996），頁87-93。

4. 邱永漢著、朱佩蘭譯，《我的青春．臺灣 我的青春．香港》（臺北：不二，1996），頁61。邱永漢原名邱炳南。
5. 高俊明、高李麗珍口述，胡慧玲撰文，《十字架之路：高俊明牧師回憶錄》（臺北：望春風，2001），頁98。
6. 許雪姬、丘慧君訪問，丘慧君記錄，《許丕樵先生訪問紀錄》（臺北：中央研究院近代史研究所，2003），頁116。
7. 彭明敏，《自由的滋味》（臺北：李敖，1995），頁45。
8. 陳翠蓮，《重構二二八：戰後美中體制、中國統治模式與臺灣》（臺北：衛城，2017），頁89-95；〈國民政府軍事委員會軍令部電臺籍人民待命返臺〉，收入何鳳嬌編，《政府接收臺灣史料彙編（下冊）》（臺北：國史館，1993），頁945-947。
9. 林獻堂著、許雪姬主編，《灌園先生日記（十七）一九四五年》（臺北：中央研究院臺灣史研究所，2010），頁340；林熊祥主修，《臺灣省通志稿．卷十：光復志》（臺北：臺灣省文獻委員會，1952），頁44-45。
10. 林獻堂著、許雪姬主編，《灌園先生日記（十七）一九四五年》，頁351、360；「據臺灣省海外僑胞救援會代表林獻堂等呈請轉洽駐日聯軍統帥准予匯寄捐款並核撥專輪運送臺胞事」，〈在日臺僑遣送回籍〉，《國史館》，檔案管理局藏，檔號：A202000000A/0034/172-1/0853/1/004/0001。
11. 〈黃宗岳等建議接運日本徵用之本省學童返國〉，收入何鳳嬌編，《政府接收臺灣史料彙編（下冊）》（臺北：國史館，1993），頁945-947。
12. 〈東京丸之內臺灣同鄉會請速運返臺胞〉，收入何鳳嬌編，《政府接收臺灣史料彙編（下冊）》，頁944-945。
13. 「略達關於日本及朝鮮之臺籍華僑返國事」、「略達關於盟軍最高統帥部遣送臺籍華人返國事中國政府甚表滿意」〈在日臺僑遣送回籍〉，《國史館》，檔案管理局藏，檔號：A202000000A/0034/172-1/0853/1/006/0001-0008、A202000000A/0034/172-1/0853/1/007/0001。
14. 林熊祥主修，《臺灣省通志稿．卷十：光復志》，頁46。
15. 邱永漢著、朱佩蘭譯，《我的青春．臺灣 我的青春．香港》，頁61-62；楊國光，《一個臺灣人的軌跡》，頁149；張炎憲、胡慧玲訪問，胡慧玲記錄，〈廖史豪口述訪問紀錄〉，收入張炎憲等採訪記錄，《臺灣獨立的先聲：臺灣共和國》（臺北：吳三連臺灣史料基金會，2000），頁24。
16. 許雪姬等訪問、賴永祥等記錄，《坐擁書城：賴永祥先生口述訪問紀錄》（臺北：遠流，2007），頁80。
17. 陳翠蓮訪問、楊建基先生口述，2006年5月30日，未刊稿。
18. 陳翠蓮訪問、楊建基先生口述，2006年5月30日，未刊稿。
19. 陳翠蓮訪問、楊建基先生口述，2006年5月30日，未刊稿。童搖轍則明確指出，戰後同住於烏秋寮者有27人。參見謝聰敏，〈留日學生的「祖國經驗」〉，《自立晚報》，民國80年8月1日，第19版。
20. 陳翠蓮訪問，賴永祥先生口述，2006年5月26日，未刊稿。陳翠蓮訪問，楊建基先生口述，2006年5月30日，未刊稿。
21. 陳翠蓮訪問、楊建基先生口述，2006年5月30日，未刊稿。謝聰敏，〈留日學生的祖國經驗〉，《自立晚報》，民國80年8月1日，第19版。

106. 葉盛吉，〈生活筆記1944.1.8〉，收入葉盛吉著，許雪姬、王麗蕉主編，《葉盛吉日記（四）1944.1-6》（臺北：國家人權博物館、中央研究院臺灣史研究所，2018），頁447。
107. 楊威理著、陳映真譯，《雙鄉記：葉盛吉傳——臺灣知識分子之青春、徬徨、探索、實踐與悲劇》，頁88。
108. 葉盛吉，〈生活筆記1944.7.23〉，收入葉盛吉著，許雪姬、王麗蕉主編，《葉盛吉日記（五）1944.7-12》（臺北：國家人權博物館、中央研究院臺灣史研究所，2018），頁422-427。
109. 周婉窈，〈實學教育、鄉土愛與國家認同——日治時期公學校第三期「國語」教科書的分析〉，收入周婉窈，《海行兮的年代：日本殖民統治末期臺灣史論集》，頁215-294。
110. 李永熾，〈日本「大東亞共榮圈」理念的形成〉，收入李永熾，《日本近代史研究》（臺北：稻禾，1992），頁321-379。步平、王希亮，《日本右翼問題研究》（北京：社會科學文獻，2005）。
111. 鶴見俊輔，〈轉向について〉；〈國体について〉；〈大アジア〉，收入鶴見俊輔，《現代日本思想史》（東京：筑摩書店，2000），頁10-23、37-50、51-64。
112. 周婉窈，〈美與死——日本領臺末期的戰爭語言〉，收入周婉窈，《海行兮的年代：日本殖民統治末期臺灣史論集》，頁185-213。
113. 葉盛吉，〈自敘傳〉，收入葉盛吉著，許雪姬、王麗蕉主編，《葉盛吉獄中手稿與書信集》，頁35。
114. 葉盛吉著，許雪姬、王麗蕉主編，《葉盛吉日記（五）1944.7-12》，頁173-181。
115. 楊威理著、陳映真譯，《雙鄉記：葉盛吉傳——臺灣知識分子之青春、徬徨、探索、實踐與悲劇》，頁152。
116. 楊威理著、陳映真譯，《雙鄉記：葉盛吉傳——臺灣知識分子之青春、徬徨、探索、實踐與悲劇》，頁70-76。
117. 葉盛吉著，許雪姬、王麗蕉主編，《葉盛吉日記（五）1944.7-12》，頁182、210-211、234-235、240-241。楊威理著、陳映真譯，《雙鄉記：葉盛吉傳——臺灣知識分子之青春、徬徨、探索、實踐與悲劇》，頁149
118. 葉盛吉，〈自敘傳〉，收入葉盛吉著，許雪姬、王麗蕉主編，《葉盛吉獄中手稿與書信集》，頁48-49。-
119. 吳文星，《日據時期臺灣社為領導階層之研究》（臺北：正中書局，1992），頁11-94。
120. Poshek Fu, *Passivity, Resistance, and Collaboration: Intellectual Choices in Occupied Shanghai, 1937-1945* (Stanford: Stanford University Press, 1993).
121. Allen F. Isaacman and Barbara Isaacman, *The Tradition of Resistance in Mozambique: Anti-colonial Activity in the Zambesi Valley 1850-1921* (London: Heinemann, 1976).
122. James C. Scott, *Weapons of the Weak: Everyday Forms of Peasant Resistance* (New Haven: Yale University Press, 1985).

第六章 「新生臺灣」的頓挫：延平學院創立始末

1. 朱昭陽口述、林忠勝撰述，《朱昭陽回憶錄》（臺北：前衛，1994）。
2. 謝聰敏，〈留日學生的「祖國經驗」〉，《自立晚報》，民國80年8月1日、2日，第19版。
3. 陳君愷，〈荒野暗夜中的螢光——延平學院的歷史地位〉，收入延平中學創校五十週年紀念專輯編輯委員會編，《延平中學創校五十週年紀念專輯》（臺北：臺北市私立延平高級中學，

78. 〈吳新榮日記〉，1940年12月21日，未刊本。
79. 吳新榮著、張良澤總編撰，《吳新榮日記全集7：1943-1944》，頁228-230。
80. 吳新榮著、張良澤總編撰，《吳新榮日記全集4：1940》，頁324、362。
81. 吳新榮著、張良澤總編撰，《吳新榮日記全集2：1938》，頁224、315。
82. 吳新榮著、張良澤總編撰，《吳新榮日記全集2：1938》，頁325。
83. 吳新榮著、張良澤總編撰，《吳新榮日記全集2：1938》，頁190。
84. 吳新榮著、張良澤總編撰，《吳新榮日記全集4：1940》，頁232-233、269-270。
85. 吳新榮著、張良澤總編撰，《吳新榮日記全集5：1941》（臺南：國立臺灣文學館，2008），頁217、233-234。
86. 吳新榮著、張良澤總編撰，《吳新榮日記全集5：1941》，頁285-286、286、290-291。
87. 吳新榮著、張良澤總編撰，《吳新榮日記全集2：1938》，頁319。
88. 吳新榮，〈決戰に捧ぐ〉，《興南新聞》（昭和18年12月6日），第2版。此詩翻譯為〈獻給大東亞戰爭〉，收入吳新榮著、呂興昌總編輯，《吳新榮選集1》（臺南：臺南縣立文化中心，1997），頁149-151。
89. 吳新榮著、張良澤總編撰，《吳新榮日記全集7：1943-1944》，頁177-178、213、383-384。
90. 吳新榮著、張良澤總編撰，《吳新榮日記全集7：1943-1944》，頁270。
91. 吳新榮著、張良澤總編撰，《吳新榮日記全集7：1943-1944》，頁431-432。
92. 吳新榮著、張良澤總編撰，《吳新榮日記全集7：1943-1944》，頁447、453、463。
93. 吳新榮著、張良澤總編撰，《吳新榮日記全集8：1945-1947》，頁87、89、102。
94. 吳新榮著、張良澤總編撰，《吳新榮日記全集8：1945-1947》，頁116-117、145、161、171。
95. 林獻堂著、許雪姬主編，《灌園先生日記（十七）一九四五年》，頁246-249。
96. 吳新榮著、張良澤總編撰，《吳新榮日記全集8：1945-1947》，頁174。
97. 葉盛吉，〈生活筆記1943.9.12〉，收入葉盛吉著，許雪姬、王麗蕉主編，《葉盛吉日記（三）1942-1943》（臺北：國家人權博物館、中央研究院臺灣史研究所，2018），頁471。
98. 楊威理著、陳映真譯，《雙鄉記：葉盛吉傳——臺灣知識分子之青春、徬徨、探索、實踐與悲劇》（臺北：人間，1995），頁32-33。
99. 葉盛吉，〈自敘傳〉，收入葉盛吉著，許雪姬、王麗蕉主編，《葉盛吉獄中手稿與書信集》（臺北：國家人權博物館、中央研究院臺灣史研究所，2021），頁27。
100. 葉盛吉著，許雪姬、王麗蕉主編，《葉盛吉日記（二）1941》（臺北：國家人權博物館、中央研究院臺灣史研究所，2017），頁158-159、174、295。
101. 葉盛吉，〈生活筆記1943.9.13〉，收入葉盛吉著，許雪姬、王麗蕉主編，《葉盛吉日記（三）1942-1943》，頁474。
102. 葉盛吉，〈生活筆記1943.9.12〉，收入葉盛吉著，許雪姬、王麗蕉主編，《葉盛吉日記（三）1942-1943》，頁472。
103. 葉盛吉，〈生活筆記1943.9.26〉，收入葉盛吉著，許雪姬、王麗蕉主編，《葉盛吉日記（三）1942-1943》，頁477。
104. 葉盛吉，〈生活筆記1943.11.19〉，收入葉盛吉著，許雪姬、王麗蕉主編，《葉盛吉日記（三）1942-1943》，頁545。
105. 葉盛吉，〈生活筆記1943.11.15〉，收入葉盛吉著，許雪姬、王麗蕉主編，《葉盛吉日記（三）1942-1943》，頁537。

48. 江口圭一著、陳鵬仁譯，《中日十五年戰爭小史》，頁266-273。
49. 林獻堂著、許雪姬主編，《灌園先生日記（十五）一九四三年》，頁187、198、372。
50. 林獻堂著、許雪姬主編，《灌園先生日記（十五）一九四三年》，頁311。
51. 林獻堂著、許雪姬主編，《灌園先生日記（十五）一九四三年》，頁323。
52. 林獻堂著、許雪姬主編，《灌園先生日記（十五）一九四三年》，頁113、128、361。
53. 林獻堂著、許雪姬主編，《灌園先生日記（十六）一九四四年》，頁76、130、172。
54. 林獻堂著、許雪姬主編，《灌園先生日記（十六）一九四四年》，頁183；〈灌園先生日記〉，1944年5月21日，未刊本。
55. 林獻堂著、許雪姬主編，《灌園先生日記（十六）一九四四年》，頁201。
56. 林獻堂著、許雪姬主編，《灌園先生日記（十六）一九四四年》，頁317；林獻堂著、許雪姬主編，《灌園先生日記（十七）一九四五年》，頁144。
57. 林獻堂著、許雪姬主編，《灌園先生日記（十七）一九四五年》，頁22、53、72、98。
58. 林獻堂著、許雪姬主編，《灌園先生日記（十七）一九四五年》，頁150、156。
59. 林獻堂著、許雪姬主編，《灌園先生日記（十七）一九四五年》，頁174。
60. 林獻堂著、許雪姬主編，《灌園先生日記（十七）一九四五年》，頁177。
61. 林獻堂著、許雪姬主編，《灌園先生日記（十七）一九四五年》，頁230、245。
62. 吳新榮著、張良澤總編撰，《吳新榮日記全集1：1933-1937》（臺南：國立臺灣文學館，2007），頁329、338。
63. 吳新榮著、張良澤總編撰，《吳新榮日記全集1：1933-1937》，頁354。
64. 吳新榮著、張良澤總編撰，《吳新榮日記全集2：1938》（臺南：國立臺灣文學館，2007），頁211。
65. 吳新榮，《吳新榮回憶錄》（臺北：前衛，1989），頁141-142。
66. 葉榮鐘著，林莊生、葉芸芸主編，《葉榮鐘全集6：葉榮鐘日記（上）》（臺中：晨星，2002）。
67. 吳新榮著、張良澤總編撰，《吳新榮日記全集2：1938》，頁181-182。
68. 吳新榮著、張良澤總編撰，《吳新榮日記全集2：1938》，頁192。
69. 吳新榮著、張良澤總編撰，《吳新榮日記全集2：1938》，頁247。
70. 吳新榮著、張良澤總編撰，《吳新榮日記全集7：1943-1944》（臺南：國立臺灣文學館，2008），頁263-264。
71. 吳新榮著、張良澤總編撰，《吳新榮日記全集8：1945-1947》（臺南：國立臺灣文學館，2008），頁27。
72. 吳新榮著、張良澤總編撰，《吳新榮日記全集1：1933-1937》，頁334-336、339、342、345、347、351。
73. 吳新榮著、張良澤總編撰，《吳新榮日記全集1：1933-1937》，頁345、348。
74. 葉榮鐘著，林莊生、葉芸芸主編，《葉榮鐘全集6：葉榮鐘日記（上）》，頁142-143；陳逸松口述、林忠勝撰述，《陳逸松回憶錄》（臺北：前衛，1994），頁211-215。
75. 吳新榮著、張良澤總編撰，《吳新榮日記全集4：1940》（臺南：國立臺灣文學館，2008），頁233、240。
76. 吳新榮著、張良澤總編撰，《吳新榮日記全集4：1940》，頁270。
77. 柳書琴，〈戰爭與文壇：日據末期臺灣的文學活動（1937.7-1945.8）〉（國立臺灣大學歷史學系碩士論文，1994），頁137-151。

112；林獻堂著、許雪姬主編，《灌園先生日記（十四）一九四二年》（臺北：中央研究院臺灣史研究所，2007），頁330；林獻堂著、許雪姬主編，《灌園先生日記（十五）一九四三年》（臺北：中央研究院臺灣史研究所，2008），頁74。

25. 林獻堂著、許雪姬主編，《灌園先生日記（十三）一九四一年》，頁314。
26. 林獻堂著、許雪姬主編，《灌園先生日記（十五）一九四三年》，頁93-198。
27. 林獻堂著、許雪姬主編，《灌園先生日記（十二）一九四〇年》，頁306、308、322。
28. 林獻堂著、許雪姬主編，《灌園先生日記（十二）一九四〇年》，頁307、335。
29. 林獻堂著、許雪姬主編，《灌園先生日記（十三）一九四一年》，頁401。
30. 許雪姬，〈皇民奉公會的研究——以林獻堂的參與為例〉，頁193-196。
31. 林獻堂著、許雪姬主編，《灌園先生日記（十一）一九三九年》，頁149、153、158、174、182。
32. 林獻堂著、許雪姬主編，《灌園先生日記（十四）一九四二年》，頁223、224、235、520。
33. 林獻堂著、許雪姬主編，《灌園先生日記（十四）一九四二年》，頁84。
34. 林獻堂著、許雪姬主編，《灌園先生日記（十六）一九四四年》（臺北：中央研究院臺灣史研究所，2008），頁307。
35. 林獻堂著、許雪姬主編，《灌園先生日記（十五）一九四三年》，頁376；林獻堂著、許雪姬主編，《灌園先生日記（十七）一九四五年》（臺北：中央研究院臺灣史研究所，2010），頁68。
36. 林獻堂著、許雪姬主編，《灌園先生日記（十一）一九三九年》，頁110、128、138、147、167、214。
37. 林獻堂著、許雪姬主編，《灌園先生日記（十一）一九三九年》，頁110、128、138、147、167、214；林獻堂著、許雪姬主編，《灌園先生日記（十五）一九四三年》，頁412-413；林獻堂著、許雪姬主編，《灌園先生日記（十六）一九四四年》，頁9；林獻堂著、許雪姬主編，《灌園先生日記（十七）一九四五年》，頁71。
38. 林獻堂著、許雪姬主編，《灌園先生日記（十三）一九四一年》，頁139、357；林獻堂著、許雪姬主編，《灌園先生日記（十六）一九四四年》，頁40；林獻堂著、許雪姬主編，《灌園先生日記（十七）一九四五年》，頁110、118。
39. 林獻堂著、許雪姬主編，《灌園先生日記（十六）一九四四年》，頁264。
40. 林獻堂著、許雪姬主編，《灌園先生日記（九）一九三七年》，頁205；林獻堂著、許雪姬主編，《灌園先生日記（十三）一九四一年》，頁152；林獻堂著、許雪姬主編，《灌園先生日記（十三）一九四一年》，頁156；林獻堂著、許雪姬主編，《灌園先生日記（十四）一九四二年》，頁138，144。
41. 林獻堂著、許雪姬主編，《灌園先生日記（十七）一九四五年》，頁45、75、86、161。
42. 林獻堂著、許雪姬主編，《灌園先生日記（九）一九三七年》，頁381；林獻堂著、許雪姬主編，《灌園先生日記（九）一九三七年》，頁423。
43. 林獻堂著、許雪姬主編，《灌園先生日記（十二）一九四〇年》，頁170、173。
44. 林獻堂著、許雪姬主編，《灌園先生日記（十二）一九四〇年》，頁184、266。
45. 林獻堂著、許雪姬主編，《灌園先生日記（十三）一九四一年》，頁265、409。
46. 林獻堂著、許雪姬主編，《灌園先生日記（十三）一九四一年》，頁412、415。括弧內文字為原文。
47. 林獻堂著、許雪姬主編，《灌園先生日記（十四）一九四二年》，頁3、109、314。

第五章　戰爭、世代與認同：以林獻堂、吳新榮與葉盛吉為例（1937-1945）

1. 荊子馨著、鄭力軒譯，《成為「日本人」》（臺北：麥田，2006），頁125-181。
2. 葉榮鐘，〈一段暴風雨時期的生活記錄〉，收入葉榮鐘，《半路出家集》（臺中：中央書局，1965），頁221。
3. 紀登斯（Anthony Giddens）著、胡宗澤等譯，《民族—國家與暴力》（臺北：左岸文化，2002），頁241-266。
4. 成田賴武著、李浴日譯，《克勞塞維茲戰爭論綱要》（臺北：黎明文化公司，1986），頁9-12。
5. 情報局，《大東亞戰爭事典》（東京：新興亞社，1942），頁191-192。
6. 近藤正己，《總力戰と臺灣》（東京：刀水書房，1996）。
7. 藤原彰著、陳鵬仁譯，《解讀中日全面戰爭》（臺北：水牛，1996），頁214-219、290-292。
8. 江口圭一著、陳鵬仁譯，《中日十五年戰爭小史》（臺北：幼獅，1996），頁259；情報局，《大東亞戰爭事典》，頁221-222。
9. 周婉窈，〈從比較的觀點看臺灣與韓國的皇民化運動（一九三七—一九四五）〉，收入周婉窈，《海行兮的年代：日本殖民統治末期臺灣史論集》（臺北：允晨，2003），頁33-75。
10. 江智浩，〈日治末期（1937-1945）臺灣的戰時動員組織——從國民精神總動員組織到皇民奉公會〉（國立中央大學歷史學系碩士論文，1997），頁37-67、152-153；許雪姬，〈皇民奉公會的研究——以林獻堂的參與為例〉，《中央研究院近代史研究所集刊》31（1999年6月），頁174。
11. 林繼文，《日本據臺末期（1930-1945）戰爭動員體系之研究》（臺北：稻鄉，1996），頁184-190、193-198。
12. George H. Kerr, *Formosa: Licensed Revolution and the Home Rule Movement, 1895-1945* (Honolulu: The University Press of Hawaii, 1974), pp. 189-190.
13. 周婉窈，〈「世代」概念和日本殖民統治時期臺灣史的研究〉，收入周婉窈，《海行兮的年代：日本殖民統治末期臺灣史論集》，頁1-13。
14. 楊肇嘉，《楊肇嘉回憶錄》（臺北：三民書局，1967），頁320-337。
15. 蔡培火，〈臺灣光復前之經歷〉，收入蔡培火著、張漢裕主編，《蔡培火全集一：家世生平與交友》（臺北：吳三連臺灣史料基金會，2000），頁78。
16. 1939年初，林獻堂因信佛之兄嫂邀請往遊青桐林靈山寺，獲得精神上之安靜，此後勤於研讀佛經。林獻堂著、許雪姬主編，《灌園先生日記（十一）一九三九年》（臺北：中央研究院臺灣史研究所，2006），頁18。
17. 林獻堂著、許雪姬主編，《灌園先生日記（十三）一九四一年》（臺北：中央研究院臺灣史研究所，2007），頁101、109、153。
18. 林獻堂著、許雪姬主編，《灌園先生日記（十三）一九四一年》，頁213。
19. 林獻堂著、許雪姬主編，《灌園先生日記（十三）一九四一年》，頁90。
20. 林獻堂著、許雪姬主編，《灌園先生日記（九）一九三七年》（臺北：中央研究院臺灣史研究所，2004），頁73、77、96。
21. 林獻堂著、許雪姬主編，《灌園先生日記（九）一九三七年》，頁224。
22. 林獻堂著、許雪姬主編，《灌園先生日記（九）一九三七年》，頁14、38、121。
23. 林獻堂著、許雪姬主編，《灌園先生日記（十二）一九四〇年》（臺北：中央研究院臺灣史研究所，2006），頁157、268。
24. 林獻堂著、許雪姬主編，《灌園先生日記（十三）一九四一年》，頁65、73、74、104、

65. 鍾理和，〈夾竹桃〉，頁108-111。
66. 鍾理和，〈夾竹桃〉，頁144。
67. 吳濁流，〈南京雜感〉，頁76、81、115。
68. 吳濁流，〈南京雜感〉，頁81。
69. 吳濁流，〈南京雜感〉，頁114。
70. 吳濁流，〈南京雜感〉，頁117-118。
71. 宋冬陽，〈朝向許願中的黎明——試論吳濁流作品中的「中國經驗」〉，《文學界》10（1984年5月），頁137；廖炳惠，〈異國記憶與另類現代性：試探吳濁流的《南京雜感》〉，頁19。
72. 吳濁流，「序」，〈南京雜感〉，頁49-50。
73. 菊仙（黃旺成），〈新中國一瞥的印象（二）〉，頁5。
74. 謝春木，〈新興中國見聞記〉，頁169。
75. 菊仙（黃旺成），〈新中國一瞥的印象（二）〉，頁5。
76. 謝春木，〈新興中國見聞記〉，頁170。
77. 謝春木，〈新興中國見聞記〉，頁132。
78. 鍾理和，〈祖國歸來〉，收入鍾理和著、鍾鐵民編，《鍾理和全集3》（臺北：行政院客家委員會，2003），頁11。
79. 鍾理和，〈白薯的悲哀〉，收入鍾理和著、鍾鐵民編，《鍾理和全集3》，頁2-3。
80. 鍾理和，〈祖國歸來〉，頁13-14。
81. 張深切著、陳芳明等編，《張深切全集卷1．里程碑——又名：黑色的太陽（上）》（臺北：文經，1998）；張秀哲（月澄），《「勿忘臺灣」落花夢》（臺北：全民日報社，1947）。
82. 臺灣總督府警務局編，《台湾社会運動史：台湾総督府警察沿革誌第二編——領台以後の治安状況（中卷）》（東京：龍溪書舍復刻版，1973），頁113-114。
83. 謝春木，〈新興中國見聞記〉，頁178-179。
84. 〈為實現年來的希望謝君到上海去了〉，《臺灣新民報》395（昭和6年12月19日），頁9。
85. 黃旺成著、許雪姬主編，《黃旺成先生日記（二十）一九三四年》（臺北：中央研究院臺灣史研究所，2010），頁286-290、342-343、342-343。
86. 黃旺成著、許雪姬主編，《黃旺成先生日記（二十）一九三四年》，頁345-430；黃旺成著、許雪姬主編，《黃旺成先生日記（二十一）一九三五年》（臺北：中央研究院臺灣史研究所，2010），頁1-42。
87. 何義麟，〈被遺忘的半山——謝南光（上）〉，頁158-159。
88. 謝南光，〈中國抗戰與臺灣革命〉，收入張瑞成編，《抗戰時期收復臺灣之重要言論》（臺北：中國國民黨黨史會，1990），頁14。
89. 近藤正己，《總力戰と臺灣》（東京：刀水書房，1996），頁529-535。
90. 謝南光，〈收復臺灣與保衛祖國〉，收入張瑞成編，《抗戰時期收復臺灣之重要言論》，頁47。
91. 近藤正己，《總力戰と臺灣》，頁503。
92. 鍾理和，〈祖國歸來〉，頁15。
93. 黃富三，〈日據經驗與戰後臺灣的文化衝突〉，中央研究院人文社會科學研究所主辦，「光復後臺灣地區發展經驗研討會」論文，1990；李筱峰，〈二二八事件前的文化衝突〉，《史聯雜誌》19（1991年12月），頁105-119。

29. 謝春木，〈新興中國見聞記〉，頁77、87-88。
30. 菊仙（黃旺成），〈新中國一瞥的印象（七）〉，《臺灣新民報》325（昭和5年8月9日），頁7。
31. 謝春木，〈新興中國見聞記〉，頁18-19；菊仙（黃旺成），〈新中國一瞥的印象（九）〉，《臺灣新民報》327（昭和5年8月23日），頁7；〈新中國一瞥的印象（十一）〉，頁7；〈新中國一瞥的印象（十二）〉，《臺灣新民報》331（昭和5年9月20日），頁7。
32. 菊仙（黃旺成），〈新中國一瞥的印象（三）〉，《臺灣新民報》320（昭和5年7月5日），頁7；〈新中國一瞥的印象（十四）〉，《臺灣新民報》333（昭和5年10月4日），頁7。
33. 謝春木，〈新興中國見聞記〉，頁33、57、75、101-102。
34. 謝春木，〈新興中國見聞記〉，頁70。
35. 謝春木，〈新興中國見聞記〉，頁64、89。
36. 菊仙（黃旺成），〈新中國一瞥的印象（八）〉，《臺灣新民報》326（昭和5年8月16日），頁9。
37. 菊仙（黃旺成），〈新中國一瞥的印象（八）〉，《臺灣新民報》326（昭和5年8月16日），頁9。
38. 菊仙（黃旺成），〈新中國一瞥的印象（九）〉，《臺灣新民報》327（昭和5年8月23日），頁7。
39. 吳濁流，〈南京雜感〉，收入吳濁流著、張良澤編，《吳濁流作品集4：南京雜感》（臺北：遠行，1977），頁54-55。
40. 吳濁流，〈南京雜感〉，頁60。
41. 吳濁流，〈南京雜感〉，頁67。
42. 吳濁流，〈南京雜感〉，頁63-70。
43. 吳濁流，〈南京雜感〉，頁57。
44. 吳濁流，〈南京雜感〉，頁84。
45. 吳濁流，〈南京雜感〉，頁91。
46. 吳濁流，〈南京雜感〉，頁80-81。
47. 吳濁流，《無花果》，頁134。
48. 吳濁流，〈南京雜感〉，頁74。
49. 吳濁流，〈南京雜感〉，頁74。
50. 吳濁流，〈南京雜感〉，頁77。
51. 吳濁流，〈南京雜感〉，頁71、86-87。
52. 吳濁流，〈南京雜感〉，頁84-85。
53. 鍾理和，〈夾竹桃〉，收入鍾理和著、鍾鐵民編，《鍾理和全集2》，頁99。
54. 鍾理和，〈夾竹桃〉，頁109-114。
55. 謝春木，〈新興中國見聞記〉，頁101。
56. 菊仙（黃旺成），〈新中國一瞥的印象（四）〉，《臺灣新民報》321（昭和5年7月12日），頁7。
57. 吳濁流，〈南京雜感〉，頁59。
58. 吳濁流，〈南京雜感〉，頁87。
59. 吳濁流，〈南京雜感〉，頁51。
60. 鍾理和，〈原鄉人〉，頁7。
61. 謝春木，〈新興中國見聞記〉，頁18。
62. 胡成，〈「不衛生」的華人形象：中外間的不同講述——以上海公共衛生為中心的觀察（1860-1911）〉，《中央研究院近代史研究所集刊》56（2007年6月），頁1-43。
63. 謝春木，〈新興中國見聞記〉，頁24-28。
64. 謝春木，〈新興中國見聞記〉，頁147。

1977），頁212。
2. 廖炳惠，〈異國記憶與另類現代性：試探吳濁流的《南京雜感》〉，收入廖炳惠，《另類現代情》（臺北：允晨，2001），頁10-12。
3. 追風生（謝春木），〈旅人の眼鏡（一）—（廿）〉，《臺灣民報》263期—289期（昭和4年6月2日—12月1日）。
4. 謝春木，〈新興中國見聞記〉，收入謝春木，《臺灣人は斯く觀る》第二篇（臺北：臺灣新民報社，1930）。東京龍溪書舍將謝春木主要作品復刻，輯為謝南光（春木），《臺灣人は斯く觀る　臺灣人の要求　日本的沒落》（東京：龍溪書舍復刻版，1974）。海峽學術出版社依據龍溪書舍的復刻本，譯成中文，參見謝南光，《謝南光著作選（上）（下）》（臺北：海峽學術，1999）。本章採收入《臺灣人は斯く觀る　臺灣人の要求　日本的沒落》第二篇之版本。
5. 菊仙（黃旺成），〈新中國一瞥的印象（一）—（十五）〉，《臺灣新民報》317期—334期（昭和5年6月14日—10月11日）。
6. 吳濁流，〈吳濁流自撰年譜〉，收入吳濁流著、張良澤編，《吳濁流作品集6：臺灣文藝與我》（臺北：遠行，1977），頁212。
7. 王白淵，〈我的回憶錄（一）〉，《政經報》1：2（民國34年11月）（臺北：傳文文化公司復刻本，1998），頁18。
8. 何義麟，〈被遺忘的半山——謝南光（上）〉，《臺灣史料研究》3（1994年2月），頁156。
9. 張德南編著，《堅勁耿介的社會運動家：黃旺成》（新竹：新竹市立文化中心，1999），頁47。
10. 謝春木，〈新興中國見聞記〉，頁1。
11. 菊仙（黃旺成），〈新中國一瞥的印象（一）〉，《臺灣新民報》317（昭和5年6月14日），頁5。
12. 吳濁流，〈吳濁流自撰年譜〉，頁207-212。
13. 吳濁流，《無花果》（臺北：前衛，1988），頁40。
14. 吳濁流，《無花果》，頁120。
15. 鍾理和，〈原鄉人〉，收入鍾理和著、鍾鐵民編，《鍾理和全集2》（臺北：行政院客家委員會，2003），頁9-14。
16. 王白淵，〈我的回憶錄（一）〉，頁17。
17. 矢內原忠雄著、周憲文譯，《日本帝國主義下之臺灣》（臺北：臺灣銀行經濟研究室，1965），頁88。
18. 謝春木，〈新興中國見聞記〉，頁16。
19. 吳濁流，《無花果》，頁121；菊仙（黃旺成），〈新中國一瞥的印象（十一）〉，《臺灣新民報》330（昭和5年9月13日），頁7。
20. 謝春木，〈新興中國見聞記〉，頁20-21、38-39、40-41、44。
21. 謝春木，〈新興中國見聞記〉，頁47-48。
22. 菊仙（黃旺成），〈新中國一瞥的印象（二）〉，《臺灣新民報》319（昭和5年6月28日），頁5。
23. 謝春木，〈新興中國見聞記〉，頁105-106。
24. 菊仙（黃旺成），〈新中國一瞥的印象（十一）〉，頁7。
25. 謝春木，〈新興中國見聞記〉，頁 117。
26. 謝春木，〈新興中國見聞記〉，頁 138-140，143。
27. 謝春木，〈新興中國見聞記〉，頁61-62。
28. 菊仙（黃旺成），〈新中國一瞥的印象（十）〉，《臺灣新民報》328（昭和5年8月30日），頁7。

32. 臺灣總督府警務局編，《台湾社会運動史》，頁142-146。
33. 〈二林農民大會〉，頁3。
34. 〈林糖蔗農的陳情〉、〈林糖蔗農奮起陳情〉、〈蔗農之陳情書〉，《臺灣民報》3：10（大正14年4月1日），頁2-3、5、12-13。
35. 泉風浪，《臺灣の民族運動》，頁281-282；葉榮鐘等，《臺灣民族運動史》，頁507-508。
36. 臺灣總督府警務局編，《台湾社会運動史》，頁142-146。
37. 〈北斗二林講演會盛況〉，《臺灣民報》3：14（大正14年5月11日），頁5。
38. 葉榮鐘等，《臺灣民族運動史》，頁135-136。
39. 宮川次郎，《臺灣の農民運動》，頁95。
40. 韓嘉玲，〈臺灣農民運動的勇敢鬥士簡吉〉，收入中華全國臺灣同胞聯誼會編，《不能遺忘的名單：臺灣抗日英雄榜》（臺北：海峽學術，2001），頁120-121。
41. 宮川次郎，《臺灣の農民運動》，頁92。
42. 黃師樵，《臺灣共產黨祕史》（臺北：海峽學術，1999），頁24。
43. 宮川次郎，《臺灣の農民運動》，頁94、102。
44. 黃師樵，《臺灣共產黨祕史》，頁37-38。
45. 黃師樵，《臺灣共產黨祕史》，頁41-42。
46. 楊國光，《一個臺灣人的軌跡》（臺北：人間，2000），頁29-43；楊秀瑛，〈懷念我的父親楊春松〉，收入中華全國臺灣同胞聯誼會編，《不能遺忘的名單：臺灣抗日英雄榜》（臺北：海峽學術，2001），頁171-174。
47. 黃師樵，《臺灣共產黨祕史》，頁23-41。
48. 〈臺灣農民組合幹部上京訴願土地問題〉，《臺灣民報》146（昭和2年2月27日），頁7。
49. 〈臺灣中國問題大講演會〉，《臺灣民報》149（昭和2年3月20日），頁5；〈臺灣農民組合的顧問〉，《臺灣民報》151（昭和2年4月3日），頁7。
50. 〈無產者解放的講演〉，《臺灣民報》154（昭和2年4月24日），頁8。
51. 連溫卿，《臺灣政治運動史》（臺北：稻鄉，1988），頁130。
52. 〈古屋氏離臺的感想〉，《臺灣民報》161（昭和2年6月12日），頁14。
53. 〈臺灣農民組合的活動〉，《臺灣民報》155（昭和2年5月1日），頁8-9。
54. 〈農民組合決定進攻〉，《臺灣民報》154（昭和2年4月24日），頁6-7。將農民組合之種種決議歸為組織與策略兩大類，為筆者所整理分類。
55. 臺灣總督府警務局編，《台湾社会運動史》，頁1070。
56. 臺灣總督府警務局編，《台湾社会運動史》，頁1102。
57. 〈法廷與社會〉（社論），《臺灣民報》153（昭和2年4月17日），頁1。
58. 廖美，〈臺灣農民運動的興盛與衰落——對二〇年代與八〇年代的觀察〉，頁57-73。
59. 蕭友山，《臺灣解放運動の回顧》（臺北：三民書局，1946），頁4-5。海峽學術出版將此書與徐瓊二的《臺灣の現狀實を語る》（臺北：大成企業局，1946），兩書合併出版中譯本，見蕭友山、徐瓊二，《臺灣光復後的回顧與現狀》（臺北：海峽學術，2002）。
60. 〈農民組合與蔗作爭議〉（社論），《臺灣民報》122（昭和1年9月12日），頁1。

第四章　想像與真實：臺灣人的祖國印象

1. 葉榮鐘，〈臺灣省光復前後的回憶〉，收入葉榮鐘，《小屋大車集》（臺中：中央書局，會運動》（臺北：巨流，1989），頁9-19。
9. 廖美，〈臺灣農民運動的興盛與衰落——對二〇年代與八〇年代的觀察〉（國立臺灣大學社會學研究所碩士論文，1992）。
10. 泉風浪，《臺灣の民族運動》（臺中：臺灣圖書印刷合資會社，1928），頁274-281。臺灣總督府警務局所編之《臺灣民族運動史》的記載，指1924年4月二林蔗農請願方起，與泉風浪所言不同，但因泉風浪本身參與了「二林事件」，葉榮鐘等所著之《臺灣民族運動史》亦採此說，本文以泉風浪與葉榮鐘等人之說法為依據。葉榮鐘等，《臺灣民族運動史》（臺北：自立晚報社，1983），頁505。
11. 葉榮鐘等，《臺灣民族運動史》，頁507；臺灣總督府警務局編，《台湾社会運動史》，頁1027。
12. 〈二林事件公判號〉，《臺灣民報》122（昭和1年9月12日）。
13. 宮川次郎，《臺灣の農民運動》（臺北：拓殖通信社支社，1927），頁94。
14. 臺灣總督府警務局編，《台湾社会運動史》，頁1031。
15. 臺灣總督府警務局編，《台湾社会運動史》，頁1033-1035。
16. 臺灣總督府警務局編，《台湾社会運動史》，頁1041。
17. 臺灣總督府警務局編，《台湾社会運動史》，頁1045。
18. 臺灣總督府警務局編，《台湾社会運動史》，頁1070。
19. 臺灣總督府警務局編，《台湾社会運動史》，頁1057。
20. 黃品豪，〈日本辯護士與殖民地臺灣社會運動——以自由法曹團為中心〉（國立臺灣大學歷史學系碩士論文，2022），頁54-64。
21. 臺灣總督府警務局編，《台湾社会運動史》，頁1054-1056。
22. 臺灣總督府警務局編，《台湾社会運動史》，頁593-594、1070-1071。
23. 臺灣總督府警務局編，《台湾社会運動史》，頁1079-1106。
24. 〈二林庄演講農村問題〉，《臺灣民報》3：2（大正14年1月11日），頁3；〈二林農民大會〉，《臺灣民報》3：3（大正14年1月21日），頁3。
25. 臺灣總督府警務局編，《台湾社会運動史》，頁1029-1030。
26. 醒民（黃周），〈臺灣勞農問題一面觀〉，《臺灣民報》2：13（大正13年7月21日），頁4-6。
27. 劍如（黃呈聰），〈論蔗農組合設置的必要〉，《臺灣民報》2：20（大正13年10月11日），頁4。
28. 可參考臺灣佃農爭議事件統計，臺灣總督府警務局編，《台湾社会運動史》，頁999。
29. 報導中指二林醫師許學、北斗林伯廷氏及其他諸氏慨然奮起，計劃組織蔗農組合，但未明指李應章之角色，亦未言及李應章與許學一派之矛盾，參見〈二林大城兩庄民奮起組織蔗農組合〉，《臺灣民報》3：2（大正14年1月11日），頁3。其後，《臺灣民報》注意到製糖會社壓榨農民問題之嚴重性，不但陸續報導蔗農運動與其所提出之要求，並開始推出專論探討臺灣蔗農所受到的經濟掠奪問題。例如〈林糖蔗農的陳情〉，《臺灣民報》3：10（大正14年4月1日），頁2-3；〈蔗農的陳情書〉，《臺灣民報》3：10（大正14年4月1日），頁12-13；今村義夫，〈臺灣的農民運動〉，《臺灣民報》3：14（大正14年5月11日），頁10-11；今村義夫，〈臺灣的農民運動（下）〉，《臺灣民報》3：15（大正14年5月21日），頁11-12等。
30. 泉風浪，《臺灣の民族運動》，頁281。
31. 〈二林庄講演農村問題〉，《臺灣民報》3：2（大正14年1月11日），頁3。

2004)，頁53。
108. 邱坤良，《日治時期臺灣戲劇之研究》(臺北：自立晚報社，1992)，頁185-186。
109. 〈歌仔戲怎樣要禁？〉，《臺灣民報》139（昭和2年1月9日），頁4；〈保正熱狂子弟戲〉，《臺灣民報》110（大正15年6月20日），頁6。
110. 邱坤良，《日治時期臺灣戲劇之研究》，頁188-201。
111. 〈各地宜設娛樂機關〉，《臺灣民報》125（大正15年10月3日），頁3。
112. 新竹C生，〈文化劇的勃興〉，《臺灣民報》148（昭和2年3月13日），頁12。
113. 〈瞎了一眼的警察當局〉，《臺灣民報》97（大正15年3月21日），頁9；〈六千零六號注射〉，《臺灣民報》100（大正15年4月11日），頁7。
114. 〈表裡的考察〉，《臺灣民報》142（昭和2年1月30日），頁8。
115. 〈各地宜設娛樂機關〉，頁3。
116. 葉榮鐘著，葉芸芸、藍博洲主編，《葉榮鐘全集1：日據下臺灣政治社會運動史（下）》，頁339。
117. 葉榮鐘著，葉芸芸、藍博洲主編，《葉榮鐘全集1：日據下臺灣政治社會運動史（下）》，頁360-361。
118. 臺灣總督府警務局編，《台湾社会運動史》，頁223。
119. 〈歌仔戲怎樣要禁？〉，頁5；新竹C生，〈文化劇的勃興〉，頁12；一記者，〈歌仔戲的流弊〉，《臺灣民報》165（昭和2年7月10日），頁14。
120. 邱坤良，《日治時期臺灣戲劇之研究》，頁325-326。
121. 〈豐原藝術研究會演劇部決定中止〉，《臺灣新民報》319（昭和5年6月28日），頁6。
122. Partha Chatterjee, *Nationalist Thought and the Colonial World: A Derivative Discourse?* (Minneapolis: University of Minnesota Press, 1986).
123. 駒込武，《植民地帝國日本の文化統合》(東京：岩波書店，1996)，頁186-187。

第三章　菁英與群眾：文化協會、農民組合與臺灣農民運動

1. 臺灣總督府警務局編，《台湾社会運動史：台湾総督府警察沿革誌第二編——領台以後の治安状况（中卷）》(東京：龍溪書舍復刻版，1973)，頁997；以下稱《台湾社会運動史》。
2. 臺灣總督府警務局編，《台湾社会運動史》，頁1025-1026。
3. 陳翠蓮，〈日據時期臺灣文化協會之研究——抗日陣營的結成與瓦解〉(國立臺灣大學政治學研究所碩士論文，1987)，頁153-155。
4. Ted Robert Gurr, *Why Men Rebel* (Princeton: Princeton University Press, 1970).
5. Graig J. Jenkins and Charles Perrow, "Insurgency of the Powerless: Farm Worker Movements (1946-1972)," *American Sociological Review* 42: 2 (Apr. 1977), pp. 249-268.
6. John D. McCarthy and Mayer N. Zald, "Resource Mobilization and Social Movements: A Partial Theory," *American Journal of Sociology* 82: 6 (May 1977), pp. 1212-1241.
7. 矢內原忠雄著、周憲文譯，《日本帝國主義下之臺灣》(臺北：臺灣銀行經濟研究室，1964)；淺田喬二著、張炎憲譯，〈在臺日本人大地主階級的存在結構〉，《臺灣風物》31：4（1981年12月），頁51-94；山川均著、焦農譯，〈日本帝國主義鐵蹄下的臺灣〉，收入王曉波編，《臺灣的殖民地傷痕》(臺北：帕米爾，1985)，頁27-81。
8. 高承恕，〈臺灣新興社會運動結構因素之探討〉，收入徐正光、宋文里合編，《臺灣新興社

81. 張洪南，〈誤解されたロ-マ字〉，《臺灣》4：5，和文之部（大正12年5月10日），頁48-54。
82. 張洪南，〈誤解されたローマ字〉，頁54。
83. 蔡培火，〈日據時期臺灣民族運動〉，頁225。
84. 醒民（黃周），〈換新衣裳〉（社論），《臺灣民報》2：2（大正13年2月11日），頁1。
85. 荒川幾男，〈1920、30年代の世界と日本の哲學〉，頁205。
86. 廖漢臣語，參見廖漢臣，〈新舊文學之爭——臺灣文壇一筆流水帳〉，收入李南衡主編，《日據下臺灣新文學明集5 文獻資料選集》（臺北：明潭，1979），頁415。
87. 一郎（張我軍），〈糟糕的臺灣文學界〉，《臺灣民報》2：24（大正13年11月21日），頁6-7。
88. 一郎（張我軍），〈為臺灣的文學界一哭〉，《臺灣民報》2：26（大正13年12月21日），頁10-11。
89. 一郎（張我軍），〈請合力折〔拆〕下這座敗草叢中的破舊殿堂〉，《臺灣民報》3：1（大正14年1月1日），頁5-7；一郎（張我軍），〈絕無僅有的擊缽吟的意義〉，《臺灣民報》3：2（大正14年1月11日），頁6-7。
90. 楊雲萍，〈臺灣小說選序〉，收入李南衡主編，《日據下臺灣新文學明集5 文獻資料選集》，頁208-210。
91. 一郎（張我軍），〈隨感錄〉，《臺灣民報》3：7（大正14年3月1日），頁10。
92. 半新舊，〈「新文學之商確〔榷〕」的商確〔榷〕〉，《臺灣民報》3：4（大正14年2月1日），頁8-9；蔡孝乾，〈為臺灣的文學界續哭〉，《臺灣民報》3：5（大正14年2月11日），頁13；前非（易前非），〈隨感錄〉，《臺灣民報》3：14（大正14年5月11日），頁9-10；懶雲（賴和），〈謹復某老先生〉，《臺灣民報》97（大正15年3月1日），頁12-13。
93. 黃美娥，《重層現代性鏡像：日治時代臺灣傳統文人的文化視域與文學想像》（臺北：麥田，2004）。
94. 〈詩學的流行價值如何〉（社論），《臺灣民報》73（大正14年10月4日），頁1。
95. 〈赤崁特訊〉，《臺灣日日新報》，大正12年11月24日。
96. 〈聖廟的興建與臺北公會堂〉，《臺灣民報》3：7（大正14年3月1日），頁3。
97. 沫雲（許乃昌），〈沙上の文化運動〉，《臺灣》5：2（大正13年5月15日），頁35-38。
98. 〈衛道家的哀鳴〉（社論），《臺灣民報》109（大正15年6月13日），頁1。
99. 王開運，〈就普渡而言〉，《臺灣青年》3：5，漢文之部（大正10年11月15日），頁28-29。
100. 劍如（黃呈聰），〈對於稻江建醮的考察（下）〉，《臺灣民報》2：25（大正13年12月1日），頁4-5；前非（易前非），〈對於建醮之感言〉，《臺灣民報》2：24（大正13年11月21日），頁28-29。
101. 劍如（黃呈聰），〈對於稻江建醮的考察（上）〉，《臺灣民報》2：24（大正13年11月21日），頁4-5。
102. 文杞（施文杞），〈迷信也可以獎勵和提倡嗎？〉，《臺灣民報》2：19（大正13年10月1日），頁6。
103. 劍如（黃呈聰），〈建醮和行政官廳〉，《臺灣民報》2：24（大正13年11月21日），頁7。
104. 雪谷蔣渭水，〈可惡至極的北署之態度〉，《臺灣民報》2：25（大正13年12月1日），頁6-7。
105. 〈宜速破除迷信的陋風〉（社論），《臺灣民報》3：17（大正14年6月11日），頁1。
106. 〈小言——迷信島〉，《臺灣民報》82（大正14年12月6日），頁8。
107. 陳建忠，《日據時期臺灣作家論：現代性、本土性、殖民性》（臺北：五南圖書公司，

41-47；醒民（黃周），〈提倡要求機會均等〉，《臺灣》4：2，漢文之部（大正12年2月1日），頁1-8；黃醒民（黃周），〈思想言論の自由を重ぜよ〉，《臺灣》4：7，和文之部（大正12年7月10日），頁21-33；聰（黃呈聰），〈論個人主義的意思〉，《臺灣民報》1：3（大正12年5月15日），頁2-3；甘文芳，〈近代思潮の推移〉，《臺灣》5：1（大正13年4月15日），頁39-43。

55. 蔡培火，〈我在文化運動所定的目標〉，頁10。
56. 黃呈聰，〈論普及白話文的新使命〉，《臺灣》4：1，漢文之部（大正12年1月1日），頁22。
57. 蔡培火，〈新臺灣の建設と羅馬字〉，《臺灣》3：6，和文之部（大正11年9月8日），頁38-39。
58. 陳培豐，《「同化」の同床異夢：日本統治下台湾の国語教育史再考》（東京：三元社，2001），第五章，頁141-192。
59. 陳端明，〈日用文鼓吹論〉，《臺灣青年》3：6，漢文之部（大正10年12月15日），頁31-34。
60. 〈編輯室〉，《臺灣》3：3，和文之部（大正11年6月12日），頁60；黃朝琴，《我的回憶》（臺北：龍文出版社重刊，1989），頁15。
61. 〈編後記事〉，《臺灣》4：2，和文之部（大正12年2月1日），頁31-34；〈增刊『臺灣民報』豫告〉，《臺灣》4：3（大正12年3月10日），封面內頁。預告中指《臺灣民報》將於同年4月1日出刊，實際上則到7月16日才出刊。
62. 黃醒民（黃周），〈民報創刊號發刊當時的回顧〉，頁48；林呈祿，〈懷舊譚〉，頁49。
63. 黃呈聰，〈論普及白話文的新使命〉，頁12-20。
64. 黃朝琴，〈漢文改革論（上）〉，《臺灣》4：1，漢文之部（大正12年1月1日），頁25-31。
65. 黃朝琴，〈續漢文改革論〉，《臺灣》4：2，漢文之部（大正12年2月1日），頁21-28。
66. 蔡培火，〈母國人同胞に告ぐ〉，《臺灣民報》1：11（大正12年11月21日），頁12。
67. 蔡培火，〈我在文化運動所定的目標〉，頁10。
68. 蔡培火，〈新臺灣の建設と羅馬字〉，頁40。
69. 蔡培火，〈我在文化運動所定的目標〉，頁10。
70. 蔡培火，〈臺灣教育に關する根本主張〉，《臺灣青年》3：3，和文之部（大正10年9月15日），頁44-46。
71. 植村正久，〈臺灣の青年に望む〉，《臺灣青年》1：1，和文之部（大正9年7月16日），頁27-28；田川大吉郎，〈歐美の思潮と羅馬字〉，《臺灣青年》1：3，和文之部（大正9年9月15日），頁8-10。
72. 黃呈聰，〈論普及白話文的新使命〉，頁20-21。
73. 黃朝琴，〈續漢文改革論〉，頁25。
74. 張我軍（一郎），〈新文學運動的意義〉，《臺灣民報》67（大正14年8月26日），頁20-21。
75. 蔡培火，〈臺灣教育に關する根本主張〉，頁44-47。
76. 蔡培火，〈我在文化運動所定的目標〉，頁10。
77. 施文杞，〈對於臺灣人做的白話文的我見〉，《臺灣民報》2：4（大正13年3月11日），頁8。
78. 蔡培火，〈母國人同胞に告ぐ〉，頁11-12。
79. 蔡培火，〈新臺灣の建設と羅馬字〉，頁41。
80. 蔡培火，〈日據時期臺灣民族運動〉，收入蔡培火著、張漢裕主編，《蔡培火全集二：政治關係—日本時代（上）》（臺北：吳三連臺灣史料基金會，2000），頁222。

27. 林呈祿，〈新時代に處する臺灣青年の覺悟〉，《臺灣青年》1：1，和文之部（大正9年7月16日），頁29-40。
28. 錫舟（王敏川），〈從事文化運動的覺悟〉，《臺灣民報》3：1（大正14年1月1日），頁9。
29. 黃呈聰，〈應該著創設臺灣特種的文化〉，《臺灣民報》3：1（大正14年1月1日），頁7。
30. 黃呈聰，〈應該著創設臺灣特種的文化〉，頁8。
31. 林呈祿，〈新時代に處する臺灣青年の覺悟〉，頁39。
32. 王敏川，〈吾人今後當努力之道〉，《臺灣》4：1，漢文之部（大正12年1月10日），頁32。
33. 卷頭辭，〈臺灣の新使命〉，《臺灣》3：1（大正11年4月10日），頁1。
34. 葉榮鐘著，葉芸芸、藍博洲主編，《葉榮鐘全集1：日據下臺灣政治社會運動史（下）》，頁330。
35. 劍如（黃呈聰），〈文化運動（新舊思想的衝突）〉，《臺灣民報》1：5（大正12年8月1日），頁2-4。
36. 楊賢江，〈學生與新思潮〉，《臺灣》3：1，漢文之部（大正11年4月10日），頁34-39。此文所述時代思潮為「解放」與「改造」之說，應是援引早稻田大學政治學者大山郁夫之看法，而1919年已有《解放》與《改造》兩雜誌出刊。
37. 太田雅夫，〈改造、解放思潮のなかの知識人〉，收入金原左門編，《大正デモクラシー》（東京：吉川弘文館，1994），頁51-76。
38. 荒川幾男，〈1910年代の世界と日本の哲學〉，收入荒川幾男、宮川透編，《日本近代哲學史》（東京：有斐閣，1976），頁93-99。
39. 峰島旭雄，〈文化主義の哲學（桑木嚴翼）〉，收入早稻田大學社會科學研究所日本近代思想部會編，《近代日本と早稻田の思想群像I》，頁281-292。桑木嚴翼曾任教京都帝大、東京帝大與早稻田大學。
40. 桑木嚴翼，《文化主義と社會問題》（東京：至善堂，1920），頁168-202。
41. 阿部次郎，《人格主義》（東京：岩波書店，1922），頁55-82、164-204。
42. 荒川幾男，〈1920、30年代の世界と日本の哲學〉，收入荒川幾男、宮川透編，《日本近代哲學史》，頁202-203。
43. 左右田喜一郎，〈文化主義の理論〉，收入鹿野政直編，《大正思想集II》（東京：筑摩書房，1977），頁3-10。
44. 生松敬三，《大正期の思想と文化》（東京：青木書店，1971），頁86-107。
45. 荒川幾男，〈1920、30年代の世界と日本の哲學〉，頁205-206。
46. 陳逢源，〈輓〔晚〕近世界の潮流を洞察せよ〉，《臺灣》3：3，和文之部（大正11年6月12日），頁19-23。
47. 陳逢源，〈人生批判原理としての文化主義〉，《臺灣》4：2，和文之部（大正12年2月1日），頁40-46。
48. 陳逢源，〈人生批判原理としての文化主義〉，頁46。
49. 蔡培火，〈我在文化運動所定的目標〉，《臺灣民報》138（昭和2年1月2日），頁8-10。
50. 陳逢源，〈人生批判原理としての文化主義〉，頁45。
51. 亞倫・布洛克（Alan Bullock）著、董樂山譯，《西方人文主義傳統》（臺北：究竟，2000）。
52. 〈文化運動的目標〉（社論），《臺灣民報》79（大正14年11月15日），頁1。
53. 劍如（黃呈聰），〈法律的社會化〉，《臺灣民報》1：12（大正12年12月1日），頁2-4。
54. 蔡式穀，〈權利の觀念に就いて〉，《臺灣青年》1：1，和文之部（大正9年7月16日），頁

2. Robert J. C. Young, *Postcolonialism* (New York: Oxford University Press, 2003), pp. 161-166.
3. 葉榮鐘著，葉芸芸、藍博洲主編，《葉榮鐘全集1：日據下臺灣政治社會運動史（下）》，頁327。
4. Edward W. Said, *Culture and Imperialism* (New York: Vintage Books, 1994), pp. 226-227.
5. Albert Memmi, trans. by Howard Greenfield, *The Colonizer and the Colonized* (Boston: Beacon Press, 1991), pp. 127-141.
6. 楊肇嘉，〈臺灣新民報小史〉，收入楊肇嘉，《楊肇嘉回憶錄》（臺北：三民，1968），頁408、410-411。
7. 臺灣總督府警務局編，《台湾社会運動史：台湾総督府警察沿革誌第二編——領台以後の治安状況（中卷）》（東京：龍溪書舍復刻版，1973），頁31；以下稱《台湾社会運動史》。
8. 黃醒民（黃周），〈民報創刊號發刊當時的回顧〉，《臺灣民報》67（大正14年8月26日），頁47-48。
9. 黃醒民（黃周），〈民報創刊號發刊當時的回顧〉，頁48；林慈舟（林呈祿），〈懷舊譚〉，《臺灣民報》67（大正14年8月26日），頁49。
10. 蔣渭水（雪谷），〈五個年中的我〉，《臺灣民報》67（大正14年8月26日），頁45；黃信彰、蔣朝根，《臺灣新文化運動特輯》（臺北：臺北市政府文化局，2007），頁48。
11. 楊肇嘉，〈臺灣新民報小史〉，頁422。
12. 臺灣總督府警務局編，《台湾社会運動史》，頁31。1927年8月《民報》移入臺灣發行，後改組為《臺灣新民報》，於1929年1月起發行日刊。但中日開啟戰端後，軍國主義氣燄高張，1941年2月在時局下，《民報》改名為《興南新聞》，1944年3月被併入《臺灣新報》。戰後，國民政府接收《臺灣新報》，改組為《臺灣新生報》。
13. 楊肇嘉，〈臺灣新民報小史〉，頁412，422。
14. 林慈舟（林呈祿），〈懷舊譚〉，頁48。
15. 蔡培火，〈對內根本問題之一端〉，《臺灣青年》1：1，漢文之部（大正9年7月16日），頁46。
16. 林慈舟（林呈祿），〈敬告吾鄉青年〉，《臺灣青年》1：1，漢文之部（大正9年7月16日），頁36-37。
17. 鶴見俊輔，〈轉向について〉，收入鶴見俊輔，《現代日本思想史》（東京：筑摩書店，2000），頁10-23。
18. 王敏川，〈『臺灣青年』發刊之旨趣〉，《臺灣青年》1：1，漢文之部（大正9年7月16日），頁40-41。
19. 〈社告〉，《臺灣青年》1：1（大正9年7月16日），封面內頁。
20. 林慈舟（林呈祿），〈懷舊譚〉，頁49。
21. 蔣渭水，〈五個年中的我〉，頁44。
22. 記者，〈就臺灣文化協會而言〉，《臺灣青年》3：3，漢文之部（大正10年9月15日），頁1-2。
23. 磯野友彥，〈日本近代文化と大日本文明協會（大隈重信）〉，收入早稻田大學社會科學研究所日本近代思想部會編，《近代日本と早稻田の思想群像I》（東京：早稻田大學出版部，1981），頁13-18。
24. 臺灣總督府警務局編，《台湾社会運動史》，頁138-139。
25. 記者，〈就臺灣文化協會而言〉，頁1。
26. 〈株式會社臺灣雜誌社設立趣意書〉，《臺灣》3：9，和文之部（大正11年12月1日），頁68。

Beacon Press, 1991), pp. 79-89.

100. 臺灣總督府警務局編，《台湾社会運動史》，頁347。
101. 神田正雄，《動きゆく臺灣》，頁280-281。
102. 〈臺灣議會期成同盟會治安警察法違反嫌疑事件第二審公判號〉，《臺灣民報》2：23（大正13年11月11日），頁11。
103. 〈臺灣議會期成同盟會治安警察法違反嫌疑事件第二審公判號〉，頁16。
104. 臺灣總督府警務局編，《台湾社会運動史》，頁366。
105. 下村宏文書第12號，〈臺灣議會設置請願運動ニ關スル當局ノ談〉，中央研究院臺灣史研究所藏。
106. 吳文星等編，《臺灣總督田健治郎日記（上）》（臺北：中央研究院臺灣史研究所籌備處，2001），頁548。
107. 吳文星等編，《臺灣總督田健治郎日記（上）》，頁548。
108. 林獻堂，〈請設置臺灣議會之管見〉，《臺灣青年》2：3，漢文之部（大正10年4月15日），頁5。
109. 蔡培火，《日本本國民に與ふ》，頁176-177。
110. 蔡培火，〈蔡培火日記〉，收入蔡培火著、張漢裕主編，《蔡培火全集一：家世生平與交友》，頁295
111. 蔡培火，〈蔡培火日記〉，頁286。
112. 臺灣總督府警務局編，《台湾社会運動史》，頁68-137。
113. 張深切著、陳芳明等編，《張深切全集卷1‧里程碑——又名：黑色的太陽（上）》（臺北：文經，1998），頁95。
114. 斯大林著、張仲實譯，《馬克思主義與民族、殖民地問題》（北京：人民，1953），頁163-169。
115. レーニン，〈民族、植民問題小委員會の報告〉，收入いいだもも編譯，《民族‧植民地問題と共産主義：コシンテルン全資料‧解題》（東京：社會評論社，1980），頁37-41。
116. レーニン，〈民族、植民問題についての補足テーゼ〉，頁29-33。
117. 公安調查廳調查資料，《日本共産党史（戦前）》（東京：現代史研究會復刻，1962），頁159-160。
118. 〈植民地、半殖民地における革命運動についてのテーゼ〉，收入いいだもも編譯，《民族‧植民地問題と共産主義：コシンテルン全資料‧解題》，頁155-189。
119. 臺灣總督府警務局編，《台湾社会運動史》，頁178-180。
120. 臺灣總督府警務局編，《台湾社会運動史》，頁885。
121. 臺灣總督府警務局編，《台湾社会運動史》，頁381-386。
122. 〈對於臺灣議會請願委員之態度的聲明書〉，《臺灣大眾時報》3（昭和3年5月18日），頁15。
123. 臺灣總督府警務局編，《台湾社会運動史》，頁324。
124. 〈過去及現在的臺灣政治運動〉，《臺灣民報》138（昭和2年1月2日），頁3-4。

第二章　以文化作為抵抗戰場

1. 葉榮鐘著，葉芸芸、藍博洲主編，《葉榮鐘全集1：日據下臺灣政治社會運動史（下）》（臺中：晨星，2000），頁322。

900-901。

69. 島田三郎，〈宜改革臺灣統治之方針〉，《臺灣》3：5，漢文之部（大正11年8月8日），頁1-8。
70. 神田正雄，〈王化的統治臺灣〉，《臺灣》3：5，漢文之部（大正11年8月8日），頁25-28；神田正雄，〈臺灣視察談〉，《臺灣民報》6（大正12年8月15日），頁2-4。
71. 神田正雄，《動きゆく臺灣》（東京：海外社，1930），頁295-302。
72. 神田正雄，《動きゆく臺灣》，頁280-281。
73. 謝春木，《臺灣人の要求：民衆黨の發展過程を通じて》，頁11-12。
74. 葉榮鐘等，《臺灣民族運動史》，頁188-189。
75. 持地六三郎，〈持地参事官ノ蕃政問題ニ關スル意見〉，收入臺灣總督府警務局編，《理蕃誌稿（第一編）》（臺北：臺灣總督府警務局，1918），頁184。
76. 臨時臺灣舊慣調查會，《臨時臺灣舊慣調查會第一部調查第三回報告書　臺灣私法第一卷（上卷）》（臺北：臨時臺灣舊慣調查會，1910），頁18-19。
77. David Miller, *On Nationality* (New York: Oxford University Press, 1995), pp. 17-18.
78. 蔡培火，〈我島と我等〉，頁13-23；本處引文出自：蔡培火，〈我島與我等〉（漢文版），頁37、40。
79. 楊肇嘉，〈臺灣新民報小史〉，收入楊肇嘉，《楊肇嘉回憶錄》（臺北：三民書局，1968），頁409。
80. 臺灣總督府警務局編，《台湾社会運動史》，頁345-347。
81. 若林正丈，〈大正デモクラシーと臺灣議會設置請願運動〉，頁118。
82. 劍如（黃呈聰），〈臺灣人的名稱〉，《臺灣民報》2：24（大正13年11月21日），頁8。
83. 〈臺灣議會期成同盟會治安警察法違反嫌疑事件第一審公判特別號〉，頁20。
84. 陳翠蓮，〈重讀蔣渭水：他的抵抗論述與思想淵源〉，收入財團法人仰山文教基金會編，《臺灣民主蘭城尋蹤文集》（宜蘭：財團法人仰山文教基金會，2023），頁186-211。
85. 〈臺灣議會期成同盟會治安警察法違反嫌疑事件第一審公判特別號〉，頁15。
86. 〈臺灣議會期成同盟會治安警察法違反嫌疑事件第一審公判特別號〉，頁19。
87. 若林正丈，〈資料紹介　臺灣總督府祕密文書「文化協會對策」〉，《臺灣近現代史研究》創刊號（東京：龍溪書舍，1978），頁161-162。
88. 臺灣總督府警務局編，《台湾社会運動史》，頁169。
89. 藤井志津枝，《理蕃：日本治理臺灣的計策》（臺北：文英堂，1997），頁277-294。
90. 蔡培火，〈我島與我等〉，頁41。
91. 矢內原忠雄著、周憲文譯，《日本帝國主義下的臺灣》，頁86。
92. 蔡培火，〈對內根本問題之一端〉，《臺灣青年》1：1，漢文之部（大正9年7月24日），頁50-51。
93. 蔡培火，〈對內根本問題之一端〉，頁49-50。
94. 蔡培火，〈我望內臺人反省〉，《臺灣民報》86（大正15年1月1日），頁8-10。
95. 林慈舟（林呈祿），〈敬告吾鄉青年〉，《臺灣青年》1：1，漢文之部（大正9年7月24日），頁36-37。
96. 林慈舟（林呈祿），〈世界殖民地統治上之對人政策〉，頁1-6。
97. 〈臺灣議會期成同盟會治安警察法違反嫌疑事件第一審公判特別號〉，頁15。
98. 編輯員（林呈祿），〈臺灣議會設置請願評論〉，頁6-7。
99. Albert Memmi, trans. by Howard Greenfield, *The Colonizer and the Colonized* (Boston:

44. 伊藤隆，《大正期革新派の成立》（東京：塙書房，1978），頁113。
45. 太田雅夫，《增補大正デモクラシー研究：知識人の思想と運動》，頁126。
46. 葉榮鐘著，葉芸芸、藍博洲主編，《葉榮鐘全集6：日據下臺灣政治社會運動史（上）》（臺中：晨星，2000），頁218。
47. 王詩琅，〈林呈祿先生訪問記錄〉，收入黃富三等編，《近現代臺灣口述歷史》，頁28。
48. T．R．生（林呈祿），〈雜錄〉，《臺灣》3：2，和文之部（大正11年5月11日），頁70。
49. 臺灣總督府警務局，《臺灣人ノ臺灣議會設置運動ト其思想（後篇）》（臺北：臺灣總督府警務局，1922），頁4-5。
50. 葉榮鐘，〈林呈祿一生忠義——紀念這位抗日運動的理論家〉，頁109。儘管林呈祿私淑山本的學說，但山本並未曾在《臺灣青年》與《臺灣》雜誌上撰文。
51. 據《臺灣民報》的報導，矢內原忠雄於1927年3月22日到4月28日間在臺考察；一記者，〈矢內原氏的臺灣視察〉，《臺灣民報》157（昭和2年5月15日），頁13-14。但蔡培火卻說矢內原於1926年4、5月間在臺進行為期50天的考察；蔡培火，〈上帝忠孝的兒子矢內原忠雄先生〉，收入蔡培火著、張漢裕主編，《蔡培火全集一：家世生平與交友》，頁411-416。但證諸1926年此時期的報紙，並無相關報導，顯然是蔡培火記憶錯誤。
52. 小熊英二，《「日本人」の境界：沖縄・アイヌ・台湾・朝鮮 植民地支配から復帰運動まで》（東京：新曜社，1998），頁185-187。
53. 酒井哲哉，〈「帝國秩序」と「國際秩序」——植民政策學における媒介の論理〉，收入酒井哲哉等，《「帝國」日本の學知 第一卷「帝國」編成の系譜》（東京：岩波書店，2006），頁279-304。
54. 葉榮鐘，〈林呈祿一生忠義——紀念這位抗日運動的理論家〉，頁108。
55. 臺灣總督府警務局，《臺灣人ノ臺灣議會設置運動ト其思想（後篇）》，頁2-3。
56. 蔡培火，〈真情真愛最令人懷念〉，收入蔡培火著、張漢裕主編，《蔡培火全集一：家世生平與交友》，頁443-444。
57. 植村正久，〈願望臺灣之青年〉，《臺灣青年》1：1，漢文之部（大正9年7月16日），頁29。
58. 近代日本社會運動史人物大事典編集委員會編，《近代日本社会運動史人物大事典2》（東京：日外アソシエーツ株式會社，1997），頁473。
59. 太田雅夫，《增補大正デモクラシー研究：知識人の思想と運動》，頁126。
60. 松尾尊兊，《大正デモクラシー》，頁279。
61. 泉哲，〈臺灣島民に告ぐ〉，《臺灣青年》1：1，和文之部（大正9年7月16日），頁4-8；泉哲，〈敬告臺灣島民〉，《臺灣青年》1：1，漢文之部（大正9年7月16日），頁13-16。
62. 蔡培火，〈我島と我等〉，頁19。
63. 泉哲，〈臺灣自治制を評す〉，《臺灣青年》1：3，和文之部（大正9年9月15日），頁11；泉哲，〈臺灣自治制評〉，《臺灣青年》1：3，漢文之部（大正9年9月15日），頁35。
64. 山本美越乃，《植民政策研究》（京都：弘文堂，1921），頁164-168。
65. 蔡培火，〈川大吉郎其人與思想〉，收入蔡培火著、張漢裕主編，《蔡培火全集一：家世生平與交友》，頁445-446。
66. 田川大吉郎，《臺灣訪問の記》（東京：白楊社，1925），頁3-4。
67. 〈臺中歡迎田川先生及其講演記事〉，《臺灣民報》3：3（大正14年1月21日），頁11-12；〈田川氏與臺灣民眾〉，《臺灣民報》3：4（大正14年2月1日），頁3。
68. 近代日本社會運動史人物大事典編集委員會編，《近代日本社会運動史人物大事典》，頁

21. 葉榮鐘等，《臺灣民族運動史》，頁68。
22. 葉榮鐘等，《臺灣民族運動史》，頁107-108。
23. 林呈祿，〈六三問題の歸著點〉，《臺灣青年》1：5，和文之部（大正9年12月15日），頁24-41；林慈舟（林呈祿），〈六三問題之運命〉，《臺灣青年》1：5，漢文之部（大正9年12月15日），頁16-29。
24. 編輯員（林呈祿），〈臺灣議會設置請願評論〉，《臺灣》3：2，漢文之部（大正11年5月11日），頁1-11；葉榮鐘等，《臺灣民族運動史》，頁110-117。
25. 葉榮鐘等，《臺灣民族運動史》，頁117-119；臺灣總督府警務局編，《台湾社会運動史》，頁372-374。
26. 林慈舟（林呈祿），〈世界殖民地統治上之對人政策〉，《臺灣青年》2：2，漢文之部（大正10年2月26日），頁1-6。
27. 葉榮鐘等，《臺灣民族運動史》，頁115-116。
28. 葉榮鐘等，《臺灣民族運動史》，頁115。
29. 林呈祿，〈改正臺灣統治基本法與殖民地統治方針〉，《臺灣青年》3：1，漢文之部（大正10年7月15日），頁6-7。
30. 〈臺灣議會期成同盟會治安警察法違反嫌疑事件第一審公判特別號〉，《臺灣民報》2：16（大正13年9月1日），頁15。
31. 臺灣總督府警務局編，《台湾社会運動史》，頁348。
32. 林呈祿，〈改正臺灣統治基本法與殖民地統治方針〉，頁9-11。
33. 臺灣總督府警務局編，《台湾社会運動史》，頁349-351。
34. 蔡培火，〈吾人の同化觀〉，《臺灣青年》1：2，和文之部（大正9年8月15日），頁67-82；蔡培火，〈吾人之同化觀〉，《臺灣青年》1：3，漢文之部（大正9年9月15日），頁16-28。
35. 蔡培火，〈日本本國民に與ふ〉，收入蔡培火著、張漢裕主編，《蔡培火全集三：政治關係—日本時代（下）》（臺北：吳三連臺灣史料基金會，2000），頁120-129。
36. 蔡培火，〈日本本國民に與ふ〉，頁115-116、154-155、166-167。
37. 蔡培火，〈我島と我等〉，《臺灣青年》1：4，和文之部（大正9年10月15日），頁13-24；蔡培火，〈我島與我等〉，《臺灣青年》1：5，漢文之部（大正9年11月15日），頁35-42。
38. 駒込武，《植民地帝國日本の文化統合》（東京：岩波書店，1996），頁16-19。
39. 張隆志，〈知識建構、異己再現與統治宣傳——《臺灣統治志》和日本殖民論述的濫觴〉，收入梅家玲主編，《文化啟蒙與知識生產：跨領域的視野》（臺北：麥田，2006），頁233-259；吳文星，〈新渡戶稻造與日本治臺之宣傳〉，收入國立臺灣大學歷史學系編，《日據時期臺灣史國際學術研討會論文集》（臺北：國立臺灣大學歷史學系，1993），頁31-41。
40. 林呈祿，〈最近五年間的臺灣統治根本問題〉，《臺灣民報》67（大正14年8月26日），頁11。
41. 葉榮鐘著，葉芸芸、藍博洲主編，《葉榮鐘全集6：日據下臺灣政治社會運動史（下）》（臺中：晨星，2000），頁615-617。本書為1971年由自立晚報社出版《臺灣民族運動史》之原稿。《臺灣民族運動史》原是葉榮鐘所撰、蔡培火等人掛名，經過蔡培火之刪修，與原稿內容有些許不同。
42. 森岡清美，《明治キリスト教会形成の社会史》（東京：東京大學出版會，2005），頁24-32、49-56。
43. 太田雅夫，《增補大正デモクラシー研究：知識人の思想と運動》，頁84-88。

35. Timothy Brook, *Collaboration: Japanese Agents and Local Elites in Wartime China.* (Cambridge: Harvard University Press, 2005).

第一章　自治主義的進路與局限

1. 謝春木，《臺灣人の要求：民衆黨の發展過程を通じて》（臺北：臺灣新民報社，1931），頁54-57。
2. 戴國煇著、魏廷朝譯，《臺灣總體相——人間．歷史．心性》（臺北：遠流，1989），頁93-94。
3. 若林正丈，〈大正デモクラシーと臺灣議會設置請願運動〉，收入春山明哲、若林正丈，《日本植民地主義の政治的展開：その統治体制と台湾の民族運動，一八九五——一九三四年》（東京：アジア政経学会，1980），頁76-230。
4. 周婉窈，《日據時代的臺灣議會設置請願運動》（臺北：自立報系文化出版部，1989）。
5. 葉榮鐘等，《臺灣民族運動史》（臺北：自立晚報社，1983），頁107-108。
6. 葉榮鐘，〈林呈祿一生忠義——紀念這位抗日運動的理論家〉，收入葉榮鐘著、李南衡編，《臺灣人物群像》（臺北：帕米爾，1985），頁110-111。
7. 蔡培火，〈家系與經歷〉，收入蔡培火著、張漢裕主編，《蔡培火全集一：家世生平與交友》（臺北：吳三連臺灣史料基金會，2000），頁64。
8. 王世慶，〈陳逢源先生訪問記錄〉，收入黃富三等編，《近現代臺灣口述歷史》（臺北：林本源基金會，1991），頁160。
9. 矢內原忠雄著、周憲文譯，《日本帝國主義下之臺灣》（臺北：臺灣銀行經濟研究室，1964），頁89。
10. Benedict Anderson, *Imagined Communities: Reflections on the Origin and Spread of Nationalism* (New York:Verso, 1991), pp. 113-140.
11. 臺灣總督府警務局編，《台湾社会運動史：台湾総督府警察沿革誌第二編——領台以後の治安状況（中卷）》（東京：龍溪書舍復刻版，1973），頁23-24；以下稱《台湾社会運動史》。鷲巢敦哉，《臺灣統治回顧談——臺灣の領有と民心の變化》（臺北：臺灣警察協會，1943），頁198。
12. 江口圭一，《大正デモクラシー》（東京：學生社，1976），頁11-14。
13. 三谷太一郎，《新版大正デモクラシー論：吉野作造の時代》（東京：東京大學出版會，1995），頁1-34。
14. 松尾尊兊，《大正デモクラシー》（東京：岩波書店，1990），頁5。
15. 太田雅夫，《增補大正デモクラシー研究：知識人の思想と運動》（東京：新泉社，1990），頁7-21。
16. 松尾尊兊，《大正デモクラシー》，頁278-310。
17. 葉榮鐘等，《臺灣民族運動史》，頁107。
18. 謝春木，《臺灣人の要求：民衆黨の發展過程を通じて》，頁10；葉榮鐘等，《臺灣民族運動史》，頁71-74。
19. 臺灣總督府警務局編，《台湾社会運動史》，頁311-312。
20. 吳密察，〈明治國家體制與臺灣——六三法之政治的展開〉，《臺大歷史學報》37（2006年6月），頁110-113。

12. Montserrat Guibernau, *Nationalism: the Nation-State and Nationalism in the Twentieth Century* (Cambridge: Polity Press, 1996), pp. 1-2.
13. Karl W. Deutsch, *Nationalism and Social Communication* (Cambridge: MIT Press, 1966), pp. 95-105.
14. Ernest Gellner, *Nations and Nationalism* (Ithaca: Cornell University Press, 1983), pp. 39-62.
15. Benedict Anderson, *Imagined Communities: Reflections on the Origin and Spread of Nationalism*.
16. Eric J. Hobsbawm, *Nations and Nationalism since 1780: Programme, Myth, Reality* (Cambridge: Cambridge University Press, 1990), pp. 89-92, 118-122.
17. David Miller, *On Nationality* (Oxford: Clarendon Press, 1995), pp. 27-31.
18. Anthony D. Smith, *The Ethnic Origins of Nation* (New York: Basil Blackwell, 1985). Anthony D. Smith, *National Identity* (Reno: University of Nevada Press, 1991).
19. Anthony D. Smith, "The Nation: Invented, Imagined, Reconstructed?" in Marjorie Ringrose and Adam J. Lerner, eds., *Reimaging the Nation* (Buckingham: Open University Press, 1993), pp. 1-25.
20. David Miller, *On Nationality*, pp. 21-27. Anthony D. Smith, *National Identity*, pp. 8-15.
21. Benedict Anderson, *Imagined Communities: Reflections on the Origin and Spread of Nationalism*, p. 7.
22. Ernest Gellner, *Nations and Nationalism*, p. 43.
23. 吳乃德，〈省籍意識、政治支持和國家認同〉，收入張茂桂等著，《族群關係與國家認同》（臺北：業強，1993），頁44-45。
24. James S. Coleman, "Rights, Rationality and Nationality," in Albert Breton, et al., eds., *Nationalism and Rationalism* (New York: Cambridge University Press, 1995), pp. 1-13.
25. Albert Breton, et al., eds., *Nationalism and Rationalism*. 吳乃德，〈麵包與愛情：初探臺灣民眾民族認同的變動〉，《臺灣政治學刊》9：2（2005年12月），頁5-39。
26. 蔡培火，〈日本本國民に與ふ〉，收入蔡培火著、張漢裕主編，《蔡培火全集三：政治關係—日本時代（下）》（臺北：吳三連臺灣史料基金會，2000），頁129。
27. 廖炳惠編著，《關鍵辭200：文學與批評研究的通用辭彙編》（臺北：麥田，2003），頁229-231。
28. 矢內原忠雄，《植民及植民政策》（東京：有斐閣，1933），頁8-9；山本美越乃，《植民政策研究》（京都：弘文堂，1927），頁12-13。
29. Frantz Fanon, *Black Skin, White Masks* (New York: Grove Press, 1968). Edward W. Said, *Orientalism* (New York: Pantheon Books, 1978). Edward W. Said, *Culture and Imperialism* (New York:Vintage Books 1993).
30. Jan Nederveen Pieterse and Bhikhu Parekh, eds. *The Decolonization of Imagination: Culture, Knowledge and Power* (Dehli: Oxford University Press, 1997), pp. 6-7.
31. Allen F. Isaacman and Barbara Isaacman, *The Tradition of Resistance in Mozambique: Anti-colonial Activity in the Zambesi Valley, 1850-1921* (London: Heinemann, 1976).
32. James C. Scott, *Weapons of the Weak: Everyday Forms of Peasant Resistance* (New Haven: Yale University Press, 1985).
33. 廖炳惠編著，《關鍵辭200：文學與批評研究的通用辭彙編》，頁229-231。
34. Poshek Fu, *Passivity, Resistance, and Collaboration: Intellectual Choices in Occupied Shanghai, 1937-1945* (Stanford: Stanford University Press, 1993).

注釋

導論

1. 1980年代前後以臺灣史為主題的碩士論文如：簡炯仁，〈日據時期臺灣知識分子的抗日運動：臺灣民眾黨之研究〉（國立臺灣大學政治研究所碩士論文，1978）；周婉窈，〈日據時代臺灣議會設置請願運動之研究（1921-1934）〉（國立臺灣大學歷史學研究所碩士論文，1982）；許雪姬，〈清代臺灣武備制度的研究——臺灣的綠營〉（國立臺灣大學歷史研究所博士論文，1982）；翁佳音，〈臺灣武裝抗日史研究（一八九五～一九〇二）〉（國立臺灣大學歷史研究所碩士論文，1985）；林柏維，〈臺灣的民族抗日運動團體——臺灣文化協會之研究（一九二一～一九二七）〉（中國文化大學歷史研究所碩士論文，1985）；陳翠蓮，〈日據時期臺灣文化協會之研究——抗日陣營的結成與瓦解〉（國立臺灣大學政治研究所碩士論文，1987）等等。
2. 蕭阿勤，《回歸現實：臺灣1970年代的戰後世代與文化政治變遷》（臺北：中央研究院社會學研究所，2008），頁344-355。
3. 1980年代葉榮鐘所撰的《臺灣民族運動史》一書是重要史料，該書強調日治中期「臺灣民族運動的目的在於脫離日本的羈絆，以復歸祖國懷抱為共同願望」，此一說法容有爭議：該書雖然名為「臺灣民族運動史」，但若臺灣人以追求復歸祖國懷抱為目標，實應為「中國民族運動」。葉榮鐘等，《臺灣民族運動史》（臺北：自立晚報社，1983），凡例，頁1。
4. Benedict Anderson, *Imagined Communities: Reflections on the Origin and Spread of Nationalism* (New York: Verso, 1991), pp. 109-116. 吳叡人譯，《想像的共同體：民族主義的起源與散布》（臺北：時報文化，1999）。
5. 方孝謙，《殖民地臺灣的認同摸索》（臺北：巨流，2001），頁121。方孝謙書中除了去脈絡化的問題之外，對史實掌握也有錯誤，其中最明顯的例子是，文中指葉盛吉因抱持社會主義信仰，「在1950年因『六、四事件』的白色恐怖中遭到槍斃」。方孝謙顯然把1989年中國的「六四事件」與1949年臺灣的「四六事件」混淆了。事實上，葉盛吉並非死於四六事件，更不可能與六四事件有關。方孝謙，《殖民地臺灣的認同摸索》，頁167。
6. 荊子馨著、鄭力軒譯，《成為「日本人」》（臺北：麥田，2006），頁181。
7. 吳叡人，〈臺灣非是臺灣人的臺灣不可：反殖民鬥爭與臺灣人民族國家論述，1919-1931〉，收入林佳龍、鄭永年主編，《民族主義與兩岸關係》（臺北：新自然主義，2001），頁43-110。
8. 吳叡人，〈福爾摩沙意識形態：試論日本殖民統治下臺灣民族運動「民族文化」論述的形成（1919-1937）〉，《新史學》17：2（2006年6月），頁127-218。
9. 吳叡人，〈三個祖國：戰後初期臺灣的國家認同競爭〉，收入蕭阿勤、汪宏倫主編，《族群、民族與現代國家：經驗與理論的反思》（臺北：中央研究院社會學研究所，2016），頁38、46、73。
10. Stuart Woolf, ed., *Nationalism in Europe: 1815 to the Present: A Reader* (New York: Routledge, 1997), pp. 25-26.
11. Anthony H. Birch, *The Concepts and Theories of Modern Democracy* (New York: Routledge, 1993), p. 15.

謝聰敏，〈留日學生的「祖國經驗」〉，《自立晚報》，民國80年8月1日、2日。
——，〈二二八事變研究——二二八事變中的黨政關係〉，收入謝聰敏，《黑道治天下及其他》。臺北：謝聰敏國會辦公室，1993，頁143-200。
鍾理和，〈原鄉人〉，收入鍾理和著、鍾鐵民編，《鍾理和全集2》。臺北：行政院客家委員會，2003。
——，〈夾竹桃〉，收入鍾理和著、鍾鐵民編，《鍾理和全集2》。臺北：行政院客家委員會，2003。
——，〈白薯的悲哀〉，收入鍾理和著、鍾鐵民編，《鍾理和全集3》。臺北：行政院客家委員會，2003。
——，〈祖國歸來〉，收入鍾理和著、鍾鐵民編，《鍾理和全集3》。臺北：行政院客家委員會，2003。
——，〈鍾理和日記〉，收入鍾理和著、鍾鐵民編，《鍾理和全集5》(臺北：行政院客家委員會，2003)
韓嘉玲，〈臺灣農民運動的勇敢鬥士簡吉〉，收入中華全國臺灣同胞聯誼會編，《不能遺忘的名單：臺灣抗日英雄榜》。臺北：海峽學術，2001，頁120-124。
簡笙簧，〈光復後政府接運旅日臺胞返籍之探討〉，收入國史館編，《中華民國史專題論文集：第三屆討論會》。臺北：國史館，1996，頁1171-1191。
蘇新，〈王添灯先生事略〉，收入蘇新，《未歸的臺共鬥魂——蘇新自傳與文集》。臺北：時報文化，1993，頁107-127。
鶴見俊輔，〈轉向について〉，收入鶴見俊輔，《現代日本思想史》。東京：筑摩書店，2000，頁10-23。
——，〈國体について〉，收入鶴見俊輔，《現代日本思想史》。東京：筑摩書店，2000，頁37-50。
——，〈大アジア〉，收入鶴見俊輔，《現代日本思想史》。東京：筑摩書店，2000，頁51-64。

七、學位論文

江智浩，〈日治末期(1937-1945)臺灣的戰時動員組織——從國民精神總動員組織到皇民奉公會〉。國立中央大學歷史學系碩士論文，1997。
柯佳文，〈日治時期官方對廣播媒體的運用(1928-1945)〉。淡江大學歷史學系碩士論文，2005。
柳書琴，〈戰爭與文壇：日據末期臺灣的文學活動(1937.7-1945.8)〉。國立臺灣大學歷史學系碩士論文，1994。
島村朋惠，〈日治末期臺灣「處遇改善」政策之研究(1944-1945)〉。國立臺灣大學政治學研究所碩士論文，2017。
陳翠蓮，〈日據時期臺灣文化協會之研究——抗日陣營的結成與瓦解〉。國立臺灣大學政治學研究所碩士論文，1987。
黃品豪，〈日本辯護士與殖民地臺灣社會運動——以自由法曹團為中心〉。國立臺灣大學歷史學系碩士論文，2022。
廖美，〈臺灣農民運動的興盛與衰落——對二〇年代與八〇年代的觀察〉。國立臺灣大學社會學研究所碩士論文，1992。
韓恩素，〈朝鮮與臺灣之自治運動比較〉。國立政治大學歷史研究所碩士論文，2012。

吳三連臺灣史料基金會，2000，頁63-68。
——，〈蔡培火日記〉，收入蔡培火著、張漢裕主編，《蔡培火全集一：家世生平與交友》。臺北：吳三連臺灣史料基金會，2000，頁83-392。
蔡培火，〈灌園先生與我之間〉，收入蔡培火著、張漢裕主編，《蔡培火全集一：生平家世與交友》。臺北：吳三連臺灣史料基金會，2000，頁399-408。
——，〈上帝忠孝的兒子矢內原忠雄先生〉，收入蔡培火著、張漢裕主編，《蔡培火全集一：家世生平與交友》，臺北：吳三連臺灣史料基金會，2000，頁411-416。
——，〈真情真愛最令人懷念〉，收入蔡培火著、張漢裕主編，《蔡培火全集一：家世生平與交友》。臺北：吳三連臺灣史料基金會，2000，頁443-444。
——，〈川大吉郎其人與思想〉，收入蔡培火著、張漢裕主編，《蔡培火全集一：家世生平與交友》。臺北：吳三連臺灣史料基金會，2000，頁445-446。
——，〈日據時期臺灣民族運動〉，收入蔡培火著、張漢裕主編，《蔡培火全集二：政治關係—日本時代（上）》。臺北：吳三連臺灣史料基金會，2000，頁189-230。
——，〈日本本國民に與ふ〉，收入蔡培火著、張漢裕主編，《蔡培火全集三：政治關係—日本時代（下）》。臺北：吳三連臺灣史料基金會，2000，頁5-102。
——，〈與日本本國民書〉，收入蔡培火著、張漢裕主編，《蔡培火全集三：政治關係—日本時代（下）》。臺北：吳三連臺灣史料基金會，2000，頁103-179。
蔣渭水（雪谷）
——，〈可惡至極的北署之態度〉，《臺灣民報》2：25（1924年／大正13年12月1日），頁6-7。
——，〈五個年中的我〉，《臺灣民報》67（1925年／大正14年8月26日），頁43-45。
鄭梓，〈試探戰後初期國府之治臺策略——以用人政策與省籍歧視為中心的討論〉，收入陳琰玉、胡慧玲編，《二二八學術研討會論文集》。臺北：二二八民間研究小組，1991，頁229-278。
賴和（懶雲），〈謹復某老先生〉，《臺灣民報》97（1926年／大正15年3月1日），頁12-13。
磯野友彥，〈日本近代文化と大日本文明協會（大隈重信）〉，收入早稻田大學社會科學研究所日本近代思想部會編，《近代日本と早稲田の思想群像I》。東京：早稻田大學出版部，1981，頁13-46。
謝南光（謝春木），〈中國抗戰與臺灣革命〉，收入張瑞成編，《抗戰時期收復臺灣之重要言論》。臺北：中國國民黨黨史會，1990，頁13-15。
——，〈收復臺灣與保衛祖國〉，收入張瑞成編，《抗戰時期收復臺灣之重要言論》。臺北：中國國民黨黨史會，1990，頁46-48。
謝春木（追風生、追風）
——，〈東京留學生夏季回臺講演日記〉，《臺灣民報》2：17（1924年／大正13年9月11日），頁13-14。
——，〈東京留學生夏季回臺講演日記（續）〉，《臺灣民報》2：18（1924年／大正13年9月21日），頁13。
——，〈東京留學生夏季回臺講演日記（三）〉，《臺灣民報》2：19（1924年／大正13年10月1日），頁11。
——，〈旅人の眼鏡（一）—（廿）〉，《臺灣民報》263期—289期（1929年／昭和4年6月2日—12月1日）。
——，〈新興中國見聞記〉，收入謝春木，《臺灣人は斯く観る》第二篇。臺北：臺灣新民報社，1930，頁1-198。

——，〈續漢文改革論〉，《臺灣》4：2，漢文之部（1923年／大正12年2月1日），頁21-28。
楊友舜，〈敬愛的朱昭陽董事長〉，收入財團法人延平昭陽基金會編，《螢光曲》。臺北：財團法人延平昭陽基金會，2003，頁235-239。
楊秀瑛，〈懷念我的父親楊春松〉，收入中華全國臺灣同胞聯誼會編，《不能遺忘的名單：臺灣抗日英雄榜》。臺北：海峽學術，2001，頁171-181。
楊雲萍，〈臺灣小說選序〉，收入李南衡主編，《日據下臺灣新文學明集5 文獻資料選集》。臺北：明潭，1979，頁208-210。
楊賢江，〈學生與新思潮〉，《臺灣》3：1，漢文之部（1922年／大正11年4月10日），頁34-39。
葉榮鐘，〈一段暴風雨時期的生活記錄〉，收入葉榮鐘，《半路出家集》。臺中：中央書局，1965，頁197-221。
——，〈林呈祿一生忠義——紀念這位抗日運動的理論家〉，收入葉榮鐘著、李南衡編，《臺灣人物群像》。臺北：帕米爾，1985，頁107-114。
——，〈臺灣省光復前後的回憶〉，收入葉榮鐘著、李南衡編，《臺灣人物群像》，1985。臺北：帕米爾，頁271-302。
雷南（Ernest Renan）著、李紀舍譯，〈何謂國家？〉，《中外文學》24：6（1995年11月），頁4-18。
廖仁義，〈臺灣哲學的歷史構造〉，收入廖仁義，《異端觀點——戰後臺灣文化霸權的批判》。臺北：桂冠圖書公司，1990，頁17-35。
廖炳惠，〈異國記憶與另類現代性：試探吳濁流的《南京雜感》〉，收入廖炳惠，《另類現代情》。臺北：允晨，2001，頁9-42。
廖漢臣，〈新舊文學之爭——臺灣文壇一筆流水帳〉，收入李南衡主編，《日據下臺灣新文學明集5 文獻資料選集》。臺北：明潭，1979，頁410-457。
蔡式穀，〈權利の觀念に就いて〉，《臺灣青年》1：1，和文之部（1920年／大正9年7月16日），頁41-47。
蔡孝乾，〈為臺灣的文學界續哭〉，《臺灣民報》3：5（1925年／大正14年2月11日），頁13。
蔡培火，〈對內根本問題之一端〉，《臺灣青年》1：1，漢文之部（1920年／大正9年7月24日），頁46-52。
——，〈吾人の同化觀〉，《臺灣青年》1：2，和文之部（1920年／大正9年8月15日），頁67-82。
——，〈吾人之同化觀〉，《臺灣青年》1：3，漢文之部（1920年／大正9年9月15日），頁16-28。
——，〈我島と我等〉，《臺灣青年》1：4，和文之部（1920年／大正9年10月15日），頁13-24。
——，〈我島與我等〉，《臺灣青年》1：5，漢文之部（1920年／大正9年11月15日），頁35-42。
——，〈臺灣教育に關する根本主張〉，《臺灣青年》3：3，和文之部（1921年／大正10年9月15日），頁44-46。
——，〈新臺灣の建設と羅馬字〉，《臺灣》3：6，和文之部（1922年／大正11年9月8日），頁36-47。
——，〈母國人同胞に告ぐ〉，《臺灣民報》1：11（1923年／大正12年11月21日），頁11-13。
——，〈我望內臺人反省〉，《臺灣民報》86（1926年／大正15年1月1日），頁8-10。
——，〈我在文化運動所定的目標〉，《臺灣民報》138（1927年／昭和2年1月2日），頁8-10。
——，〈臺灣社會改造管見（二）〉，《臺灣民報》182（1927年／昭和2年11月13日），頁8-9。
——，〈家系與經歷〉，收入蔡培火著、張漢裕主編，《蔡培火全集一：家世生平與交友》。臺北：

曾秋美訪問、張嘉元記錄，〈延平學院口述史——林竹堂先生訪問紀錄〉，《臺灣史料研究》26（2005年12月），頁180-195。
植村正久，〈臺灣の青年に望む〉，《臺灣青年》1：1，和文之部（1920年／大正9年7月16日），頁27-28。
——，〈願望臺灣之青年〉，《臺灣青年》1：1，漢文之部（1920年／大正9年7月16日），頁29。
湯熙勇，〈臺灣光復初期的公教人員任用方法〉，《人文及社會科學集刊》4：1（1991年11月），頁391-425。
——，〈恢復國籍的爭議：戰後旅外臺灣人的復籍問題（1945-1947）〉，《人文及社會科學集刊》17：2（2005年6月），頁393-437。
黃呈聰（劍如）
——，〈臺灣教育改造論〉，《臺灣青年》3：3，漢文之部（1921年／大正10年9月15日），頁10-14。
——，〈論普及白話文的新使命〉，《臺灣》4：1，漢文之部（1923年／大正12年1月1日），頁12-20。
——，〈提倡要求機會均等〉，《臺灣》4：2，漢文之部（1923年／大正12年2月1日），頁1-8。
——，〈論個人主義的意思〉，《臺灣民報》1：3（1923年／大正12年5月15日），頁2-3。
——，〈文化運動（新舊思想的衝突）〉，《臺灣民報》1：5（1923年／大正12年8月1日），頁2-4。
——，〈法律的社會化〉，《臺灣民報》1：12（1923年／大正12年12月1日），頁2-4。
——，〈論蔗農組合設置的必要〉，《臺灣民報》2：20（1924年／大正13年10月11日），頁4。
——，〈對於稻江建醮的考察（上）〉，《臺灣民報》2：24（1924年／大正13年11月21日），頁4-5。
——，〈建醮和行政官廳〉，《臺灣民報》2：24（1924年／大正13年11月21日），頁7。
——，〈臺灣人的名稱〉，《臺灣民報》2：24（1924年／大正13年11月21日），頁7-8。
——，〈對於稻江建醮的考察（下）〉，《臺灣民報》2：25（1924年／大正13年12月1日），頁4-5。
——，〈應該著創設臺灣特種的文化〉，《臺灣民報》3：1（1925年／大正14年1月1日），頁7-8。
黃周（黃醒民、醒民）
——，〈思想言論の自由を重ぜよ〉，《臺灣》4：7，和文之部（1923年／大正12年7月10日），頁21-33。
——，〈換新衣裳〉（社論），《臺灣民報》2：2（1924年／大正13年2月11日），頁1。
——，〈臺灣勞農問題一面觀〉，《臺灣民報》2：13（1924年／大正13年7月21日），頁4-6。
——，〈民報創刊號發刊當時的回顧〉，《臺灣民報》67（1925年／大正14年8月26日），頁47-48。
黃旺成（菊仙），〈新中國一瞥的印象（一）—（十五）〉，《臺灣新民報》317期—334期（1930年／昭和5年6月14日—10月11日）。
黃美娥，〈另類現代性——《臺灣日日新報》記者魏清德的文明啟蒙論述〉，收入黃美娥，《重層現代性鏡像：日治時代臺灣傳統文人的文化視域與文學想像》。臺北：麥田，2004，頁183-235。
黃富三，〈日據經驗與戰後臺灣的文化衝突〉，中央研究院人文社會科學研究所主辦，「光復後臺灣地區發展經驗研討會」論文，1990。
黃富三、許雪姬訪問，〈廖德雄先生訪問紀錄〉，《口述歷史》4（1993年2月），頁55-74。
黃朝琴，〈漢文改革論（上）〉，《臺灣》4：1，漢文之部（1923年／大正12年1月1日），頁25-31。

許雪姬，〈臺灣光復初期的語文問題——以二二八事件前後為例〉，《思與言》29：4（1991年12月），頁155-184。
——，〈皇民奉公會的研究——以林獻堂的參與為例〉，《中央研究院近代史研究所集刊》31（1999年6月），頁167-211。
——，〈滿洲經驗與白色恐怖——「滿洲建大等案」的實與虛〉，收入許雪姬等作，《戒嚴時期政治案件專題研討會論文暨口述歷史紀錄》。臺北：財團法人戒嚴時期不當叛亂暨匪諜審判案件補償基金會，2003，頁1-40。
——，〈白恐研究中檔案與口述歷史間的實與虛〉，收入《記錄聲音的歷史》7（2016年12月），頁223-239。
許雪姬訪問、蔡說麗記錄，〈李曉芳先生訪問紀錄〉，《口述歷史》3（1992年2月），頁15-32。
——訪問，吳美慧、曾金蘭記錄，〈楊蘭洲先生訪問紀錄〉，《口述歷史》5（1994年6月），頁143-160。
陳君愷，〈荒野暗夜中的螢光——延平學院的歷史地位〉，收入延平中學創校五十週年紀念專輯編輯委員會編，《延平中學創校五十週年紀念專輯》。臺北：臺北市私立延平中學，1996，頁87-93。
陳里攀，〈跟隨同行六十年〉，收入財團法人延平昭陽文教基金會編，《螢光曲》。臺北：財團法人延平昭陽文教基金會，2003，頁240-244。
陳孟和繪，〈五〇年代政治監獄與刑場〉及附圖，收入李禎祥等編，《人權之路：臺灣民主人權回顧》。臺北：玉山社，2002，頁45-48。
陳逢源，〈輓〔晚〕近世界の潮流を洞察せよ〉，《臺灣》3：3，和文之部（1922年／大正11年6月12日），頁19-23。
——，〈人生批判原理としての文化主義〉，《臺灣》4：2，和文之部（1923年／大正12年2月1日），頁40-46。
陳舜芬，〈戰後臺灣地區高等教育設校政策〉，收入陳舜芬，《高等教育研究論文集》。臺北：師大書苑，1993，頁15-51。
陳端明，〈日用文鼓吹論〉，《臺灣青年》3：6，漢文之部（1921年／大正10年12月15日），頁31-34。
陳翠蓮，〈一九二〇年代臺灣政治運動中的國家認同〉，「臺灣政治學會第六屆年會暨學術論文研討會」論文，臺北：臺灣政治學會，1999。
——，〈去殖民與再殖民的對抗：以一九四六年「臺人奴化」論戰為焦點〉，《臺灣史研究》9：2（2002年12月），頁145-201。
——，〈抵抗與屈從之外：以主義路線為主的探討〉，《政治科學論叢》18（2003年6月），頁141-170。
——，〈戰後臺灣知識菁英的憧憬與頓挫：延平學院創立始末〉，《臺灣史研究》13：2（2006年12月），頁123-167。
——，〈二二八事件後被關閉的兩所臺灣人學校〉，收入許雪姬主編，《紀念二二八事件六十週年國際學術研討會論文集》。臺北：臺北市文化局、臺北二二八紀念館，2008，頁225-254。
——，〈臺灣戰後初期的「歷史清算」（1945-1947）〉，《臺大歷史學報》58（2016年12月），頁195-248。
——，〈重讀蔣渭水：他的抵抗論述與思想淵源〉，收入財團法人仰山文教基金會編，《臺灣民主蘭城尋蹤文集》。宜蘭：財團法人仰山文教基金會，2023，頁186-211。

地主義の政治的展開：その統治体制と台湾の民族運動，一八九五—一九三四年》。東京：アジア政経学会，1980，頁76-230。
峰島旭雄，〈文化主義の哲學（桑木嚴翼）〉，收入早稻田大學社會科學研究所日本近代思想部會編，《近代日本と早稲田の思想群像I》，東京：早稻田大學出版部，1981，頁281-297。
島田三郎，〈宜改革臺灣統治之方針〉，《臺灣》3：5，漢文之部（1922年／大正11年8月8日），頁1-8。
徐千惠，〈出遊與回歸——連雅堂「大陸游記」探析〉，《臺灣人文》6（2001年12月），頁53-71。
神田正雄，〈王化的統治臺灣〉，《臺灣》3：5，漢文之部（1922年／大正11年8月8日），頁25-28。
——，〈臺灣視察談〉，《臺灣民報》6（1923年／大正12年8月15日），頁2-4。
荒川幾男，〈1910年代の世界と日本の哲學〉，收入荒川幾男、宮川透編，《日本近代哲學史》。東京：有斐閣，1976，頁80-104。
——，〈1920、30年代の世界と日本の哲學〉，收入荒川幾男、宮川透編，《日本近代哲學史》。東京：有斐閣，1976，頁201-237。
酒井哲哉，〈「帝國秩序」と「國際秩序」——植民政策學における媒介の論理〉，收入酒井哲哉等，《「帝國」日本の學知 第一卷「帝國」編成の系譜》。東京：岩波書店，2006，頁279-304。
高承恕，〈臺灣新興社會運動結構因素之探討〉，收入徐正光、宋文里合編，《臺灣新興社會運動》。臺北：巨流，1989，頁9-19。
張世瑛，〈從幾個戰後審奸的案例來看漢奸的身分認定問題（1945-1949）〉，《國史館學術集刊》1（2001年12月），頁161-185。
張我軍（一郎）
——，〈糟糕的臺灣文學界〉，《臺灣民報》2：24（1924年／大正13年11月21日），頁6-7。
——，〈為臺灣的文學界一哭〉，《臺灣民報》2：26（1924年／大正13年12月21日），頁10-11。
——，〈請合力折〔拆〕下這座敗草叢中的破舊殿堂〉，《臺灣民報》3：1（1925年／大正14年1月1日），頁5-7。
——，〈絕無僅有的擊鉢吟的意義〉，《臺灣民報》3：2（1925年／大正14年1月11日），頁6-7。
——，〈隨感錄〉，《臺灣民報》3：7（1925年／大正14年3月1日），頁10。
——，〈新文學運動的意義〉，《臺灣民報》67（1925年／大正14年8月26日），頁20-22。
張炎憲等訪問、賴信真記錄，〈延平學院口述史——簡永昌先生訪問紀錄〉，《臺灣史料研究》26（2005年12月），頁170-179。
張洪南，〈誤解されたロ-マ字〉，《臺灣》4：5，和文之部（1923年／大正12年5月10日），頁48-54。
張隆志，〈知識建構、異己再現與統治宣傳——《臺灣統治志》和日本殖民論述的濫觴〉，收入梅家玲主編，《文化啟蒙與知識生產：跨領域的視野》。臺北：麥田，2006，頁233-259。
淺田喬二著、張炎憲譯，〈在臺日本人大地主階級的存在結構〉，《臺灣風物》31：4（1981年12月），頁51-94。
莊勝全，〈運動分裂下殖民地近代報刊的經營：以臺灣新民報社「同盟罷業」與「冷語子事件」為例〉，《臺灣史研究》28：3（2021年9月），頁169-210。
許乃昌（沫雲），〈沙上の文化運動〉，《臺灣》5：2（1924年／大正13年5月15日），頁35-38。

——，〈對於建醮之感言〉，《臺灣民報》2：24（1924年／大正13年11月21日），頁28-29。
——，〈隨感錄〉，《臺灣民報》3：14（1925年／大正14年5月11日），頁9-10。
林呈祿（林慈舟）
——，〈新時代に處する臺灣青年の覺悟〉，《臺灣青年》1：1，和文之部（1920年／大正9年7月16日），頁29-40。
——，〈敬告吾鄉青年〉，《臺灣青年》1：1，漢文之部（1920年／大正9年7月24日），頁36-37
——，〈六三問題の歸著點〉，《臺灣青年》1：5，和文之部（1920年／大正9年12月15日），頁24-41。
——，〈六三問題之運命〉，《臺灣青年》1：5，漢文之部（1920年／大正9年12月15日），頁16-29。
——，〈世界殖民地統治上之對人政策〉，《臺灣青年》2：2，漢文之部（1921年／大正10年2月26日），頁1-6。
——，〈改正臺灣統治基本法與殖民地統治方針〉，《臺灣青年》3：1，漢文之部（1921年／大正10年7月15日），頁1-13。
——，T·R·生，〈雜錄〉，《臺灣》3：2，和文之部（1922年／大正11年5月11日），頁70。
——，編輯員，〈臺灣議會設置請願評論〉，《臺灣》3：2，漢文之部（1922年／大正11年5月11日），頁1-11。
——，〈最近五年間的臺灣統治根本問題〉，《臺灣民報》67（1925年／大正14年8月26日），頁9-11。
——，〈懷舊譚〉，《臺灣民報》67（1925年／大正14年8月26日），頁49。
林獻堂，〈請設置臺灣議會之管見〉，《臺灣青年》2：3，漢文之部（1921年／大正10年4月15日），頁5-7。
持地六三郎，〈持地參事官ノ蕃政問題ニ關スル意見〉，收入臺灣總督府警務局編，《理蕃誌稿（第一編）》。臺北：臺灣總督府警務局，1918，頁179-275。
施文杞（文杞）
——，〈對於臺灣人做的白話文的我見〉，《臺灣民報》2：4（1924年／大正13年3月11日），頁8。
——，〈迷信也可以獎勵和提倡嗎？〉，《臺灣民報》2：19（1924年／大正13年10月1日），頁6。
泉哲，〈敬告臺灣島民〉，《臺灣青年》1：1，漢文之部（1920年／大正9年7月16日），頁13-16。
——，〈臺灣島民に告ぐ〉，《臺灣青年》1：1，和文之部（1920年／大正9年7月16日），頁4-8。
——，〈臺灣自治制を評す〉，《臺灣青年》1：3，和文之部（1920年／大正9年9月15日），頁11-16。
——，〈臺灣自治制評〉，《臺灣青年》1：3，漢文之部（1920年／大正9年9月15日），頁35-39。
胡平生，〈左翼電影《漁光曲》及其相關史事〉，《臺大歷史學報》39（2007年6月），頁233-313。
胡成，〈「不衛生」的華人形象：中外間的不同講述——以上海公共衛生為中心的觀察（1860-1911）〉，《中央研究院近代史研究所集刊》56（2007年6月），頁1-43。
若林正丈，〈資料紹介　臺灣總督府祕密文書「文化協會對策」〉，收入《臺灣近現代史研究》創刊號。東京：龍溪書舍，1978，頁159-173。
——，〈大正デモクラシーと臺灣議會設置請願運動〉，收入春山明哲、若林正丈，《日本植民

頁59-143。
吳叡人，〈臺灣非是臺灣人的臺灣不可：反殖民鬥爭與臺灣人民族國家論述，1919-1931〉，收入林佳龍、鄭永年主編，《民族主義與兩岸關係》。臺北：新自然主義，2001，頁43-110。
——，〈福爾摩沙意識形態：試論日本殖民統治下臺灣民族運動「民族文化」論述的形成（1917-1937）〉，《新史學》17：2（2006年6月），頁127-218。
——，〈三個祖國：戰後初期臺灣的國家認同競爭〉，收入蕭阿勤、汪宏倫主編，《族群、民族與現代國家：經驗與理論的反思》。臺北：中央研究院社會學研究所，2016，頁23-82。
吳濁流，〈南京雜感〉，收入吳濁流著、張良澤編，《吳濁流作品集4：南京雜感》。臺北：遠行，1977。頁49-120。
——，〈黎明前的臺灣〉，收入吳濁流著、張良澤編，《吳濁流作品集5：黎明前的臺灣》。臺北：遠行，1977，頁67-124。
——，〈《亞細亞的孤兒》日文版自序〉，收入吳濁流著、張良澤編，《吳濁流作品集6：臺灣文藝與我》。臺北：遠行，1977，頁179-182。
——，〈吳濁流自撰年譜〉，收入吳濁流著、張良澤編，《吳濁流作品集6：臺灣文藝與我》。臺北：遠行，1977，頁207-220。
呂正惠、陳宜中，〈一個臺灣人的左統之路（上）——陳明忠訪談紀錄〉，《思想》（2008年5月），夏潮聯合會：http://chinatide.net/xiachao/page_932.htm，擷取日期：2024年9月30日。
宋冬陽，〈朝向許願中的黎明——試論吳濁流作品中的「中國經驗」〉，《文學界》10（1984年5月），頁27-146。
李永熾，〈日本「大東亞共榮圈」理念的形成〉，收入李永熾，《日本近代史研究》。臺北：稻禾，1992，頁321-380。
李筱峰，〈二二八事件前的文化衝突〉，《史聯雜誌》19（1991年12月），頁105-119。
李翼中，〈帽簷述事〉，收入中央研究院近代史研究所編，《二二八事件資料選輯（二）》。臺北：中央研究院近代史研究所，1992，頁371-411。
汪其楣，〈大久丸上同船君子〉，《聯合報》，民國93年8月4日，第E7版。
沈懷玉訪問、鍾玉霞記錄，〈陳錫忠先生訪問紀錄〉，收入呂芳上主持，《戒嚴時期臺北地區政治案件相關人士口述歷史：白色恐怖事件查訪（下）》。臺北：臺北市文獻委員會，1999，頁190-195。
——，〈朱華陽先生訪問紀錄〉，收入呂芳上主持，《戒嚴時期臺北地區政治案件相關人士口述歷史：白色恐怖事件查訪（上）》。臺北：臺北市文獻委員會，1999，頁461-465。
周婉窈，〈「世代」概念和日本殖民統治時期臺灣史的研究〉，收入周婉窈，《海行兮的年代：日本殖民統治末期臺灣史論集》，頁1-13。
——，〈從比較的觀點看臺灣與韓國的皇民化運動（一九三七——一九四五）〉，收入周婉窈，《海行兮的年代：日本殖民統治末期臺灣史論集》（臺北：允晨，2003），頁33-75。
——，〈美與死——日本領臺末期的戰爭語言〉，收入周婉窈，《海行兮的年代：日本殖民統治末期臺灣史論集》，頁185-213。
——，〈實學教育、鄉土愛與國家認同——日治時期公學校第三期「國語」教科書的分析〉，收入周婉窈，《海行兮的年代：日本殖民統治末期臺灣史論集》，頁215-294。
岡本真希子著、林琪禎譯，〈殖民地人民政治參與過程中之折衝與挫折：以臺灣同化會為中心〉，《臺灣文獻》62：3（2011年9月），頁273-320。
易前非（前非）

太田雅夫，〈改造、解放思潮のなかの知識人〉，收入金原左門編，《大正デモクラシー》。東京：吉川弘文館，1994，頁51-76。
王世慶，〈陳逢源先生訪問記錄〉，收入黃富三等編，《近現代臺灣口述歷史》。臺北：林本源基金會，1991，頁115-179。
王白淵，〈我的回憶錄（一）〉，《政經報》1：2（民國34年11月）。臺北：傳文文化公司復刻本，1998，頁17-18。
——，〈社論——告外省人諸公〉，《政經報》2：2（民國35年1月25日）（臺北：傳文文化復刻版），頁1-2。
王泰升，〈臺灣戰後初期的政權轉替與法律體系的承接（1945-1949）〉，《臺大法學論叢》29：1（1999年10月），頁1-90。
王敏川（錫舟）
——，〈『臺灣青年』發刊之旨趣〉，《臺灣青年》1：1，漢文之部（1920年／大正9年7月16日），頁40-41。
——，〈吾人今後當努力之道〉，《臺灣》4：1，漢文之部（1924年／大正12年1月10日），頁32-41。
——，〈從事文化運動的覺悟〉，《臺灣民報》3：1（1925年／大正14年1月1日），頁8-9。
王開運，〈就普渡而言〉，《臺灣青年》3：5，漢文之部（1921年／大正10年11月15日），頁28-29。
王詩琅，〈林呈祿先生訪問記錄〉，收入黃富三等編，《近現代臺灣口述歷史》。臺北：林本源基金會，1991，頁21-69。
左右田喜一郎，〈文化主義の理論〉，收入鹿野政直編，《大正思想集Ⅱ》。東京：筑摩書房，1977，頁3-10。
甘文芳，〈近代思潮の推移〉，《臺灣》5：1（1924年／大正13年4月15日），頁39-43。
田川大吉郎，〈歐美の思潮と羅馬字〉，《臺灣青年》1：3，和文之部（1920年／大正9年9月15日），頁8-10。
——，〈歐美之思潮與羅馬字〉，《臺灣青年》1：3，漢文之部（1920年／大正9年9月15日），頁32-34。
何明修，〈文化、構框與社會運動〉，《臺灣社會學刊》33（2004年12月），頁157-199。
何春輝，〈我最敬愛的延平之父——朱昭陽先生與我〉，收入財團法人延平昭陽文教基金會編，《螢光曲》。臺北：財團法人延平昭陽基金會，2003，頁204-234。
何義麟，〈被遺忘的半山——謝南光（上）〉，《臺灣史料研究》3（1994年2月），頁152-170。
——，〈被遺忘的半山——謝南光（下）〉，《臺灣史料研究》4（1994年6月），頁119-135。
吳乃德，〈省籍意識、政治支持和國家認同〉，收入張茂桂等著，《族群關係與國家認同》。臺北：業強，1993，頁27-52。
——，〈麵包與愛情：初探臺灣民眾民族認同的變動〉，《臺灣政治學刊》9：2（2005年12月），頁5-39。
吳文星，〈新渡戶稻造與日本治臺之宣傳〉，收入國立臺灣大學歷史學系編，《日據時期臺灣史國際學術研討會論文集》。臺北：國立臺灣大學歷史學系，1993，頁31-41。
吳俊瑩，〈由「員林事件」看戰後初期臺灣法治的崩壞〉，《國史館館刊》37（2013年9月），頁81-121。
吳密察，〈明治國家體制與臺灣——六三法之政治的展開〉，《臺大歷史學報》37（2006年6月），

調查局，《臺灣光復後之「臺共」活動》。臺北：調查局，1977。
駒込武，《植民地帝國日本の文化統合》。東京：岩波書店，1996。
蕭友山，《臺灣解放運動の回顧》。臺北：三民書局，1946。
蕭友山、徐瓊二，《臺灣光復後的回顧與現狀》。臺北：海峽學術，2002。
蕭阿勤，《回歸現實：臺灣1970年代的戰後世代與文化政治變遷》。臺北：中央研究院社會學研究所，2008。
戴國煇著、魏廷朝譯，《臺灣總體相——人間・歷史・心性》。臺北：遠流，1989。
臨時臺灣舊慣調查會《臨時臺灣舊慣調查會第一部調查第三回報告書　臺灣私法第一卷（上卷）》。臺北：臨時臺灣舊慣調查會，1910。
謝春木（謝南光），《臺灣人の要求：民衆黨の發展過程を通じて》。臺北：臺灣新民報社，1931。
——，《臺灣人は斯く觀る　臺灣人の要求　日本的沒落》。東京：龍溪書舍復刻版，1974。
——，《謝南光著作選（上）（下）》。臺北：海峽學術，1999。
鍾理和著、鍾鐵民編，《鍾理和全集》。臺北：行政院客家委員會，2003。
簡吉著、簡敬等譯，《簡吉獄中日記》。臺北：中央研究院臺灣史研究所，2005。
藍博洲，《沉屍、流亡、二二八》。臺北：時報文化，1991。
藤井志津枝，《理蕃：日本治理臺灣的計策》。臺北：文英堂，1997。
藤原彰著、陳鵬仁譯，《解讀中日全面戰爭》。臺北：水牛，1996。
蘇新，《憤怒的臺灣》。臺北：時報文化，1993。
鶴見俊輔，《現代日本思想史》。東京：筑摩書店，2000。
鷲巢敦哉，《臺灣統治回顧談——臺灣の領有と民心の變化》。臺北：臺灣警察協會，1943。

六、單篇論文及文章

Coleman, James S. “Rights, Rationality and Nationality.” In Albert Breton, et al., eds., *Nationalism and Rationalism*. New York: Cambridge University Press, 1995, pp. 1-13.
Jenkins, Graig J. and Charles Perrow. “Insurgency of the Powerless: Farm Worker Movement (1964-1972).” *American Sociological Review* 42: 2 (Apr. 1977), pp. 249-268.
McCarthy, John D., and Mayer N. Zald. “Resource Mobilization and Social Movements: A Partial Theory.” *American Journal of Sociology* 82: 6 (May 1977), pp. 1212-1241.
Parekh, Bhikhu. “Discourses on National Identity.” *Political Studies* XLII (1994), pp. 492-504.
——. “The Concept of National Identity.” *New Community* 21: 2 (Apr. 1995), pp. 255-268.
Smith, Anthony D. “The Nation: Invented, Imagined, Reconstructed?” In Marjorie Ringrose and Adam J. Lerner, eds., *Reimaging the Nation.* Buckingham: Open University Press, 1993, pp. 1-25.
レーニン，〈民族、植民問題小委員會の報告〉，收入いいだもも編譯，《民族・植民地問題と共產主義：コシンテルン全資料・解題》。東京：社會評論社，1980，頁37-41。
山川均著、蕉農譯，〈日本帝國主義鐵蹄下的臺灣〉，收入王曉波編，《臺灣的殖民地傷痕》。臺北：帕米爾，1985，頁27-81。
今村義夫，〈臺灣的農民運動〉，《臺灣民報》3：14（1925年／大正14年5月11日），頁10-11。
——，〈臺灣的農民運動（下）〉，《臺灣民報》3：15（1925年／大正14年5月21日），頁11-12。

2018。
——，《葉盛吉日記（四）1944.1-6》。臺北：國家人權博物館、中央研究院臺灣史研究所，2018。
——，《葉盛吉日記（五）1944.7-12》。臺北：國家人權博物館、中央研究院臺灣史研究所，2018。
——，《葉盛吉日記（六）1945》。臺北：國家人權博物館、中央研究院臺灣史研究所，2019。
——，《葉盛吉獄中手稿與書信集》。臺北：國家人權博物館、中央研究院臺灣史研究所，2021。
葉榮鐘，《半路出家集》。臺中：中央書局，1965。
——，《小屋大車集》。臺中：中央書局，1977。
——，葉芸芸、藍博洲主編，《葉榮鐘全集1：日據下臺灣政治社會運動史（上）》。臺中：晨星，2000。
——，葉芸芸、藍博洲主編，《葉榮鐘全集1：日據下臺灣政治社會運動史（下）》。臺中：晨星，2000。
——，林莊生、葉芸芸主編，《葉榮鐘全集6：葉榮鐘日記（上）》。臺中：晨星，2002。
葉榮鐘等，《臺灣民族運動史》。臺北：自立晚報社，1983。
廖仁義，《異端觀點——戰後臺灣文化霸權的批判》。臺北：桂冠圖書公司，1990。
廖炳惠編著，《關鍵辭200：文學與批評研究的通用辭彙編》。臺北：麥田，2003。
熊秉真等訪問，鄭麗榕記錄，《魏火曜先生訪問紀錄》。臺北：中央研究院近代史研究所，1990。
臺灣省行政長官公署人事室編，《臺灣一年來之人事行政》。臺北：臺灣省行政長官公署宣傳委員會，1946。
臺灣省行政長官公署民政處編印，《臺灣省民意機關之建立》。臺北：臺灣省行政長官公署民政處，1946。
臺灣省行政長官公署宣傳委員會編，《陳長官治臺言論集第一輯》。臺北：臺灣省行政長官公署宣傳委員會，1946。
臺灣省行政長官公署教育處編，《臺灣省教育概況》。臺北：臺灣省行政長官公署教育處，1947。
臺灣省行政長官公署編印，《臺灣省參議會第一屆第一次大會臺灣省行政長官公署施政報告》。臺北：臺灣省行政長官公署，1946。
——，《臺灣省參議會第一屆第二次大會臺灣省行政長官公署施政報告》。臺北：臺灣省行政長官公署，1946。
臺灣省警備總司令部，《臺灣省警備總司令部週年工作概況報告書》。臺北：臺灣省警備總司令部，1946。
臺灣總督府警務局，《臺灣人ノ臺灣議會設置運動ト其思想（後篇）》。臺北：臺灣總督府警務局，1922。
臺灣總督府警務局編，《台湾社会運動史：台湾総督府警察沿革誌第二編——領台以後の治安状況（中卷）》。東京：龍溪書舍復刻版，1973。
趙勳達，《「文藝大眾化」的三線糾葛：臺灣知識分子的文化思維及其角力（1930-1937）》。桃園：國立中央大學出版中心，2015。
蔣渭川，《二二八事變始末記》。臺北：家屬自印，1991。

張麗俊著、許雪姬等編，《水竹居主人日記（一）—（八）》。臺北：中央研究院近代史研究所，2000-2004。
情報局，《大東亞戰爭事典》。東京：新興亞社，1942。
教育部教育年鑑編纂委員會編，《第四次中華民國教育年鑑》。臺北：正中書局，1974。
許雪姬、丘慧君訪問，丘慧君記錄，《許丕樵先生訪問紀錄》。臺北：中央研究院近代史研究所，2003。
許雪姬等訪問，賴永祥等記錄，《坐擁書城：賴永祥先生口述訪問紀錄》。臺北：遠流，2007。
連溫卿，《臺灣政治運動史》。臺北：稻鄉，1988。
陳三井、許雪姬訪問，楊明哲記錄，《林衡道先生訪問紀錄》。臺北：中央研究院近代史研究所，1992。
陳建忠，《日據時期臺灣作家論：現代性、本土性、殖民性》。臺北：五南圖書公司，2004。
陳培豐，《「同化」の同床異夢：日本統治下台湾の国語教育史再考》。東京：三元社，2001。中譯本：王興安、鳳氣至純平譯，《「同化」的同床異夢：日治時期臺灣的語言政策、近代化與認同》。臺北：麥田，2006。
陳逸松口述、林忠勝撰述，《陳逸松回憶錄》。臺北：前衛，1994。
陳翠蓮，《重構二二八：戰後美中體制、中國統治模式與臺灣》。臺北：衛城，2017。
陳鳴鐘、陳興唐主編，《臺灣光復和光復後五年省情（上）》。南京：南京出版社，1989。
鹿野政直編，《大正思想集Ⅱ》。東京：筑摩書房，1977。
彭明敏，《自由的滋味》。臺北：李敖，1995。
斯大林著、張仲實譯，《馬克思主義與民族、殖民地問題》。北京：人民，1953。
森岡清美，《明治キリスト教会形成の社会史》。東京：東京大學出版會2005。
黃旺成著、許雪姬主編，《黃旺成先生日記（二十）一九三四年》。臺北：中央研究院臺灣史研究所，2010）。
——，《黃旺成先生日記（二十一）一九三五年》。臺北：中央研究院臺灣史研究所，2010。
黃信彰、蔣朝根，《臺灣新文化運動特輯》。臺北：臺北市政府文化局，2007。
黃美娥，《重層現代性鏡像：日治時代臺灣傳統文人的文化視域與文學想像》。臺北：麥田，2004。
黃師樵，《臺灣共產黨祕史》。臺北：海峽學術，1999。
黃富三等編，《近現代臺灣口述歷史》。臺北：林本源基金會，1991。
黃朝琴，《我的回憶》。臺北：龍文出版社重刊，1989。
黃華昌，《叛逆的天空：黃華昌回憶錄》。臺北：前衛，2004。
楊守愚著、許俊雅等編，《楊守愚日記》。彰化：彰化縣立文化中心，1998。
楊威理著、陳映真譯，《雙鄉記：葉盛吉傳——臺灣知識分子之青春、徬徨、探索、實踐與悲劇》。臺北：人間，1995。
楊國光，《一個臺灣人的軌跡》。臺北：人間，2000。
楊基銓，《楊基銓回憶錄》。臺北：前衛，1996。
楊碧川，《後藤新平傳：臺灣現代化奠基者》。臺北：一橋，1996。
楊肇嘉，《楊肇嘉回憶錄》。臺北：三民書局，1967。
葉盛吉著，許雪姬、王麗蕉主編，《葉盛吉日記（二）1941》。臺北：國家人權博物館、中央研究院臺灣史研究所，2017。
——，《葉盛吉日記（三）1942-1943》。臺北：國家人權博物館、中央研究院臺灣史研究所，

——，《灌園先生日記（十二）一九四〇年》。臺北：中央研究院臺灣史研究所，2006。
——，《灌園先生日記（十三）一九四一年》。臺北：中央研究院臺灣史研究所，2007。
——，《灌園先生日記（十四）一九四二年》。臺北：中央研究院臺灣史研究所，2007。
——，《灌園先生日記（十五）一九四三年》。臺北：中央研究院臺灣史研究所，2008。
——，《灌園先生日記（十六）一九四四年》。臺北：中央研究院臺灣史研究所，2008。
——，《灌園先生日記（十七）一九四五年》。臺北：中央研究院臺灣史研究所，2010。
——，《灌園先生日記（十八）一九四六年》。臺北：中央研究院臺灣史研究所，2010。
——，《灌園先生日記（十九）一九四七年》。臺北：中央研究院臺灣史研究所，2011。
林繼文，《日本據臺末期（1930-1945）戰爭動員體系之研究》。臺北：稻鄉，1996。
近代日本社會運動史人物大事典編集委員會編，《近代日本社会運動史人物大事典2》。東京：日外アソシエーツ株式會社，1997。
近藤正己，《總力戰と臺灣》。東京：刀水書房，1996。
邱永漢著、朱佩蘭譯，《我的青春．臺灣 我的青春．香港》。臺北：不二，1996。
邱坤良，《日治時期臺灣戲劇之研究》。臺北：自立晚報社，1992。
金原左門編，《大正デモクラシー》。東京：吉川弘文館，1994。
阿部次郎，《人格主義》。東京：岩波書店，1922。
泉風浪，《臺灣の民族運動》。臺中：臺灣圖書印刷合資會社，1928。
泉哲，《植民地統治論》。東京：有斐閣，1921。
紀登斯（Anthony Giddens）著、胡宗澤等譯，《民族—國家與暴力》。臺北：左岸文化，2002。
若林正丈著、臺灣史日文史料典籍研讀會譯，《臺灣抗日運動史研究》。臺北：播種者，2007。
宮川次郎，《臺灣の農民運動》。臺北：拓殖通信社支社，1927。
徐正光、宋文里合編，《臺灣新興社會運動》。臺北：巨流，1989。
徐瓊二，《臺灣の現狀實を語る》。臺北：大成企業局，1946。
桑木嚴翼，《文化主義と社會問題》。東京：至善堂，1920。
神田正雄，《動きゆく臺灣》。東京：海外社，1930。
荊子馨著、鄭力軒譯，《成為「日本人」》，臺北：麥田。2006。
荒川幾男、宮川透編，《日本近代哲學史》。東京：有斐閣，1976。
財團法人延平昭陽文教基金會編，《螢光曲》。臺北：財團法人延平昭陽文教基金會，2003。
高玉樹口述、林忠勝撰述，《高玉樹回憶錄》。臺北：前衛，2007。
高俊明、高李麗珍口述，胡慧玲撰文，《十字架之路：高俊明牧師回憶錄》。臺北：望春風，2001。
張秀哲（月澄）《「勿忘臺灣」落花夢》。臺北：全民日報社，1947。
張炎憲等，《二二八事件責任歸屬研究報告》。臺北：二二八事件紀念基金會，2006。
——採訪記錄，《臺北南港二二八》。臺北：吳三連臺灣史料基金會1995。
——採訪記錄，《臺灣獨立的先聲：臺灣共和國》。臺北：吳三連臺灣史料基金會，2000。
張深切著、陳芳明等編，《張深切全集卷1．里程碑——又名：黑色的太陽（上）》。臺北：文經，1998。
——，《張深切全集卷11．北京書信．日記．雜錄》。臺北：文經，1998。
張瑞成編，《抗戰時期收復臺灣之重要言論》。臺北：中國國民黨黨史會，1990。
——，《臺籍志士在祖國的復臺努力》。臺北：中國國民黨黨史會，1990。
張德南編著，《堅勁耿介的社會運動家：黃旺成》。新竹：新竹市立文化中心，1999。

行政院研究二二八事件小組，《二二八事件研究報告》。臺北：時報文化，1994。
何清欽，《光復初期之臺灣教育》。高雄：復文，1980。
吳文星，《日據時期臺灣社為領導階層之研究》。臺北：正中書局，1992。
吳文星等編，《臺灣總督田健治郎日記（上）》。臺北：中央研究院臺灣史研究所籌備處，2001。
吳新榮，《吳新榮回憶錄》。臺北：前衛，1989。
吳新榮著、張良澤總編撰，《吳新榮日記全集1：1933-1937》。臺南：國立臺灣文學館，2007。
——，《吳新榮日記全集2：1938》。臺南：國立臺灣文學館，2007。
——，《吳新榮日記全集4：1940》。臺南：國立臺灣文學館，2008。
——，《吳新榮日記全集5：1941》。臺南：國立臺灣文學館，2008。
——，《吳新榮日記全集7：1943-1944》。臺南：國立臺灣文學館，2008。
——，《吳新榮日記全集8：1945-1947》。臺南：國立臺灣文學館，2008。
吳濁流，《亞細亞的孤兒》。臺北：遠行，1977。
——，《無花果》。臺北：前衛，1988。
——，《臺灣連翹》。臺北：前衛，1988。
吳濁流著、張良澤編，《吳濁流作品集4：南京雜感》。臺北：遠行，1977。
——，《吳濁流作品集5：黎明前的臺灣》。臺北：遠行，1977。
——，《吳濁流作品集6：臺灣文藝與我》。臺北：遠行，1977。
呂赫若著、鍾瑞芳譯，《呂赫若日記》。臺南：臺灣國家文學館，2004。
李永熾，《日本近代史研究》。臺北：稻禾，1992。
李汝和主修，《臺灣省通志．卷首（下）：大事記》。臺北：臺北：臺灣省文獻委員會，1968。
——，《臺灣省通志．卷十：光復志．國籍恢復篇》。臺北：臺灣省文獻委員會，1970。
李壽林編，《三腳仔：《臺灣論》與皇民化批判》。臺北：海峽學術，2001。
步平、王希亮，《日本右翼問題研究》。北京：社會科學文獻，2005。
汪其楣，《舞者阿月》。臺北：遠流，2004。
私立延平中學恭輯，《螢之光：朱昭陽先生言論集》。臺北：私立延平中學，1990。
亞倫．布洛克（Alan Bullock）著、董樂山譯，《西方人文主義傳統》。臺北：究竟，2000。
周婉窈，《日據時代的臺灣議會設置請願運動》。臺北：自立報系文化出版部，1989。
——，《海行兮的年代：日本殖民統治末期臺灣史論集》。臺北：允晨，2003。
延平中學創校五十週年紀念專輯編輯委員會編，《延平中學創校五十週年紀念專輯》。臺北：私立延平中學，1996。
松尾尊兊，《大正デモクラシー》。東京：岩波書店，1990。
林木順，《臺灣二月革命》。臺北：前衛，1990。
林世煜、胡慧玲訪問記錄，《白色封印：白色恐怖1950》。臺北：國家人權紀念館籌備處，2003。
林熊祥主修，《臺灣省通志稿．卷首（下）：大事記》。臺北：臺灣省文獻委員會，1951。
——，《臺灣省通志稿．卷十：光復志》。臺北：臺灣省文獻委員會，1952。
——，《臺灣省通志稿．卷九：革命志抗日篇》。臺北：臺灣省文獻委員會，1954。
林獻堂著、許雪姬等編，《灌園先生日記（九）一九三七年》。臺北：中央研究院臺灣史研究所，2004。
——，《灌園先生日記（十）一九三八年》。臺北：中央研究院臺灣史研究所，2004。
——，《灌園先生日記（十一）一九三九年》，臺北：中央研究院臺灣史研究所，2006。

Movements: Political Opportunities, Mobilizing Structures, and Cultural Framings. New York: Cambridge University Press, 1996.

Memmi, Albert. Trans. by Howard Greenfield. *The Colonizer and the Colonized*. Boston: Beacon Press, 1991.

Miller, David. *On Nationality*. New York: Oxford University Press, 1995.

Pieterse, Jan Nederveen, and Bhikhu Parekh, eds. *The Decolonization of Imagination: Culture, Knowledge and Power*. Dehli: Oxford University Press, 1997.

Said, Edward W. *Culture and Imperialism*. New York: Vintage Books 1993. 中譯本：薩蔡源林譯《文化與帝國主義》。臺北：立緒，2000。

——. *Orientalism.* New York: Pantheon Books, 1978.

Scott, James C. *Weapons of the Weak: Everyday Forms of Peasant Resistance*. New Haven: Yale University Press, 1985.

Smith, Anthony D. *National Identity*. Reno: University of Nevada Press, 1991.

——. *The Ethnic Origins of Nation*. New York: Basil Blackwell, 1985.

Woolf, Stuart, ed. *Nationalism in Europe: 1815 to the Present: A Reader*. New York: Routledge, 1997.

Young, Robert J. C. *Postcolonialism*. New York: Oxford University Press, 2003. 中譯本：周素鳳、陳巨擘譯，《後殖民主義：歷史的導引》。臺北：巨流，2006。

三谷太一郎，《新版大正デモクラシー論：吉野作造の時代》。東京：東京大學出版會，1997。

小林善紀著、賴青松等譯，《臺灣論：新傲骨精神宣言》。臺北：前衛，2001。

小熊英二，《「日本人」の境界：沖縄・アイヌ・台湾・朝鮮 植民地支配から復帰運動まで》。東京：新曜社，1998。

山本美越乃，《植民政策研究》。京都：弘文堂，1921。

公安調查廳調查資料，《日本共産党史（戰前）》。東京：現代史研究會復刻，1962。

太田雅夫，《增補大正デモクラシー研究：知識人の思想と運動》。東京：新泉社，1990。

方孝謙，《殖民地臺灣的認同摸索》。臺北：巨流，2001。

日本近現代史辭典編集委員會編，《日本近現代史辞典》。東京：東洋經濟新報社，1989。

日本歷史大事典編委會，《日本歷史大事典1》。東京：小學館，2000。

王育德著、吳瑞雲譯，《王育德自傳》。臺北：前衛，2002。

王泰升，《臺灣日治時期的法律改革》。臺北：聯經，1999。

丘念臺，《嶺海微飆》。臺北：中華日報社，1962。

生松敬三，《大正期の思想と文化》。東京：青木書店，1971。

田川大吉郎，《臺灣訪問の記》。東京：白楊社，1925。

矢內原忠雄，《植民及植民政策》。東京：有斐閣，1933。

矢內原忠雄著、周憲文譯，《日本帝國主義下之臺灣》。臺北：臺灣銀行經濟研究室，1964。

伊藤隆，《大正期革新派の成立》。東京：塙書房，1978。

成田賴武著、李浴日譯，《克勞塞維茲戰爭論綱要》。臺北：黎明文化公司，1986。

早稻田大學社會科學言究所日本近代思想部會編，《近代日本と早稻田の思想群像I》。東京：早稻田大學出版部，1981。

朱昭陽口述、林忠勝撰述，《朱昭陽回憶錄》。臺北：前衛，1994。

江口圭一，《大正デモクラシー》。東京：學生社，1976。

江口圭一著、陳鵬仁譯，《中日十五年戰爭小史》。臺北：幼獅，1996。

四、回憶文及口述歷史（未刊稿）

宋文彬，〈先父宋進英二三事——在東京及創辦延平前後時期〉，1998，未刊稿。

許雪姬訪問、王美雪記錄，張賴朝邦先生訪問紀錄，1997年4月18日，未刊稿。

陳翠蓮訪問、廖德雄先生口述，2001年11月3日，未刊稿。

陳翠蓮訪問、徐世通先生口述，2001年12月27日，未刊稿。

陳翠蓮訪問、宋文彬先生口述，2005年11月14日，未刊稿。

陳翠蓮訪問、賴永祥先生口述，2006年5月26日，未刊稿。

陳翠蓮訪問、楊建基先生口述，2006年5月30日，未刊稿。

五、專書

Anderson, Benedict. *Imagined Communities: Reflections on the Origin and Spread of Nationalism*. New York:Verso, 1991. 中譯本：吳叡人譯，《想像的共同體：民族主義的起源與散布》。臺北：時報文化，1999。

Birch, Anthony Harold. *The Concepts and Theories of Modern Democracy.* New York: Routledge, 1993.

Brook, Timothy. *Collaboration: Japanese Agents and Local Elites in Wartime China*. Cambridge: Harvard University Press, 2005.

Chatterjee, Partha. *Nationalist Thought and the Colonial World: A Derivative Discourse?* Minneapolis: University of Minnesota Press, 1986.

——. *The Nation and Its Fragments: Colonial and Postcolonial Histories*. Princeton: Princeton University Press, 1991.

Deutsch, Karl W. *Nationalism and Social Communication*. Cambridge: MIT Press, 1966.

Fanon, Frantz. *Black Skin, White Masks*. New York: Grove Press, 1968.

Fu, Poshek. *Passivity, Resistance, and Collaboration: Intellectual Choices in Occupied Shanghai, 1937-1945*. Stanford: Stanford University Press, 1993.

Gellner, Ernest. *Nations and Nationalism*. Ithaca: Cornell University Press, 1983.

Guibernau, Montserrat. *Nationalism: the Nation-State and Nationalism in the Twentieth Century*. Cambridge: Polity Press, 1996.

Gurr, Ted Robert. *Why Men Rebel*. Princeton: Princeton University Press, 1970.

Hobsbawm, Eric J. *Nations and Nationalism since 1780: Programme, Myth, Reality.* Cambridge: Cambridge University Press, 1990. 中譯本：李金梅譯，《民族與民族主義》。臺北：麥田，1997。

Hutchinson, John and Anthony D. Smith, eds. *Nationalism*. London: Oxford University Press, 1993.

Isaacman, Allen F. and Barbara Isaacman, *The Tradition of Resistance in Mozambique: Anti-colonial Activity in the Zambesi Valley 1850-1921*. London: Heinemann, 1976.

Kerr, George H. *Formosa: Licensed Revolution and the Home Rule Movement 1895-1945*. Honolulu: The University Press of Hawaii, 1974.

McAdam, Doug, John D. McCarthy, and Mayer N. Zald, eds. *Comparative Perspectives on Social*

48/229.00-31/1/0/0/48 782。

National Archives and Records Administration (NARA)

Strategic Service Unit, A Report on FORMOSA (TAIWAN): Japanese Intelligence and Related Subjects, RG 59, Department of State Decimal File 1945-1949, Box 7385.

二、檔案史料彙編

中央研究院近代史研究所編，《二二八事件資料選輯（二）》。臺北：中央研究院近代史研究所，1993。
何鳳嬌編，《政府接收臺灣史料彙編（上冊）》。臺北：國史館，1993。
——，《政府接收臺灣史料彙編（下冊）》。臺北：國史館，1993。
李南衡主編，《日據下臺灣新文學明集5 文獻資料選集》。臺北：明潭，1979。
李祖基編，《二二八事件報刊資料彙編》。臺北：海峽學術，2007。
侯坤宏、許進發編，《二二八事件檔案彙編（十六）》。臺北：國史館，2004。
許進發編，《戰後臺灣政治案件：學生工作委員會案史料彙編》。臺北：國史館，2008。
歐素瑛編，《臺灣省參議會史料彙編：教育篇一》。臺北：國史館，2004。

三、報紙雜誌

《人民導報》，民國35年1月—民國36年2月。
《大公報》，民國34年9月3日。
《大明報》，民國35年5月—民國36年2月。
《中央日報》，民國39年1月28日，5月14日，11月30日。
《中國時報》，民國90年3-5月。
《文匯報》(上海)，民國35年11月1日。
《民報》，民國34年10月—民國36年2月。
《前鋒》13，民國36年1月8日。
《前鋒》14，民國36年2月8日。
《政經報》，1945年11月—1946年8月（全11期）。臺北：傳文文化公司，復刻版，1998。
《新新》，1945年11月—1947年1月。臺北：傳文文化公司，復刻版，1998。
《臺灣》，大正11年4月—大正13年6月。
《臺灣大眾時報》，昭和3年5月。臺北：傳文文化公司，復刻版，1994。
《臺灣文化》，1946年9月—1947年2月。臺北：傳文文化公司，復刻版，1994。
《臺灣日日新報》，文獻資料庫。
《臺灣民報》，大正12年4月—昭和2年8月。
《臺灣青年》，大正9年7月—大正11年3月。
《臺灣省行政長官公署公報》1：1，民國34年12月1日。
《臺灣評論》，1946年7-10月（全4期）。臺北：傳文文化公司，復刻版，1998。
《臺灣新民報》，昭和2年8月—昭和16年2月。
《臺灣新生報》，民國35年5月—民國39年。

參考書目

一、檔案史料

中央研究院臺灣史研究所

下村宏文書第12號，〈臺灣議會設置請願運動ニ關スル當局ノ談〉。

私立延平學院復原籌備處

〈私立延平學院復原申請書〉，臺北市私立延平中學提供，2001年9月。

曾秋美訪問、張嘉元記錄，〈李雲騰先生訪問紀錄〉，收入〈私立延平學院復原申請書〉，人證2，頁29-30。

國家發展委員會檔案管理局

《國史館》

〈在日臺僑遣送回籍〉，檔號：A202000000A/0034/172-1/0853。

《國家安全局》

〈拂塵專案附件〉，檔號：A803000000A/0036/340.2/5502.3。

《國防部軍法局》

〈郭慶等叛亂案〉，檔號：B3750347701/0041/3132206/206。

《國防部軍務局》

〈資匪案〉，檔號：B3750187701/0039/1571.6/3780。

〈非法顛覆案〉檔號：B3750187701/0039/1571.3/1111。

《法務部調查局》

〈逃犯張冬芳案〉，檔號：AA11010000F/0040/FC1/00017。

《立法院》

〈委員陳顧遠等臨時提案〉，檔號：A400000000A/0036/9999/1。

《國防部後備司令部》

〈廖瑞發等叛亂〉，檔號：A305440000C/0039/273.4/563。

《國立臺灣大學》

〈保釋被拘員工案〉，檔號：A309200000Q/0038/3500300/019。

教育部檔案室

「轉呈臺北市私立延平中學申請設校計畫及董事會申請備案由」，《臺灣省政府教育廳》，檔號：

十五畫

十六畫

十七畫

十九畫

二十畫

第十二畫

十三畫

十四畫

名詞索引

十四畫

十五畫

十六畫

十七畫

十八畫

十九畫

二十畫

二十一畫

十一畫

十二畫

十三畫

人名索引

國家圖書館預行編目資料

臺灣人的抵抗與認同（1920-1950）【增訂版】／陳翠蓮作－初版－臺北市：春山出版有限公司，2025.01
480面；21×14.8公分－（春山之聲；63）
ISBN 978-626-7478-40-0（平裝）
1.CST：臺灣史　2.CST：國族認同
733.28　　　113016385

春山之聲
O63

臺灣人的抵抗與認同（1920-1950）
【增訂版】

作　　者　陳翠蓮
責任編輯　盧意寧
封面設計　徐睿紳
內文排版　丸同連合 Un-Toned Studio

總 編 輯　莊瑞琳
行銷企畫　甘彩蓉
業　　務　尹子麟
法律顧問　鵬耀法律事務所戴智權律師

出　　版　春山出版有限公司
地址：11670臺北市文山區羅斯福路六段297號10樓
電話：02-29318171
傳真：02-86638233

總 經 銷　時報文化出版企業股份有限公司
地址：33343桃園市龜山區萬壽路二段351號
電話：02-23066842
製　　版　瑞豐電腦製版印刷股份有限公司
印　　刷　搖籃本文化事業有限公司

初版一刷　2025年1月
定　　價　550元
ISBN　978-626-7478-40-0（紙本）
978-626-7478-38-7（PDF）
978-626-7478-39-4（EPUB）

填寫本書線上回函

All Voices from the Island

島嶼湧現的聲音